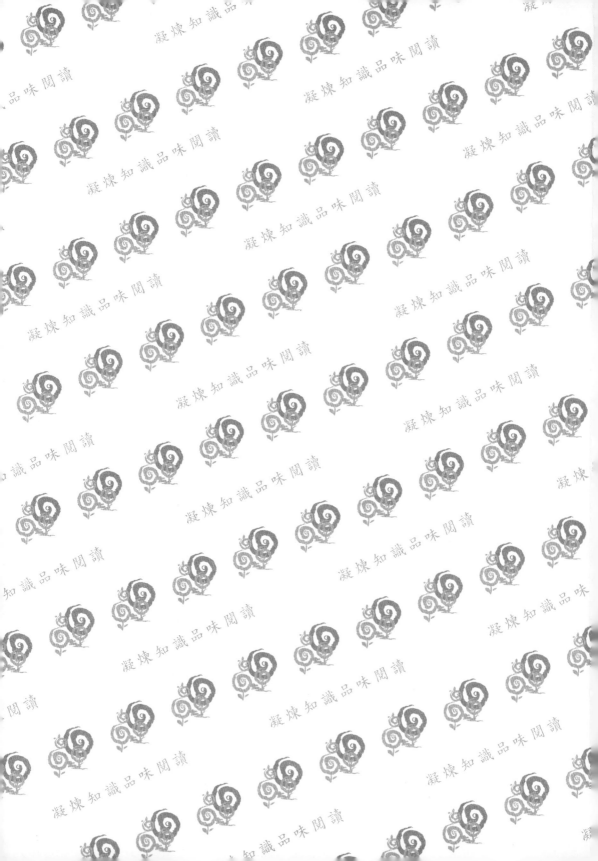

都市願景規劃
理論與實務

鄭博文 著

五南圖書出版公司 印行

自 序

　　民國82年底，筆者於高雄市政府研考會擔任研究員一職。時值直轄市市長開放民選，當時擔任高雄市長的吳敦義為末代官派市長，也順理成章代表中國國民黨為市長參選人，遂交辦市政府研考會撰寫未來高雄市政構想（高雄市政白皮書）。筆者當時正在中山大學攻讀博士學位，筆者的長官（即研考會主委謝敏次先生）就將此項工作交由筆者主稿。從那時起，筆者開始關注各國重要都市的願景規劃，唯當時並無網路，收集資料多為紙本，同時集中在日本的資料如大阪市、福岡市及北九州市。因此，高雄市政白皮書許多創新想法，都是參考這些比高雄早發展的都市政策而來。

　　吳市長勝選後，筆者因生涯規劃，轉往國立屏東商專不動產經營科擔任教職，但仍然持續關心都市願景規劃議題，也一直在收集重要都市願景規劃資料。因此，吳市長競選連任之時，老同事們再邀筆者以義工性質，協助撰寫吳市長第二本政策白皮書。由於沒有任何行政資源，第一本與第二本在內容與架構上有很大差異。

　　西元2000年起網路開始興盛，各國重要都市願景規劃也紛紛上網，讓筆者有更多都市資料可參考。因此，民國91年黃俊英老師的參選市長白皮書，融合更多西方先進都市做法，同樣是義工性質，因此撰寫格式與吳市長第二本白皮書相同，也都是在兩個月內完稿。

　　吳市長與黃俊英老師兩人都是正人君子，認為參選人要為市民負責，因此有必要提出市政白皮書，這也是筆者樂於當義工協助的主因，願意提出筆者所知、所見的先進都市好政策，期待能在高雄實現。很遺憾地，吳市長與黃老師同遭提不出完整市政論述的候選人，用「選舉奧步」所擊敗，從此看不到高雄市有何願景規劃。

此言或許有人不認同，但筆者且舉高雄的姊妹市——韓國釜山市為例來說，釜山過去是「動感釜山2020願景」，目前是「智慧釜山2030」，市政願景讓釜山港市不斷進步發展，釜山港世界排名仍在前5大，但高雄港卻從第3名掉落到第17（2018年），其中原因固然諸多，沒有都市願景則是關鍵因素。

臺灣的選舉，候選人向來只提「政見」但不重視「都市願景」規劃。就個人觀察，民進黨主政高雄20多年來，確實卯足全力兌現其競選政見，但這對高雄市政長期發展，一點助益也沒有。拚命花錢做盡討好選民的事，卻無助形塑高雄創新創業環境與提升高雄競爭力，高雄市政的進步當然有限，也造成高雄市負債累累（高雄負債超過三千億）。沒有都市願景的空虛政見，建設自無章法，只會債留子孫。

臺北市在國民黨主政時，曾提出臺北2030年規劃，但近10年來未做修正，很多臺北市公務人員可能已忘記這項計畫，對照首爾、上海、東京在近年都提出新願景規劃，強化都市國際競爭力。沒有願景規劃當然不是高雄市獨有，臺北市在柯市長主政下，也犯了民進黨主政下的高雄同樣的毛病。

作為一個都市規劃研究者，當然不忍筆者所居住的高雄以及其他臺灣都市，在國際都市競爭中節節敗退，致使臺灣經濟失去動能、國家競爭力低落不振。因此，筆者將過去撰寫都市願景的經驗編寫成此書，希望更多的有志參選者，能盡早涉獵都市願景概念，讓臺灣都市能在國際競爭中發光發亮。

本書計分三部分，前五章論述都市願景基本觀念、方法及書寫規範；後四章整理筆者近年收集的亞太地區26個港灣都市的願景資料，讓讀者能清楚了解高雄市目前的處境，當然，這些都市的做

法，對臺灣其他都市也會有一定的啟發；最後一部分附錄是筆者主筆高雄市選舉候選人的政策白皮書。資料中，有些是目前政府仍在推動中的工作，這些觀念是筆者20年前，就與吳市長及黃教授溝通過而認定要進行的，也可以看到兩位先生的高瞻遠矚。

新加坡「經濟發展之父」吳慶瑞博士曾如此解釋「實用主義」：「不論面對任何問題，只要有人、有國家曾解決過，我們就可以複製其經驗，使之與新加坡國情相適應，任何國家最好的實踐經驗都可以為我所用。」這一段話彰顯了為何新加坡今日國民所得能高達5萬3千美元，而臺灣連2萬5千美元都不到的主因。新加坡的公務菁英能有士氣的秉持「實用主義」理念，不斷向世界各國學習好制度、好方法。李光耀總理生前也曾說他自己是「實用主義」者，因此新加坡必須要順應環境的改變而與時俱進，尤其是在新發現和革新不斷湧現的時代，新加坡更不能故步自封，政策不合時宜就必須大膽改正，這就是「實用主義」。個人對都市願景規劃也是採用此概念，以先進都市為標竿學習對象，才能在短期間撰寫完稿。如果循正規規劃程序又採民眾參與，最快也要3個月如韓國「國政100藍圖」，通常約需一年到一年半間，還需要經費與人力。

最後，將本書獻給在天上的三位師長：辛晚教教授、李瑞麟教授、黃俊英教授。辛教授與李教授是筆者都市規劃的啟蒙老師，沒有他們的教誨，筆者就沒有機會投入都市願景規劃；黃教授是筆者中山大學企業管理博士班指導教授，在他指導下，筆者將都市規劃導入管理觀念，讓願景規劃更能落實，更具可行性。

鄭博文

2020年冬於屏東大學

目　錄

Chapter 1

都市願景基本概念

第一節　都市願景的意義

　　都市政府願景，是指都市政府根據其對都市性質與功能來設想的整個都市未來全面長期發展方向。

　　從這個定義衍生以下幾個方面的含意：

一、都市政府願景以都市的性質與機能為前提。對都市性質的判定，關係到都市的未來發展方向。都市性質是依據都市的主要職能來決定，而都市的主導產業往往左右都市主要職能。都市的主導產業是工業、商業、旅遊觀光業，還是高科技業，也相應地決定了都市的性質究竟是工業都市、經貿都市、觀光旅遊都市，還是科技都市。不同的都市性質，在都市的空間規劃、環境設計、發展模式、人力需求等方面也會有所不同。都市功能分為都市外部機能與都市內部機能。都市外部機能相當於都市性質的概念；都市內部機能則包括食、衣、住、行、育、樂等需求。不同的都市性質與機能要求，會產生不同的都市未來構想。

二、都市政府願景所設想的是都市整體的、長期的、全面的未來發展方向，因此都市政府所設想的關於都市發展的短期目標、局部措施，一般都不能算作願景，是願景的階段作為或標的。

三、都市政府願景是一種意向概念及其描述，是關於都市未來的憧憬和想像。當都市政府願景需要用概念表達出來，往往需要精練、準確、明瞭、動人。

四、都市政府願景既可能表現為戰略理念，也可能表現為戰略目標，還可能表現為戰略措施。例如：中國大陸紹興市的願景就設定，「紹興向杭州灣邁進、接軌上海」的願景；廣州市將都市發展戰略目標定為「國際型區域中心都市」，就展現了廣州市政府打造「國際性區域中心都市」的願景。

　　都市願景具有形象、生動、描述性的特點，更帶有一些情感和人文色彩的涉入。在彼得‧聖吉的《第五項修練》書中，曾提及第三項修練為「共同願景」。共同願景，簡單地說就是共同理想和共同的價值觀。雖然共同願景與社會理想意思相近，但前者富有熱情、人情味、親和力、感召力。彼得‧聖吉指出，共同願景自然而然地激發出勇氣，這勇氣會大到令自己都吃驚的程度。如果沒有一個拉力把人們拉向真正想要實現的目標，維持現狀的力量將牢不可破。願景建立一個高遠的目標，以激發新的思考與行動方式。「都市願景涉及都市的方方面面」，一般而言，從都市空間的規劃與建設藍圖是比較讓市民直觀的認識都市願景，是屬硬體介面；而輔以直接體現都市空氣品質、飲水安全、社會治安、人口素質、精神生活、都市聲譽等軟性介面需求，更是都市願景規劃的重點方向。因此，都市願景需要藉由理性與科學的分析和論證，將抽象願景轉化為都市發展戰略目標，在操作上需要分解成為具體的「標的」和一組組的數字指標。

第二節　都市願景之特徵

一、市政府是都市發展戰略的主體

　　市政府是都市發展戰略的基本主體，是都市發展戰略運行的主導組織。具體而言，都市發展戰略的基本主體就是市長的未來作為，也可能是其競選團隊的想法。在現實世界中都市發展戰略的運行實踐中，都市科學研究者、意見領袖、都市上級政府、都市民間社團組織，甚至國際上的都市發展組織，都會在不同程度地影響參與都市發展戰略，因此再好的戰略思想和創新想法都只有在得到都市政府的認同、重視、採納之後，才能真正成為指導都市發展的指南，才能真正對都市的發展產生作用。因此，研究都市發展戰略，必然要研究市政

府關於都市發展的設想、構思、意向。

二、都市政府願景是都市發展戰略制定的基礎工作

　　都市政府願景是都市發展戰略制定的先行工作。在擬定都市發展戰略時，第一件工作就是確定都市發展戰略方向和目標，即構想都市願景。都市發展戰略在正式進行研究、討論前，市政府一般都先有一個關於都市發展的大體的戰略意圖。如果這個意圖是比較清晰的，都市政府願景的雛形就會逐漸形成。

　　緊接著就會有一系列與都市發展戰略相關的討論、調查、研究。都市發展的戰略規劃、行動方案等，都是在都市政府有了初步的願景之後才可能發生。新加坡「概念規劃」，就是有這種意味。近年來中國大陸有不少也引進此類機制，來調整都市發展戰略方向。在「概念規劃」中，都市政府雖然沒有預先設定的框框，但對於都市未來發展總是已經有了更高的期盼。也就是說，市政府有了強烈的發展願望後，都市發展戰略的有關活動才可能得以自動和展開。如果市長是一種「過去怎麼做，今後也怎麼做」，或「人家怎麼做，我就怎麼做」，或「我想怎麼做」的態度，都市發展戰略就無從談起。

　　都市政府願景是都市發展戰略制定的主導。如果市政府有了都市發展的戰略願景，都市發展戰略的制定就只是圍繞如何具體實現願景而開展，都市發展戰略研究的任務主要就是對都市政府願景的具體含意進行界定，論證這種願景和目標的可行性或不可行性，找到實現這種願景和目標的具體途徑與措施。都市發展戰略的制定，其實就是實現都市願景和目標的構想。

三、都市政府願景展現避免市場調節失靈、失敗、失效

從都市發展過程中，市政府會透過都市發展戰略對都市的產業、人口、空間等在規模和結構方面進行謀劃、設計，難免會發生一些市場調節失靈、失敗、失效，而這些現象可能來自公私部門的盲目投資，因此都市政府願景也帶有市政府為克服市場機制盲目性，而進行長遠謀劃的願望。

都市政府願景的作用與功能，在於防止市場調節在都市發展中失靈、失敗、失效。都市是一個經濟密集的社會有機體，都市經濟是一種聚集經濟，人口和資源的高度密集使得經濟活動具有很強的外部效果（或稱外部性）。外部效果是指未能適當地反映在市場中的經濟活動主體間的相互影響，是沒有在正常的價格體系運行中得到反映的一個經濟活動者對其他活動者福利的影響。換句話說，外部效果是一方對另一方的非市場的影響。對於經濟活動密集所帶來的外部效果，市場調節是無能的、無效的，這就要求政府作為公共權力機構代表大眾來對外部性進行調節，要求都市政府有非常清晰的願景。從另一個角度來看，都市的公共財或準公共財具有非競爭性或非排他性，靠市場這隻「無形的手」來調節，是難以完全滿足市場真正的需求的。都市政府願景正是體現對都市經濟活動中外部性的矯正，體現「有形的手」的干預，透過對公共物品和公共服務的供給進行謀劃、設計、實施，防止市場調節在都市發展中失靈、失敗、失效。

四、全局性

發展戰略是關於把握全局性總體的藍圖描繪，研究的是決定全局的關鍵問題和影響全局的各個方面，包括所研究的系統在各發展時期存在和發展的環境。它是發展目標和實現目標的方針、政策、途徑、措施、步驟的高度概括，對國家、地區或都市的發展具有方向

性、長遠性和總結性的指導作用。

五、綜合性

發展戰略面對的是許多要素之間相互聯繫、相互依存、相互作用、相互制約構成的複雜系統。發展戰略研究不僅要弄清楚系統內部的結構、層次和功能，而且要弄清楚系統與周圍環境的各種聯繫，以及清楚系統存在和發展的內外條件。同時發展戰略研究又是綜合性課題，涉及人口、資源、環境、經濟、社會、科技等各領域。

六、長期性和階段性

都市發展戰略的著眼點不僅是指立足於當前，而且要面對未來，比起那些只在短期內起作用的活動和措施來說，應更具深遠意義。未來是以當前為出發點的，未來發展趨勢的推測要以過去和當前作為依據。立足當前，放眼未來，把握好當前和未來的關係，是戰略考慮的要點。戰略制定的長期持久性，要求戰略目標與對策應保持一定程度的彈性，越遠的戰略目標越要粗略一些，彈性要大一些。在戰略制定過程中，同時要處理好近期、中期戰略同長遠戰略的關係，使戰略保持相對的穩定性和連續性。區域發展戰略總是為某一特定的時間範圍內實現某種目標而設立，因此它不是一成不變的。當某一階段的戰略完成了它的歷史使命，或與戰略對象的新情況不相適應時，就必然被新的戰略所取代。

七、地域性

受空間範圍的限定，都市發展戰略也必然具有明顯的地域性。不同的地域範圍、層次、地點，不同的地情、不同的主體，所制定的區域發展戰略也往往不盡相同。

八、層次性

　　戰略具有全面性，全面的範圍有大小之分。任何系統都是具有一定功能的，是由相互作用的若干元素組成的複合體。系統是有層次的，有大系統、小系統，也有母系統、子系統。相對應於不同層次的系統，就會有不同層次的戰略。全國有全國的戰略、各地區／各部門的戰略，一切相對獨立的基層企業、事業單位也都有他們自己的戰略。全面和局部的劃分是相對而言的，子系統的全面相對於母系統來說，只是後者的一個局部，局部應該服從全局。因此，考慮制定下一層次的戰略時，應該同上一層次的戰略要求相符合，而不能相背離。各個都市在制定自己的發展戰略時，應著眼於全面，就現階段來說，不管哪個地區或行業，他們所制定的各個層次的戰略，都必須服從於上級政府的上位戰略目標。

Chapter 2

十二項公共利益

　　在願景意義曾敘述願景是可具體的分割成可量化或易瞭解的目標或戰略方向，而這些目標或戰略方向基本上是要能反映出市民的公共利益。個人多年觀察許多都市的發展計畫，發現這些都市的目標或戰略方向，基本上離不開土地使用規劃大師Chapin先生在其著作*Urban Land Use Planning*（3rd, 1979）所整理的九項公共利益（李瑞麟譯，1994），以及其後繼者在五版，土地使用價值觀內容整理出十項公共利益。從個人多年對都市公共事務的參與經驗總結，都市的公共議題始終離不開這十二大公共議題，新版翻譯書當然看不到這九項公共利益，底下所敘述的十項公共利益前九項內容的譯文是來自李瑞麟（1994）《都市土地使用規劃》一書，第十項經濟利益則來自薩支平（2010）《都市土地使用規劃》，第十一、十二項則來自紐約市第2030年規劃。

　　所謂公共利益，不論是據以行警察權、土地徵收、徵稅或其他權力，在法律上常指法院認可的公共目的。在美國法律哲學裡，舉凡健康、福利、道德和安全一般都認為是公共利益。便利、舒適、繁榮或有提及，但在法庭較少提到，通常和其他四項連在一起。狹義的說，法院提供一般有關公共利益限度的衡量。法院行動的歷史指出，公共利益觀念在法律上的意義是逐漸演進而來，當新的要素漸漸在文化內涵中認可時，趨向於及時擴大其意義，但這種趨向往往比社會所接受的落後。

　　就規劃的目的來說，需要更進步觀念的公共利益，這種公共利益應建立在法律的基礎上，但應直接從當代社會潮流尋求前瞻性的指導。在土地使用規劃裡，有關公共利益通常有九項：健康、安全、便利、效率、能源節約、環境品質、社會公平、社會選擇及寧適。有些土地使用規劃考慮道德，但居於較不重要的角色。顯然地，就土地使用的規劃內涵而言，這九項公共目的具有比法院所描述者更廣泛的意義。

一、健康和安全

這兩項要素雖可分開，但習慣上常連在一起考慮。健康、衛生、住宅、建築等法令通常提供這方面公共利益的運作定義。這些法規特別強調若干限制，以防止居民的身體健康與安全受到危害。

近年有兩個發展，使健康與安全的含意變得更廣泛和積極。第一，不僅是注意到身體的健康與安全，同時也強調心理和情緒的健康。第二個發展是，不僅在條文上作消極的限制，更強調要利用規劃和建築來改善實體的環境。換句話說，現代思潮在這一點上是要謀取最適的或需要的安全與健康，而不以建立起碼標準爲滿足。

此趨勢早期由美國公共健康協會的居住衛生委員會的先驅研究所激發。從委員會認可的適當環境的審查準則表來看，許多從規劃而言在早先認爲最適宜的情況，已被視爲最低的要求。

（一）防止意外危險。

（二）防止傳染病發生，並注意環境清潔的維護。

（三）充足的陽光照明、通風。

（四）防止超標的噪音。

（五）防止空氣汙染。

（六）防止疲勞與提供足夠的私密性。

（七）提供正常的家庭與社區生活的機會及預防傷風敗俗行爲。

（八）建立合理的美觀滿足的機會。

由於環境品質和寧適有部分重疊，關於汙染和美觀需要的滿足，放在後段討論。然而，就一般觀察，在上列準則中不僅包含「防止」的準則以保護公共遠離有害和危險的情況，同時包括更積極的規劃和設計類型的準則，以建立一個更適合生活情況的建成環境。

通常與健康和安全有關的許多管制規則，適用於個別結構物或與

社區中特別的實務或服務有關。例如：每個居住單位有抽水馬桶和冷熱水供應、旅館和公共集會場所逃生梯的要求、食物的保存、蟲鼠的防除等均有規定。

　　更直接的注意土地使用規劃，有許多干預的形式以追求公共利益。這些形式可能是消極的或積極的。第一類稱為規則性的措施，包括藉區位、密度、使用、容積及建築形式（建築時和使用時）的管制，以避免遭到壓迫，疾病和意外事件的危險。最為大家承認的一般有關健康和安全利益的土地使用管制，有分區管制、細分規則及街道或其他公共設施的保留地。干預也可以是開發措施的形式表示，如公共工程或更新建設的立案與實施。這些涉及社區內某些建成地區或開敞地區的收買，以及為特定使用的規劃或再規劃。這些地區可能為公共所有，與開發和提供各項重要服務，諸如自來水、汙水處理、防火及運輸路線，或提供下列使用：遊憩、低租金國宅等，或依據公共利益所決定的計畫售給私人開發。

　　現在對密度管制作初步的討論。就土地使用規劃和管制的涵義而言，密度是都市土地所設計的人口容量的衡量。密度管制傳統使用在居住地區，最近人口密度的管制已擴張到社區的工作地區——中心商業區、商業和工業的集中地。在工作地區密度準則是尖峰時間聚集的人口數，不是戶籍地的人口。在此管制包括傳染病及火災的預防、心智的寧適健康，以及由於擁擠產生的身體疲勞，來自交通的煙塵與噪音所產生的惡果。將住宅區的密度限制同樣的應用到工作地區，是符合公共利益的，也是可能的。密度的建立——為都市地區各不同區域的土地發展所設計的人口容量——是土地使用規劃和指導系統的一個主要內涵。

二、便利

上述有關管制的討論，健康和安全是公共利益的主要要素。雖然在公共利益的考慮上視為次一級，便利無論如何與公共利益密切關聯，且是政府行動的第三個要素。法院支持構築街道、公路及大眾運輸路線，認為是公共目的，連同健康與安全，便利認為是法理上的基礎，而對利用街道和公路的交通加以管制。

公共便利不僅在運輸系統上有其功能，更基本的是土地使用區位的安排和各種使用區之間的關係所產生的結果。因此，所謂便利可以有種種的評估，如住宅到工作、住宅到學校、工作到遊憩、住宅到購物、購物到工作，以及都市土地使用形態內在的各種其他區位關係。也可依據另一套關係來衡量，如批發和零售地區、零售和工業地區，或其他貨物移動的組合，而不是人的移動的組合。根據在市區內移動的原因，便利通常以里程衡量，或是幾個街廓的步行距離，近年來的正式說法是多少分鐘的旅行時間。在運輸規劃，便利則依據移動系統及這些系統將大量的旅客和貨物迅速地自某起點運到另一終點的容易程度而定。土地使用規劃關心這些起訖點的區位，因為顯然地區位對發揮最大的移動的便利，扮演非常重要的角色。（基於能源節約的考慮，也應使移動的需要達到最小，以下論及此點）。

除了區位因素外，土地開發的強度對便利也有影響。所謂強度，指土地使用的程度和密度。開發強度受到下列相互關聯因素的影響：地利和排水特性、地價的形態、開發者與地主的想法、地區寧適度、土地所有權適於買賣的程度、衛生設施的技術和標準、反映健康和安全目標的密度規則等。很顯然的，散開式的發展和低人口密度（單獨的或聯合的），趨向使建成區的外圍地區和中心區，以及在各種功能的使用區之間，增加時間與距離。更有甚者，都會區越大，此種時間與距離關係越遠。因此，發展強度連同區位形態，對公共便利

具有基本的意義。然而，能源節約和環境品質也牽涉其中。當這些考慮在公共利益上的重要性日增時，發展強度將會得到逐漸加強的注意而成為更嚴格規則的目標。

有一點應加注意者，從健康與安全準則（及在某些情形下的環境的準則）而論，應強調低密度，但從便利與能源節約考慮，又以高密度為宜。然而，這些表面上似乎衝突的觀點，事實上只是程度上的考慮，並不是無法調和的衝突。在操作實務上，土地使用規劃過程中可以建立某種均衡。例如：在同一處開發區，基於便利和能源節約考慮可以作高淨密度的設計，而基於健康、安全、環境品質和寧適的考慮，又可作低粗密度的設計。

從上述的討論，便利很明顯的是公共目的，而且是土地使用規劃的中心工作。的確，土地使用計畫和指導系統是使土地使用區位和安排達到便利的工具。

三、效率和能源保育

第四和第五個主要因素都和效率有關，並相互間充分關聯，在此將一同略述。習慣上效率往往與公共成本的含意有關聯，不論其為市府的成本或是都市居民的一般支出。就此意義而言，應從整體社區來看土地發展，不同於企業家個人或在都市土地市場集體運作的人民的觀點。什麼土地使用的安排對都市居民有最大的效率和最小的成本，是管制的基本用意。

近年來，傳統的能源日漸稀少，可以節約能源的土地使用形態變得非常重要。就此意義而言，在公共成本的計算中，對能源供給稀少的考慮重於對所有其他的考慮。再者，從國家利益與都市居民的集體利益來看，節約能源比其他公共利益要優先。

就公共利益的一個要素而言，效率是緊連著便利的。就如同健

康和安全一樣，效率確實和便利常常連結在一起。假如便利完全用時間和距離來度量，則此兩公共目的合在一起可以滿足兩者的利益。然而，假如便利的意義擴大到包含舒適，那麼在能源效率和舒適之間便可能有衝突。

根據時間與距離觀念而設計的土地使用計畫，住宅區距學校和遊憩區非常近便，從服務的人數和平均每人的成本而言，也更有效和經濟些。如以公共工程的費用和市民外出所花的汽油或大眾運輸的車費來衡量，住宅地到工作地的近便也導致最有效和最小成本的運輸系統。就此意義而言，便利與時間和精力的支出有關，而效率與市民個人和市府公共支出的時間、金錢有關。

使用地區的區位及其發展強度對成本和能源效率考慮都是關鍵性的因素，對公共便利的考慮而言，也是關鍵。使用地區的區位以不同的方式影響公共成本。例如：工業區位在能供應多餘水量和處理新增廢汙的管線附近，就公共成本而言有明顯的不同。同樣的，新商業和工業發展是否設在現有防火設施服務區內或其較經濟擴張的地方，就構成一個公共經濟問題。另一個例子，對於那些現有公用設備或學校容量或可以經濟地擴展的地方，給予優先住宅發展順序是重要的。如何考慮現有設施而經濟的提供街道、遊憩區，以及其他社區設施，就變成都市土地使用規劃上的控制因素。這些例子中，具有最少的總交通量的土地使用方案通常是最好的能源節約方案。

除了區位的考慮外，土地使用的強度也同樣地影響土地發展的效率。蔓延形態的發展較密集形態要更長的街道和上下水道的管線，也比密集發展消耗更多的能源。這些公共利益的考慮，當然必須與健康，有時包括環境品質和寧適相平衡，後者可能導致對極端開敞開發形態的強調。他們必須從人民為了滿足其需要，而願意支付的社區價值、態度、喜好、稅及其他成本等來衡量。同樣的，在此，土地使用規劃可視為一個探究達成最大可能有效設計的工具，而指導系統可視

為執行最有效設計的方法。

四、環境品質

　　雖然許多環境的考慮早已被認為是公共利益中健康要素的一部分，1970 年代對環境因素出現了更廣義的看法。許多事件共同的造成對環境問題更廣的瞭解。目前全球仍有許多地區處在電力不足，多數電力供應需仰賴石化燃料，石化燃料儲藏及不均勻，為少數地區與國家控制，其供應問題已是問題，當控制石化燃料少數地區與國家有任何變動發生，就會引發石化燃料供應與價格波動危機。因為這些事件影響到每個家庭，故人們不難瞭解並將這種情形聯想到其他資源。這些發展連同有關的經濟和人口成長的壓力的公共討論，形成對環境問題和尋求規劃解決方案緊急性的新覺悟。

　　另一個關注的來源比較地方性。其中心問題是環境品質的衰敗──都市的空氣和水汙染以及過量的噪音，脆弱地區的破壞。這些方面的環境作用對土地使用規劃具有更直接的關係，美國環境保護署對空氣和水所定的指導原則，對土地使用規劃原則、標準和指導系統管制功能有更直接的影響。

　　土地使用規劃早已對一些環境作用有所認識，例如：產生洪水的水文循環問題。洪水的危險本身似乎可產生一種管制，勸阻人們居住遠離洪水泛濫地區，但仍有無數的例子，人們於洪水沖走其家宅和財產後重返該地區居住。避免有地下水層的地區發展都市，關係著水生動植物繁殖的沼澤地區的保存，是今天公共利益獲得廣泛而充分的認識，以支持嚴格堅定的規劃與指導、措施的例子。

　　也許最堅定的行動基礎與空氣和水的品質有關。美國國會在1970年代初期制定嚴格的目標，要求環境保護署在規定的時間採取補救和保護性的行動。經由州當局、保護署的指導原則對都市地區具

有最直接的影響，土地使用計畫和指導系統必須遵照規定考慮環境品質。關於空氣品質，他們對於運輸設施的類型和區位有影響，也影響土地使用強度的分布——不僅是排煙的工廠，同時也包含其他工廠和非工業地區，只要其交通可能增加空氣汙染幅度（如區域購物中心、大學區、運動場、體育館、公寓群等）；就水質而言，和清潔水標準有關的河川吸收容量對廢物處理的容量有效地加以限制，進一步建立一個決定土地容量的基礎。這些公共利益要素明白地對土地使用規劃和指導系統極具重要性。當許多公共利益的環境基礎與健康和安全相關聯時，具有一個更廣泛範圍的一般福利。

五、社會平等和社會選擇

此兩者連在一起討論是因為他們在都市中均意味著基本人權，都注意到美國社會的多元主義和各公私團體中對次公共利益享有平等待遇的權利。社會平等關心追求生活所必須的工作、住宅、教育、醫療等的均等機會，以及開發行動利潤的同享和成本的均攤。社會選擇則指選擇的機會的範圍，以及各集團參與直接影響他們選擇機會範圍的決定。社會平等注意機會限制的消除；社會選擇包含積極創造選擇的機會。

現在被大家所承認的公共利益要素，社會平等是1960年代的都市中心區的騷動所發展而成，其結果為民權法案的制定及隨後法院對此法案的支持行動。主要注意少數民族或被剝奪民眾的個人和家庭的民權，社會平等不僅包括教育、遊憩及政府為一般福利所提供的服務的均等，同時也包括就業、租或買房地產以及商業（餐館、旅館、戲院等）服務的平等機會，不因種族、宗教、地區、社會地位而有所不同，也包括在任何社區旅行或自由遷移的權利。同時，法院對教會、大學、社會俱樂部，以及其他合法免稅的組織，如其成員因種族

而有所限制，要取消免稅的地位。

　　法院對社會平等的判決已由直接和較易確定的人權的違反，轉變到間接和更難界定的法律的應用上。因為土地使用計畫和指導系統決定住宅區的密度和區位以及其設施，規劃師有明確的責任來考慮到他們的計畫能提供自由通達的機會，以及居民的平等機會的權利。例如：當搭乘校車上學對學校的規劃和土地取得具有深遠的影響時，其次一層的間接影響是鄰里觀念必須以新的方式來考慮社會平等。

　　同時，聯邦當局以拒絕給予抵押保險擔保、國宅的援助，以及教育、醫療設施，或其他補助金為手段，以執行社會平等政策，這對土地使用規劃賦予一個重大責任，去仔細推敲土地使用管制會如何影響社會平等。因此，關於住宅的平等機會，土地使用研究必須注意，分區管制規則和土地細分規則所許可的住宅區內，設計密度和房地產修建標準的各種可能的排他獨占影響。所有這些發展指出，在整個土地使用規劃過程和指導系統的設計中，要積極的考慮社會平等這個公共利益。

　　另一方面，為所有種族、社經、及其他集團人口提供有意義的選擇機會並參與這些選擇的決定，尚未能完全的成為一個公共利益的要素，但這方面的注意已逐漸增加，沒有完全的承認，乃因它牽涉政府運作過程的改變、官僚程序的調整，以及一個新的政治平衡。

　　另一個在1960年代和1970年代早期的社會運動的結果，是對社會選擇的關心，反映在各種遊說集團的興起及其要求參與選擇的決定。將最被忽視的次級民眾群、少數民族和窮人，引導參與政治決策的許多方法，在近年來已於許多聯邦方案中予以試驗，例如：模範城市方案、社區發展方案，以及經濟機會局的社會行動方案。雖然這方面已有一些立法創始行動，但仍然缺少法院的判決解釋，用來作為規劃和社區行動在社會選擇方面的指導原則。

六、寧適

此名詞在英國比美國使用得更普遍，是指都市環境的寧靜愉適，宜於居住、工作、休閒的所在。這個公共利益的最後要素關聯到都市周圍環境的感覺面：美觀、舒適、令人賞心悅目。上述公共利益的要素從法院所承認的角度來看，寧適居於最末。在法院中雖未特別不予考慮，然而通常總是和其他一個或更多的要素連在一起時，才被接受。然而由土地使用規劃以達成公共目的，就社會觀點而言，以其作為管制的基礎的重要性並不比其他要素稍遜。雖然在法理上，目前可被看作一種可選擇的要求，而不視為是公共利益所應該顧到的最低標準的要素，然而就一般趨勢看來，寧適看作公共衛生和精神生活的一個向度的重要性日增，可能形成更積極的承認美觀是未來管制控制的一個基礎。

土地使用規劃和指導管制中，沒有廣泛的應用寧適這個公共利益，或許主要阻力是由於公共喜好的差異很大。生活環境中哪些是愉快的和富吸引力的，因人而異。依據人們的價值觀、想法、信念，某件事能使一些人高興，但可能對另外一些人引起反效果。在這方面，寧適不易與其他公共利益要素等量齊觀，產生一致看法的困難，或可解釋何以寧適不像健康、安全、便利、效率，以及其他公共利益要素在法庭上取得同等的承認。然而，有些極端的事例，足以引起正面的、或反面的相當一致的反應。例如：進入市區的公路入口兩邊的廢車場是難看的，一致認為應予管制。其他相似的例子，也許具有相當的地方特性，幾乎可在任何社區找到。但是，當我們從「壞」的一端推升至「好」的一端，一致性就會減少。因此，在都市景觀上，有些人喜歡大型戶外空間，以減輕都市蔓延的單調。有些人喜歡以栽植樹木花草來調節鋼筋水泥的乏味。有些則認為連續的建築物、街道可以指導方向、創造多樣化和選擇，以滿足每個市民的選擇

慾望——從所有不知名的欲望到任何鄰里性的欲望。當我們提升尺度，又進入一個意見一致的地區——這次是正面的。例如：一般都贊同藉行道樹的栽植以減除道路的暑熱和美化高速公路，使駕駛變得愉快和輕鬆。

可預見的，會有整個美觀考慮的領域是在某特定社區人們的經驗以外。有些進步的觀念，至今僅在少數的地方有試驗性的應用。例如：住宅區設計的超大街廓原則。住宅區完全的人車分離觀念對社區的人們，也許是完全陌生的。另方面，都市可能尚未經歷足夠的成長，以經驗到某些環境情況，以產生一種顯著的反應。一個面對首次快速成長時期的都市是如此。起初地區居民並無特別的概念，但當都市化加快，對社區的寧適有妨害，他們認為那些發展對社區的寧適有妨害，負的反應發展得比正的反應快。

因為獲得共同一致欣賞標準的困難，很難系統化的寫成法律和規章，來實施管制以達到富吸引力和愉悅的成長和發展。目前的解決辦法是依賴透過指導管制來實現土地使用計畫。最後，要注意的是，寧適必須與其他八項公共利益要素達成平衡。在都市中，引進戶外空間使視覺更多樣化，引進愉悅的綠地以鬆弛和作休閒時間使用，這些也牽涉到便利、經濟、能源節約的考慮。找出其平衡是土地使用規劃的基本工作之一。

七、經濟

經濟利益是把土地視為協助生產、消費、分配產品和提供服務來獲得報酬。這個利益是打造社區的主要動力來源，整個都市因而透過投資工業、商業和住宅建設，使得土地增值。

八、包容與多元

都市接受各地移民的終點，因此呈現出多元文化。在全球化環境下，都市多元化越來越劇烈，更需要透過包容來尊重多元的差異性。目前許多偉大都市就是運用差異性來創造都市發展的動能與成長，紐約市2030年規劃為代表性都市，因此創造出包容性成長概念。亞洲開發銀行（ADB）對包容性成長定義為經濟成長伴隨機會均等，包含經濟成長速度的提升、經濟規模的擴大、投資機會的公平、生產性就業機會的增加，以及確保擷取機會的公平，允許社會中的每個人，不管個人條件差異，在經濟成長的過程中都能平等的參與並有所貢獻。包容性成長指經濟成長伴隨著機會均等，使社會各階層的人都能在經濟成長的過程中參與，並分享經濟成長的結果。

Chapter 3
願景規劃方法

　　這個單元內容是讓市政領導人及其幹部理解都市的願景可透過何種方式來產生，底下所敘述的內容是個人閱讀各都市的願景或構想，所觀察到的方法，這些方法有問卷調查法、標竿學習法、焦點團體法、情景分析法、工作坊法、德菲爾法等。如新加坡2030概念規劃是運用焦點團體法、香港2030規劃則採用情景分析法、孟買2020是用標竿學習法、日本的都市則是問卷調查法與工作坊法並用，德菲爾法在李登輝先生主政臺北市曾運用訂定臺北市未來施政方向，與這些方法近似的方法也一併介紹，如腦力激盪法、KJ法，個人二十多年協助吳敦義市長、黃俊英教授的高雄市政願景白皮書是採用標竿學習法。本書整理一些亞太地區港口都市願景概要供有心人士參考閱讀，而這些方法的運用細節都有專書或相關報告可參考，本書不做進一步論述。

一、問卷調查法

　　問卷調查法也稱問卷法，它是調查者運用統一設計的問卷向被選取的調查物件瞭解情況或徵詢意見的調查方法。問卷調查是以書面提出問題的方式，蒐集資料的一種研究方法。研究者將所要研究的問題編製成問題表格，以郵寄方式、當面作答或者追蹤訪問方式填答，從而瞭解被調查者對某一現象或問題的看法和意見，所以又稱問題表格法。問卷法的運用，關鍵在於編製問卷，選擇被試和結果分析。

二、標竿學習法

　　Benchmarking一詞有許多不同譯名，例如：標竿學習、企業標竿、競爭基準、基準設定、標竿制度、標竿分析、標竿評比、標竿化……。本文採標竿學習，重點在強調其「學習」與「不斷成長」之意涵。標竿學習的定義，學者專家各有界說，最早提倡此一作為

的全錄公司，將之定義為持續與企業卓越者或最強競爭者，進行產品、服務及實務比較之歷程，以提升組織績效。美國生產力與品質中心（American Productivity and Quality Center, APQC）認為，標竿學習是一項有系統、持續性的評估過程，透過不斷地將組織流程與全球企業領導者相較，以獲得協助改善營運績效的資訊。Rolstadas（1995）強調，標竿學習是一個以典範公司為標竿，來確立工作流程的最佳實務，並建立合理績效目標的連續性、系統性之過程。

三、焦點團體法

焦點團體法是由一個訓練有素的主持人，以一種無結構的自然形式與被調查者交談，透過傾聽一組從目標市場中選出的被調查者，從中獲取對一些有關問題的深度資訊。這種方法的價值在於常常可以從自由進行的小組討論中，得到一些意想不到的發現。

四、情景分析法

情景規劃（scenario planning）是理清撲朔迷離的未來的一種重要方法。情景規劃要求公司先設計幾種未來可能發生的情形，接著再去想像會有哪些出人意料的事發生。這種分析方法使你可以開展充分客觀的討論，使得戰略更具彈性。

五、工作坊法

「工作坊（workshop）」一詞，最早出現在教育與心理學的研究領域之中。在1960年代美國的勞倫斯·哈普林（Lawrence Harplin）則是將「工作坊」的概念引用到都市計畫之中，成為可以提供各種不同立場、族群的人們思考、探討、相互交流的一種方式。甚至在爭論都市計畫或是對社區環境議題討論時，成為一種鼓勵

參與、創新，以及找出解決對策的手法，因此又稱參與式工作坊。

六、德菲爾法

　　德菲爾法是在20世紀40年代由O・赫爾姆和N・達爾克首創，經過T・J・戈爾登和蘭德公司進一步發展而成的。德菲爾這一名稱起源於古希臘有關太陽神阿波羅的神話。傳說中阿波羅具有預見未來的能力。因此，這種預測方法被命名為德菲爾法。1946年，蘭德公司首次用這種方法來進行預測，後來該方法被迅速廣泛採用。

　　德菲爾法也稱為專家調查法，是一種採用通訊方式分別將所需解決的問題單獨發送到各個專家手中，徵詢意見，然後回收匯總全部專家的意見，並整理出綜合意見。隨後將該綜合意見和預測問題再分別回饋給專家，再次徵詢意見，各專家依據綜合意見修改自己原有的意見，然後再匯總。這樣多次反覆，逐步取得比較一致的預測結果的決策方法。

七、腦力激盪法

　　腦力激盪法出自「腦力激盪」一詞。所謂腦力激盪（Brain-Storming），最早是精神病理學上的用語，指精神病患者的精神錯亂狀態而言的。而現在則成為無限制的自由聯想和討論的代名詞，其目的在於產生新觀念或激發創新設想。腦力激盪法是由美國創造學家A・F・奧斯本於1939年首次提出，在1953年正式發表的一種激發性思維的方法。

八、KJ法

　　KJ法的創始人是著名文化人類學家、藏學家川喜田二郎，KJ是他的姓名的英文縮寫。川喜田二郎在多年的野外考察中總結出一套科

學發現的方法，即把乍看之下根本不想蒐集的大量事實如實地捕捉下來，透過對這些事實進行有機的組合和歸納，發現問題的全貌，建立假說或創立新學說。後來他把這套方法與腦力激盪法相結合，發展成包括提出設想和整理設想兩種功能的方法，這就是KJ法。這個方法自1964年發表以來，作為一種有效的創造技法很快得以推廣，成為日本最流行的一種方法。KJ法的主要特點是在比較分類的基礎上，由綜合求創新。在對卡片進行綜合整理時，既可由個人進行，也可以集體討論。

KJ法是將未知的問題、未曾接觸過的領域的問題之相關事實、意見或設想之類的語言、文字、資料蒐集起來，並利用其內在的相互關係作成歸類合併圖，以便從複雜的現象中整理出思路，抓住實質，找出解決問題途徑的一種方法。

Chapter 4
都市願景的規劃內容

　　都市願景如何進行規劃，可從都市發展定位（理念）、都市發展目標與行動方案三方面去掌握。都市發展定位基本上是市政府反映其世界觀、發展觀，以及當時所重視的公共利益，是一種發展理念，也是都市發展方向。都市發展定位有時也未必能讓市民具體理解，這時候可進一步用都市發展目標來說明，而目標本身若無發展戰略與行動方案來支持，也無多大意義。

第一節　都市發展定位（理念）

　　定位這個概念基本上是來自行銷學（marketing），因此都市定位在都市學上尚無具體論述，個人對都市定位是市長綜合都市內外環境因素，來向市民訴求的都市未來發展方向或理念，例如：廣州市（2010-2020）的都市總體發展規劃，就是確定廣州市為國家中心都市、綜合性門戶都市、南方經濟中心、世界文化名城。紐西蘭首府奧克蘭市，曾經將該市定位為南太平洋一流都市（first city），目前計畫則定位為世界最宜居都市。

一、定位作用

（一）避免都市惡性競爭

　　區域中的每個都市的發展既有相互競爭的一面，同時又有協同互補的需求。都市之間的競爭是一把雙刃劍，它既可激勵都市的快速發展，但如果都市不考慮自己的優勢和特色，盲目地加入惡性競爭的行列，就會適得其反。只有合理的定位，才能凸顯都市特色，充分發揮都市的優勢

（二）凸顯競爭優勢發展自身魅力

　　對一個都市而言，都市定位不準確，就會迷失方向，丟掉特

色。一旦都市的發展和都市的風格與別的都市雷同，最終將喪失自身的競爭力。如同一家企業的產品如果缺乏自己的特色，與別的商家同屬一個模子出來，在市場上也會無人問津的。因此，充分發揮都市特色，才能使都市不斷地創新、發展、壯大，在競爭中立於不敗之地。

（三）引領都市發展

都市定位是制定都市發展方針和產業政策的重要依據。都市發展方針是指導都市發展的綱領，其主要內容是確定都市發展的目標、發展重點，以及相關的公共政策。都市方針要從都市的實際情況出發，凸顯都市的特色，才具有針對性和可操作性，因此定位，就成為制定都市發展方針的重要依據。

二、定位原則

一個合理而準確的都市定位，應該是既有一定的高度、一定的精實度，既能夠指名發展方向，又能夠彰顯個性魅力。制定都市定位，需要把握以下幾個原則：

（一）前瞻性原則。目標定位的確定，是基於對現有條件及未來發展趨勢的綜合分析，對一個都市或地區未來發展目標及所處位置作出的選擇，需要對未來發展環境及發展趨勢作出前瞻性預測和判斷。

（二）差異性原則。定位的策略發現差異、突出個性，強調自身超越其他都市或地區的核心優勢，以體現不同於其他都市或地區的獨特性，從而實現與區域其他都市的差異化競爭和協同發展。

（三）創造性原則。選擇定位需要考慮現有的發展基礎，但又不必拘泥於現有基礎，而可以根據推動發展的需要，在一定程度上超越現有條件，創造性地選擇和確定未來的目標定位。

（四）可行性原則。目標定位應該是基於理性分析所作出的判斷，既要有一定的前瞻性和創造性，又要有較強的可行性。不切實際的目標定位，無論多麼美好，對都市的發展都是毫無意義的。

三、定位方法

（一）著眼競爭找差異

差異化競爭是定位理論的精髓，即找出並凸顯都市與其他都市、城區明顯不同的特點。如深圳坪山新區充電電池、電動汽車製造業占有突出的地位，因此該區定位為「新動力之城、未來之城」。在缺乏悠久歷史的新興都市和新城中，能找到並凸顯自己的特色顯得尤其不易。青浦新城根據自己的特色，定位為具有「水鄉文化」和「歷史文化」內涵的現代化都市，在自然、歷史、現代化三個方面找到了結合點。

（二）順其自然找趨勢

根據新城的發展趨勢進行定位。例如：成都郊區東山縣，規劃發展為成都國際新城。隨著成都經濟圈戰略的實施及「兩航五鐵八高速」的建設，東山為成都「1小時經濟圈」新城，時空縮短，使東山納入成都經濟圈內的都市，「同城化」趨勢越來越明顯，於是東山縣根據自身優勢，適時提出建設臨港產業新城的設想，並確定「樞紐、產業、都市」三大功能。

（三）發掘價值找使命

所謂核心價值，簡單來說，就是指新城的不可替代性。如成都北部新城以房地產業、商業和旅遊業為骨幹產業，這三大產業及其對應的居住、遊憩、商業三大功能，就是其核心價值。因此，北部新城定位為現代化商業遊憩城。

（四）篩選因素找關鍵

就是對新城定位有決定性影響的因素。新城的具體情況不同，所處發展環境不同，所處的發展階段和歷史時期不同，對定位行程重大影響的關鍵因素也不確定。一般說來，這些關鍵因素主要包含在以下方面：歷史基礎、資源條件、區位、地位、國內外背景、發展現狀、人口和經濟規模、職能分工、競合關係、政策及上位規劃導向等。在這些方面中，找到對新城發展影響最大的關鍵性因素，再結合前述定位的主要影響因素進行定位，就比較容易抓住關鍵，避免定位失準。

（五）凸顯特色找「唯一」

定位理論認為，人腦能記住的訊息量有限，在激烈的市場競爭中，由於廣告轟炸和訊息爆炸，干擾訊息極多，大部分消費者在某一類事物或品牌中只能記住第一名。例如：臺灣高雄市謝長廷先生在競選時定位為「海洋首都」。中國大陸不少新城定位中，也掌握此一要領。如北京順益新城定位中的「空港城」，在北京範圍內就是唯一，在一定時期內具有不可替代性。杭州之江新城擁有舉世聞名的西湖，因此定位訴求為「國家及旅遊度假區」、「杭州範圍內可開發面積最大、環境最優、前景最好的新城之一」。或許有人認為現時中的唯一，並不一定所有的都市都有，這個定位方法可能不好操作。實際上，只要自身有一些獨特優勢，「唯一」就能找到，其關鍵是要有創新的角度，從不同的角度、不同的領域、不同的範圍去找。

在都市定位如大阪的2015計畫，就定位為「作為亞洲交流據點的都市，充滿活力的大阪，讓人們會聚、發展、創造新事物的大阪，引人嚮往、魅力四射的大阪」。中國大陸都市總體規劃，如北京定位為「全國政治中心、文化中心、世界著名古都、現代國際都市」。而東京則定位為21世紀，成為世界各國人人稱羨的指標性都市。

第二節　都市發展目標的訂定

　　都市領導人（市長）在理念或發展方向構想完成後，接下來的工作是要將這些理念轉換成都市發展目標或戰略。從McLoughlin的著作*Urban & Regional planning*出版（倪世槐譯，1982）以來，從事都市規劃的專業人士基本上都認同都市本身就是一個系統，而這個系統又可衍生一些次系統及小系統。Chapin的《都市土地使用規劃》一書（李瑞麟譯，1994）也是運用系統科學來編寫，而整體都市至少可區分三個系統：經濟發展系統、社會發展系統、環境發展系統，也可區分為產業體系系統、土地使用配置系統、公共設施系統、交通運輸系統、生態與景觀環境系統、教育文化系統、社會安全與福利系統、社區與居住環境系統等，是可依領導人的企圖心及施政重點來調整或凸顯，如紐約市2030年計畫是透過住宅、開放空間、棕地（舊工業區再生）、水質、供水網絡、交通、能源、空氣、氣候變遷等九項系統來展現未來的施政方向。

　　東京2020則制定八項目標，說明如下：

目標1：建構東京成為一個先進的防災都市，並向世界各國展示東京的安全性；

目標2：創造出一個低碳且高效率的能源自立、分散型社會；

目標3：讓東京成為一個充滿綠意與淨水的都市；

目標4：連結陸海空，提升東京的國際競爭力；

目標5：提高產業競爭力及都市的魅力，讓東京搭上新的成長軌道；

目標6：建構一個少子高齡化社會的都市模型，成為世界典範；

目標7：建構一個大家都能有機會挑戰的社會，成就活躍於世界舞臺的人才；

目標8：建構一個大家都喜歡運動及給予孩子們夢想的社會。

第三節　都市行動方案（策略）

　　都市發展措施是實現發展目標的根本途徑，是都市政府願景的一項重要內容。發展目標是一個系統，同樣地，發展措施也是一個系統，而且比目標系統更加複雜。

　　目標與措施通常具有二重性，是可以相互轉化的。例如：提高經濟效益、調整產業結構、發展文化教育、增加投資等內容，可理解為目標，也可以理解為措施。具體地說，發展教育事業、確定培養人才的數量與質量，對於社會發展戰略來說，就屬於重要目標之一；對於經濟發展戰略來說，是直接相關的發展措施。又如，環境保護與建設，對於都市環境發展系統來說，屬於重要的戰略目標；而對於都市經濟社會發展來說，則是一個重要的發展措施。所以應當把都市政府願景理解為一個目標、一個措施系統。目標與措施之間直接相關，因此都應有定性與定量分析，在數量關係方面要用系統工程的方法進行綜合平衡與優化。因此在行動方案的制定時，有些方案可能會出現在不同發展目標中。

　　行動方案（策略）通常是這個都市所呈現的問題而來，所謂問題可用一個簡式來表達：

問題＝標的值－現況值

　　可根據問題的產生因素分析，進而提出行動方案。就日本東京**2020目標1：建構東京成為一個先進的防災都市，並向世界各國展示東京的安全性而言，它面對三個課題（政策）：**

1. 集中力量完成防震計畫，並創造出一個不會被地震摧毀的都市；
2. 充分發揮自助及互助的力量，目標為將損害降到最低及盡快恢復

都市機能；

3. 強化因氣候變遷所帶來的豪雨等都市型災害之防災對策。

　　以課（問）題1為例作說明，在這項課題東京2020計畫提出三項標的：

1. 完成緊急輸送道路旁的沿路建築物和醫院等在防災上相當重要的建築物及道路橋梁等之防震化工程，大大提高東京的防震能力；

2. 提高東京灣沿岸、島嶼地區對於地震、海嘯、滿潮之防災應對能力；

3. 在所有的木造建築密集地區（整治地區），建造主要的都市計畫道路，同時在市內，讓延燒所帶來的災害降至為零。

　　透過這三項標的，提出解決課（問）題1的六項行動方案：

1. 建立東京市獨自的耐震標誌顯示系統；

2. 將飯店或劇院等，以及非特定多數人使用之大型民間建築物完成100%防震化；

3. 為減輕地震災害，將95%以上之東京市內住宅完成防震化工程；

4. 完成緊急輸送道路等的橋梁及供給重要設施的水管100%之防震化；

5. 設立兩個漲潮對策中心，從硬體、軟體兩方面強化島嶼地區的防災能力；

6. 加速完成主要都市計畫道路，以形成火災延燒遮斷帶，擴大東京市獨自的防火規定指定地區、補助重建費用、靈活運用稅收的制度。

Chapter 5

願景規劃的實質內容

　　前面幾個單元所討論的事項，是協助讀者構思如何撰寫願景規劃，這個單元則要向有心撰寫市政白皮書或市政構想、藍圖的人士，說明目前一些報告書的內容與格式。個人觀察世界許多都市的規劃報告，日本都市規劃是有一定格式規範，歐美都市則無，本單元提供二個案例，其中福岡2015規劃內容至今仍然在新計畫中，是個人早期翻譯素材，讓讀者參考日本地方政府如何撰寫願景。

第一節　福岡市

一、引言內容

（一）對大轉換時代的挑戰

1.計畫制定的宗旨

　　以少子化、老齡化和資訊技術革命的發展，環境問題在地球範圍內的擴大，以及嚴峻的經濟、財政狀況等急劇變化的社會形勢為背景，福利、社會保障，教育、學術研究、財政、金融、企業經營、僱傭等戰後支撐了日本的增長的社會系統，被要求展開新的階段。

　　同時，在社會經濟活動於全球內的全球化發展，特別是由中國等東亞國家的經濟發展所帶來的競賽激烈化中，因為國內產業的空洞化，和對變化的對應力較弱等，我國的地位正在下降，來自國內外變革壓力也逐漸高漲。

　　另一方面，作為社會成熟化的背景，精神的豐富、「寬裕」的人性的復甦被要求的同時，在大時代變化中，個人的價值觀甚至是生活方式都在曲折的變革中不斷發展。

　　這樣，我國迎來了可與明治維新和戰後相匹敵的大轉換、大變革的時代，關注福岡本身和九州以及亞洲的現狀，明確自身都市經營的方向，為了滿懷勇氣去挑戰建立新時代的都市，而制定新的基本計畫。

（二）建設新福岡的基本方向

※福岡以成為自由豁達的自治都市為目標，面向九州，並且走向亞洲

1. 人、活力、自由豁達

擔負時代的轉換和開拓新時代重任的是人。在都市的主角是人，在人與人的交流、擴大聯合和加深合作中，將產生新的創造力和都市的活力。

福岡市以成為讓人們感覺非常安定，並且能夠活躍的幸福的生活都市，以及重視發揮人的能力和個性、培養並聚集各種人才、在各個領域自由活動、人們充滿活力和生氣的都市作為目標。

2. 自治、自律、共存

都市中充滿了讓人困擾的隨意停車、垃圾的增加，並和互不相識的近鄰關係等，一直以來，對於各種問題的關注和地域解決的問題，都花費了許多的精力和財力等社會成本。到現在為止，我們不就對切身的問題不太關心，而去委託別人嗎？

為了改變這樣的狀況，市民在為自己的行動負責任的同時，也要求本地區致力於以地域為主體的自治原則。

福岡市重視人和人的聯繫與交流，將人們的想法與實際相連接。市民、地域地方自治團體、NPO、企業、大學、行政等所有主體，各自完成任務和責任，以建造共同發展，且富饒舒適的自治都市作為目標。

3. 九州、亞洲

福岡市與九州的關係源遠流長，並且相互協作，同時，是在跟亞洲的二千年對外交流的歷史中成長起來的都市。同時，在經濟結構的變化和東亞的顯著變化中，跟亞洲的關係成為決定今後福岡、九州方向的主要因素。

　　福岡市以成為亞洲的交流據點都市為目標，希望創造福岡、九州與亞洲共生發展的新時代。

（三）都市經營的基本想法

　　為了挑戰新時代的都市建設，推動福岡資源合理的、有效地運用，在都市經營中變成必要的條件。

　　為了將「新福岡建設的基本方向」具體化，提出以下五個都市建設的基本想法。

1. 果斷的挑戰自治和自律的都市 ── 福岡

　　市民為了實現主角的分權型社會，對作為創建富有個性和魅力的地域的主體的市民，提出了要有責任心並且自覺行動的要求。

　　同時，作為行政體的福岡市，在構建與國家和其他的自治團體對等、聯合、合作關係的同時，居民和外來居民的安全、健康、福利的保持和安全網的建立，整備市民生活中必不可少的基礎設施等自治團體本來的作用自不必說，還擔負著將市民力量調動起來的協調者的作用。

　　福岡，繼承了中世博多自治都市的歷史和進取的氣概。市民、企業、行政等所有主體，對福岡的現代和未來擁有共同的驕傲和責任，在沒有可參照的大轉換期模型的時代，果斷的挑戰建設獨特的都市，以建設自治自律的都市為目標。

　　(1) 市民自治，相互作用

　　福岡市，推進建設市民便於活動的環境與機構、提高市民自治權利的同時，通過多數人的參與使作為自治基本單位的小學等地方自治團體的組織和團體充滿活力，共同分享喜悅和分擔痛苦，以信任為紐帶連接整個社會。此外，活躍作為新的社會的旗手的NPO活動，以及包含企業、大學、行政的所有主體，以適當的角色分配和對等合夥

合作關係為基礎，以相互作用的市民自治的實現為目標。

(2) 與選擇重視效率性的自治團體經營

福岡市，以成為能靈活且機敏應對變化的自治團體為目標，專心致力於政策形成和意志決定、提高實踐能力、強化地域經營中樞的區政府機能的同時，貫徹成本意識和成果意向，對與市民共有資訊進行評價，促進對策和事業的選擇。

整備對市民生活不可缺少的設施和對於未來發展進行必要的投資按計畫進行的同時，展開將聚積的社會資本、福岡豐富多彩的人才，以及民間的智慧和活力等所有資源，最大限度的充分靈活且有效率的自治團體經營。

(3) 第四大都市圈的形成

福岡市，通過與福岡都市圈市鎮村的密切聯合，推進區域居民的互相交流，在謀求水、交通、環境等廣域性課題的解決同時，積極地擔負作為中心都市的作用。

同時，強化福岡都市圈和北九州都市圈的聯繫，提高學術研究等高級的都市功能，帶著處於東亞中的存在感，構建作為我國第四大都市圈的福北大都市圈的同時，將九州乃至西部日本都列入視野範圍內，為該區域的發展做出貢獻，並起到帶動發展的作用。

(4) 實驗挑戰都市

福岡市為了在大轉換的時代使市民生活豐富提高，重視智慧和創意，在積累各種各樣的實踐和社會實驗的同時，不拘泥於福岡固有的制度和計畫，挑戰福岡式的創造性，推進新時代的都市建設。

同時，在海島都市和九州大學學術研究關於都市、西部地區的都市建設研究中，挑戰研究了各種各樣的先導系統和對未來都市建設的預想，這些成果都將在市內還原，並為九州的發展做出貢獻。

2. 市民生活充實的安全舒適的都市 —— 福岡

　　在社會經濟形勢的大變化中，預計市民的生活也將受到各種各樣的影響。在這樣的情況下，建設能夠放心舒適生活的都市，是全部市民的期望。

　　福岡市爲了應對即將到來的超高齡、少子、人口減少的社會，對於讓擔負新時代重任的孩子的茁壯成長的任務，有地區和社會全體負責。在促進建設以老年人和殘疾人爲首，任何人都可以終其一生、安心且有意義的生活、活動的都市的同時，以完備、安全、舒適的生活環境，讓市民容易於居住的實感，並且生活充實的都市爲前進的目標。

(1) 孩子盡情成長的都市

　　福岡市以消除虐待和暴力、曠課等問題爲目標，推進建立保障和確保兒童權利的機構。另外，在建立讓孩子安心成長的機構的同時，加強家庭、地域、學校、企業、行政的聯合，透過各種遊玩和體驗且與人們的交流，以及透過教育的充實，建設以培養孩子形成豐富的內心與社會性，並且能獨立思考和行動的「生存能力」的都市作爲目標。

(2) 任何人都可以活躍的生活的都市

　　福岡市，在推進充實看護基礎設施和殘疾人無障礙化發展的同時，促進地域支撐支持的機構的建立，並舉行擁有豐富知識和經驗的老年人活動等，以推進建設讓所有市民可以充滿活力的生活都市。

　　同時，市民能自主選擇的醫療系統的構建和急救醫療體制的充實，推進維持身心健康機制及其環境的整備，以建成先進的健康醫療都市作爲目標。

(3) 重視每個人的尊嚴的都市

　　福岡市，以建設每個人的尊嚴和生命都被重視、自由平等的社會，以及解決同和問題等人權問題的都市作爲目標。以建成不論國

籍差異和健全與否、在相互承認人的個性、價值觀、生活方式的同時，在育兒和看護、地域活動等各方面男女都能夠共同參與、對任何人平等對待的生活活動的都市作為目標。

(4) 市民遵守都市生活規則的都市

都市化不斷發展的福岡，由於許多人在此生活，都市的活力提高的同時，也產生了各種各樣的摩擦，因此要求對都市共同生活的人互相關懷和共同遵守規則。福岡市以建設市民有較高的道德、禮儀意識，遵守互相體諒的都市生活者的規則的都市作為目標。

(5) 安全、舒適的生活環境

福岡市水的穩定供給自不必說，建成綠化豐富且舒適的市區和居住環境，修建有情趣的水濱和道路等，使地域的每個角落，都讓市民真切感到生活環境的豐富。

同時，通過市民、員警、行政等的相互作用，向攻克犯罪和不正當的行為等社會病理提出挑戰的同時，強化對風水災害和地震等災害靈敏應對的基礎整備和危機管理，建設以守護市民的生命財產和生活的穩定，以及安全、放心的都市作為目標。

3. 重視豐富的自然環境與歷史風土的都市 —— 福岡

科學技術和經濟活動急劇地發展的20世紀後半期，帶來了物質豐富的時代。迎接新世紀的現在，富饒和個性、多樣性，精神的滿足感等內心的充實被重視的同時，隨著變得急劇嚴重的地球環境問題等，充實的真正意義需要被重新審視。

福岡市，在提高都市的魅力和風格、成熟度的同時，以實現市民高品質的生活和關懷地球環境為目標。同時，重視給予我們恩惠的自然環境、固有的歷史、風土及文化，推進建設美麗的都市。

(1) 風景美麗的福岡

在保護脊振山的三郡山系、博多灣、室見川等，維持福岡環境豐

富自然的同時，充分利用海濱、河畔、貯水池等水邊和里山，並提高其自然美。

同時，在日常生活中，建造哺育多種生物的水和豐富的綠色的有四季之感的都市，在形成考慮設計和色彩美麗的公共空間與街道的同時，促進都市美化，建設以提高都市美，擁有美麗景色的福岡為目標。

(2) 重視固有的歷史、風土、文化的福岡

福岡市振興市民的自由的文化藝術活動，並與新的文化的創造緊密關聯。

同時，在悠久的歷史中培育起來的開放進取的風氣，創造出了祭祀和傳統文化、歷史遺產，帶有界限性的都市姿態，以及豐富的食文化等福岡的個性，充分利用至今形成的都市的歷史、風土、文化，使之放光，積極地發送資訊，以成為讓市民驕傲和留戀的福岡為目標。

(3) 關懷地球環境的生活

福岡市處於地球的角度，把關注環境進行生活和事業活動當作一件平常的事情作為都市的目標。

重視資源、能源的利用，推進垃圾減量和再利用，引進新能源和貫徹節能，促進節水型都市的建設。同時，這樣透過市民的生活和事業活動的積累形成循環型系統。

(4) 舒適美麗的都市空間製作

福岡市，以謀求與豐富的自然環境協調為發展，創建舒適美麗的都市空間和居住環境為目標。把已建市區和現在計畫的開發區為中心，容納人口和必要的都市功能，將市街化區域的擴大，控制在最小限度，保全自然環境和農業用土地。

此外，隨著以任何環境為中心的綜合交通系統的整備不斷發展，市中心居住功能的回復和最新的魅力，通過強化在新地點易於居

住的多種都市機能，形成多核心相關聯的都市，以成爲包括休息和遊樂空間在內的多種樂趣在身邊即可享受、居住和工作相近，因緊湊而使環境負擔少的都市爲目標。

4. 豐富多彩的人齊聚，活力的創造的都市 —— 福岡

福岡各界的人才輩出，不過，迎來了大的時代轉換期，具有創造性，並且能靈活應對變化的人才被要求的同時，學習一生的重要性也日益高漲。

同時，在大的經濟構造的變化中，要求從他律型經濟向自律型經濟轉移。並且，在人口減少社會的大交流時代來到之際，要求活化人群的聚會和都市的交流。

福岡市，努力促進建設成爲提高市民各自的能力，最大限度的發揮其能力和創造性的都市。同時，提高都市的活力，完備各種人才交流和活躍舞臺的同時，形成充滿多種多樣的樂趣的都市空間，以此來吸引人，將把福岡建成充滿人群和活力的都市作爲目標。

(1) 多種人才活躍

福岡市充分利用大學等知識積累，建設對應社會人士、孩子到老年、及所有家庭的學習熱情的場所和機構。另外，以發揮其能力完備自我實現環境的同時，讓市民及從國內外聚集的人們、在市民活動、經濟活動等各種各樣的領域能活躍的都市作爲目標。

(2) 活力創造都市

福岡市在提高維持商都、福岡的當地企業的活力的同時，支援成爲新的活力起源的企業創業，促進企業布局的發展。

另外，充分利用我國有數的大學的集積、學術研究據點和文化、娛樂等，使福岡更具有才智和感性，發展資訊服務行業、設計產業等都市型產業和科學技術的振興，產學官聯合的同時，振興知識創造型產業。

(3) 集會的都城

福岡市在鴻臚館以來的對外交流中，把集會作為發展的糧食的歷史，提高國際性集會（convention）和商業等都市的複合性機能，在對開放性和接待文化等福岡的個性和魅力進行錘鍊的同時，與九州各地域聯合振興集客產業戰略行動計畫，以成為人們往來集會的都城為目標。

(4) IT科技創新生活

福岡市為謀求市民資訊差距的解除，充分利用不斷完備的高速大容量網路、日韓IT光廊等，提高以醫療、教育為首的豐富的生活革新的同時，謀求IT、資訊關聯產業的飛躍與充分利用IT使都市的活性化緊密關聯。

5. 通過合作和競賽與亞洲共存的都市 —— 福岡

福岡以成為亞洲交流據點都市為目標積極組織發展，現在已處於國際都市的黎明期，並且提高其資質，在跟亞洲的關係上，在日本是擔負著不可替代的作用的都市。

福岡市透過選擇與集中積極學習應對變化的能力等亞洲的生命力和活力，承認彼此文化、宗教等的多樣性的同時，形成在學術文化、經濟、市民活動等各領域的交流合作，以及競賽中的協作關係等，增強聯繫。通過跟亞洲的共生性發展，創造福岡、九州的新時代。

(1) 新的國際化

福岡市以亞洲及世界的多樣性等的國際理解為首，提高作為世界通用語言的英語和身邊的韓語、中文等的語言學力，國際商務能力等市民和企業的國際競爭力。

同時，多種文化背景的人們一同生活，要完善從地域活動到商務活動各種各樣的活動環境等，進一步發展福岡的國際化，使其提高到

新的階段。

(2) 有重點的地域交流

在與亞洲的關係迎來了「合作和競賽」的新局面中，福岡市與九州聯合的同時，充分利用在我國是與其他東亞地區最為接近的地域的地理特性，透過與關係深遠的東亞，特別是中國的發展實現了大膽的變化，以北東亞的主要都市、地域和經濟領域為首，進行重點的交流聯合。

(3) 國際合作、貢獻

福岡市，位處亞洲，面臨醫療、衛生、環境、能源、水及食品問題等各種各樣的課題，國際組織、行政、大學、NGO的技術、知識和人才相關聯，與九州共同擔負解決問題的重要角色。特別是以在垃圾處理技術和都市建設中新能源的積極引進等，在環境領域對亞洲做出貢獻作為目標。

(4) 廣域交流機能的強化

機場、港灣、新幹線等的廣域交通工具，是支撐福岡發展的活力源泉。福岡市，立足於與亞洲和世界關係的緊密化及國際性地域間競賽的激化，建成新福岡機場，完善中樞國際港灣博多港，修建九州新幹線，另外通過對IT的有效利用使都市活性化，提高人、物、資訊的廣域交流機能，形成連結九州、西日本、亞洲、世界的門戶（gateway），為九州西日本的發展作出貢獻。

（四）行政營運的基本理念（建立與市民雙向溝通）

福岡市，認識到市政的主角是市民，因此能夠更有效率地提供服務，為了成為被市民信賴的市政府，通過市民參與計畫、監視，引進民間經營手法，高層領導，職員的意識改革，謀求經營體制、管理系統、現場的實踐等全部涉及行政經營的改革（DNA計畫的推進）。

行政走入市民之中，在共同思考行動的同時，出現了各種人才和

企業、NPO等，積極承擔了調動市民力量的協調者的作用等，推進了作爲市政主角的市民的參與計畫，相互作用爲中心的行政營運。

1. 以站在市民立場的行政為目標

(1) 成爲與市民相互作用的高感度市政府

爲了對市民推進透明性較高的行政，積極且迅速的進行資訊公開，完成對市民說明的責任。

推進市民和行政雙向的資訊交換，建設促進市民參與政策形成過程，立足於市民感受能夠正確的進行意思決定的高感度市政府。

根據行政評價手法的引進，推進重視了成果的效果性、效率性的行政營運。

評價結果的公布，促進市民的參加、監視、評價，政策的再構造和重新評估緊密連結，促進資源的有效利用和重點分配。

以對市民身邊的領域爲首，形成市民參與行政營運的各過程的機構，積極地推進相互作用。

特別是，對於國際化的推進等重要課題，NPO、經濟團體等的專家設置了「專案研究小組」，討論搭配的方向性，並加以實踐。

(2) 有效活用社會資本

關於交通和水資源等都市基礎設施、公共設施等社會資本，立足於人口減少社會的來到，促進有計畫的整備，謀求投資的重點化和效率化。同時，謀求透過恰當的維持管理的長壽化的同時，推進廣域的聯合的有效利用。

關於公共設施，爲了使之易於使用，推進站在市民的立場貫徹顧客意向的靈活運營。

特別是，對於利用減少的設施，謀求多用途化和轉移用途的有效利用。

推進行政的靈活營運，設施的有效整備、管理，爲了謀求行政服

務的充實、提高，積極地發展跟PFI、NPO的聯合、託付等，積極引進新的知識和經驗技術。

(3) 推進重視實踐和成果的自治團體經營

爲了推進通過自身智慧和想法建設有魅力的都市，謀求包含政策籌劃能力的經營能力的提高。

爲了應對急速變化的社會形勢，同時進行機敏的意思決定，強化綜合調整機能。

對策和事務事業的展開時，謀求貫徹PDCA方式的同時，推進實踐和成果重視的行政經營。

(4) 建立易懂的靈活組織

是市民易於理解和利用的行政體制的整備，通過組織橫向的聯合，消除「直線領導行政」的弊病，謀求提高市民服務和完備舒適的生活環境。

爲了應對複雜的、急劇的社會形勢變化，推進職員的能力開發和機動性的有效利用民間的專家等，致力於有專業性的職員的採用、培養。

(5) 強化對市民切身的區政府的機能

區政府是與市民生活密切聯繫，其服務要提供能活化都市特色的建設，更要根據市民地需求提供必要服務與資訊，同時藉由單一窗口服務與強化非營利組織功能，讓區政運作更平順。

2. 嚴峻財政狀況下財政營運的基本理念

國家、地方構造的改革雖然有所發展，可以預見到其成果具體化爲止的過渡性的嚴峻，未來的經濟、財政狀況將不容樂觀。

這樣，中央、地方政府的長期債務餘額，到平成13年度末約達到668兆日圓（與GDP之比爲133.4%），本市合計約2兆5000億日圓等，中長期的財政健全性的確保的財政營運也變得不可缺少。

以分權時代的自治、自律爲目標的福岡市，爲了推進提高市民生活品質的事業的同時，確保提高財政的持續可能性，爲了確保對時代、時代的投資餘力，有必要進一步謀求投資的重點化。

對一般會計、特別帳戶、財政營運等全面事務進行重新評估，實行有效預算的同時，保持財政的健全性、彈性，作爲財政運營的基本姿勢。

(1) 確保財源，確立健全的財政構造

透過提高市稅的收入率和對滯納的迅速、正確的應對等確保財政收入，透過振興當地企業等地域經濟的活性化穩定稅源、透過受益者負擔的重新評估等，致力於確保自主財源。

對於一般會計，推進初步、平衡的均衡持續發展等，使財政健全化的機構，確立與財源相稱的財政支出機構。

對於特別帳戶、企業會計、明確收支計畫，謀求立足於事業效果和收支的事業經營。

(2) 提供資訊，完成說明的責任

在消除市民對市債財政餘額大的不安的同時，應對嚴峻的債券市場評估，確立健全的財政構造結構等，提供讓市民和市場易懂的積極的資訊提供。

(3) 進行嚴屬的事業評價

進行事業的選擇時，對事業的必要性、有效性、費用與效果、收支計畫等進行多邊的、多方面的事前評價。

對於事業期間長期化的大規模事業，立足於社會經濟形勢和市民需要的變化，進行事業中的檢查、再評價和事後評價。

二、現狀、展望和課題內容

（一）福岡的步伐（以成為地方中樞都市及亞洲的交流據點作為都市發展目標）

在福岡市，第二次世界大戰後，國家的派出機構和大學、企業的支店、分公司不斷聚集，昭和47年變成了政令指定都市。同時，昭和26年福岡機場的民用化（昭和47年由國家管理），透過昭和50年新幹線通車，平成2年博多港升格為特定的重要港灣等廣域交通的據點性高漲，本市成為九州的經濟、行政的中心地。

福岡，昭和62年制定現在的基本構想，昭和63年制定第6次基本計畫，平成8年制定第七次基本計畫，推進了計畫性、綜合性的都市建設。

在第七次基本計畫中，透過孩子綜合中心（暫稱）整備的開始和地域孩子的培養環境的建設，促進福利的都市條例的制定和殘疾人無障礙化，市民福利廣場的開設和保健福利中心的合併和保健福利活動支援員的配置，推進地域保健福利活動，透過クリーンパーク（乾淨工廠）的整備和垃圾的分四類蒐集，博多座的開設和福岡市文化藝術振興財團的成立等振興市民文化等，謀求與市民生活緊密相關的孩子、教育、健康、福利、環境、文化等領域的充實。

此外，隨著海水淡水化事業和地鐵3號線事業開始，JR築肥料線的複線化，在太宰府高速公路出入口的都市高速公路和九州自動車道的連接、福岡機場國際線旅客機場中心大樓的提供使用、香椎花園和島都市整備事業的推進等，市民生活和都市活動的基礎整備。

並且，福岡亞洲美術館的開設，推進實施福岡亞洲文化獎、亞洲月、亞洲焦點福岡電影節、亞洲太平洋兒童會議等亞洲對策的同時，透過亞洲發展銀行（ADB）大會和九州、沖繩最高級會議福岡大藏大臣聚會的國際活動的召開等，致力於國際都市建設的建成。

　　結果，提高國際、商業、文化和國際會議機能，另外發展資訊產業和設計等新的都市型產業，作為易於居住的都市，擁有位於三大都市圈之後的都市功能和國內外的評價等，以成為地方中樞都市和亞洲的交流據點都市為目標不斷增長。

　　另一方面，比預計迅速發展的少子化和老齡化，以中國為首的東亞發展顯著，對於本市經濟核心的批發機能和給支店型經濟帶來影響的經濟構造的變化等，要求對於巨大且迅速變化的社會經濟形勢給予準確的應對。

　　同時，全國性犯罪和交通事故日增，地方的自行車違停、廣告物亂貼、垃圾無法減少與市中心的熱島效應也顯著嚴重，因此市民主動出擊要解決這些沉苛問題，除此，空屋多與單獨家庭日增，也讓財力不足的地方政府備感吃力。隨著市民需要多元化、複雜化，市民、大學、企業與政府的結合，有利都市發展各類非營利組織來支援市政府來解決前述問題，活化地方，這種官民合作成為都市發展的重要課題。

（二）福岡市的特性

　　1. 九州中樞機能、三大都市圈的都市功能的集積

　　(1) 流通機能（批發業銷售額：九州內份額約47%）

　　(2) 金融機關（存款餘額：九州內份額約37%）

　　(3) 大學（每人口1,000人學生數：政令市內第二位）

　　(4) 行政機關

　　(5) 國際機能〔活用了機場、港灣的貿易額增加（約2兆日圓），領事館等的集積〕

　　(6) 會議機能的充實，資訊產業、設計產業的集積（國際會議召開件數：政令市內第五位）

　　(7) 文化、娛樂設施的充實

2. 陸海空的交通打結機能（廣域交流據點性）

福岡機場利用人數：全國第四位；博多港集裝箱對待件數：全國第六位，九州第一位。

3. 與首都範圍有一定距離，東亞最近的政令市。

4. 二千年對外交流的歷史哺育的進取之性情和自治意識，開放的市民氣質。

5. 水資源的確保。

6. 交通基礎的整備。

7. 犯罪和交通事故多。

人口1,000人刑法犯認識件數：政令市內第一位。每人口1,000人交通事故件數：政令市內第一位。

8. 低道德行為。

9. 經濟都市分行（薄弱，經濟決策的職能），薄弱的地方企業。

10. 技術（理工系人才的培養）薄弱。

（三）展望和課題

相對順利發展的福岡，被說成「健康，有活力」的同時，也有「作為支店都市其經濟基礎弱，獨自性和資訊發信力不足」的評價。

制定今後的都市建設的方向時，從福岡市的現狀出發，立足於時代的潮流展望未來，面向未來的課題至關重要。

1. 自治和自律

(1) 展望

民眾多感受到劇烈變動時代的到來，原有的價值基準是無法應付市民社會變革，充分提供新價值與系統對增長時代的到來會起相當作用。

同時，變成隨著地方分權的發展和經濟構造的變化等，親自選擇、判斷，對那個結果有責任這樣的自我決定和自身責任作為原則的自治和自規則的時代。

(2) 課題

在國內，重新評估以前的限制、慣行、制度等構造的改革前進的步伐中，要求本市重新評估社會機構、行財政（註：日本國家和地方政府的行政管理和財務狀況的總稱）等，挑戰建立新的機構。

在社會需要多樣化、複雜化中，市民的自我實現和參加社會活動的熱情，以及參加行政和公益活動的意識不斷高漲，市民活動不斷活躍。在本市，建成為促進福岡的發展，支援NPO和志願者，地域地方自治團體的活動的同時，產學官完成各自的責任和作用的同時，相互作用的機構也非常重要。

在討論地方的稅源轉讓的同時，推進國庫補助金和地方交付稅制度的重新評估，提高本市的自治能力和擴充行財政基礎的要求被提出。

同時，隨著東京集中的發展和日本經濟的空洞化，強化九州、福岡的經濟自立性成為大的課題。

擔負時代的大轉換期，開拓未來，創造新的價值和都市的活力是「人」。同時，預計即將轉變為智慧和知識的知識型社會，使「人」的重要性不斷高漲。在本市中，超越世代，培養並且充分利用富有個性與創造性、創意、應對變化的溝通能力和善於溝通的人才十分重要。

2. 安全、放心的確保

(1) 應對超高齡社會，少子、人口減少的社會

①展望

在我國，以世界少見的速度快速發展的少子化和老齡化，預計總

人口在2026年將由頂峰轉為減少。超高齡社會，少子、人口減少社會的到來，將由於育兒和社會保障、勞動力的不足等，造成社會活力的降低，給經濟社會帶來巨大的影響。

②課題

在本市，由於晚婚化發展和未婚率的增加，使全國共計特殊出生率不斷下降，少子化繼續發展。在虐待兒童和曠課等兒童問題變得嚴重的同時，夫婦與未婚子女組成的小家庭和都市化等作為背景育兒不安高漲，同時，從促進女性的參加工作率的高漲和進入新的社會的觀點來看，也要求建設容易生育和培育孩子的環境，以及地域社會全體哺育孩子。

老齡化踏實也進行著。單身老年人數和老年人家庭增加，看護需要不斷高漲，在本市地域地方自治團體機能的降低也令人擔憂，地域福利的充實變得不可缺少。同時，發揮和靈活運用老年人的豐富知識和經驗，促進社會增長也成為重要的課題。

隨著超高齡社會的到來，立足於大轉換期社會的複雜化，促進身心的健康和重視醫療設施的充實變成尤為重要。

(2) 人性的重視

①展望

在確立尊重個人的尊嚴和人權社會的同時，寬裕的體味人生並生活，充實精神價值「豐富內心」，成為重視人和人交流的人性時代。

②課題

為了讓市民放心生活，消除各種的差異和偏見是必要的。特別是本市隨著國際化的發展，不論國籍和宗教、文化的差異，健全與否和老弱男女，可以預見人才交流的活躍化，創造並認同尊重彼此的人權、個性和價值觀的社會環境是非常重要的。

(3) 安全的確保

①展望

隨著社會的巨大變化和不穩定化，凶案活動的發生，隨著國際化的發展等，對安全的不安感逐漸高漲。確保安全，是都市的最基本、最重要的必要條件之一。

②課題

安全，是都市的魅力和易於居住的大前提。對於本市犯罪和交通事故多的現狀，對災害的對應、危機管理體制的強化，也包含了生活安全的確保是重要的課題。

(4) 生活基礎的充實

①展望

關於都市基礎的整備，需要在長期性視點計畫的搭配，不過，需與對殘疾人無障礙物和環境的關懷一起。定睛看人口減少社會的來到的效率性整備、管理，有效的利用，長壽生命化等的對應被要求。

②課題

是關於本市多年的課題，即交通和水資源確保。近幾年，整備前進了，不過，至今剩下了課題。

同時，本市的人口2015年為146萬人左右增加的事被預想，支撐交通、上下水道、居住環境等市民生活的基礎計畫的踏實，並且需要效果的、效率性的整備、管理。

3.對環境的關懷

(1) 展望

地球人口遽增，影響水、食物、資源、能源的供給，大量生產、消費、廢棄與浪費讓日本環境問題日益嚴重。福岡人是地球公民一分子，因此福岡應重新認識對賴以生存地球環境責任，讓本身發展活動與地球環境共存。

(2) 課題

　　一百年後福岡地區海平面最高會上升90公分，屆時福岡市海濱地區幾乎淹沒。在要求削減二氧化碳排放浪潮中，福岡碳排放仍以全國平均值2倍成長，這與事業體垃圾量處理有關，這一現象更加重都市熱島效應。因此節能徹底與垃圾減量，是關懷地球環境的生活實踐，同時搭配博多灣與脊樣子山等豐富自然的保全與綠色的創造，會讓福岡環境大幅改善。

　　隨著經濟發展，東亞環境跟著惡化，也給地球環境帶來嚴重負荷，偏西風的酸雨已帶給福岡地區嚴重環境影響。

4.都市活力的提高

(1) 資訊技術革命，對知識社會的對應

①展望

　　資訊技術革命的發展，在提供多種多樣的傳遞資訊、交流的手段的同時，也出現了新的商務機會和僱傭的誤配等，對市民生活和工作形態、產業形態等帶來重大影響。同時，以IT革命的發展為背景，預計將形成重視資訊、知識和智慧、創造性和獨創性的知識社會。

②課題

　　本市隨著市民的IT技術、能力的提高，以及中小企業資訊化的推進，要求靈活運用IT技術的都市活性化。同時，充分利用本市集積的大學振興科學技術，強化大學間和產學官的聯合，以知識社會為出發點的恰當對應是十分必要的。

(2) 來自地方中樞都市的飛躍

①展望

　　本市的經濟，即使在泡沫經濟崩潰後在全國來看，也呈現較穩定的上升趨勢。

　　然而，在經濟構造的變化中，由於流通領域的「抽成」，企業的

合併、重組、管理、間接部門的縮小等，產生出對本市經濟核心的批發機能及支店型經濟的影響，以及由於不良貸款處理的長期化，造成金融機能的降低等，預計今後也將處於嚴峻的狀況中。

同時，預計大學將由於少子化而造成學生數的減少、競賽的激化和大學改革的進行。此外，由於國家的行政改革所帶來的國家公務員的削減和特殊法人改革等，也讓人擔心本市對國家的派出機構的影響。

②課題

對成為本市的戰後發展基礎的批發機構和金融機構，分公司、支店和國家的派出機構，大學的集積的地方中樞機能所產生影響已經顯現，為謀求強化創業、創辦企業的支援和產學聯合、完善企業布局等積極的產業振興、及確保多種的僱傭機會，要求必須創造新的都市活力。

同時，本市有必要持續挑戰提高作為福岡、九州21世紀研究開發機構的領頭都市機能，必須積極地致力於那樣的實驗。

(3) 都市魅力的提高

①展望

預計全國性人口減少的社會即將來到，同時，由於國際化的發展，都市間競賽正在不斷進行。都市作為由於人的集會而創造出新的文化和產業的「集會場所」的作用不斷高漲。為吸引能夠提高都市吸引力的人，「都市的個性、魅力」就變成極為重要的必要條件。

②課題

發揮本市其獨特的歷史、傳統、文化，接近豐富的自然環境，在身邊即可享受多種樂趣的充實都市的特性的同時，形成富有魅力的都市空間、景觀，確保安全，提高道德、禮儀等，綜合地創造都市的個性、魅力並加以錘鍊，以及資訊發布等都是十分重要的。

此外，綜合的發揮近幾年的投資而充實的機場、港灣、都市高速

公路等都市基礎設施，以及商業、文化等的都市功能，謀求招攬客人也是十分重要的。

(4) 跟九州的聯合

①展望

近幾年，與東京圈經濟力和人口集中相反，九州中除了福岡縣外人口都在減少著，預計今後也會減少（九州7縣的人口2015年約1,320萬人。2000-2015年約減少25萬人，福岡縣以外約減少38萬人）。

九州把豐富的自然作爲背景的農林水產業，加上旅遊、鋼鐵、化學、造船業等，雖然有半導體和汽車產業等豐富多彩的經濟基礎，但是製造業向海外遷移、公共事業的削減、農水產品的進口增加等，可以預見其嚴峻的前景。

②課題

福岡市，是在九州的發展和合作中成長起來的都市。如果九州的人口減少，活力下降，本市也將受到很大的影響。

謀求九州自身的發展非常重要的同時，本市將與北九州市等各地域緊密聯合，活化了九州的自然、溫泉、祭祀、地域文化等豐富的地域資源和設施發展的交通網，專心致力與九州的活化是很有必要的。

隨著交通、通訊技術和便利性的高漲，九州與鄰接的中國和四國地方的關係正不斷加深的情況下，有必要謀求強化西南日本的聯繫。

(5) 國際化，亞洲

①展望

隨著國際化和資訊技術革命的發展，以及交通技術飛速發達，人、物、資訊的交流跨越了國界日益活躍，全球範圍的大交流時代已經到來。

　　隨著中國的經濟發展，在世界範圍內對於東亞的存在感日益高漲。特別是，與本市在地理上有密切聯繫的、增長顯著的東北亞，僅中國沿海就有4億6000萬人，與日本、韓國、臺灣合計將達到超過6億人的人口規模。如果考慮十五年後的發展，以本市為中心航空路線約3小時範圍以內的東北亞將大幅發展，包含東南亞的東亞，將可能成為繼美國、歐盟之後的經濟區域。

　　我國應該學習亞洲的高等教育，IT和港灣等基礎整備方面的先進機構的同時，也要預見到醫療、衛生、環境、能源、水、食品等地域今後也將日益嚴峻。

②課題

　　福岡、九州，處於連接日本和東北亞的有利位置，是我國的西大門，為謀求與東北亞的交流和聯合的緊密化，在新的文化和產業的創造，以及市民生活的品質與都市活力的提高方面加強聯繫也十分重要。

　　以謙虛的心態學習亞洲的生命力和活力的同時，對於亞洲的各問題的解決，在加強與國際組織、行政、大學、NGO等聯合的同時，福岡、九州對此所起的積極作用也非常重要。

　　立足於全球範圍內交流的活躍化，隨著強化市民和企業的國際競爭力，完備外國人的生活環境，透過加強與姊妹都市交流而充實市民的國際交流，透過應對國際犯罪確保安全，進一步推進本市的國際化。

　　機場、港灣、新幹線等的廣域交流工具，是支撐本市發展的活力源泉。

　　本市，需要立足於與世界、亞洲關係的緊密化，提高人、物、資訊的廣域交流機能。

三、政策目標與行動方案格式

以政策目標一：培養具有頑強體魄，有夢想、有希望的新一代說明

（一）2015年期待的面貌（值得期待的面貌）

1.孩子們通過和不同世代的人的交往，各種各樣的體驗、娛樂和學習，發展自己的個性，拓展自己的才能，對將來抱著夢想和希望，生氣勃勃的成長著。作為社會的一員，要培養一種責任感、自律能力，還有和別人協同工作的能力，培養臨機應變能力的同時，要身心健康的成長。

2.家庭還有生活中有許多人和培養孩子有關係，不管他們有多大年齡。有充足的保育服務，能得到鄰居的照料和幫助的地方，適合生養小孩。

（二）現狀和課題

1.本市的少子化迅速發展，晚婚化的推進，未婚率的上升等，都成為少子化問題加重的重要因素。由於需要工作，育兒經驗不足，附近又沒有可以交流的人，孤立的狀態會加重育兒的不安和負擔，所以有必要建立能夠安心生養小孩的環境，並配備相應的設施。

2.包含急劇增加的虐待兒童，欺負弱小，孩子不去上學自閉家中等思春期行動表明，關於孩子和青少年的問題正在複雜化、嚴重化。另外，社會規範和自制能力的低下，不良資訊和不良環境的氾濫，因此建立一個使孩子健康成長的環境變得重要起來。

3.由於世代的變遷，不僅要求孩子有基本的學習能力，還要求他們具有主觀判斷和自我主張的能力，也要有個性和獨創能力，還

有適應變化的能力。另外，孩子們失去自由空間的同時，和大自然的接觸，與人交流的體驗機會也在減少，孩子們的生活環境正在急劇變化。育兒和教育當中所要求的東西在變化當中，家庭、學校、地域和行政部門聯合起來，對現存的教育方式進行研究的同時，進行具體的努力也是很重要的。

（三）施策的基本方向

1. 建立一個尊重孩子權利的社會

(1) 基本方向

①孩子作為社會的一員，擁有最基本的人權，把孩子作為一個市民來對待，尊重他的自主性是很重要的。家庭、學校、地區和行政部門聯合起來，保障孩子作為人的權利，確保這個的同時要培養其自主參加社會活動的能力和規範意識，使孩子自身作為社會的一員，要承擔相應的責任。

②虐待兒童、欺負弱者、不上學、社會性的自閉症等，建立一個關於孩子、青少年的問題諮詢總體制的同時，要完善防止虐待兒童的措施。

③完善對思春期特有的對性、煩惱等的諮詢體制和設施，發展關於知識、生命的重要性等的健康教育。

④要豐富校內的道德、人權教育等心理教育，同時要強化教育諮詢體制。

(2) 主要的措施

①提高對孩子權利的認識

傳播關於孩子權利的規定，在學校或公民館或人權促進中心開展人權教育，通過促進人權，達到提高市民對孩子權利的保護意識的效果。

②促進兒童參與社會活動

　　透過在地區建立托兒所或公園等設施，以及積極建立讓孩子能夠發表意見的部門，努力反映孩子的意見。

　　以兒童參加社會活動爲契機，爲了使他們得到和各種人交流的機會，要促進兒童在該地區的活動和志願服務。

③基於孩子綜合問題諮詢中心（暫時稱呼）的諮詢體制的充實和強化

　　對應孩子和青年的各種問題諮詢的總和，同時借助兒童福利部門、教育部門等領域的連續幫助進行指導和援助。另外，構築相連機關、非盈利組織等網路系統，建立聯合體制。

　　努力做到對虐待事件的早發現、早解決，實施正確的方法對待虐待造成的心理創傷，同時要擴大依靠兒童養護設施和托兒所等機構的定額人數，加強兒童保健工作。

④加強教育輔導

　　轉讓學校輔導員，培訓具有相關技能的老師，有效利用大學生志願者解決小學生的煩惱和諮詢，針對解決欺負弱小和不上學等問題，強化教育諮詢體制。

2. 協助本地區建立健康養育孩子的環境

(1) 基本方向

①家庭、學校、地區和政府合作，研究教育、養育孩子的方法，在整個地區建立保護孩子的體制、機構，豐富孩子的住所、遊玩和體驗活動的機會，同時要預防青少年犯罪，促進環境的整治，加強使孩子、青少年健康成長的環境建設。

②建立使孩子和家長能夠自由見面的場所，同時支援照顧孩子的父母的志願活動，加強家庭和地區的養育孩子的支援活動。

③為了使孩子能夠健康成長，使孩子與不同年齡層的人或者老年人的交流，以及參加各種活動是必要的。有效利用作為地區社區、各階層市民聚集地的社區中心和教育基地的空教室及校園，以這樣的學校為中心，改善教育孩子的環境。

(2) 主要的措施

①在地區建立觀察教育孩子的機制

以小學校區為單位，促進使孩子健康成長的研究討論地區網的建立，同時建立由不同年齡和性別的人組成的機構，提供孩子和家長見面機會，支援地區培養孩子的環境建設。

②建設教育撫養孩子的交流沙龍

通過地區看管和照顧，孩子和父母自由見面，建立友好關係和資訊交流，解除養育孩子的不安心理，有效利用社區和空教室等既存設施，開設各地區教育撫養孩子的交流沙龍。

③Family support事業的推進

關於Family support事業，為了增加會員數量和促進會員間的交流，以改善該地區對養育孩子的支援活動。

④支援地區孩子養育事業的健康發展

關於留守家庭兒童的教育事業，針對入會兒童的增加和設施的老化，發展設備的改建和空教室的有效利用，同時努力健全領導體制，支援地區對孩子養育活動的健康發展。

在該地區，努力促進兒童健康發展和培訓專業人員，有效利用青少年養育聯合會和兒童養育協會等團體機構。

⑤提供孩子娛樂活動的場所和機會

以公園的改良、有效利用新建綠地為中心，在地區居民和孩子們、青少年參加的基礎上建立計畫、改善、管理機構，確保孩子可在無拘無束遊樂設施遊玩。

利用學校設施，放學後或節假日跨代交流，研究提供各種體

驗的場所和機會。

⑥促進各種體驗和交流

基於青少年發展協會、兒童發展協會等商業發展組織和社區中心專案，促進兒童之間及與老年人之間的交流。

提供孩子學習自然、科學技術、傳統文化、藝術文化，以及自我實現的機會，支持他們參加各種體驗活動。

⑦資訊提供、諮詢機制的完善

關於孩子和養育孩子的資訊，有關單位和機構合作，通過豐富的資訊雜誌和網路，為市民提供易於理解的資訊。

作為地區提供諮詢的地區村委會委員、兒童委員、主任委員，以及區家庭諮詢室，努力改善諮詢機制。

3. 發展21世紀孩子健康發展的教育

(1) 基本方向

①有效利用學校的集體生活，豐富對孩子的人際關係、社會規範、倫理道德等心理教育。

②讓孩子具有基本學習能力的同時，有效利用地區的人才，使孩子積極參加體驗學習，發展個性，培養他們的創造性和獨立判斷和完成任務的能力。另外，為適應新時代的要求，進行高等教育和殘疾兒童的社會自立教育，以及國際化、IT化等適應社會變化的能力教育，有效利用與亞洲各國的交流歷史和豐富的自然資源，發展21世紀福岡市獨特的教育。

③向地區說明學校的教育目標、經營方針和學校現狀等，獲得理解和幫助的同時，把體驗學習的場所向校外延伸，同地區合作共同進行學校建設。

④為了實行適應孩子和地區現狀的特色教育，有效利用學校的創意，推進自主自律的學校建設。另外，提高教職員工的能

力，建設適應孩子多方面能力的教育環境設施，謀求學校機能的進一步強化。

(2) 主要的措施

①促進培養豐富心靈的教育

進一步加強接觸自然和志願者活動等體驗學習的活動，推進道德教育、人權教育，培養社會奉獻精神，關心他人和感恩的心，以及獨立思考問題的能力。完善關於自己的生命健康的健康教育和飲食教育。

②推進培養發明、科學創造的教育

與地區的人才、企業、大學、非盈利組織等機構合作，確保進行發明、科學創造、藝術設計的同時能夠學習知識的機會，推進培養創造性、發展個性的教育。

③推進適應當今課題的教育

　A. 外語學習、國際理解教育的強化：加強外語教學助理，有效利用留學生和本國人才，支持去海外進修的同時，福岡縣和大學合作，強化從幼兒時期到學生世代的外語教育和國際理解教育。

　B. 資訊教育的完善：完善和有效利用福岡市學校資訊網路等所有學校對小學生使用網路的設備，培養適應高度資訊化通信社會的人才。

　C. 環境學習、教育的推進：家庭和地區合作，開展垃圾的減少、分類、回收利用等保護環境的活動，同時通過自然體驗活動，喚起人們對地球環境和能源的關心，並付諸保護行動。

④教育環境的完善

學校設施設備的完善和學校集團規模的靈活性，根據殘疾兒童教育上的多種問題，制定計畫努力將上學前的殘疾兒童納

入教育領域，完善對殘疾兒童的教育。

4. 創造安心成長的環境

(1) 基本方向

①為瞭解決無法進托兒所孩子的問題，完善托兒所設施，擴充夜間以及深夜的多種保育措施。另外，生產、養育孩子的休假制度和男性參加育兒活動的促進等，提高家庭和職場中男女共同分擔責任和參與意識，建設育兒和工作共存的環境。

②強化家庭教育的支援、諮詢機制，使消除養育子女當中的不安，同時完善針對妊娠期醫療和不孕諮詢的母子保健醫療體制。

(2) 主要的措施

①完善多種保育服務

為適應保育需要，完善包括新建設施的多種設備的保育所。

謀求長期保育、短期保育、殘疾兒童保育、夜間深夜保育、醫療機構等生病兒童的保育服務的多樣化和靈活性。

②建設良好的工作環境

努力使人們意識到並促進有效利用帶薪休假、產期休假的豐裕生活的普及。另外，關於積極有效利用產期、護理休假制度，向企業做相關的遊說工作。

③地區對支援孩子養育制度的完善（再次提到）

根據地區的看護、支援，開設孩子和家長能夠自由見面交流的沙龍，同時推進家庭支援中心事業和留守家庭孩子的培養事業的發展。

④育兒不安的減輕和消除

有效利用嬰幼兒健康診斷和家庭訪問中的個別諮詢、幼兒不安和壓力比較大的母親們的諮詢等，完善養育孩子的諮詢機

制，減輕和消除育兒的不安。

⑤ 支援單親家庭

在地區家庭諮詢室和母子福利中心，完善針對母子、父子家
庭的諮詢體制。另外，對於經濟困難的母子家庭，加強對她
們的機能培訓，以及與相關部門合作促進就業。

第二節　紐約市2030計畫

一、前言（內容）

三十年前，對紐約的未來進行長遠規劃似乎是沒有任何必要
的。

過去的紐約只能應付眼前危機。政府疲於防止破產，商業凋
敝，人們無家可歸。公園長滿了荒草，社區破爛不堪，地鐵系統崩
潰，犯罪率逐漸上升，漸漸失控。紐約給人感覺不安全、毫無誘人之
處，政府失效，無藥可救。然而今天，這都市卻是空前的強大。公共
交通使用率達到五十年來最高，而犯罪率卻在四十年裡最低。我們有
著評價最好的債券和最低的失業率。去年來紐約旅遊的人數達到創紀
錄的4,400萬。紐約人的平均壽命自二戰以來第一次超過全美平均水
準。我們現在的人口數量也高於以往任何時候。

搬到紐約居住一直被視為一種樂觀主義行為。要搬來紐約，你要
對未來充滿期待，並擁有勇氣去追求你的夢想；你要相信這個都市會
帶給你機遇，並且毫不猶豫的抓住他們；你必須相信你可以透過自己
的辛勤工作和聰明才智來實現未來目標。總而言之，你必須勇於接受
挑戰。而這個規劃，則來源於這種精神。

我們今天面臨的挑戰雖然和上世70年代的遠遠不同，但他們具
有相同的迫切性。我們的人口將在2030年達到900萬，然而大多數的

基礎設施都有一個世紀的歷史，並且看起來十分破舊。即使我們重新整修了五大城區，空氣、水、土地的品質也依然十分糟糕。並且我們今天正在面臨一個更嚴重的潛在威脅：全球氣候變化。

這個規劃旨在解決這些問題，並保持我們過去三十年來取得的成就。它旨在尋求積極的解決方案，而不僅是被動的應對方法。上世紀70年代的經驗教會我們投資未來並非是一種奢侈，而是必要的。正是基於這種考慮，我們要制定這個規劃來確保我們的孩子們擁有一個更加美好的都市。

現在是進行長遠規劃的時候了。不用說三十年前，即使是五年之前，我們也無力面對現有的這些挑戰。在經歷了九一一襲擊之後，我們只在為明天而計畫，而不是下一個十年的發展規劃。但是我們的經濟超乎預期地快速反彈，使得我們今天有機會去進行更長遠的規劃。我們也有責任這樣做。因為只有這樣，才能避免重蹈上世紀70年代的覆轍。

現在是為紐約擔負起從長計議責任的時候了。我們為我們的孩子們留下的都市，將取決於我們如何把握現在，做出果斷的決定且將決策貫徹落實到底。

這個規劃並不能取代都市的其他努力，譬如遏制犯罪、削減貧窮、發展教育和公共服務。在這個規劃中，我們關注都市的物質建設和為未來創造機遇的能力。我們已經仔細分析那些確實存在的，並有礙於改善我們日常生活水準的障礙：遙不可及的住房供給、沒有足夠娛樂場地的居民區、需要升級汰換的舊供水系統和電力系統、擁擠的道路和地鐵。如果不應對這些挑戰，他們將不可避免地危及到我們的經濟發展和生活品質。

我們可以做得更好。同心協力，我們將創造一個更綠色、更美好的紐約。

（一）我們的挑戰

在這一情形下，我們找出了紐約面對的三個主要挑戰：增長、老化的基礎設施和越來越不穩定的環境。

（二）增長：開放紐約

紐約人口的變化通常由兩個方面的力量而決定。一方面是其他地方悠閒的生活，吸引人們離開紐約居住；另一方面是紐約的活力和開放，使之從美國甚至是世界各地吸引新的居民到紐約來居住。

在20世紀前五十年的歷史中，我們的人口每十年都會顯著的增加。五個城區逐漸融合成一個都市，地鐵線路不斷擴展和大量的移民都促成了紐約人口的增加。正是在這些力量的作用下，在1900年至1930年的三十年間，紐約人口由340萬猛增到690萬。

到1950年，紐約的人口已經達到790萬。然而在此之後，戰後的紐約人越來越體會到郊區生活的美妙。儘管依舊有國內居民移居到紐約，但是在西賈斯特、長島和新澤西嶄新的獨棟樓住房的強大吸引力下，紐約的人口增長開始停滯不前。而在上世紀70年代，上升的犯罪率和陡降的生活品質，使紐約人口減少了80萬。

在過去的三十年內，我們花費了大量的精力，辛勤地恢復紐約市的生活品質。至1993年，22%離開紐約的紐約人指出安全問題和學校質量是他們離開的原因；而在2006年，只有8%的人因為相同的原因而離開。此外我們都市諸多的機會是吸引國內乃至全世界移民的主要因素。紐約市的再次復興，將我們的人口增加到了歷史最多的820萬人。我們的人口組成同樣是歷史以來最多元化的。今天，60%紐約人出生在國外或者是移民的子女。

如不考慮移民政策變化或是都市生活品質改變的可能性，都市規劃局預計紐約人口到2030年，我們的人口將會超過900萬。這相當於把波士頓和邁阿密的全部人口相加到五個城區當中。

　　人口的增長將會帶來許多的機會。我們將會增加75萬個工作崗位，而醫療保健和教育行業會從中獲得最多的增長。我們需要新建6,000萬平方英尺的商業空間來容納新的工作崗位，這將會使曼哈頓下城以及哈德遜工廠、長島市和布魯克林中央商務區再次繁榮。爲了保護我們現有50萬崗位的工業經濟體，我們已經建造了18個工商業開發區。

　　旅遊業是紐約發展第三快的行業，而新增加的遊客數量將會推動這一行業的增長。我們的旅遊業從1991年到現在翻了一番，從當時的230萬人次增長到2006年的440萬人次。即使旅館和機場的容量將限制這個增長，我們預測到2030年遊客人數將會依然超過650萬。

　　人口增長同樣會帶來許多回報。由於稅收人口基數擴大，我們將會從增加的工作、遊客和居民手中多獲得130億美元的年稅收入，這筆收入將會幫助我們爲下幾頁提到的幾項舉措提供資金，也將會爲我們的居民、公司、工作者和遊客提供他們應得的服務。

　　但是未來的增長和過去二十五年來的增長，將會有根本性的變化。

　　當初爲了使我們的都市復甦，將資金投入到了維護項目和修復項目當中，我們投資社區、整修公園、清掃堆積路面的垃圾和維護地鐵的安全運行。我們復原了已經被破壞到不再宜居和安全的部分市區。簡而言之，我們花了二十年時間，以大量人口流失爲代價，恢復了我們都市容納居民的能力。

　　雖然我們已經恢復到過去的容貌，但是也開始感到進一步的壓力。更清潔、更可靠的地鐵系統吸引了大量的乘車人，這造成許多的鐵路線的擁擠。這不僅僅是客運問題。據最近的調查，越來越多的交通堵塞使我們每年都要損失130億美元。到2030年，每一條道路、地鐵和鐵路交通，都將不勝負荷。

　　工作者不得不搬離市區才能購買得起房子，這使得我們的通勤

線路為全國最長的。社區正在擴張，而我們卻不能保證有足夠的公園和開放空間來創造健康的社區，我們的社區不應僅僅是房子的集合體。

（三）基礎設施：維護紐約

　　人口的增長將會為我們歷經老化的基礎設施，增加負荷壓力。紐約率先採用了許多促成現代化生活的系統設施──無論是愛迪生在曼哈頓下城開啟了世界上第一個商業化電力照明系統，還是1840年的第一套現代化都市供水系統，或是數以千計的工人、工程師和建築設計師四次協力，建造了當時世界最長的橋梁。然而，我們這些當時最領先的創造，也意味著我們的各個系統現在已經是全美最陳舊的。

　　我們是一個依靠電力生活的都市，然而我們的一些電廠是在上世紀20年代建造的，而且我們的電廠依靠的是一些過時的、高汙染的技術。我們的地鐵和高速公路系統是綿長並被高強度使用的，然而大約3,000英里的道路、橋梁、隧道，以及絕大部分的地鐵線路需要維修。為紐約第一個家庭供水的兩個水管道系統，也有七十年沒有進行檢修了。我們缺乏足夠的冗餘資源，來對設備進行維護和必要的檢修。

　　我們已經看到了因對公用事業設施缺乏足夠投資而產生的惡果：在上世紀70年代的財政危機時期，我們的街道布滿了數以百萬計的坑窪。到1982年，由於火車誤點和車廂破舊，地鐵使用率倒退到1917年的水準。許多橋梁幾近倒塌。威廉斯堡大橋由於工程師發現其外車道處於墜入溪河的邊緣而停止使用。更著名的是，曼哈頓西區高速公路的塌陷致使一輛貨車顛覆。

　　近來皇后區的斷電再次提醒我們，一個可靠的基礎設施的重要性。這就是為什麼當我們緊急應對增長的同時，必須設法維護並升級支持紐約的各個系統。

（四）環境：綠色紐約

由於我們的人口增加和基礎設施老化，我們的環境將繼續孕含危機。

在過去的二十五年間，我們已經在治理本地環境方面取得了相當的成績。那些本來連觸摸都相當危險的水域，已經可以用來划船、釣魚和游泳。過去塵埃處處可見的空氣又重新清新起來。

《清潔空氣法案》在1970年制定，然而紐約的許多繁華區域仍然沒有達到聯邦對於空氣中臭氧和煤煙含量的要求，紐約的氣喘發生率也是全美最高的。《清潔水法案》在1972年生效，然而在那些圍繞海岸線並且穿過居民區的小溪和人造運河中，仍然有52%的水體連划船的清潔安全都不能保障。儘管我們已經清理了全市數百個宗地，然而現在依然有多達7600英畝的土地因爲歷史上的汙染問題而阻礙其發展，並威脅當地居民的安全。

（五）氣候變化

1. 與這些問題相對應的是一項越來越危及的挑戰：氣候變化

在二月，政府間氣候變化專門委員會發布了一份報告，證實人類活動已經加速了氣候變化的影響。爲此，人們看問題的角度也改變了：我們不再質疑全球暖化是否存在，而是我們應該做些什麼。

這是一個全球性的問題，但是紐約已經開始感受到它的影響了。作爲一個沿海都市，紐約顯得尤其脆弱，我們的冬天更加溫暖，都市周圍的水面開始上升，在大西洋海岸線發生的風暴也更加暴虐。

2. 全球化挑戰和當地語系化效應

全球暖化和氣候變化是由大氣中日益增多的溫室氣體引起的。二氧化碳作爲最常見的溫室氣體，由機動車輛、電廠和鍋爐在燃燒

化石燃料時釋放出來。他們在大氣中聚集，像是溫室的保溫薄膜一樣讓陽光穿過，但不讓地表的熱量散發。全球氣候變化的事實已無可辯駁。今天大氣中的二氧化碳含量比工業革命開始時高出30%。在同一時期全球平均溫度上升了華氏2度。其實我們並不需要閱讀這些全球平均數據，就可以理解氣候變化是如何影響我們的健康和未來安全的。

到2030年，本的氣溫將會上升華氏2度，並且由於都市基礎設施吸收和保留熱量的效應，紐約市將會比其他區域更加受溫度升高的影響。這種「都市熱島效應」意味著紐約通常比周圍的郊區高華氏4-7度。而且不僅是夏天更熱，在2006-2007年的冬天，中央公園直到1月12日才有降雪，這是1878年以來最遲的降雪。

我們同樣面臨海平面上升和強力風暴的威脅。在曼哈頓下城的炮臺港，港口的水位在過去一百年中上升了1英寸，並且可能在2030年前上升5英寸或更多。由於擁有600英里的海岸線，並且有超過50萬居民現在生活在洪氾區，氣候變化對於紐約尤其危險。現在的海平面高度已經使我們可能每八十年遭遇一次過去「百年一遇」的洪水，並且可能在2020年代提高到每四十三年一遇，而在2050年代變成每十九年一遇。根據預測，二級颶風將會為紐約帶來除了邁阿密之外的全美都市裡最大的傷害。

（六）防止全球變暖

科學家們表示只有大規模的削減世界範圍內溫室氣體的排放，在21世紀中葉前減少60-80%，才會阻止全球變暖的進程。

沒有一個都市可以單獨解決這一問題，但是紐約擁有獨特的能力去幫助設定一套解決方案。紐約市巨大的都市規模意味著其對全球溫室氣體排放的影響是十分顯著的。在2005年，紐約排放了換算為5,830萬噸二氧化碳的溫室氣體，大約是全美排放量的1%，或是相

當於愛爾蘭或是瑞士的排放量，這一數字每年增長大約1%，主要來自於人口和經濟的雙重增長以及電器和空調的增加。如果不採取行動，到2030年，紐約市的碳排放將達到大約7,400萬噸。

我們的碳排放來自很多管道，但主要受三種因素的影響：一個是我們居住房屋的效率，這將決定我們消耗多少供熱燃料、天然氣和電力；另一個是我們產生電力的方式，尤其是那些低效的電廠比設計精良的電廠產生多很多的二氧化碳；第三個是交通，包括很多我們的駕駛里程及我們需要的貨車運輸里程。

然而我們的人口密度，住宅樓與數量和對於公共交通的使用同樣意味著我們是全美碳利用效率最高的都市之一。紐約人均二氧化碳排放量比美國平均水準低71%。因此，選擇在紐約居住，會自然而然地減少自身的溫室氣體排放。減緩全球變暖的過程需要全世界的聯合行動，但是我們也不能坐等他人來率先行動。我們也不應該那樣。紐約永遠都是應對現代危機的先驅者。這次我們也會義不容辭的繼續作為先驅，起身面對21世紀決定性的挑戰。

（七）我們的規劃：紐約都市規劃

我們一年多以前開始嘗試發展一套策略，來平衡紐約市有限的土地和不斷增長的需求。然而我們很快發現把這作為單一的目標是不夠的。我們所面臨挑戰的規模性、複雜性和相互依賴性需要一個綜合的解決方法，一個決策往往會對另一個決策產生不可避免的影響。任何問題放在孤立的環境中，我們都有許多可行的方案，但開發一個具有綜合性和時間連貫性的整體解決方案，則需要更開拓的思路。

如果你想透過修建更多的道路或是擴充公共交通來緩解交通堵塞，你的決策會改變這個都市。如果你想要削減碳排放，那麼就推行一些相應的能源解決方案。如果你關注的不僅是新建住房的數量，而是他們對社區的影響以及住房價格的合理性，那麼你的建議就會與眾

不同。

　　這就是為什麼我們在尋找解決方案的時候，不僅要權衡今後二十年內紐約將面對的種種限制因素，並且要考慮在決策中明確體現基本價值觀。我們的一些基本價值觀是：經濟機遇可以並且必須從人口增長中獲得；都市的多樣性必須被保留；健康的環境不是一種奢侈，而是在創造一個公平、健康、可持續都市過程中，居民的基本權利。

　　當今的世界和半世紀前的世界已截然不同。我們的競爭對手不僅僅是芝加哥和洛杉磯，而倫敦和上海也躋身世界舞臺。全世界的都市正在努力地創造更加便利和舒適的環境，變得更有熱情和活力。為了在二十一世紀的經濟競爭中獲勝，我們必須追趕其他都市的創新速度，並超越他們。

　　我們並不是孤軍奮鬥，已由都市環境、商業、社區和法律領域的領袖組成永續發展委員會，在都市規劃各階段為我們提供幫助。我和哥倫比亞大學地球學院、紐約大學、紐約都市大學和其他地方的科學家和教授，一起努力來瞭解我們所面對問題的政策歷史、經濟和科學背景。在12月到3月這三個月期間，我們進行了更深一步的調查研究。

　　什麼是我們心目中的紐約？我們向紐約提出了這個問題。在過去三個月中，我們收到了來自網路數以千計的電子郵件，其中提供了各種各樣的想法；我們在會議中聽取了千餘位市民、社區主委和團體倡導者的意見；我們會見了一百多組倡導者和社區團體，舉行了十一次市政廳會議，在全市進行宣講。在這個過程中，我們收穫了大量的新想法，這讓我們重新思考，重新調整了一些問題的優先考慮要素。

　　在多次探討過程中，一個核心思想出現了：紐約市的優勢在於其集中、高效、密集和多樣性；在於紐約人，但更重要的是它無盡的創造可能性。我們必須發揮和加強這些優勢。我們工作所產生的方案，將會是在紐約現代歷史中最有影響和最廣泛的提高都市環境規

劃。我們關注都市環境的五個層面：土地、空氣、水、能源以及交通運輸，我們已經設計了一套可以作為21世紀都市發展範本的規劃方案。這個規劃列出了一些有效使用土地的要點，這使紐約在容納人口巨幅增長的同時，在每一個社區創造出價格合理的、可持續性的住房和開放空間；規劃列出了提高都市空氣質量舉措的細節，強調應該讓每一個紐約人都可以呼吸到全美大都市中最清新的空氣；我們要保護水質的清純，並且確保全市擁有可靠的自來水供給；規劃提出了新的能源規劃，不僅能夠滿足都市對可靠性的需求，而且將會改善都市的空氣質量，並每年節省數十億美元的支出；最後，規劃提出了要改造都市的交通運輸網絡，這將是自地鐵系統在20世紀初擴張後從未見過的規模，並為這一過程提供資金。這些策略是相互依賴並層層遞進的。譬如，鼓勵公交導向發展不僅僅是住房策略，這同樣會減少我們對於汽車的依賴，並且緩解交通堵塞和提高都市空氣質量。

我們同樣發現，每一個明智的選擇都會有一個最終影響：減少碳排放。從根本意義上講，這是維持我們都市，使其維持可持續性的真正要害。這套規劃既不容易實現，也不會一帆風順。規劃不僅需要大量的資源投入，也同樣需要強大的意志力來貫徹實施。在某些情況下，行政問題往往是棘手難題，我們必須使政府機構和我們的區域合作夥伴緊密合作；在另外一些情況下，政策法規是主要的挑戰。這個規劃號召各個層面的改革，包括市級、州級、乃至聯邦政府來參與對交通運輸投資、能源改革，以及國家或州級溫室氣體政策的制定。

最後，我們需要考慮資金的問題。以往幾代的紐約人忽略了融資的重要性並飽受其帶來的影響。這次我們不能再犯相同的錯誤。規劃中的每一個提議都有其相對應的融資方案，有些來自都市財政預算，有些則通過新興的融資管道。當我們為這些基礎設施進行有效合理的投資時，他將回饋給紐約人，並為下一代帶來無盡福祉。

這個計畫會讓紐約成長，同樣也會帶給我們成長所需的資金。

通過引導和規劃這一增長，我們相信紐約可以為910萬人口提供一個比現在820萬人口所擁有的更加便利、更加美麗、更加健康、更加平等的都市。在12月，我們將向紐約人提一個問題：你們在2030年還會深愛這座都市嗎？這份報告的首先目的就是要讓這個問題有一個明確的答覆：會的！我們的規劃：為了創造一個更綠色、更美好的紐約。

二、部門計畫

（一）土地

目標：為大約一百萬新增的紐約人創建家園，同時保障住房的價格合理性和可持續性，確保所有紐約人居住在公園的「10分鐘步行圈」內，清理紐約市所有被汙染的土地。

雖然我們都市的方方面面都在增長，但土地的供給量是維持不變的。這就是為什麼我們要更高效地利用我們的土地，已達到要容納人口增長的同時，維持並提高都市的生活品質。

1. 住房

為了滿足人口增長的需求，我們需要在2030年前建造26.5萬間額外住房。我們有能力去容納這種增長，但是如果缺乏計畫性的發展，我們都市的住房是無法維持價合理性和支持可持續發展的要求。

這就是為什麼我們要增加30萬至50萬間住房供給潛力，以降低土地價格並且使人口的增長向公交覆蓋的地區發展。這種公共交通導向型的發展將會受到公眾的支持，並能創造出更多的住房機會，諸如在與當地居民磋商的前提下進行大規模的重新規劃，將是屬土地的效率提到最高，以及探索在高速公路和鐵路周圍開墾新土地的機會。

我們也必須為住房的價格合理性提供補助的策略，比如創新性的

融資方式，更多地運用包容性地區區劃，以及爲紐約低收入居民提供購房產權項目。

透過在這些領域付出更多的努力，我們可以確保新增的住房和紐約所倡導的公平機遇的願景相符合。

2. 開放空間

儘管我們在過去五年增加了300公頃的公園，並且正在著手建造更多，但仍然有200萬紐約人，包括數十萬的兒童，住在離公園步行超過10分鐘的地區。

這就是爲什麼我們在每個城區投資新的休閒設施，開放數百個校園作爲本地娛樂場地，土地復墾指定爲公園但從未開發的場地，並且透過增加燈光照明和草地，延長現有場地的使用時間。

我們將通過在每一個社區增加新綠化帶和公共廣場，來美化街道和人行道，這也是創造更吸引的公共領域的部分策略。

3. 宗地

我們對土地的需求意味著我們必須草率重新使用，那些之前因爲汙染而被荒廢的土地。

因此，我們需要加速現在對宗地的清理計畫，並使其更高效，更能應對有紐約發展特色的挑戰。我們將制定都市針對性的補救導則，嘗試新的時間節省戰略，並組建新的都市宗地辦公室，以加速重修過程。

我們要倡導爲現有的州級項目強化合格標準，同時設立新的都市項目來監管剩餘的區域。我們會要求州政府發放社區法展補貼，並且激勵開發商與社區一同努力，這樣居民會對社區未來發展規劃更有發言權。

但是如果我們不知道汙染地區的具體位置的話，就不能夠完全清除汙染。因此，我們開始了一系列識別汙染土地的工作。

　　為了鼓勵更廣泛的檢測活動，我們將建立循環式治理基金，通過和私營企業合作，共同為項目提供資金。

　　我們將使宗地的解決方案更整體化，包含更多方面。我們的工作需要確保過去殘餘的土地，將會為我們的可持續未來做出貢獻。

（二）水

　　目標：透過保留自然水域和減少水汙染來開放我們90%的水道，作為市民的遊憩場所。為老化的供水網絡提供急需的備用系統，以確保長期的可靠運作。

　　我們在水資源方面有兩個主要的挑戰：保障我們飲用水的清潔可靠和保障紐約周圍水道的清潔性和可用性。

1. 供水網絡

　　我們擁有充足的自來水供給，但是我們的供給系統面臨著挑戰。水管和水道這樣的重要設施是不能停止工作的。都市發展已經開始危及到水域的安全，所以我們必須持續地警惕我們的水庫被汙染。

　　我們必須為克羅頓系統建造新的過濾水場來保證水資源的質量，並且繼續積極執行水域保護項目來確保卡基爾和特拉準系統的安全。

　　我們將透過一系列行動為程式的水管建造冗餘系統，像水資源節約措施，充分利用新建基礎設施如新克羅頓水管來運輸現有的水資源，並且評估潛在的新水資源——像地下水。

　　最後，我們必須維修和升級市內供水管道，這意味著需要成三號輸水隧道的工程建設。

2. 水質

　　紐約是世界上最大的濱水都市之一，擁有600英里的水岸線。濱

水區的復興，是過去五年來五大城區的指導方針之一。

現在是來改造水道本身的時候了，特別是汙染最嚴重的支流。我們會升級我們的廢水處理設施，同時執行實踐證明的策略，譬如綠化街道、植樹，以及拓展我們的藍帶計畫。我們同樣會尋找其他的自然解決方案來清潔我們的水系，並通過新的機構間最佳管理實踐專題小組的協調來設立試點項目。我們同樣會開始評估對濕地的保護工作，這是我們邁向更廣泛性政策的第一步。

透過這些舉措，可以恢復紐約市的自然生態以及供休閒使用水道的面貌。

（三）交通運輸

目標一：透過為居民、遊客、工作者增加數百萬客運能力，來改善出行時間

目標二：紐約歷史上首次全面實現道路、地鐵和鐵路的「良好維修狀態」。

紐約的成功永遠都是由交通運輸網絡的高效性和規模性驅動的，但是在過去的五十年中，紐約在這方面投資明顯不足。

儘管我們已取得了巨大的進展，但我們的客運系統和道路還全面設置良好的維修狀態。更值得注意的是，實際上所有的地鐵線路、河道岔口和通勤鐵路在今後的幾十年內都將超越負荷，這使得交通運輸成為紐約未來增長最嚴重的潛在障礙。

我們正在建議一套完整的交通運輸規劃，其可以使我們滿足2030年甚至更長遠的需求。我們會通過擴建主要基礎設施、改進公交車服務、擴張渡輪系統和完成自行車總體規劃等策略，來有效改善客運網絡。我們同樣需要透過有效的道路管理和交通堵塞費，來減少不斷惡化的交通堵塞。交通堵塞費是一種經過實踐證明的策略，它透過每天向司機在人口最密集的商業區道路收取使用費來緩解堵塞。

　　我們知道我們應該做什麼。但是必要的客運擴張已經停滯了，在某些情況下已停滯了數十年之久。今天，沒有一個主意要的擴展項目得到了充足的資金，現在總共有300億的資金缺口。

　　這就是為什麼我們要建立一個新的區域融資實體──SMART籌資局，從三個資金來源為我們的項目提供支援：交通堵塞費項目的收入、紐約市前所未有的投入，以及我們向紐約申請配套資金。籌資局將會填補現在的資金缺口來支持急需的客運擴張，以及未達到良好維修狀態而提供一次性補助，使我們區域達到全新標準的流動性。

（四）能源

　　目標：透過升級能源基礎設施來為每一個紐約人，提供更清潔、更可靠的電力。

　　紐約人正在面對不斷增長的能源消耗、空氣汙染，以及溫室氣體排放等問題，這是由於缺乏協調規劃、設備老化和人口增長造成的。

　　我們需要從兩方面雙管齊下，提高都市清潔能源的供給和減少因人口增長而引起的能源消耗，這一方式還有先例可行。

　　我們將會鼓勵與新型清潔電廠簽訂有保障的合同、推廣對最低效電廠的改建，以及建立一個可再生能源市場使之提供更多的能源。這些新能源供給能讓我們退役老舊的、高汙染的電廠，清潔我們的空氣並且減少溫室氣體排放。

　　為了降低需求，我們會針對最大的能源消耗者、機構建築、商業和工業建築、多戶住宅，同時透過一個激勵、規範和挑戰系統來加速提高能源效率。需求的降低將會幫助所有紐約市民降低電價。

　　總而言之，這些策略將會構築一個可靠的、價格合理的、可持續發展的能源系統，但是現在沒有任何一個單位有能力實現這一目標。所以我們需要和州政府一同努力，建立紐約市能源規劃局。

通過管理需求和增加供給，紐約市總體供電、供熱費用將會減少20-40億，這意味著到2015年每戶紐約家庭每年將節省大約230美元的能源開支。

這不僅僅能構建一個更健康的環境，更能幫助我們推動經濟的發展。

（五）空氣品質

目標：擁有全美大都市中，最清潔的空氣品質。

儘管近期有所改善，紐約市的空氣品質始終劣於聯邦標準。在紐約社區裡隨處發生的哮喘病持續高發率，就是最明顯的例子。

我們將會繼續向州和聯邦政府施壓，規定減少有害氣體排放，同時我們將積極有效地控制地方排放源。交通運輸在本地空氣汙染中占有50%的比重，因此我們將鼓勵紐約市民使用公共交通。除此之外，我們將會頒布規定、推廣及激勵提高燃料效率，使用更清潔的燃料，更清潔或更先進的引擎和採用防空轉技術。

我們同樣必須處理其他主要的排放源：建築物和電廠。這意味著使用更清潔的能源供熱和退役汙染型工廠。

我們在開發空間上的主要舉措，譬如植樹，將會有助於我們成為全美大都市中，最好的空氣質量這一目標。

為了追蹤我們的發展進程和調整方案針對性，我們將開展全美最大的一項本地空氣質量研究。

（六）氣候變化

目標：至少實現30%的溫室氣體減排目標。

所有這些舉措需要應對的是當前最首要的挑戰：氣候變化。科學家已經預測，除非在本世紀中葉前大幅度減少溫室氣體的排放，氣候變化的影響將會是不可逆轉的。像紐約這樣的沿海都市將是最危險

的。

　　幾乎我們所有的行動，從打開電燈到踏入汽車，都會釋放一定程度的二氧化碳。

　　因此，在本規劃裡的所有舉措都可以歸納為氣候變化策略。所有紐約都市規劃的策略──從減少汽車數量到興建清潔電廠，再到應對建築物的低效率──這些都會幫助我們減少排放。

　　同樣地，擴大我們的都市同樣可以幫助我們對抗全球暖化。透過接納90萬的新居民，而不是讓他們住在美國的其他地方，我們可以防止1,560萬噸的額外溫室氣體排到空氣裡。

　　我們同樣可以通過長期的努力，來制定一套全面的氣候變化適應戰略，使紐約為已經無法避免的氣候變化做好充分的準備。

三、部門規劃格式：以住宅為例說明（我們的住房規劃）

　　繼續執行公眾導向型地區的重新區劃策略，分十二項方案：

（一）尋求公共交通導向型發展

（二）復墾未完成利用的濱水區

（三）增加公共交通的選擇以刺激發展

（四）擴大政府機構之間用地共用

（五）為舊樓開發新用途

（六）開發閒置的地區以連接社區

（七）捕捉交通基礎設施投資的潛力

（八）在鐵路工廠、鐵路線和高速公路上空搭建住房，開發有針對性的經濟適用房項目

（九）發展新的融資策略

（十）擴展包容性地區區劃

（十一）鼓勵購買住房

（十二）保證紐約市現有經濟適用房存量

其方案說明於後：

就在十五年前，威廉斯堡和綠點區的河岸是非常落後的區域。東河沿岸製造業受損之後，大部分活動慢慢消失。到2000年，這些河岸和附近的居民區只剩遺留的老屋、空置和汙染的濱水區，以及被新一代布魯克林人重新利用的廢棄工業樓，以作為住房、畫廊和工藝產業。

在整個紐約市，許多曾經具有生命力、動力、商業活力的土地，被成片地遺棄。由於第二次世界大戰後工廠和港口的關閉，這些土地與居民區隔，碼頭閒置著、舊建築物空置著。我們的經濟發展了，但我們的土地利用卻沒有。而最近，這開始發生改變。

紐約市在2002年宣布了一項計畫，對綠點－威廉斯堡的濱水區重新混合組成約1萬套新住房，其中三分之一是經濟適用房。已經有超過2,000間住房得到施工許可證，第一階段的水濱休閒大道正在建設中，而已在2009年動工。

綠點－威廉斯堡項目是在1961年的地區重新區劃後，對都市景觀改變最大的行動之一。在過去五年裡，近4,500個街區被重新區劃，還有更多的正在進行中。

紐約市以計畫將曼哈頓中城占地300英畝的哈德遜工廠，包括鐵路工廠、汽車修理店和停車場，轉變為集商業、住宅和酒店用途為一體的多功能區。切爾西西區倡議扶持集中在當地的藝術業，並提倡將老化的廠房和街區改造成新住宅和商業空間。該社區的焦點是一座由廢棄高架鐵路改造成的世界級高價公園，而地區重新區劃正重塑著都市中這個最獨特和發展飛速的社區。

與此同時，我們也力求保護每個社區獨特的歷史性和風格特色，以維持其原有風貌。每個街區應依其特色分別規劃。例如：如何保留街道兩側的高級住宅是最近在公園和南公園坡區進行重新區劃的首要宗旨，但我們同時也要將第四大道的用途升級，以增加高樓大廈

的密度。

　　展望未來，我們在對公眾發起的地區重新區劃時，要確保市內各社區的獨特性得以維護。我們會尋求以下這三個機會：向交通便利地區引導增長；復墾我們閒置的濱水區；透過擴張客運來推動沿線地區的發展，就像一個多世紀前地鐵爲我們帶來的影響。

　　所有這些重新區劃的行動，將有潛力創造54,000-80,400間住房。

（一）尋求公共交通導向型發展

　　我們將利用地區重新區劃的機會，向交通便利地區引導增長。

　　紐約市地區重新區劃的核心是尋找鄰近交通樞紐的主幹道，其道路容量和便捷的客運能夠支持人口密度的增加。當人們可以選擇不同的公交運輸方式時，居民區的增長對現有公交設施才不會帶來太大的壓力。

　　牙買加中央商務區就是這樣一個例子。在這裡，J、Z、E路地鐵和長島鐵路共同連接通往甘迺迪機場的輕軌，使其成爲出入紐約的重要通道。因此，牙買加商業區是一個重要的交通樞紐，每天有超過95,000名的乘客通過該地區的六個地鐵站口。這種交通密集性意味著只需適度的基礎設施投資，可容納成千上萬的居民和企業，而不會爲當地的道路增加負荷。

　　但是，牙買加地區的區劃自1961年以來就沒有改變。這種過時的區劃，加上人口密度的限制，是阻止牙買加地區發揮當前和未來經濟潛力的主要障礙之一。這就是爲什麼紐約市正在與相關利益者，社區居民和地方官員共同審查與討論牙買加規劃。牙買加規劃將以該地區的優勢爲基礎，促進可持續增長。這是在紐約市歷史上一次大型的重新區劃。

　　紐約市也有其他的例子。在康尼島地區，新改建的史提威大道

地鐵站是布魯克林幾條地鐵線路的終點，包括D、Q、N和F路。康尼島戰略規劃將促進以該交通樞紐爲中心的發展，維護該地區的歷史景點，並在空置的市屬土地上建造經濟適用房。

（二）復墾未完全利用的濱水區

我們將會繼續恢復對都市裡，閒置或空置濱水區的利用。

雖然都市的濱水區曾經是繁榮的運輸和工業中心，但它的這種功能卻在過去六十年裡不斷衰退。今天，紐約市578英里的濱水區爲我們提供了一個絕佳的大型住宅建設發展機會。已經有超過60英里的河岸土地正在復墾中。與此同時，紐約市還在評估另外一些大型的項目，以實現像綠點——威廉斯堡濱水區重新區劃所達到的相似目標。

布魯克林區內的格望納斯運河曾經是很發達的水路，兩岸的土地現在已經被發展成爲多功能的社區。由於工業用地需求有所降低，土地用途研究報告可以評估在此地進行住房建設的可行性，同時並保持社區的現有特色和現有工業的發展。就像皇后區阿斯托利雅河岸在擴展居民區用途時，同時提供了便利的水濱設施。

（三）增加公共交通的選擇以刺激發展

我們將會通過擴張公共交通來推動沿線地區的發展，就像一個多世紀前地鐵帶來的影響。

今天，超過250萬紐約人生活在離地鐵站至少半英里的地方。在這些社區裡，公共交通的缺乏導致私家車增多，進而導致交通堵塞、空氣汙染和全球溫室氣體排放；很多時候，這些地區的發展潛力仍然滯後。

幾十年前，當位於三大道的高架地鐵尚未被拆掉時，數以千計的布朗克斯區居民曾經居住在地鐵沿線。現在，許多曾爲高架地鐵提供

客流量的物業已經不在了。如果我們在這些未充分利用的地段建立公寓樓，這可以為擴展客運服務提供所需的客流量。

但是，由於公共交通的缺乏阻礙了這些地區的發展。通過改善書伯斯特大道沿線的公交車服務，我們可以更好地提供為居民到達地鐵站和地區主要商業地段的服務，從而改善居民的生活品質，並吸引新的房產投資。因此，會在公共用地上建造新住房。

紐約市在20世紀70年代經歷了大量人口流失，每年有多達3萬棟房屋被遺棄；單單亨茨波恩特區和莫里斯尼亞區就損失了超過60%的人口。但是，人口損失不僅限於布朗克斯南區：全市59個社區中的43個社區在這一時期都失去了大量居民。

隨著住房遺棄的蔓延和業主的離開，紐約市政府成為了「最後的業主」。1976-1979年，紐約市房屋庫存增加了40倍，從2,500套增加10萬套。1979年紐約市所管理的房屋數量已相當於目前在哈特福德和紐黑文房屋數量的總和。

自那時起，我們成批地將土地轉售給私人開發商，或以出售土地的形式來為紐約人提供更經濟的住房。三十年過去了，我們幾乎沒有任何剩餘的土地。在2005年8月，紐約市未通過稅收購來的市屬土地發放的最後四項大型招標書。

這意味著，雖然需求在增長，但我們為經濟適用房提供的土地已經減少了，因此，必須比以往任何時候都要更具創新性、更有效地利用土地。

（四）擴大政府機構之間用地共用

我們將會尋求各市級、州級機構合作。

雖然都市裡空置或閒置的土地幾乎消失了，紐約市仍有43,000英畝的市政用地。這些土地大部分已為政府運作而全面開發，但通過與圖書館、學校和停車場共同合作，這些用地仍有顯著的住房發展空

間。

　　我們將與市內的政府機構合作，通過羅列一個「合作用地」清單來衡量其潛能，將合作土地的可能性達到最大化。我們已經與房屋保護與發展局和交通運輸局合作，計畫在市政停車場建造多達1,100套新住房，並同時更換現有的停車位。

　　在皇后區的阿斯托里亞，第29街的隔離道曾被作爲市政停車場，儘管社區裡對老人公寓的需求日益緊迫。到2009年，地面停車場將被一棟新的十五層建築樓取代，它與一個兩層的公共地下停車場毗鄰。該設施只在緩和阿斯托裡亞區人口老齡化的需求，並爲老人提供184間住房、鄰近醫療設施和開放空間。建築樓頂將是綠色屋頂，這不僅將服務於社區的老人，也將服務於周圍的環境。

　　這種合作關係實現了政府用地共用的多收益性和可行性：建設經濟適用房，同時保留低價停車位的供給量。紐約市將繼續與其他政府機構和部門合作，來開發潛在的住房用地。因此，將會繼續與紐約市房屋管理局合作建設6,000套新的經濟適用房。

　　當紐約市房屋管理局於20世紀30年代啓動經濟適用房項目時，其住房與都市景觀相融合的設計與我們今天的概念截然不同。這些建築物在空地上像高塔一樣隆起，遠離街道，致使到商場或零售店都不方便。居民區內設置了幾十個、甚至幾百個停車位，反映了20紀中葉以汽車爲中心的特色。

　　這些場地現在已經很少被使用，留下了大片空置的混凝土開發地。這就是爲什麼在2004年，紐約市房屋局與房屋保護與發展局簽署了一項協議，開始在這些空置場地上建造住房。在曼哈頓西區，有98個未充分利用的停車場分散在三個不同的地點。作爲哈德遜工廠地區重新區劃的一部分，這些地區將用來建造438套經濟適用房。

　　到2013年，通過這種合作方式，我們將會建造包括從東紐約區到東哈萊姆區在內的6,000套新的經濟適用房。

　　我們還會繼續尋找其他政府用地共用的機會。在康尼島瑟夫大道附近，經濟發展局正在與房屋保護與發展局合作，建造一個4萬平方英尺，包括152套住房的社區中心。其他的例子還包括與學校、圖書館和超市合作。

（五）為舊樓開發新用途

　　我們將把閒置的院校、醫院和其他市政設，施改造成新住宅區。

　　整個紐約市有幾十個場地已不再符合其原來的用途，但他們可以用來被復墾。無論是重新開發廢棄的車庫，還是改造關閉的醫院，就像海景護士宿舍這一標誌性建築將被改造為老年公寓一樣，我們既可以保護有特色的建築，同時也滿足都市日益增長的住房需求。

　　當我們展望未來二十年，必須繼續尋找改造閒置學校、醫院和辦公室的機會。在適當情況下，我們將與地標保存委員會合作，來恢復一些獨特建築的原貌，並作為都市標誌性建築的一部分。我們還可以通過重新設計這些建築的用途來滿足都市的一些獨特需求；像109公立學校目前正被改造為藝術家住房和工作室。通過房屋保護與發展局和文化事務局的合作，我們會為藝術家提供經濟適用房，這不僅可以保持都市面貌，還提倡了都市的開拓創新精神。

案例分析

重新設計109公立學校

具有傳統城堡風格的109公立學校，曾經是東哈萊姆區的一所小學校。在1996年，鑑於該地區學生數量明顯減少，教育部決定關閉這個學校，並決定在三年後拆除此建築。

就在這時，東哈萊姆社區的居民介入了，他們希望保護這一完好的，擁有古式槽型屋脊和聖獸噴泉雕塑的歷史建築。最終他們成功了，拆除計畫被擱置起來。

但在隨後的幾年當中，109公立學校一直處於廢置狀態。周遭的學區只有74%的使用率，所以這裡根本不需要另外一所學校。而正在此時，藝術空間，一個位於明尼阿波利斯的藝術住宅開發商，和埃爾巴尼奧的回擊行動組織，一個位於東哈萊姆區支持社區住房建設的組織，雙雙向市政府提議，希望將109公立學校改造成為社區藝術家提供的經濟適用房。

作為一個2,880萬美元改造項目的一部分，藝術空間和回擊行動組織正在將109公立學校改造成64個集家居和藝術創作為一體的住宅空間。整個建築的住房價格將會更合理，其中50%間的住房將優先提供給包括本地藝術家在內的東哈萊姆社區居民。

「過去這個建築沒有被好好的利用上，如今我們將把他變成社區的中心。」埃爾巴尼奧行動組織的執行總監格斯·羅薩多說道。

改造計畫還包括一個用於藝術教育的公共空間和坐落於一樓的畫廊。「本地的房地產價格正直線上升，導致藝術家們不得不因為高額的地價而被迫離開。因為無法找到合適的工作室，他們是最早離開的一批」，羅薩多接著說，「這棟建築將給他們提供極好的機會，而且他們支付得起」。

Chapter 6
大洋洲港灣都市願景

第一節　威靈頓2040：智慧首都

　　威靈頓市議會對威靈頓的願景是關注未來三十年的都市未來發展──從今天開始。它以威靈頓的優勢爲基礎，承認都市現在面臨的挑戰以及中長期的挑戰，瞭解都市不斷變化的角色，威靈頓的社區也瞭解這些挑戰。這是對威靈頓想要的未來的聲明，以及我們如何相信這可以最好的實現。我們將緊急行動，以建立我們都市的經濟、實體和社會復原力。

一、制定戰略

　　我們爲威靈頓制定了一項戰略，該戰略得到四個都市目標的支持：

（一）以人爲本的都市

（二）互聯都市

（三）生態都市

（四）動態中心都市

　　每個都市目標都與威靈頓要實現的優先成果相關聯。總而言之，這個都市的戰略定位將支持我們未來的經濟、社會、實體和環境復原力。

二、威靈頓面臨的全球趨勢與優勢

（一）全球趨勢

　　1. 大都市和全球人才競爭

　　2. 利用新技術帶來的機遇

　　3. 我們對氣候變化和資源稀缺的反應將變得更加緊迫

　　4. 我們的人民變得越來越老，人口越來越多樣化

（二）都市的優勢

1. 創意資本與充滿活力的中心都市
2. 紐西蘭的首都
3. 高技能人口
4. 卓越的生活品質
5. 生態資產和機遇

三、威靈頓的二個定位

（一）建立智慧首都

威靈頓作為一個智慧都市是應對未知的未來挑戰──最明顯的是經濟衰退的持續影響。智慧都市方法使我們能夠思考如何充分利用知識、投資和技術，來創建一個擁有多元化和富有彈性的經濟基礎的更好的威靈頓。我們需要這樣做，因為我們面臨著人口老齡化和多樣化的未來，以及應對氣候變化和資源稀缺的必要性。

威靈頓作為一個智慧都市，認知我們高技能，富有創造力的人口；認識到新技術和創新將如何幫助我們應對未來的可持續發展和資源挑戰；並反映了一系列價值觀，這些價值觀支撐著都市特色的許多獨特之處。

（二）建立韌性首都

建立威靈頓未來的韌性將影響我們的投資、如何建立和創造事物，以及如何在都市的短期、中期和長期未來中開展日常生活。它是關於認識到需要將氣候變化、資源可持續性和環境，作為未來規劃的前沿和中心。如果我們想要繼續支持強大的經濟，並維持我們的生活品質，需要找到以不同方式，更有效率和更智慧的方式做事。

威靈頓持續和未來的高績效絕對必不可少，我們要保護經濟創新對抗快速增長的能源成本威脅──這將會使我們的企業無法負擔。我

們需要努力降低能源使用，並提供可再生的當地能源替代品。

四、威靈頓的四個目標

我們需要瞭解能夠為推進威靈頓做出最大貢獻的因素，四個目標描述了一種不同的工作方式──專注於協作，而不是競爭，以便在面對未來的環境、經濟和社會挑戰時，建立威靈頓的應變能力。

（一）以人為本的都市

威靈頓的人民是這座都市最重要的資產，威靈頓的形狀和特徵將繼續反映居住、工作和參觀都市的人們。威靈頓是以人為本的都市，將打造成充滿健康活力、居民買得起房、有韌性防災的都市，同時讓民眾表現地方特色與認同感，並透過都市型態、開放性、交通方便性來滿足現在與未來人們需求。

（二）互聯都市

作為一個相互連接的都市，威靈頓的人員、地點和想法接入網路──區域性、國家和全球性。連接將是實體的，便於人員和貨物的移動；虛擬方面，以世界一流的ICT基礎設施的形式；以網路社群，使人們感受到彼此和社群的聯繫。

（三）生態城

將威靈頓發展成為一個生態都市，需要積極應對環境挑戰。它認識到威靈頓作為紐西蘭清潔和綠色首都的環境領導角色的重要性。作為綠色經濟的一部分，威靈頓的許多自然資產為都市提供了先機和機遇。

（四）動態中心都市

作為一個充滿活力中心的都市，威靈頓將成為一個充滿創意、探索和創新的地方。中心都市將是一個充滿活力和創意的地方，提供更多都市的生活方式——娛樂和舒適。中心都市將繼續推動區域經濟。

五、以人為本的都市

威靈頓的人民是這座都市最重要的資產。威靈頓的形狀和特徵，將繼續反映居住、工作和參觀都市的人們。威靈頓是以人為本的都市，將打造成充滿健康活力、居民買得起房、有韌性防災的都市，同時讓民眾表現地方特色與認同感，並透過都市型態、開放性、交通方便性來滿足現在與未來人們需求。

- 透過毛利文化和都市歷史的可見性，來慶祝和認可風俗習慣的作用
- 具有獨特身分的郊區
- 支持創新和適應力的活躍社區
- 一個開放和熱情的都市
- 威靈頓作為「智慧」都市
- 健康、安全的社區

（一）為什麼是以人為本的都市？

1. 威靈頓的人是這座都市最大的資產。

2. 我們需要響應全球人才競爭。

3. 慶祝人口多樣性將促進社會復原力。

（二）建築地點和身分

1. 確認並識別對毛利人具有歷史意義的遺址。

2.承認mana whenua和威靈頓whānau，hap和iwi是未來都市、未來文化、社會、經濟和環境福祉的重要夥伴。

（三）將威靈頓建設成為以人為本的都市

1.支持威靈頓郊區的混合住宅，商業、社會和文化活動。

2.在郊區與CBD和都市其他地區之間建立牢固的聯繫，並獲得良好的交通選擇。

3.瞭解影響住房負擔能力和生活成本的因素，以確保都市能夠支持動態和多樣化的人口。

4.空間和地點（物理和虛擬）相互發展和互動。

5.透過提高都市決策的透明度和問責制，支持市民參與。

6.利用ICT和社交媒體來增強傳統的參與形式，以增加都市和社區級活動的可及性和相關性。

7.瞭解什麼吸引人們，想法和投資到都市 —— 經濟、社會和文化。

8.歡迎都市中的多樣性和新的人口，並承認多樣性如何推動成功。

9.支持不同人群的社會和經濟融合。

10.利用新技術，提高都市基礎設施、便利設施和自然資源的質量結果和效率。

11.使用「智慧」資訊來提高都市服務和活動的效率，訪問和有效性。

12.開發「智慧」基礎設施，以支持威靈頓創造性的，知識密集型的經濟增長和高品質的工作崗位。

13.瞭解都市設計和建築形式，如何與氣候和威靈頓的環境相互作用。

14.透過投資於老年人和各種不同能力的健康和安全的娛樂活

動，來應對不斷變化的人口。

六、互聯都市

　　作為一個相互連接的都市，威靈頓的人員、地點和想法接入網路──區域性、國家和全球性。連接將是實體的，便於人員和貨物的移動；虛擬方面，以世界一流的ICT基礎設施的形式；以網路社群，使人們感受到彼此和社群的聯繫。

- 有效和高效的區域，國家和國際基礎設施
- 支持威靈頓經濟、社會和文化目標的國家和國際聯繫
- 都市和區域聯繫，推動經濟增長和創新
- 人們聯繫國際，以支持市場准入和知識交流

（一）為什麼是連通都市？

1. 都市變得越來越重要。
2. 我們需要在都市和地區內，建立牢固的聯繫。
3. 我們需要在區域、國家和國際上，建立牢固的聯繫。

（二）連接地點

　　1. 瞭解、倡導並促進威靈頓及其他地區現有和未來的基礎設施需求，當務之急包括長途機場能力和超快速農村的寬頻計畫。

　　2. 繼續改善都市的公共交通和步行／自行車基礎設施，作為威靈頓的一個顯著特點，與低碳目標保持一致。

　　3. 制定可持續的融資模式，以支持區域設施作為人們聯繫的場所和空間創造者的作用。

　　4. 清楚地瞭解威靈頓的獨特特徵（威靈頓的故事），以及在更廣泛的網絡中在國內和國際上的作用。

　　5. 支持國際經濟、社會和文化聯繫的都市關係。

（三）連接人與思想

1. 鼓勵都市和區域合作，以及與夥伴關係的環境。

2. 識別研究、開發、生產和商業化之間聯繫的行業戰略。

3. 威靈頓高等教育與研究資源，以及區域發展目標之間的聯繫。

4. 利用威靈頓的藝術和活動成功，增加都市的形象，並覆蓋國際觀眾。

5. 連接威靈頓與當地企業和社區的現有國際聯繫。

6. 利用威靈頓的國家機構、政府機構、大使館和領事館，可以將威靈頓與國際市場和知識聯繫起來。

7. 與Kiwi Expats Abroad（KEA）等網路合作，連接威靈頓的外籍人士社區。

七、生態城

將威靈頓發展成為一個生態都市，需要積極應對環境挑戰。它認識到威靈頓作為環境領導角色的重要性，作為清潔和綠色紐西蘭的首都。作為綠色經濟的一部分，威靈頓的眾多自然資產為這座都市提供了先機和機遇。

- 以都市為基礎的方法，將威靈頓發展為生態都市
- 基礎設施建設一個安全而富有彈性的都市
- 可持續的都市環境
- 綠色經濟的都市

（一）為何生態都市？

1. 世界正面臨前所未有的環境和資源挑戰。

2. 都市需要引領應對這些挑戰。

3. 威靈頓在綠色未來方面處於領先地位。

（二）建設可持續性和彈性

1. 讓每個人都參與到威靈頓未來作爲生態都市的都市層面。

2. 承認威靈頓獨特的自然環境，以及如何支持健康社區的重要性。

3. 瞭解都市活動可以支持變革的地方。

4. 明確我們想要實現的目標，以支持威靈頓超越都市的領導作用。

（三）將威靈頓建設爲ECO —— 生態都市

1. 鼓勵綠色建築設計和交通基礎設施創新的激勵與投資。

2. 支持「基於國內」的能源效率倡議的增長。

3. 保護威靈頓的綠色基礎設施，包括城鎮帶，以支持生物多樣性和抵消碳排放。

4. 繼續優先考慮理事會的工作，根據中央政府的工作，制定都市抗震能力的方法。

5. 投資基礎設施，以增強對氣候變化影響，海平面上升和意外自然事件的抵禦能力。

6. 投資智慧基礎設施，通過更好的訊息提高物理基礎設施的效率和效益。

（四）爲威靈頓發展「綠能經濟」

1. 將都市的知識型創意產業發展成爲「綠色、輕盈」經濟的一部分。

2. 要求企業將可持續發展融入其業務模式。

3. 發展創新夥伴關係，探索威靈頓可再生能源和新興綠色技術的潛力。

八、動態中心都市

作爲一個充滿活力中心的都市，威靈頓將成爲一個充滿創意、探索和創新的地方。中心都市將是一個充滿活力和創意的地方，幫助威靈頓提供更多都市的生活方式——娛樂和舒適。CBD將繼續推動區域經濟。

- 支持中心都市作爲更廣泛的威靈頓都市和地區的經濟引擎室
- 威靈頓的故事通過建築形式和自然遺產講述
- 展示威靈頓綠色基礎設施和優質建築形式
- 積極規劃中心城區人口增長
- 中心都市發展戰略規劃

（一）為什麼是一個動態的中心都市？

1. 威靈頓經濟的發動機室。
2. 面對都市——緊湊、方便、宜居。
3. 支持活力、創造力和創新。

（二）動態和充滿活力的都市中心

1. 繼續投資於中心都市、不斷增長的經濟活動，以造福更廣泛的都市和地區。
2. 保護和發展中心都市提供的生活方式特色，使威靈頓成爲人才想要生活的地方。
3. 更好地瞭解中心都市與更廣泛的都市和地區之間的夥伴關係及相互依賴關係，支持威靈頓國內外的經濟。

（三）支持威靈頓動態中心都市

1. 展示威靈頓的價值觀——尊重自然環境、傳統和創造力。
2. 反映這座都市作爲紐西蘭首都的地位。

3. 反映作為都市歷史一部分的文化多樣性。

4. 確保都市內部都市發展具有適應性和靈活性，以應對不同的人口和隨時間變化的需要。

5. 繼續支持和發展都市的「混合使用」——作為中心都市活力的關鍵驅動力。

（四）可持續和彈性的都市中心

1. 鼓勵綠色基礎設施的發展。

2. 明確的監管模式，支持優質建築形式的發展。

3. 支持採用新興技術，與威靈頓成為生態都市的目標保持一致。

第二節　奧克蘭計畫2050

一、奧克蘭面臨的三個主要挑戰

基於對奧克蘭發展願景的展望，「奧克蘭規劃2050」明確指出了三個亟待應對的挑戰：

（一）人口增長及其影響

1. 人口增長的比例和速度，增加了對奧克蘭都市空間、基礎建設以及相關服務的需求，也給我們的社區、環境、住房以及道路都帶來了壓力。

2. 響應和支持這樣的增長所需的資源規模之大，導致我們不能全盤依託於以往的資金來源。

（二）與所有奧克蘭居民共享繁榮

1. 奧克蘭的成功取決於這座都市的繁榮，能在多大程度上得到

共享。

2. 許多奧克蘭居民都是成功人士，並且擁有高品質的生活。然而，他們在社會經濟層面上的差距仍十分明顯，且這種差距常以地域差異的形式體現。

3. 不同種族與不同年齡段的人群，在收入方式、就業形式、健康狀況以及教育程度各方面，存在著明顯的區別。

4. 居住成本的大幅增長，導致只有少數奧克蘭居民能夠實現眞正的富足。

（三）抑制生態環境的惡化

1. 奧克蘭的吸引力很大程度上，得益於此地的自然環境。

2. 儘管相應的舉措和大量的努力已經落實，奧克蘭的環境問題仍不容小覷，環境問題一方面受到過去決策和快速發展的制約，另一方面則受到諸如氣候變化在內的新增危機的影響。

3. 將對環境繼續產生最大影響的兩個具體問題，是都市建設和氣候變化。

為應對以上這些挑戰，「奧克蘭規劃2050」確立了未來三十年間將要達成的二十個工作方向，且明確了三十七個重點建設領域，這些舉措將共同孕育六項重大變革。

二、奧克蘭未來三十年的新樣貌

（一）規劃如何運作？

「奧克蘭規劃2050」勾勒了奧克蘭的基本狀況，概括了我們面臨的三個主要挑戰，並指明了未來三十年間應對這些挑戰的工作方向。此外，規劃書還包括指導我們共同協作的價值理念。為創建我們共同的未來，規劃書同時指定了一批將發揮關鍵作用的組織機構。

這份規劃書涵蓋六項成果。這些改革目標與發展戰略相輔相

成，共同服務於打造一個令人嚮往的奧克蘭。

發展戰略章節陳述了未來三十年內奧克蘭將如何落實發展與變革的舉措。它參考了我們期望達成的目標，人口增長狀況，以及「奧克蘭統一規劃」中的規劃準則。

這份文件在參考了六項成果和發展戰略的前提下，集中闡釋了奧克蘭的關鍵問題和挑戰。

（二）「奧克蘭規劃2050」所體現的信念

「奧克蘭規劃2050」包含了讓我們彼此與塔馬基‧馬考勞‧奧克蘭（Tāmaki Makaurau Auckland）的土地緊密相連的信念，這些信念是：善良與慷慨、多元化的優勢、創造與革新、誠信與正直、造福後代。

同時這份規劃書希望實現的成果，包括(1)建立歸屬感、增強參與性；(2)尊重毛利特性、造福毛利人民；(3)改善居住環境、開發生存空間；(4)改善交通與道路狀況；(5)保護環境與文化遺產；(6)把握機遇、共創繁榮。

三、發展重點：二十個工作方向與三十七個重點建設領域

（一）歸屬感與參與性

1. 工作方向

工作方向一：建設一個有包容性的奧克蘭，讓每個在此生活的人都能找到歸屬感。

工作方向二：增強每個奧克蘭居民的健康度和幸福感，減少因機會不均而帶來的危害和分歧。

2. 重點建設領域

重點建設領域一：為民眾營造安全的認識他人和溝通交流的契

機，促進大家參與社區建設，享受市民生活。

重點建設領域二：提供便民服務和社會基礎設施，以保障人民的發展需要得到滿足。

重點建設領域三：支持社區工作並與各個社區緊密協作，以推動應對社會變革的彈性機制的發展。

重點建設領域四：重視並肯定《懷唐伊條約》（Te Tiriti o Waitangi / the Treaty of Waitangi）的意義，它是兩種文化融合的成果，也必將作爲基石服務於奧克蘭的跨文化建設。

重點建設領域五：認識、重視、肯定奧克蘭居民之間的差異性，並將其視爲一種優勢。

重點建設領域六：集中投資並服務最有需要的社區，縮小社區間的差距。

重點建設領域七：肯定藝術、文化、運動和健美在提高生活品質上，所體現的價值。

（二）毛利人特性與福祉

1. 工作方向

工作方向一：增加毛利人的福祉。

工作方向二：支持毛利人創新、創業，並取得成功。

工作方向三：肯定《懷唐伊條約》的價值，並踐行條約中規定的目標任務。

工作方向四：展示奧克蘭地區的毛利文明特徵，以及充滿生機的毛利文化。

2. 重點建設領域

重點建設領域一：滿足塔馬基毛利人及其家族（whānau）的基本需求，並幫助他們實現理想抱負。

重點建設領域二：投資毛利社區（marae），扶持他們成為自給自足且繁榮發展的社區。

重點建設領域三：鼓勵年輕的毛利人（rangatahi）參與領導組織、教育事業以及就業成果。

重點建設領域四：支持毛利人實現跨代致富。

重點建設領域五：鼓勵毛利年輕人（rangatahi）擔任奧克蘭的毛利領袖，支持毛利人的決策制定及習慣權利。

重點建設領域六：尊重毛利文化，推廣毛利語（te reo Māori）。

重點建設領域七：在奧克蘭建設中展示本土毛利族的風貌（mana whenua mātauranga），以及毛利設計理念。

（三）居住環境與生存空間

1. 工作方向

工作方向一：興建一個優質緊湊型的都市來適應奧克蘭地區的發展。

工作方向二：結合奧克蘭居民不斷變化的需求和居住習慣，加快住宅建設。

工作方向三：住房機制的變革需要保證所有居民，都有安全且負擔得起的居所。

2. 重點建設領域

重點建設領域一：大規模增加優質住房建設，以增加市民住房選擇。

重點建設領域二：加強租約安全性，擴展租約模式，特別關注最需要租房的人群的需求。

重點建設領域三：改善現存住房的修建質量，尤其是出租房屋的修建狀況。

重點建設領域四：投資並支持毛利人的房屋修建，以滿足他們特殊的住房需要。

重點建設領域五：創建未來都市空間。

（四）交通與道路狀況

1. 工作方向

工作方向一：更好地將每個人與各個地方、各種物品，以及各類服務連接起來。

工作方向二：增加真正暢通無阻的出行線路，以推進建設一個健康的、有活力的且有著公平氛圍的奧克蘭。

2. 重點建設領域

重點建設領域一：更合理地利用現有的交通網絡。

重點建設領域二：對交通建設的投資將用於最具挑戰的項目。

重點建設領域三：最大限度地發揮交通技術的功能和作用。

重點建設領域四：讓步行、騎行以及公共交通，成為越來越多奧克蘭人樂於選擇的出行方式。

重點建設領域五：將土地使用與交通規劃緊密結合。

重點建設領域六：建設一個安全交通網絡，防範交通死傷事故。

重點建設領域七：建立一個可持續發展且有靈活的交通系統。

（五）環境與文化遺產

1. 工作方向

工作方向一：讓奧克蘭的自然環境與文化遺產深入人心。

工作方向二：學習採用毛利人的世界觀，珍惜並保護我們的自然環境（taonga tuku i ho）。

工作方向三：利用奧克蘭的發展進步優勢，將其用於保護和改善

自然環境。

工作方向四：確保奧克蘭的基礎設施建設是面向未來的。

2. 重點建設領域

重點建設領域一：鼓勵所有奧克蘭人成爲自然環境的管家，並積極選擇可持續的生活方式。

重點建設領域二：在奧克蘭發展進程中，關注環境的治理。

重點建設領域三：全面考量發展帶給過去以及未來的影響。

重點建設領域四：保護奧克蘭重要的自然環境資源和文化遺跡，控制更多資源流失。

重點建設領域五：適應未來的用水變化。

重點建設領域六：讓基礎設施建設更環保節能，並具有更大的使用彈性，節省更多的長期成本，並產生良性的環境效能。

（六）機遇與繁榮

1. 工作方向

工作方向一：透過創新、增加就業以及提高生產效率，爲建設彈性經濟體制提供條件。

工作方向二：吸引並留住技術、人才和投資。

工作方向三：發展技術並培養人才，以應對不斷變化的行業狀況，並實現人才的終身成就。

2. 重點建設領域

重點建設領域一：合理利用新興科技，保證人們可以公平獲取優質數字資源和服務。

重點建設領域二：保證監管、規劃以及其他機制能起到促進商業進步、創新增長和提高生產率的作用。

重點建設領域三：促進毛利人的就業，促使毛利經濟項目和依維

人組織成爲帶動奧克蘭經濟的重要動力。

重點建設領域四：利用奧克蘭的位置優勢增加出口。

重點建設領域五：推進教育發展，推動終身學習與培訓，集中服務最有需要的人群。

四、發展戰略

（一）什麼是發展策略？

發展戰略章節明確了奧克蘭在未來三十年間的發展變革目標，即把奧克蘭打造成一個能讓奧克蘭人喜愛並深感自豪的地方；打造成一個能讓奧克蘭人定居並且視爲故鄉的地方；打造成一個能讓人們想來旅行、想要移居，乃至可投資的地方。

有166萬民衆現居奧克蘭。在未來三十年，這一個數字會攀升至240萬，奧克蘭將接納另外72萬新居民。這意味著，我們需要新增31.3萬套住房和26.3萬個工作崗位。

此大規模的發展變革對於奧克蘭來說至關重要，需要我們同心協力，以明確戰略規劃和基礎建設所需的投資應在何處落實，以及在何時落實，並應明確各項投資應如何持續保障。

發展戰略章節提供的戰略目標，正是明確了在規劃時限內，發展落實的方法和計畫建設的區域。根據《2016年關於城市發展能力的國家政策聲明》的要求，它也被視爲「奧克蘭的未來發展戰略」。

（二）未來的奧克蘭是什麼樣的？

未來三十年間，奧克蘭將發生翻天覆地的變化。奧克蘭的發展將不僅僅包括對現有城區進行有重點的重建和集中的規劃，還將輻射地處未來城區內的新建社區。都市化範圍之外，也包括適當推動小範圍內的鄉村發展。

（三）多節點模式

　　未來三十年間，奧克蘭將在都市化建設過程中，推進多節點建設模式。現在的市中心將繼續在奧克蘭的商務、旅遊、教育、文化和市民活動等方面發揮中心作用。這裡也將繼續是重要的住宅中心，但它將不會是奧克蘭唯一的核心城區。奧爾巴尼（Albany）、韋斯特蓋特（Westgate）和曼努考（Manukau）等區，包括其中的集水區，都將成爲地區發展的重要節點，集商務、就業、市民服務於一體，並提供多種住宅選擇。這些節點將被更高效的交通網絡連結，爲奧克蘭北部、西北部和南部的實質性發展提供重要保障，提供更多機會。此外，鄉村地區的發展節點，衛星城沃克茨斯（Warkworth）和普基科希（Pukekohe）會服務周邊的鄉村社區。兩座衛星城與奧克蘭市區之間將以國道相連，其中普基科希和奧克蘭之間將建立軌道交通，以便它們在保障商業發展住房增長方面發揮重要作用。

（四）我們應該如何實現發展變革？

　　發展戰略章節介紹了四個主要途徑，以實現奧克蘭在未來三十年間的發展和變化。

1. 我們的發展將伴隨著對一些區域的重建開發和集中建設

　　奧克蘭會採取優質緊湊模式來實現進步和發展，意味著，奧克蘭未來的都市建設將集中在現有城區和規劃中的新城範圍之內，僅輻射很有限的鄉村腹地。到2050年，規劃城區內的建設大部分都將實現。特別是在以下這些區域：

　　(1) 市中心。

　　(2) 作爲城建節點的奧爾巴尼、韋斯特蓋特和曼努考區。

　　(3) 已經實現發展的區域／被鎖定的發展區域。

　　(4) 規劃中的未來城區。

在未來建設優質緊湊的都市模式，離不開以下這些條件：

(1) 保證奧克蘭有充足的發展空間。

(2) 保證所有的發展項目都有優質的設計策劃做保證。

(3) 有計畫按步驟來實現發展規劃。

(4) 配合發展進度，適時建設基礎設施。

(5) 支持偏遠地區的產業。

奧克蘭都市各區域的發展都將是漸進式的，既有的基礎設施在整體上應該能夠支持這種發展。然而，從綜合角度出發，本章節對發展區域進行了規劃，著眼於服務一些特殊區域，這些區域預計在未來三十年間曾經歷巨大的住房改革和經濟增長，規劃以及投資將鎖定並優先支持這些最具發展潛能的區域。已被鎖定為未來三十年內的投資目標的發展區域，已在第26頁中標明。這些區域的發展將在奧克蘭建設的三個時間段內居於首位，這與《關於都市發展能力的國家政策申明》的提議是一致的。這些區域有如下這些共通性：

(1) 《奧克蘭統一規則》對保障這些地區的住房和商業，提供了實質性的支持。

(2) 這些區域大部分居民通勤時間合理。

(3) 這些區域距市中心和戰略性公共交通網路很近，步行即可到達。

(4) 這些區域內的主要公共土地有可能被升級改建。

(5) 這些區域已經擁有或計畫擁有巨大的基礎建設能力。

(6) 這些區域與核心地區連接，並擁有戰略公共交通網路。

(7) 規劃在這些區域實施具有市場可行性。

2. 我們的發展將伴隨新社區的興建

在未來三十年間，一些新社區將在未來規劃城區興建，這些社區將被建在奧克蘭現有城區的邊緣地帶，以及部分鄉村和海邊的居

民點。對於未開發區域的開拓，將嚴格遵循城鄉邊界。一旦這些區域開始興建，其發展建設便將循序漸進並按照時間規劃進行，各種必備的基礎設施也一定要配合落實。已經被《奧克蘭統一規劃》劃定為城區的區域將優先建設，其次優先考慮的區域為那些基礎建設局限較少的區域。而需要重點發展基礎設施，或有環境狀況制約的地區，將在三十年規劃的時間表中，排在靠後的位置。

3. 我們將要創建靈活性高且適應性強的經濟區

奧克蘭的發展必須為新興經濟的增長創造空間。在未來三十年，這裡可能需要26.3萬個新的工作崗位。為適應經濟增長，我們必須充分利用現有的商業地段，並在未開發區域開發新的經濟區。有的商業用地，特別是重要的產業園區，需要加強維護，一旦這些地區被轉做他用，如興建住宅，其原有的功用就很難恢復了。未開發區內，建設新興商業區域的具體選址和規模，將通過結構規劃來進一步確定，並與《未來都市用地供應戰略》中的計畫保持一致。維護現有的商業用地，並規劃一定規模的未來商業區，這將保證奧克蘭經濟建設在長期範圍內充滿機遇、靈活性、選擇性。

4. 我們將控制鄉村區域的發展建設

奧克蘭鄉村地區混合著種植用地、自然地域以及人文建築，他們在很大程度上共同建構著奧克蘭的獨有特徵。奧克蘭鄉村地區的住宅增長將會主要集中在能夠為廣大鄉村地區提供綜合服務的城鎮中，特別是像普基科希和沃克沃斯這樣的衛星城。對於規模更小的村鎮所做出的建設規劃將會很有限。在這些「鄉村生活」特徵鮮明的區域，應當集中推進鄉村生活方式的建設，這些地區在位置上遠離環境問題最為敏感，同時經濟產出也是最見成效的地區。

對廣大鄉村地區的發展規劃是很有限的。僅有的規劃大多指向環境改善，以及對現存閒置空地的利用。這類規劃將保證奧克蘭的

鄉村、沿海、海上，以及原生自然等環境資源可以與人類作業（如農牧、林業、漁業和旅遊業）和諧共存，人類作業依賴於這些環境資源，區域社會的發展也將從中獲得可持續的支持。

　　爲保證鄉村地區生產力的持續發展，必須將土地資源分散和環境質量倒退的問題限制在最小範圍內，以保護優良的土地，並維護鄉村土地上現有的生產資源和包括供水系統在內的生產系統。

第三節　新加坡2030

　　總體規劃（MP）是新加坡法定的土地使用計畫，指導新加坡未來十至十五年的中期發展。每五年進行一次審查，並將概念計畫的廣泛長期戰略轉變爲指導土地和財產發展的詳細計畫。總體規劃顯示了新加坡開發項目所允許的土地使用和密度。

一、規劃新加坡的未來

　　作爲一個小都市國家，未來仍然是我們的重點。全面而綜合的規劃讓新加坡能夠優化其有限的土地，來滿足當代和子孫後代的需求。全面的計畫意味著我們採取長期的方法，平衡都市發展的社會、經濟和環境因素。綜合規劃在制定和審查總體規劃時，與合作夥伴、政府機構和公衆緊密合作。重點在於規劃具有社區空間和便利設施的包容，持續性的綠色生態社區。它還包括一些戰略，這些戰略計畫爲我們熟悉的地方復興，並建立滿足未來需求的能力。《2019年總體規劃》的公衆參與活動採取多種形式，包括公開展覽、焦點小組會議、社區研討會和利益相關者會議。

二、五大主題

（一）宜居和包容的社區

各個年齡段的人們都可以生活、放鬆和娛樂的更愉快，高品質的生活環境將繼續得到發展。新加坡人可以期待各種新的住房選擇，它們具有令人興奮的功能，例如：以社區為中心的設計、便利的設施、綠化帶和休閒空間。

1. 新的住房概念和更多選擇

未來的住宅區將被設計為提供更好的生活品質，你可以期待連接緊密，提供社區中心設施，包容性和充滿活力的公共空間的智慧，且可持續發展的城鎮。

(1) 提供更多住房選擇

從在登加（Tengah）親近大自然，在榜鵝（Punggol）海濱居住，在皇后鎮（Queenstown）居住在都市邊緣，或在甘榜武吉士（Kampong Bugis）嘗試新的住房概念，一系列新穎的住房選擇將被設計為適合居民偏愛的生活方式。

(2) 居住在智慧可持續的小鎮

我們的新市鎮以技術為基礎進行規劃和設計，可為居民帶來便利和自然，為他們帶來福祉。

(3) 建設以社區為中心，並重視社區連結

連結良好的公共場所和設施，將有助於新的城鎮住房建設，來滿足所有居民的多樣化需求。在可能的情況下優先考慮人員的移動，創建鼓勵步行和騎自行車的更具包容性的環境。

(4) 公共住宅

在建屋局的「Biophilic Town Framework」指導下，新的公共住宅開發將優化都市生態系統服務，促進更好的環境健康和人類福祉。

2. 適合所有年齡段的設施

隨著新住宅區的開發,配備了廣泛的便利設施,可供當前和將來的居民使用。

(1) 應對城鎮居民的生命週期規劃的不斷變化需求

隨著居住區人口的增長,所提供的便利設施也必須做出響應,以滿足他們不斷變化的需求。使用數據分析,可以預測對托兒和高級護理的未來需求,並評估當前設施的轉換情況,以滿足不斷變化的需求。

(2) 滿足各年齡層的都市規劃設計

包容性計畫可以滿足所有年齡層人群的需求。作為新加坡社會的重要基石,應允許我們的老年人優雅地就座,保持獨立、健康,並與社區中的親人保持親密關係。

(3) 綜合設施以滿足居民的日常需求

為了最大程度地提高便利性並最大程度地減少旅行,可以將多個設施並置在一起,以更好地滿足居民的需求並促進不同人群之間的社交互動。這些設施還將進行全面設計,所有用戶均可使用。

3. 更多綠化和遊樂空間

我們正在採用創新策略來保護我們的自然遺產,並擴大我們在全島範圍內的遊樂走廊、公園、體育設施和綠色空間網絡。這將使居民有更多機會與大自然聯繫,享受各種各樣的娛樂體驗,並在花園中體驗我們親和生物的都市。

(1) 通過綠色和藍色選項補充娛樂

每天,各行各業的人們都在使用我們的公園來鍛鍊、娛樂,以及與自然聯繫。將來,公園和公園的連接設施增加約1,000公頃。公園將通過主要的休閒走廊連接,例如:環島路線、鐵路走廊、南北走廊,從海岸到海岸步道和武吉知馬 —— 羅徹綠色步道,以及多樣化的

公園連接設施網絡。

(2) 自然規劃

雖然面積不大，但新加坡卻擁有豐富的生物多樣性，我們的目標是在發展與自然保護之間取得平衡。已制定了《自然保護總體規劃》，來加強和指導新加坡自然遺產的保護，包括以下重點：

① 保護關鍵棲息地，包括保護和加強核心生物多樣性地區、緩衝區和發展生態聯繫。

② 棲息地強化、恢復和物種恢復。

③ 保護生物學和規劃方面的應用研究，包括全面調查以及對生態系統和物種的長期監測。

④ 自然界中的社區管理和對外連結。

(3) 具有綠色和藍色特徵的景觀開發

Skyrise綠化有助於冷卻都市環境，清潔空氣並軟化我們的都市景觀。市建局的都市空間和高層環境美化（LUSH）計畫，提供了激勵措施和綠化替換要求，以便在我們的建築物中整合空中綠化。

(4) 為社區帶來更多娛樂選擇

所有年齡層的人們都可以參加體育運動和積極生活，讓我們的國家真正有活力。為了鼓勵更多參與自然的戶外遊戲，將在現有和未來的公園中逐步提供基於親近自然及動物概念的新遊樂園。

4. 營造宜人的地方

「場所管理」是主動管理場所以使其變得更好的過程。不僅是物理空間，優良的地方還可以振奮精神，使我們彼此聯繫。它們反映了居住在這裡的人們的特性，同時藉由使用該空間讓社區創建和塑造更有意義。

(1) 創造可愛的空間

我們想創造一個連接人和促進社區之間更牢固關係的空間，透

過精心設計的優質公共空間，人們可以互動、走動或享受氛圍，並為創造難忘的體驗做出貢獻。我們已與建築物所有者和建築師緊密合作，將此類空間納入其開發的一部分。

(2) 賦予社區權力

商業運營商和財產所有者有良好夥伴關係時，地方就會變得活躍起來。他們會提出最適合實施解決方案，來滿足其需求的想法。反過來，這些改進也使鄰里受益。我們透過與他們緊密合作，為遊客和企業創造更具吸引力的街道和公共場所。

(3) 建立夥伴關係

越來越多的利益相關者，包括企業主和當地社區，正在攜手合作，以活化和促進其轄區。隨著人們對場所打造的興趣日益濃厚，商業改善區（BID）計畫正在十個區域中實施。

（二）振興熟悉的地方

為了保留我們的識別和居家感，我們與利益相關方合作，以各種方式保留識別並建立對熟悉地點的更多共享記憶。

1. 保持和增強地區識別

我們與社區緊密合作，通過為現有和新開發制定設計指南並保留關鍵要素，來保留地方識別區域的獨特品質。這些地方識別區域可通過新的公共場所、升級的街景或新房屋和設施的巧妙投入，而振興地方。

2. 保護和振興建築遺產

市建局和國家遺產委員會在過去三十至四十年間保護的建築遺產，展示了我們國家的歷史和進步，樹立了更強的民族特色，並增添了鮮明的新加坡特色。

3. 與社區共慶回憶

有很多方法可以維持我們對地方的記憶。

（三）便捷，可持續的出行

在新加坡四處走動，將繼續變得更加方便和愉快。有如下措施：

1. 為所有人提供更好的連接

隨著擴大的公共交通和主動出行網絡，新加坡各地的連通性將得到進一步增強。

(1) 步行、騎車的好處。

(2) 輕鬆到訪工作和便利設施。

(3) 步行和騎車良好的連結道路。

(4) 公共交通優先通道。

(5) 重新設計道路空間，以獲得更好的宜居性和包容性。

2. 更方便工作與使用各種設施

正在計畫更多的工作機會在各個商務節點中，更接近我們的住家。在這裡，工作和娛樂將變得更加容易。學校、商店和公園等設施，將通過步行、騎自行車或騎車輕鬆到達。到2040年，居民可以在20分鐘內到達最近的社區中心。高峰時段的十分之九的旅行，將透過步行、騎自行車或乘車（公共交通工具）在45分鐘內完成。

3. 利用新的移動技術和商務模型

貨物交付將更加高效，居民可期待更多的通勤選擇。

(1) 高效通勤的更多選擇：通勤者可以期待新的出行概念，例如：移動即服務（MaaS）和自動駕駛等技術，以實現更高效的通勤旅程。

(2) 移動即服務：移動即服務將各種形式的運輸選項和服務集成

到一個平臺中，通勤者可以通過其移動設備上的應用程序進行到訪問來規劃行程。

(3) 自動駕駛汽車：自動駕駛汽車（AV）可以大大提高公共交通系統的可及性和連通性。

(4) 更高效的貨物交付：設計良好的都市物流系統對於像新加坡這樣高度都市化的都市至關重要，它通過在正確的地點和正確的時間向人們和企業運送貨物來保持都市的運轉。

(5) 儲物櫃聯盟網絡：儲物櫃聯盟由包裹儲物櫃網絡組成，現在由各種送貨公司運作使用。這些配送中心靠近住家和捷運站附近，可將包裹更有效地運送到消費者。

（四）地方樞紐，全球門戶

為所有新加坡人打造更強大的經濟，涉及規劃和預留合適的土地，以支持振興我們現有產業和發展新的增長領域而努力。

1. 加強經濟門戶

我們的門戶將覆蓋主要的就業據點和基礎設施，從而將我們與全球聯繫起來，也擴大和加深我們與外部市場的聯繫。將加強新加坡的樞紐地位並確保機會，繼續讓我們的企業和人民開放。

(1) 北部門戶

北部門戶是透過在Sungei Kadut規劃區的新農業食品創新園區的開發，開發新創新領域（例如：農業技術與食品、數位技術和網路安全）增長機會的入口。

(2) 中部地區

中央區是新加坡充滿活力的市中心 —— 全球商業和金融中心所在地，該區有充滿活力的24/7（註：24/7是一天24小時，一週7天，即全年無休的服務）生活方式。為適應未來經濟，有更多用途和更多就

業機會，該地區將繼續增長並變得更加充滿活力。同時規劃了更多的都市生活選擇與更便利設施，令人愉悅的街道和公共場所都在呈現我們豐富的文化、遺產和綠色經濟。

(3) 東方門戶

借助樟宜航空樞紐的擴展，樟宜門戶主力在藉由航空相關業務與世界連接，它還將得到包括新加坡科技大學、樟宜商業園和未來的樟宜東部市區在內的創新生活方式商業集群的支持。

(4) 西方門戶

裕廊湖區（JLD）的定位是CBD以外最大的商業節點與主要高科技製造業樞紐，包括裕廊創新區（JID）以及裕廊和大士工業區周圍，門戶將改善交通聯繫和大士港的全球海上連通性，讓貨物、服務和人員無縫流動。世界一流大學的存在，也讓門戶成爲企業、學術界和人才聚會，以及交流思想與合作的理想場所。

2. 輕鬆創造工作機會

除了門戶之外，我們還將在中央商務區之外開發商務據點和工業區，來支持我們的發展，並在容易達到的範圍內帶來更多工作。

(1) 榜鵝數位區：位於榜鵝鎮內，將有一個新的公交車站和沿著東北線的榜鵝海岸地鐵站提供服務。這將使數位經濟的關鍵增長產業中的更多工作，接近該地區的居民。

(2) 實龍崗：實龍崗中央區是東北地區的心臟地帶，通過東北線、環線和實龍崗巴士交匯處具特色的連通性，該區域將爲社區提供工作。

(3) 碧山：碧山鎮將由南北線和環線提供全面服務，未來將注入新的辦公室，並與社區設施融爲一體。

3. 制定促進創新與增長的政策

未來經濟要求採取大膽的政策，來支持新思想和創新。這些將在

合適的商務據點進行試點，來支持產業的轉型，並鼓勵企業合作以增強其研發能力。

(1) 企業區：企業區是由主開發人員主持的特殊區域，具有強大的靈活性，可以區級管制措施以靈活性安排所需各種用途的組合。

(2) 臨時土地和財產的戰略使用：諸如濱海灣和大南部海濱等關鍵地區的國家土地和財產將被活化，帶來新的想法和活力。

(3) 靈活利用工業空間：製造業已經超越了生產和銷售。如今，企業將他們的知識密集型和面向服務的活動與核心製造活動並置在一起，來優化營運並最大化生產力。

(4) 振興已建立的商務據點：既定的就業中心將為企業和工業活動提供新的機會。位於北部的新加坡科學園和新加坡國立大學（NUS）的創新集群，將得到新的Dover知識區的補充，該區將提供充滿活力的空間，更好地整合教育、研發、經濟和創業家活動。

（五）可持續發展的永續都市

新加坡是一個充滿活力的都市，有令人興奮的機遇，但同時，也面臨新的挑戰。

1. 適應氣候變化

我們必須準備好應對氣候變化對都市生活的影響。到2100年，新加坡的氣溫預計將上升1.4°C至4.6°C，海平面可能會上升1公尺。暴雨事件的強度和頻率也有可能增加，反之，旱季可能變得更乾燥。

(1) 保護我們的海岸線：在BCA海岸適應研究的發現基礎上，將制定長期戰略來保護新加坡的海岸。同時採取了一些措施來保護我們的海岸線。

(2) 減輕洪水風險：暴雨事件可能意味著新加坡面臨更頻繁、更

嚴重的洪水。爲了減輕洪水風險，PUB採取了來源—通道—受體的方法，以捕獲、重新定向並保留多餘的水。

(3) 確保熱舒適：都市熱島效應將加劇由氣候變化引起的變暖。維持熱舒適性的策略包括：

①在新住宅城鎮和莊園的規劃中，使用微氣候建模工具來加強主要的風道，優化建築布局和方向，以改善自然通風，並確定潛在的熱點，規劃增強綠化的位置。

②在預留公園和自然區域的土地與路邊植栽，增加植被覆蓋率。同時要求高人流地區的新開發項目，要規劃最少的綠化替換區域來增加植被覆蓋率。

③研究新加坡冷卻計畫的新策略。

(4) 加強糧食安全

預計到2050年，氣候變化的影響將導致全球農作物生產普遍下降，幅度最高可達25%。新加坡食品供應進口超過90%，正面臨著全球食品市場動盪的局面。爲加強我們的糧食安全而採取的一項關鍵戰略，是擴大我們的「本地種植」籃子，以減少我們對糧食進口的依賴。我們的目標是在2030年前增強我們的能力，來滿足新加坡本地30%的營養需求。爲了在優化土地，同時實現「30乘30」的目標，諸如Sky Greens之類的現代高科技農場，越來越多採用創新技術來加強生產。

2. 密合的資源循環

我們的都市正在發展，未來對基礎設施的規劃和投資將有助於滿足其不斷增長的需求。正在探索使用密合資源循環來減少消耗資源量的新思路。

(1) 確保我們的供水：持續的投資和創新，將通過我們的四個國家水龍頭戰略確保多元化，可持續的供水。

(2) 朝著更清潔，更少能源使用的方向發展：爲了應對全球氣候變化，新加坡承諾到2030年將排放強度比2005年的水平降低36%。

(3) 走向零浪費：按照目前的廢物處理速度，Semakau垃圾塡埋場預計到2035年將耗盡空間。因此，爲了延長其使用壽命，我們的目標是將回收率提高70%（高於2017年的61%），減少垃圾塡埋場使用量。

3. 爲不斷增長的需求創造空間

新加坡的土地可能有限，但採用創新策略將有助於優化空間以滿足不斷增長的需求。

(1) 地下空間的使用：選址採諸如公用設施地下化，釋放了寶貴的土地用於多種用途。例如：將230kV變電站放置在地下，可騰出3公頃以上的土地用於其他用途。

(2) 共置（Co-location）：爲了節省寶貴的空間，將兼容的娛樂場所和社區用途並置在一起，可以提高便利性。

(3) 適應性生命週期規劃：具有戰略意義的土地回收，提供都市建成區振興機會。例如：港口的重新安置，爲大南部海濱區的海濱區開放提供新用途。

(4) 塡海工程：通過開墾土地，我們爲樟宜機場、裕廊島和大士港等新地區創造了空間。爲了減少塡海所需的塡充材料量，我們還在嘗試替代方法，例如：壓模，這有助於節省前期建設成本。

三、區域亮點

（一）中部地區

中央區是新加坡充滿活力的市中心 —— 全球商業和金融中心所在地，該區有充滿活力的24/7生活方式。爲適應未來經濟，有更多用途和更多就業機會，該地區將繼續增長並變得更加充滿活力。同時規劃

了更多的都市生活選擇與更便利設施，令人愉悅的街道和公共場所都在呈現我們豐富的文化、遺產和綠色資產。

1. 關鍵策略：創建一個令人愉快的鄰居

(1) 創建居民社區：在果園、中央商務區、珍珠山、濱海灣和濱海南部等都市地點將引入更多房屋，爲居民提供更多種類的都市生活選擇，並提供便捷的交通和就業地點、生活方式和休閒選擇。

(2) 連接我們的公園和開放空間：主要的綠色和開放空間，如福康寧公園、濱海灣花園、新加坡河和濱海灣，提供了充足的綠化和休閒空間，增強了新加坡作爲花園中的海濱都市的形象。有機會增強和連接我們的綠色與藍色資產，讓更多的人可以輕鬆進入並享受我們的公園、開放空間和海濱長廊。

(3) 鼓勵主動出行：目前，市中心大約有22公里的自行車道，主要在濱海灣地區。到2021年，市中心自行車道網絡將進一步擴展5公里以上。

2. 慶祝我們的藝術、文化和遺產

我們的市中心充滿著歷史文化，這裡是一些最著名的建築和文化遺產地標

我們將繼續通過場所營造和公共領域改善來慶祝和豐富我們的藝術、文化和遺產資產，讓市中心成爲文化和生活方式的目的地。

(1) 藝術與文化區的擴展：Bras Basah-Bugis、Fort Canning和市政區擁有眾多的藝術和文化產品，以及許多更著名的建築和歷史地標。

(2) 歷史公園：福康寧公園（Fort Canning Park）是新加坡的兩個國家公園之一，歷史悠久，已成爲人們喜愛的休閒和活動場所。NParks計畫的增強功能，將增強與福康寧公園的連通性，突出其重要性，並追溯我們在14、19和20世紀的歷史。

　　(3) 步行和充滿活力的歷史區：透過與當地社區和企業合作，不斷地進行場所建設，小印度、甘榜格南和唐人街等珍貴的歷史文化區將保留其豐富的遺產，並變得更加充滿活力。

3. 我們的市中心

　　新加坡市中心一直是都市的金融和商業中心。為了吸引人才，都市正競相成為有吸引力的地方，以滿足現代生活方式的各種需求。近年來，我們已經從以辦公室為主過渡到混合使用，且在下班後更加活躍的市中心。我們的市中心將繼續發展，並將適應更多用途和創意生活方式，使它不僅是一個有吸引力的工作場所，而且是一個充滿活力的居住和娛樂場所。區域還將幫助鞏固其作為充滿活力的24/7市區，以及全球金融中心的地位。

　　(1) 動態的都市社區：借助市中心生活的吸引力和便利性，將在市中心引入更多的住宅、酒店和其他用途。安森（Anson）和塞西爾（Cecil）區域靠近現有居民區，已經靠近許多便利設施，例如：小販中心、市場、社區和社會設施。這些地區可以轉變為熱鬧的都市社區，為都市提供最好的生活。

　　(2) 令人愉快的地方：市中心不是全部工作，沒有娛樂。公園、公共場所和活躍的街道相結合，提供了都市基本的舒壓，同時為上班族和居民提供了放鬆和休閒的空間，此外還有令人興奮的方案來保持新鮮感。建築物的所有者和企業越來越多地看到這種空間的價值，他們不僅在空間方面進行投資，還投入組織活動和事件讓生活更多彩。

　　(3) 經驗的多樣性：為了滿足新興生活方式的日益多樣化的需求，市中心必須擴展其工作、生活和娛樂產品組合。在不久的將來，還有更多的空間可用於國有土地和國有財產，以填補產品和便利設施方面的空白，並可作為創新思想的試驗臺。

(4) 連接便捷：在市區有更多的景點和活動，輕鬆地走動顯得尤爲重要。由於對可持續交通的重新關注，主要都市的主動出行選擇有所增加。隨著我們成爲汽車之都，這些替代的交通方式將變得越來越重要。

(5) 一個稱呼我們自己的地方：大都市由獨特的地區組成，每個地區都有自己的特色、魅力和歷史。爲了發展這樣的區域，公共機構和私營部門需要在對人民的願望和需求敏感的情況下合作，制定周全的計畫和方案。

4. 烏節路（Orchard Road）

烏節路在許多新加坡人的心中占有特殊的位置。在成爲我們享譽國際的購物街之前，它已從種植園的街道變成了居民區。除了成爲最大的購物街的標誌性地位之外，這個地區還是朋友和家人聚集在一起享受美好時光的地方。

（二）中央區域

〈充滿活力的都市生活，擁有豐富的遺產，親近大自然〉

1. 熟悉地方的可愛房屋：融入社區所珍視的功能。
2. 包容性設施就在您家門口：在便利位置同時共置設施。
3. 有吸引力的工作場所：創建充滿活力的業務和創新中心。
4. 更多娛樂休閒場所：引入休閒新選擇。
5. 增強的機動性：減少旅行時間。

（三）東部地區

〈我們的東部門戶和海濱目的地〉

1. 所有人的可愛之家：健康生活的家可在東海岸公園附近的新Bayshore住宅區找到。由兩個新的Thomson-East Coast Line車站服務，可用步行和騎自行車到達，鄰近的東海岸公園居民將方便享受一

系列社區空間、設施和娛樂。

2. 使工作離家更近：在樟宜、巴西立和淡濱尼北部發展我們的產業，如今東部門戶將成爲樟宜商業園和樟宜機場等主要就業樞紐的所在地，東部門戶將在淡濱尼北部、巴西立和樟宜的半導體與航空相關產業集群中，歡迎更多就業機會。

3. 更多娛樂休閒場所：透過集成網絡連結，讓居民使用各種各樣的綠色產業、藍色產業和娛樂空間。

4. 注入新的娛樂空間：無論是探險愛好者，還是僅是想學習新事物的人，勿洛水庫公園的HomeTeamNS俱樂部會提供令人興奮的可能性和體驗。俱樂部將以「海濱天堂」爲主題，精心設計並與現有的綠化相融合。

5. 增強機動性：東部居民可以期待一個擴展的自行車網絡，將連接到更多地方。

（四）東北地區

〈中心地帶生活，熟悉的地方遇見未來〉

1. 創建宜居和包容的社區：Ang Mo Kio、實龍崗和後港等較老的城鎮，將在Lentor Hills、Lorong Chuan和Hougang Avenue 3看到新的住房選擇。榜鵝點也將在面向海濱處提供新住宅區。

2. 支持我們的經濟：隨著Punggol Digital District和Sengkang West的發展，來自東北所有城鎮的現有居民，將有更多機會選擇在家附近工作。Lorong Halus Wetland也正在開發一個新的就業節點。

3. 所有人的綠色和藍色活動空間：未來藉助新的公園連接設施，居民將能夠更輕鬆地到訪該地區豐富的綠色植物和水道。所有人還將有新的，多樣的娛樂機會互動和休憩。

（五）北部地區

〈綠帶豐富，機會豐富的地區〉

1. 新社區、熱鬧的社區：開發更多的一站式樞紐，並居住在交通連接緊密的城鎮。

2. 將工作帶到北方：提供新的增長機會。

3. 休閒娛樂的綠色和藍色空間：提供新的遊戲空間。

4. 更快移動：增強整個北方的連通性。

（六）西部地區

〈改變西方門戶的生活、工作和娛樂方式〉

1. 體驗工作的未來：自獨立以來，西方門戶是新加坡工業發展的燈塔，它將繼續成為該國最大的製造業中心。在三個新的就業區〔裕廊湖區（JLD）、裕廊創新區（JID）和大士港〕，等待著新加坡人令人期待的商業和就業機會。JLD和JID將測試新的都市解決方案和基礎設施，為所有人創造更舒適的工作和生活環境。

2. 輕鬆之旅：到2035年，西部將有六條鐵路線服務，將更多居民連接到重要的就業、娛樂和休閒區域。隨著裕廊地區線和跨島線的引入，居民將有更多的通勤選擇。未來的裕廊東綜合交通樞紐（ITH）將使通勤者更方便地在各種交通方式之間切換，並為該地區增添活力。

3. 大自然中的生活與娛樂：設計更綠色的生活方式，西部的新住房和社區設施將坐落在鬱鬱蔥蔥的綠色空間內，靠近公園和自然走廊。它們將敏感地發展，使生物多樣性得以繁榮發展並與人類和諧共存。透過開發與綠化相結合，居民將能夠享受優質的生活環境。

4. 撤退到綠色和藍色的西方綠洲：透過新建公園並改善現有的綠地和水道，社區將能夠更接近自然環境以進行休閒和娛樂。這些綠色和藍色的網絡，還將有助於增強我們生活和工作環境中的生物多樣

性。

四、都市轉型

我們的都市轉型項目是重要的增長領域，將鼓勵經濟增長，並使工作和生活設施更接近居民。

（一）樟宜地區：機場周圍充滿活力的現場學習遊戲生態系統

樟宜地區將成為充滿活力和繁榮的經濟樞紐，擁有與樟宜機場產生最大協同效應的行業。為了跟上不斷增長的航空旅行和貨運需求，樟宜機場將隨著一號航站樓的擴建完工，以及2019年4月中旬開業的珠寶樟宜機場而逐步增加運力，並逐步增加其服務範圍。展望未來，第五航站樓，樟宜東部工業區和樟宜東部市區將為樟宜機場的未來增長提供額外的能力。

1. 通往世界的商業門戶：充分利用樟宜機場的連通性和地方協同效應。

2. 連接良好的混合用途區：連接企業、員工、居民和遊客。

3. 迷人的生活方式目的地：對於那些遠近的人，樟宜地區不僅僅是一個就業節點。它可以有各種各樣的娛樂和旅遊景點。

（二）大鄉村海岸：50公里長的質樸綠色連續地帶，以及人人享有的休閒空間

從林楚康到樟宜的新加坡北部海岸線，對新加坡的遺產具有重要意義。大鄉村海岸不僅創造了一段穿越我們歷史的旅程，還是一連串的鄉村綠色和休閒空間，供所有人使用。

1. 軍事和工業遺產的地方：由於其戰略位置，新加坡在大英帝國是亞洲的據點，發揮了關鍵作用。修建了一系列軍事設施，守衛海

岸線，塑造了該地區的特色。

2.休閒的中心地帶：今天，北部的海岸線上遍布著許多休閒場所，可讓市民發現在北部海岸線有趣的事物。2019年起將逐步完成圓島路線。

3.一個充滿本地生物多樣性的地方：北部海岸，包括北部近海島嶼，是許多種類的硬珊瑚和礁魚的家園，這些珊瑚和礁魚構成了豐富的沿海生態系統。本區還擁有新加坡大陸上，最大的紅樹林地區。

（三）大南部海濱：通向未來生活，工作和娛樂的門戶

從巴西班讓（Pasir Panjang）延伸到濱海東（Marina East）的大南部海濱地區，將被改造成新加坡南部沿海，都市生活的新主要門戶和地點。

1.巴西班讓（Pasir Panjang）加值：建於1950年代和1960年代的兩座以前的發電站建築，以及周圍廢棄的工業結構，構成了巴西班讓發電區的核心。憑藉其濱水環境和豐富的工業遺產，該地區可以轉變為所有人享受非凡的目的地。

2.改善可及性：連結綠色和藍色，連續的海濱長廊，將在未來無縫連接大南部海濱沿線的各個景點。沿著這條走廊，新的巴西班讓線性公園將連接西海岸公園和拉布拉多自然保護區，並為公園使用者提供近距離瀏覽巴西班讓的集裝箱港口和電力區。

3.都市生活：與自然和水融為一體。

（四）加冷河：生命之河連接人、地方和記憶

加冷河是新加坡最長的河流，蜿蜒穿過幾個住宅和工業區，例如：碧山、大巴窯、本德邁爾和加冷巴魯，然後合併到加冷盆地。此地有機會沿河進步，注入生活並建立社區。

1. 振興：在海濱注入新的家園和工作場所，新住宅、工作場所、娛樂場所和社區空間提供了復興的機會。

2. 重新連接：目前加冷河被橫跨河流的道路和主要高速公路所分割。從2020年開始將進行基礎設施改善，來創造更加無縫的步行和騎車體驗。

3. 啓用：隨著人們努力改善連通性，對於附近的居民和遊客來說，這條河也將變得更加優美。通過PUB的「活躍、美麗、乾淨的水」項目，在上Boon Keng路至Sims Avenue、Potong Pasir和Kolam Ayer的數條水道進行了改建，也正在研究加冷河沿岸的其他河段進行此類改善。

（五）Paya Lebar空軍基地：共同構想未來社區

隨著Paya Lebar空軍基地從2030年代開始遷移，該空軍基地及其周圍的工業發展可以逐步轉變爲高度宜居和可持續的新城鎮。我們的計畫將建立在昔日機場和空軍基地的獨特地位上。可能性是巨大的，我們希望聽到你的想法，共同構想未來社區。

1. 獨特的身分和地方感：保留其豐富的航空遺產。

2. 自然與遊樂：建立更健康的社區。

（六）榜鵝數位園區（Punggol Digital District）：下一代智慧集成園區

榜鵝數位園區（PDD）將新加坡理工學院（SIT）的校園和JTC的商業園空間整合到榜鵝北部，從而打造了新加坡第一個眞正的智慧園區。PDD不僅容納數位經濟的關鍵增長產業，例如：網路安全和數位技術，而且周圍社區將成爲包容性綠色生活方式目的地。

1. 新加坡第一企業區：PDD專門設計用於讓工業界和學術界通過彼此共享工作空間和設施而相互融合。這種物理上的整合促進了思

想的交叉應用，並促進了關鍵新興技術之間的協作。

2. 智慧區：隨著新加坡邁向成為智慧國家的步伐，PDD將成為總體規劃的櫥窗和技術如何幫助當地社區，為社區創造更宜居和可持續的環境，同時促進商業蓬勃發展，生活方式生態系統引進人才並實現創新。

（七）鐵路走廊：社區空間及其他

鐵路走廊是一條昔日的鐵路線，在新加坡以北24公里處延伸。未來伍德蘭茲北海岸和大南部海濱地區，將通過該跨島綠色大動脈相連。現在是「綠色走廊」，它將被改造成一個社區空間，它透過1公里鐵路走廊，連接100萬人。當鐵路走廊在2021年連接起來時，它將刺激周邊土地的開發和老城區的復興。

1. 社區節點：探索如克蘭芝（Kranji）、步槍嶺自然公園、武吉知馬火車站（Bukit Timah Railway Station）、前車站長官宿舍、丹戎巴葛火車站（Tanjong Pagar Railway Station）等十個鐵路走廊沿線的各個社區節點。

2. 建立北部新就業和娛樂中心：新加坡賽馬場和克蘭芝將成為北部居民的新休閒中心。Sungei Kadut也將得到更新，並建立農業食品創新園（AFIP）集群，在更可持續、清潔和綠色的環境中支持現有和新業務的增長。

3. 連接自然與遺產景點的新門戶：海岸到海岸步道、步槍山脈自然公園和鐵路走廊的建成，將刺激前武吉知馬消防局和美麗世界的復興，成為通往周圍自然和遺產景點的門戶。

4. 振興皇后鎮的新住宅和工作場所：鐵路走廊穿過皇后鎮，新加坡第一個衛星鎮。該地區將通過注入新的住房、社區綠地和商業園區來進行改造，鐵路走廊將成為社區生活和企業的核心。

（八）伍德蘭茲區域中心：新的可能性

伍德蘭茲地區中心有望成爲新加坡北部地區最大的經濟中心。在接下來的十五年中，將在占地100公頃的可開發土地上爲伍德蘭茲地區中心引入商業、工業、研究與開發，以及學習與創新的新空間。它坐落在充滿活力的綠色景觀中，並且與新加坡和新山（Johor Bahru）的關鍵地點無縫連接，可作爲北部農業技術和食品走廊的戰略中心。該走廊將整合新加坡北部的多種用途，將未來的農業食品創新園和林地區域中心與北部生態系統的協同元素（例如：農場、共和理工學院和Senoko食品區）連接起來。

1.機會核心：面向所有人的新業務空間

伍德蘭茲地區中心將受益於兩個地區〔伍德蘭茲北海岸（WNC）和伍德蘭茲中央〕辦公、零售、商業園區和多樣化工業空間的規畫，毗鄰Woodlands、Senoko和Sungei Kadut的成熟工業區，將支持北部門戶，成爲農業技術和食品走廊的主要商業中心，爲北部居民帶來更多的好工作。

2.繁華的海濱、熱鬧的街道：積極生活方式的新空間

一系列嶄新的便利設施，包括兩個主要的行人通道、公共場所以及廣泛的行人和自行車通行網絡，將爲該地區帶來新的活力。

3.無縫連接：使林地離你更近

即伍德蘭茲中部和伍德蘭茲北海岸的交通樞紐將進一步通過公交車和捷運網絡，將伍德蘭茲區域中心連接到島上的主要目的地。此外，RTS 將連接新山的Bukit Chagar站和RTS 連接 Woodlands北站，從而通過Thomson-East Coast Line，建立通往新加坡主要目的地的無縫運輸連結。

第四節　墨爾本2017-2050

一、全球機遇與選擇之城

　　墨爾本沒有時間浪費，需要明智地計畫和投資：滿足更多樣化和老齡化人口的需求、打破擁堵與增長之間的聯繫、解決住房負擔能力、緩解和適應氣候變化，並確保所有人都能獲得社會和經濟機會。

　　這就是計畫墨爾本重要的原因。

　　計畫墨爾本是變革性的。這是一項長期計畫，旨在應對維多利亞州從現在到2050年所面臨的全州、區域和地方挑戰與機遇。它修訂2014年版墨爾本計畫，以反映當前的政策和優先事項——爲社區創造連續性、清晰度和確定性、企業和政府。

　　這是一代行動的藍圖，隨著墨爾本的人口預測到2050年將達到800萬。

（一）我們將如何規劃墨爾本

　　爲了保持世界上最宜居的都市，墨爾本必須應對挑戰並創造機會。管理人口增長將會更清楚地瞭解增長的方向。透過精心開發增長區和選擇性重建現有社區內未充分利用的區域，人口和住房增長將保持在現有的都市增長邊界內。

1. 發展經濟

　　人們住的地方附近會有更多的工作，這在經濟變化中比以往任何時候都更重要。透過重建墨爾本市中心附近的戰略地點，創建國家就業和創新集群，以及通過加強衛生、教育、大型製造業、貨運和物流等部門的現有區域，將創造新產業的機會。

2. 創造負擔得起的無障礙住房

隨著我們需要的住房越來越多，在適當的地方交付，將會有更多的承受能力和選擇。

3. 改善運輸

我們將繼續投資我們的交通網絡——建設地鐵隧道以及整個都市和郊區的主要道路項目。政府將在2017年年中之前回應維多利亞州基礎設施，對交通優先事項的獨立評估。

4. 應對氣候變化

維多利亞州將在2050年之前，將其溫室氣體排放量減少到淨零排放。這個都市和州也將在爲更高溫度和更頻繁的極端天氣事件做準備的同時，實現更清潔的經濟。

5. 連接社區

墨爾本將是一個20分鐘的社區都市。居民仍然會在他們的工作區外上班，但他們的大部分日常需求將是短途步行、騎自行車或乘坐公共交通工具。

（二）墨爾本計畫如何運作

墨爾本計畫是一個長期願景，有一個切實的實施計畫。

這是一個三十五年的藍圖，以確保墨爾本的人口接近800萬，從而變得更具可持續性、生產力和宜居性。

實施計畫是一項單獨的五年行動計畫，需要採取行動才能實現計畫的目標。

爲期五年的實施計畫將定期更新，以滿足墨爾本日益增長的需求。它也將每五年更新一次。

墨爾本三十五年計畫是一份正式的規劃文件，用於指導規劃者、理事會、開發商和維多利亞州民事和行政法庭（VCAT）。

爲實現這一目標，墨爾本計畫的結構是：

- 9項原則：指導政策和行動。
- 7項目標：闡述該計畫的雄心。
- 32個方向：概述如何實現成果。
- 90項政策：詳細說明如何將方向轉化爲行動。

我們將如何定義：

1. 願景

一個充滿機遇和選擇的全球都市。

2. 原則

(1) 獨特的墨爾本。

(2) 全球連接和競爭激烈的都市。

(3) 與維多利亞地區相連的都市中心。

(4) 環境恢復力和可持續性。

(5) 在當地居住：20分鐘的社區。

(6) 社會和經濟參與。

(7) 強大而健康的社區。

(8) 支持均衡都市增長的基礎設施投資。

(9) 領導和夥伴關係。

二、目標1

墨爾本是一個有生產效率的都市，吸引投資、支持創新，並創造就業機會。未來幾十年全球化，亞洲經濟崛起、數位化中斷和人口老齡化將繼續推動澳洲和維多利亞省的快速變化。墨爾本和維多利亞省需要適應這種社會和經濟轉型。其方向和政策說明如下：

（一）建立一個加強墨爾本就業和投資競爭力的都市

1. 支持中心都市到2050年成為澳洲最大的商業和住宅中心。

2. 重建中心城區及周邊主要都市更新區的計畫，以提供高品質、獨特和多樣化、多種用途的社區。

3. 促進國家就業和創新集群的發展。

4. 支持墨爾本各地衛生和教育區的重要就業和服務作用。

5. 支持主要交通節點，作為就業和經濟活動的重要場所。

6. 在適當的地點建立規劃工業用地，以支持就業和投資機會。

7. 計畫在墨爾本建立足夠的商業用地。

（二）改善墨爾本各地的就業機會，使其更接近人們居住的地方

1. 支持透過交通網絡連接，發展各活動場所。

2. 促進對墨爾本外圍地區的投資，以增加當地就業機會。

3. 支持提供電信基礎設施。

（三）在墨爾本的都市更新區創造發展機會

1. 計畫和促進都市更新區的發展。

2. 計畫現有和規劃中的運輸網絡上，進行新的開發和投資機會。

（四）支持墨爾本非都市地區的土地和資源的生產性利用

1. 保護農業用地並支持農業生產。

2. 識別和保護對墨爾本未來需求至關重要的採掘資源（如石頭和沙子）。

三、目標2：墨爾本在靠近工作和服務的地方提供住房選擇

新住房需要精心規劃和負擔得起，它需要在適當的地方，靠近工

作和服務。其方向和政策說明如下：

（一）管理適當地點的新住房供應，以滿足人口增長並創造可持續發展的都市

1. 在墨爾本周圍建立永久的都市增長邊界，以創建一個更加鞏固，可持續發展的都市。

2. 促進在既定地區增加新住房的百分比，以建立一個靠近現有服務、就業與公共交通在20分鐘的街區都市。

3. 計畫和確定墨爾本地區的預期住房需求。

4. 提供並確定有關郊區增長規模。

（二）提供更多住房，靠近工作和公共交通

1. 促進精心設計的高密度住宅開發項目，支持墨爾本中心都市公共場所充滿活力。

2. 將新住房和綜合開發項目直接推向墨爾本的都市更新區和就業場地。

3. 支持活動場所和其他提供良好工作、服務和公共交通的地方的新住房。

4. 爲格雷菲爾德地區提供支持和指導，來提供更多的選擇和多樣性住房。

5. 要求對增長區域的發展進行排序和分階段，以便更好地將基礎設施交付與土地釋放聯繫起來。

（三）增加社會和經濟適用房的供應

1. 利用政府土地提供額外的社會住房。

2. 簡化社會住房提案的決策過程。

3. 透過規劃來促進社會和經濟適用住房的供應。

4.創建新方法來獲取和分享重分區的增值。

（四）促進適當地點的住房決策過程

1.簡化審批已定案位置流程。

2.促進汙染土地的修復，特別是在墨爾本發達地區的住宅開發區域。

（五）提供更多選擇和多樣化的住房

1.促進提供選擇並滿足不斷變化的家庭需求的住房。

2.在新興區域提供一系列住房類型。

四、目標3：墨爾本擁有綜合運輸系統，可將人們與工作、服務和貨物聯繫起來

其方向和政策說明如下：

（一）改造墨爾本的交通系統，以支持有生產效率的都市

1.創建具有「開啓和轉向」頻率和可靠性的地鐵式鐵路系統。

2.爲就業機會多的地區提供高品質的公共交通。

3.改善墨爾本所有道路使用者在主幹道上連結。

4.透過主要公共交通網絡和主要貨運網絡指導與確定土地使用和交通發展。

5.提高高速公路網絡的效率。

6.支持上下班騎單車。

（二）改善墨爾本郊區的交通

1.改善新興地區和郊區外圍的道路。

2.改善郊區與更外圍區公共交通。

（三）改善當地旅次選擇

1. 創建適合步行的社區。

2. 爲當地旅次創建自行車連結網絡。

3. 改善當地交通選擇（20分鐘可到達的社區圈）。

4. 在現有公共交通附近設立學校和其他區域設施，並提供安全的步行和自行車路線以及下車區。

（四）提高運輸效率，增加出入道路容量，同時保護都市便利設施

1. 從有效的路旁走道擴充足夠的出入道路的容量。

2. 增加鐵路貨運量。

3. 避免貨運對都市寧靜的負面影響。

五、目標4：墨爾本是一個獨特而宜居的都市，擁有優質的設計和舒適設施

墨爾本以其建築、公園創意文化和宜居性而聞名。隨著墨爾本人口的增長，我們需要確保都市和郊區變得更加宜居。

這意味著我們必須推廣以人、環境和文化特徵爲重點的質量設計——反映墨爾本和維多利亞的過去、現在和未來。其方向和政策說明如下：

（一）在墨爾本創造更多優秀的公共場所

1. 支持墨爾本的獨特性。

2. 將場所製作實踐融入道路空間管理。

3. 加強墨爾本的林蔭大道網絡。

4. 保護和增強大都市水岸公園。

（二）以墨爾本的文化領導力和體育遺產為基礎

1. 加強墨爾本的地方公民遺產。

2. 支持墨爾本文化區和創意產業的發展。

3. 計畫和促進私營部門旅遊投資機會。

（三）實現並促進卓越設計

在建築環境的各個方面，促進都市設計的卓越性。

（四）尊重墨爾本的傳統，為我們的未來而建

1. 在管理增長和變化時，確認遺產的價值。

2. 尊重和保護墨爾本的原住民文化遺產。

3. 透過遺產保護促進經濟增長。

4. 透過講述其故事來保護墨爾本的傳統。

（五）計畫墨爾本的綠色楔形和城郊地區

1. 加強對綠色楔形土地的保護和管理。

2. 保護和增強特色區域與景觀的重要屬性。

（六）加強社區參與都市規劃

為社區創造規劃參與的各種機會。

六、目標5：墨爾本是一個充滿活力和健康的都市

20分鐘社區的概念很簡單，這一切都是為了讓墨爾本人能夠在當地生活——在20分鐘的步行、騎自行車或當地的公共交通之旅中，滿足他們的大部分日常需求。其方向和政策說明如下：

（一）創建一個20分鐘的社區都市

1. 以不同的密度創建混合用途社區。

2.支持充滿活力的社區活動中心的網絡。

（二）創建支持安全社區和健康生活方式的社區

改善社區，使步行和騎自行車成為日常生活的一部分。

（三）提供社交基礎設施以支持強大的社區

1.促進整個政府有效提供社會基礎設施的方法。

2.創建健康和教育社區，來支持居民。

3.支持非營利性社區服務，來建立社會資本和更強大的社區。

4.提供和保護必要墓地和火葬場。

（四）與社區合作提供當地公園和綠色社區

1.開發一個可及高品質社區開放空間網絡。

2.支持社區花園和有亮點的街景。

七、目標6：墨爾本是一個可持續發展和有韌性的都市

2050年的墨爾本將需要成為一個低碳都市，旨在應對氣候變化的影響。

為實現這些目標，維多利亞州將在2050年之前將溫室氣體排放量減少到零淨排放量，同時創造新的就業機會，推動新興和傳統行業的創新，並減少家庭能源費用。此外，將確定和規劃面臨自然災害風險的區域。其方向和政策說明如下：

（一）過渡到低碳都市，使維多利亞州能夠實現淨零溫室氣體排放的目標

1.通過環境可持續發展和能效升級，改善建築物處理能源、水和廢物績效。

2. 促進可再生能源技術的採用。

（二）減少自然災害事件的可能性和後果，並適應氣候變化

1. 減少自然災害影響，並適應氣候變化的影響。

2. 要求在基礎設施規劃中，考慮氣候變化的風險。

（三）整合都市發展和水循環管理，以支持一個富有韌性與宜居的都市

1. 充分利用所有水源，減少供水壓力。

2. 採用綜合水管理方法，改善都市水資源管理與規劃之間的一致性。

3. 保護水、排水和汙水處理設施。

（四）讓墨爾本變得更清爽、更綠意

1. 藉由都市地區，建築物、交通走廊和開放空間的綠化來營造都市森林，讓墨爾本變得涼爽。

2. 加強綜合大都市開放空間網絡。

（五）保護和恢復自然棲息地

1. 透過生物多樣性保護和與自然聯繫機會，建立綠色空間網絡。

2. 保護和強化都市水道的健康。

3. 保護菲利普港灣和西港的海岸線及水域。

（六）改善空氣質量，減少噪音過大的影響

減少空氣汙染排放，儘量減少空氣汙染和過度噪音。

（七）減少浪費，改善廢物管理和資源回收

1. 改善廢物回收經濟效益，減少對垃圾填埋場的依賴。

2.改進廢物和資源回收系統，來應對中密度發展的物流挑戰。

3.保護廢物管理和資源回收設施免受都市擴張侵占，並評估新廢物設施的機會。

八、目標7：維多利亞州地區具有生產力，可持續發展，同時能支持就業和經濟成長

持續投資維多利亞州來支持住房和經濟成長，也加強社會和經濟參與來發展強大、健康的社區。其方向和政策說明如下：

（一）投資維多利亞州，來支持住房和經濟成長

1.刺激區域都市的就業和成長。

2.支持城郊地區發展規劃城鎮。

（二）改善都市和區域之間的聯繫

1.改善維多利亞州的交通和數位連結。

2.加強全國商品流通網的運輸連結。

第五節　雪梨市（City of Sydney）

一、規劃目標

雪梨的「永續雪梨2030施政展望計畫」之目標為：

（一）成為環保的都市

雪梨市將成為全球公認的環保領袖，有傑出的環保行動和推動經濟成長的新型「綠色行業」。雪梨市將以主要重建區域為先導，減少溫室氣體排放，並透過綠色基礎設施網絡減少能源、水資源和廢水排放的需求。

（二）成為具全球化的都市

雪梨將對世界水準的旅遊景點，以及在文化基礎設施、標誌物和便利設施方面不斷投資，繼續保持其在澳洲最重要的全球化都市以及國際門戶的地位，並在市中心提供商業活動和高素質職位保留優質的辦公空間，支持社交、文化及娛樂設施，以培育、吸引及留住全球人才。雪梨將接受創新及新科技，注重新型媒體和網際網路連結，獎勵創造與合作，使成為全球文化網絡的一部分，積極參與全球知識交流。

（三）成為相連接的都市

本地的人行道和自行車道路網絡，以及連接鄉村、市中心和雪梨內城區其他地方的交通路線，將使得雪梨的交通變得十分方便。地區性交通網絡將在現有網絡的基礎上進行升級改造，使從各地前往雪梨市中心會變得更加便捷。將富有特色的鄉村建設成為社區生活的主要焦點，並培養市民的歸屬感，服務集中、互通互聯，可大大提升雪梨宜居性的活動樞紐及為鄉村提供服務，並從根本上不斷加強雪梨的全球競爭力，使雪梨變得多元化且具包容性，透過增加提供可負擔的房屋數量，以及更方便地使用社區設施、計畫和服務，相對平等將有所提升，從而改善社會福利和公平性。市民對藝術表達、表演、重要活動和節日的高度參與也將促進文化活力，並關懷土著居民，弘揚其仍在傳承的文化。雪梨將積極致力於提升政府、私營行業，以及社區之間的夥伴關係和合作，獎勵和引領改變。雪梨是更廣泛的國內和國際社區的一部分，將在文化、貿易和互利交流方面與澳洲其他國際都市不斷加強合作。

二、規劃策略

雪梨的「永續雪梨2030施政展望計畫」之規劃策略如下：

（一）具有全球競爭力和創新性的都市

1. 規劃市中心的發展和變化之策略

(1) 確保都市規劃爲雪梨市的就業增加提供空間。

(2) 確保雪梨市的經濟發展策略能夠加強市中心各地區的經濟地位。

(3) 制定長遠規劃，增加西部濱水區的開發機會，並改善與外部的連通。

(4) 與土地所有者、商戶和其他利益關係者合作，加強小區域的發展。

(5) 爲George Street西側的小區域制定發展策略，按照歐式傳統將沿街建築的街面開發成咖啡館和零售店，樓上則爲公寓和小型工作間。

2. 增強具有全球競爭力的群集和網絡，發展創新能力之策略

(1) 探討與私營企業、研究和教育機構建立「雪梨合作關係」的可能性。

(2) 發展雪梨市的策略性經濟發展及研究能力。

(3) 促進與國內其他國際都市進行合作與知識交流。

(4) 在經選擇及具有全球競爭力的快速發展行業裡，協助建立行業網絡。

3. 規劃全球化都市支援功能之策略

(1) 對南部混合使用就業地區，進行分區結構規劃。

(2) 與私人企業合作制定管理機場發展影響的規劃和架構。

4. 發展創新能力和全球性競爭能力之策略

(1) 行動支援當地社區的經濟發展和繼續教育。

(2) 識別、發展和支援在雪梨市各地建立創新小區域。

(3) 支持澳洲科技公園（ATP）和小區域發展。

5. 提升商業競爭力之策略

(1) 改善審核與許可作業流程。

(2) 發展機制以提升市中心的商業領導為原則。

6. 改善市區的旅遊基礎設施、資產和品牌之策略

(1) 旅遊行業與州政府緊密合作，開發旅遊設施和景點，其中包括
新建旅館和住宿設施。

(2) 促進旅遊機構、商業和其他政府機構合作，建設成適合旅遊和
活動都市。

(3) 制定策略協助遊客瞭解和遊覽雪梨市。

（二）成為領先的環保都市

1. 增加本市範圍內地方能源生產和水資源供應的能力之策略

(1) 為雪梨市編制環保基礎設施規劃。

(2) 調查環保轉換系統的發展情況，並透過使用市內的街道網把環
保轉換系統融入到市內各處。

(3) 提高對循環再用水資源的利用。

(4) 提高針對公布的目標進行環保報告和資訊披露的程度。

2. 減少廢物的產生以及雨水對蓄水池的汙染程度之策略

(1) 透過在蓄水區採用節水型都市設計技術，更新雨水基礎設施。

(2) 跟其他雪梨內城區的市議會合作制定全面的廢棄物管理規劃，
並確立相關加工基礎設施的地點。

3. 改進現有建築物的環保性之策略

(1) 調查可以加快現有建築物翻新改造的辦法，以實現更好的環保
效果。

(2) 制定獎勵計畫，加快市內對採用環保能源的接受及購買環保的方式。

4. 透過雪梨市議會的運作和活動，在環保方面表現出領導地位之策略

(1) 調查碳最小化標準在採購和合約中的應用。

(2) 調查最佳實施措施，使雪梨市為全球暖化和其他影響做好準備，例如：燃料的影響、暴雨和洪水等。

(3) 跟其他部門合作，推動可永續的環保行業，提高經濟和教育效益。

(4) 實施教育與支援措施，以協助居民、商家、工人和遊客減少對環境的影響。

（三）具有四通八達結合性交通的都市

1. 改善雪梨地區公共交通服務提供支援和規劃之策略

(1) 支援更新現有的地區鐵路系統和新建設的鐵路線。

(2) 改善現有的市中心車站的運作方式，包括交會作用。

2. 發展結合雪梨內城區交通網路之策略

(1) 制定雪梨內城區交通規劃方案。

(2) 提高跨區公共交通服務的結合，包括輕軌和鐵路。

(3) 確立地區巴士服務的網絡，並發展結合可用的社區交通網絡。

3. 減少交通對市中心和活動樞紐中公共空間的影響之策略

(1) 改善市中心的公共交通流量，並增加街道空間，用於可永續的交通模式。

(2) 管理汽車出租的需求，調查公共交通收費機制及制定可永續的出租措施。

4. 規劃地區道路，增加公共交通使用並減少市區街道上的汽車之策略

(1) 制定道路級別和管理規劃主要幹線。

(2) 確保提供改善地方設施，作爲未來地區道路管理的一部分。

（四）適合步行和騎自行車的都市

1. 在市區和雪梨內城區建立融合了環保空間安全的、連接人行道和自行車道路的網絡之策略

(1) 建立市內的「宜居」網絡，而且把其擴展到雪梨內城區。

(2) 設計良好具有安全性的設施，以確保步行和行車安全，而且可以滿足身障人士的需求。

2. 在市中心給予騎自行車者和行人相關便利設施的優先權之策略

(1) 管理道路空間，獎勵步行、騎自行車者和使用公共交通工具的人。

(2) 重新爲交通信號定時和調整閃爍模式，提供行人優先措施。

(3) 把市中心的行車速度降低到時速40公里，並改善安全性和設施。

(4) 實施部分和全時間封閉路段或街道，並鼓勵在這些封閉路段舉辦活動。

3. 推廣市內主要職場和場所的環保交通之策略

(1) 建立或改善觀光地區的設施，並獎勵步行和騎車。

(2) 建築物內應提供給行人和騎車停放車輛空間，以及沐浴和更衣的設施。

(3) 建立和獎勵計畫，宣導雇員使用具環保性的交通工具上班。

（五）成為具有活力的市中心

1. 加強市區公共區域的重要性，並為集會和休閒創造更多空間之策略

(1) 在市中心規劃一條南北方向的中央主幹道，把環形碼頭、政府大樓和市中心的三個新廣場連接起來，優先考慮公共交通、騎車和步行者。

(2) 制定公共空間改進策略，改善市中心的街道和廣場。

2. 為市中心的工作者和社區遊客提供活動集中場地，編制市中心社區設施和計畫策略，並審查都市規劃，將三個廣場建設成為服務完善的市中心社區生活集中場地，提供托兒服務、圖書館和資訊服務等。

3. 管理和加強市中心小區域的建設之策略

(1) 確保都市規劃保留混合使用發展。

(2) 進行文化繪圖、識別，在現有場所周圍建立文化、娛樂和酒店、餐飲小街，並透過適當的發展控制、街道照明、標識及地面鋪設，加速小街的發展。

(3) 調查將地下空間建設成文化場所、公共藝術和展覽空間、娛樂和酒店餐飲場所的可行性。

4. 增加提供給街道、小巷零售業和小型企業的小型空間之策略

(1) 制定零售策略，擴展市中心的小型空間，加強零售中心購物區的建設。

(2) 要求將新建和重新開發的建築物擴建到街道邊緣，並設計活潑美觀的店面，可供從事小型零售業的規劃。

(3) 制定獎勵現有建築物業主將建築物擴建到街道邊緣的措施，利用騎樓和建築物邊緣空間從事街巷零售活動。

(4) 調查將地標性都市建築改建成「大型零售商店」或「大型飯

店」的可行性。

5. 協助適當的小型企業在市中心安居落戶、繁榮發展之策略

(1) 制定「市中心企業多元化」標準，吸引和獎勵到市中心營商創業。

(2) 調查創建由雪梨市議會協助或資助的創業服務組織的可行性。

（六）成為具有在地社區與經濟特色的都市

1. 保留並提升鄉村的地位和特色，並確保雪梨市的規劃策略和計畫能夠爲鄉村的永續提供有力的支援。

2. 創建活動中心網絡，作爲地方社區集會、購物、創作、學習和工作的地方，其策略爲：

(1) 爲每個活動中心制定計畫，符合社區需要，提升社區生活的作用和未來特色，並在Green Square和Hickson Road規劃新的活動中心。

(2) 制定適當的發展計畫，支援未來活動中心的核心要素，並根據活動中心的未來作用和特色，妥善規劃社區資產、設施。

3. 在全市內提供豐富的社區基礎設施、服務及計畫之策略

(1) 編制全市綜合性社區策略，確保各項服務能夠滿足本地社區的需要，並建立合作關係和制定相關計畫，改善特定社區的社會情況和發展結果。

(2) 根據分析和研究結果，來訂定標準以滿足雪梨市新出現的社會需求的不同形式和性質的社區設施。

(3) 編制未來社區設施計畫，作爲鄉村或活動中心中新建和再開發社區設施投資的指引。

4. 發展和提升地方經濟和就業機會之策略

(1) 調查活動中心的經濟發展策略，並在活動中心的發展規劃中，

充分考慮本地失業者和弱勢群體的工作機會和培訓措施。

(2) 行動研究制定雪梨就業監督計畫,並支援開發原住民就業的機會。

5. 在新的文化能力領域創造終身學習的機會,且在活動中心制定和推廣便利的資訊計畫,以及在所有市區圖書館提供免費的Wi-Fi無線網路連接的功能。

(七) 有文化和創意的都市

1. 支援文化活動、文化參與和文化交流之策略

(1) 充分利用閒置的建築,為藝術家、文化工作室提供經濟實惠的空間。

(2) 制定綜合性文化活動策略,為活動中心的社區管理和規劃的活動創造機會,並發展與創新經濟的聯繫。

(3) 利用雪梨的街道、小巷及公眾空間,展示不同的藝術形式。

(4) 制定都市文化基礎設施計畫,評估未來需要及辨別透過社區中心提供文化計畫的最佳作法。

(5) 提供在雪梨市街道和公共場所進行街頭演出與其他表演時,可以迅速獲得許可證,且費用是便宜的。

2. 支持創造性行業的發展之策略

(1) 提供創新行業對地點及基礎設施的需求。

(2) 建立創造性空間資料庫,為在室內的工作者提供所需的工作室空間,並建立創造性行業論壇。

(3) 制定獎勵開辦文化及創新事業的實驗計畫,以及善用文化遺產空間作法,並建立積極的合作關係。

3. 提供文化領導力量,加強文化合作之策略

(1) 制定富有創意的雪梨市公共藝術總體規劃,將擴展至市中心以

外，為雪梨市議會的文化規劃提供資訊。

(2) 推動與各級政府的正式合作關係，協調推展文化盛事和支持文化發展。

(3) 在雪梨市建立永續性中心的可行性，以展示設計、文化和建築環境，並為展覽和論壇提供空間。

(4) 發展與大學的合作關係，獎勵大學參與社區文化發展和創建活動中心。

（八）為背景多元化的人口提供房屋

1. 透過自由市場推動房屋供應之策略

(1) 消除私營市場中所有不必要的住宅發展障礙，確保在主要重建區域進行大量的住宅開發，並提供實質性社會基礎設施，及時滿足居民的需求。

(2) 監控私人的和公共土地的住宅發展，並與雪梨內城區市議會及州政府合作，確保住宅開發的土地能充足的供應。

2. 住宅發展為不同的生活方式及家庭類型提供多樣化的房屋選擇之策略

(1) 制定和推進雪梨市及雪梨內城區的可負擔住宅策略。

(2) 都市規劃包括對不同房屋類型的要求，以滿足不同的人群和社會多元化的需要，且新的住宅發展設計充分考慮身障人士、活動能力有限的人和老年人的需要，並能適合不同家庭類型的需要。

3. 協助並促進「廉價房屋」的增加，包括非營利組織（NFP）及其他住宅供應商提供的住宅之策略

(1) 支援NFP組織提供可負擔住宅。

(2) 調查與非營利組織（NFP）和住宅部（Department of

Housing）合作開發可負擔住宅試點項目的可行性。

(3) 調查擴展現有可負擔住宅區域，以資助非營利組織（NFP）的益處和機會，例如：在全市範圍內擴展未來重建區域或所有商業發展區域。

4. 協助及促進社會性房屋的增加，為低收入人民提供房屋的機會之策略

(1) 與住宅部合作負責社會福利性房屋重建項目，並識別和啓動社會房屋及可負擔住宅項目，滿足有額外需求的人士的需要，其中包括無家可歸者、年輕原住民和低收入的藝術家。

(2) 制定獎勵建商提供較低價位房屋的策略，並排除各種障礙。

(3) 制定市內提供寄宿房屋的策略，並倡導各級政府增加市內社會房屋投資。

（九）可永續的發展、更新和設計

1. 確保重建區域對本市永續發展做出重大貢獻之策略

(1) 給每個重建區域設立可發展的目標，並對城區重建工作進行廣泛的經濟分析，將其目標放在首位。

(2) 要求主要地區（如Barangaroo、Frasers Broadway、Ashmore和Green Square）展示其在環保績效、房屋可負擔性、可永續交通和降低汽車擁有率方面所取得的逐步變化。

2. 界定並改善本市街道、廣場、公園及空地，提升他們對行人及公共生活的作用之策略

(1) 編制綜合性公共區域規劃，界定長期街道和巷道網絡，以及廣場、公共場所和開放空間系統的位置，並從重建區域開始。

(2) 制定雙重利用社會機構空間和其他開放空間（如中學和大學）的協議。

(3) 提高社區對本地街道及小巷改善程度的方式，例如：「美麗的小路，綠色的街道」計畫等。

(4) 拓展河道兩側的空地，沿著運河建立通往Green Square的公園用地通道。

3. 促進傑出設計，創造美麗都市規劃之策略

(1) 提供公共區域介面指引，界定合理的街道邊緣條件，並注重「街區規劃」發展，包括對高度、縮進及體積作簡單建築維護結構控制。

(2) 以效果為評定標準，促進建築維護管理，保護具歷史文化價值的文物、建築、地方及風景，並獎勵古蹟建築和其他現有建築物的再利用及改造。

(3) 為所有公共建築物建立有競爭力的設計程序，確保主要基礎設施的設計有利於公共區域。

4. 改善發展管理和批准程序，使合規成本及供應方成本最小化之策略

(1) 定期檢討和精簡發展控制措施，並定期檢討申請人發展計畫的審核程序。

(2) 檢討停車設施要求，以降低開發成本，提高可負擔性。

5. 規劃市區的長期結構之策略

(1) 在全市範圍內從整合角度識別和規劃較長期的重建區域，以實現社會和經濟效益最大化。

(2) 調查在鐵路線附近（其中包括中央火車站上空）建設娛樂、展覽和會議設施的可行性，以便從與中央火車站毗鄰的地理優勢中受益。

（十）有效的管理合作

1. 確保雪梨市議會財政能力的長期永續發展之策略

(1) 根據最佳實踐提升並拓展財務規劃和資產管理能力。

(2) 爲環保、社會及經濟發展這些優先事項徵收特別稅費進行調查。

(3) 檢討雪梨市議會現時的運作和服務範圍，確保其跟公共部門基準比較，做到物超所值並制定就資金事宜與其他各級政府和機構，簽訂更有利協定的標準。

2. 建立並監控有助於改變的合作關係之策略

(1) 在雪梨市議會和州政府之間達成協定，以實現「大都會策略」、「州規劃」及其他州政策的目標，並繼續跟州會市長議會合作，參與聯邦政府投資州會的活動。

(2) 檢討建立和監控實施可永續的雪梨2030所需的關係的機構能力，根據落實可永續的雪梨2030的原則和目標的需要，評估新的合作機會。

(3) 繼續調動其他各級政府雪梨內都市議會、國內及國際都市的參與積極性。

3. 創新的財務及撥款方法之策略

(1) 從商業營運、物業投資組合及其他創造收入的資產增加收入，並探討「資本獲取」的可行性，即重新劃區以提高土地價值和增加分享收入的方式。

(2) 檢討物業發展徵稅且與合作夥伴就新的基礎設施融資方式，如透過債券爲可永續的雪梨2030項目提供資金，一同準備立場報告。

4. 檢討並監控可永續的雪梨2030的制定及實施之策略

(1) 為實施可永續的雪梨2030準備財務規劃，包括可能存在的州政府及聯邦政府撥款角色。

(2) 建立2030展望、目標和行動的監控與檢討程序，並設立模式以探討可永續的雪梨2030的目標如何及在何地實現。

(3) 採用新型數位繪圖能力協助監控。

(4) 每五年檢討可永續的雪梨2030，並調整雪梨市議會的總體規劃、財務規劃和發展規劃，使之與2030展望保持一致。

5. 參與更廣泛的管治改革之策略

(1) 主持就地方政府的未來進行的公眾辯論。

(2) 就達到同意的策略目標，制定一個聯邦政府向地方市議會撥款的系統。

第六節　2031年布里斯本願景

一、引言

　　布里斯本將繼續成為一座安全、活力、綠色和繁榮的都市。因其待人友善、活力充沛和積極樂觀的個性，以及亞熱帶戶外生活方式而備受推崇的都市。

　　布里斯本因其緊密的國際關係，尤其是與亞洲鄰國的關係而廣受尊重，繼而為其帶來無限的創新和不斷增長的經濟繁榮。

（一）我們的願景

　　《2031年布里斯本遠景規劃》是布里斯本市政府為我們都市所做的長期社會規劃。

　　它詳細闡述了市政府對都市未來的抱負，並概述了布里斯本到

2031年要實現的目標。

《我們共同的願景：2026年布里斯本的生活》的這份 2013 年更新版，確保我們的規劃反映了都市的最新需求和抱負，並考慮了自 2006 年以來所發生的重大變化。

（二）我們責無旁貸

實現《2031年布里斯本遠景規劃》的責任，落在每個布里斯本人肩上。

市政府將繼續規劃和提供各項服務和項目，以幫助使布里斯本成為一個適合居住和開展生意的好地方。但是，面對各項挑戰和目標，需要的不僅是地方政府層面的努力與合作，市政府將與各級政府、其他組織和國際夥伴展開合作，以期達成遠景規劃中的抱負與目標。

二、八項發展策略

（一）一座交通發達且便利的都市

本市一體化的交通系統實現了人員與貨物安全高效地進入本市以及在其中通行，同時居民和訪客可採用具永續性的出行方式，包括步行、騎單車和公共交通。

1. 在2031年，布里斯本將成為每個人都可以進入的都市。居民、工人、學生、訪客和商人，將能夠在整個都市輕鬆移動。

2. 道路、公共交通和主動交通網絡，將為整個都市提供安全、高效、快速和可靠的出行選擇。這些網絡將有助於為布里斯本帶來經濟利益，並支持我們不斷壯大的社區和不斷變化的經濟。

3. 市政局已經在全市進行了許多改進，包括停車基礎設施、公共交通，以及社區設施和場地的升級。

〈2031年策略目標〉

1. 與2011年相比，步行、騎自行車或乘坐公共交通工具的次數將增加。

2. 前往中央商務區的高峰時間，大部分是通過公共交通工具。

3. 與2011年相比，整個都市的出行時間和出行可靠性將得到維持或改善。

4. 布里斯本的自行車道網絡，將超過1,700公里。

5. 每年的客流量將達到1.2億的目標。

6. 所有理事會管理的設施，將對所有人開放並發揮作用。

7. 與2013年相比，公交車隊的碳強度（每行駛1公里釋放的碳噸數）將減少。

8. 到2022 年，市議會將在其巴士和CityCat網絡中遵守1992年《殘疾歧視法》。

（二）一座活躍且健康的都市

布里斯本擁有積極且健康的社群，並爲各個年齡層次以及各種能力和背景的人士，提供多樣且便利的娛樂機會。

1. 到2031年，布里斯本將成爲一個具有各種年齡、能力和背景的多元化休閒娛樂都市。

2. 所有布里斯本居民將有機會獲得積極健康的生活方式，並將獲得體育鍛鍊、娛樂或運動的支持。

3. 布里斯本將保持世界一流的健康狀況，減少公共健康風險，營造健康的自然環境以及將疾病暴露降至最低。

〈2031年策略目標〉

1. 根據與澳大利亞首都特區中央政府和昆士蘭州政府達成的合作夥伴關係協議，市議會將爲績效基準做出貢獻，到2018年將每週在五天或更多天至少參加30分鐘中等強度體育鍛鍊的成年人比例，

比基線提高15%。

2. 根據與澳大利亞首都特區中央政府和昆士蘭州政府達成的合作夥伴關係協議，市議會將為績效基準做出貢獻，以使到2018年健康體重成年人的比例恢復到基準水平。

3. 到2031年，與2013年相比，參加理事會的「積極健康」活動的人數將增加。

4. 到2031年，將提供一個可滿足布里斯本居民需求的無障礙公園和休閒設施網絡。

（三）一座清潔、綠色的都市

亞熱帶開放空間和自然區域為本市提供了生息的空間。我們的河流、小溪和海灣得到所有人的呵護、保護與喜愛。

1. 到2031年，我們健康的河流、水路、自然地區、公園和生物多樣性將吸引企業在此建立，居民、學生和員工也將在布里斯本生活、學習和工作。

2. 布里斯本將擁有一系列健康的本地植物和野生動植物，以及受到良好保護和相連的棲息地，無入侵物種。

3. 居民和企業將重視水及其質量，並在日常生活中展示節水的行為，包括通過確保只有雨水進入雨水排水溝來保護水供應和水路。

4. 所有居民和訪客都將與我們合作，保持布里斯本的清潔，減少和回收我們的廢物。

〈2031年策略目標〉

1. 布里斯本大陸40%將是自然棲息地。

2. 布里斯本市議會將保持其碳中和地位。

3. 每年家庭平均來自能源、廢物和運輸的碳排放量，為6噸二氧化碳當量。

4. 與我們的鄰居和昆士蘭州政府合作，布里斯本河下游集水區、布蘭堡灣、滑鐵盧灣和東莫頓灣的水路健康將得到改善。

5. 與2013年相比，我們的社區對水路和海灣的使用與訪問量將會增加。

6. 與2013年相比，每年產生的生活垃圾填埋場總量將減少。

7. 與2013年相比，回收／回收的生活垃圾將有所增加。

（四）一座友善、安全的都市

布里斯本是一座擁有強大且多元社群的都市。我們歡迎新的居民、移民、學生和訪客，頌揚文化多樣性，並為弱勢群體提供支援。本市安全、自信，且能自如應對自然災害。

1. 到2031年，布里斯本將成為一個擁有眾多社區的都市。我們將通過幫助他人來表達友誼和關懷。我們將歡迎新的居民、移民、學生和遊客，慶祝文化多樣性，並向處境不利的人提供支持。

2. 居民在家中或外出旅行時，都會感到安全。

3. 有效的緊急情況和災難管理，將在整個昆士蘭州東南部進行整合，以確保布里斯本有能力在所有危害風險環境中，針對影響都市的災難進行準備、計畫、響應和恢復。

〈2031年策略目標〉

1. 布里斯本的大多數居民都會同意，布里斯本非常友好並歡迎所有人。

2. 布里斯本的大多數居民都會同意，他們和家人在布里斯本出行時都會感到安全。

3. 布里斯本所有家庭、企業和社區組織，都將獲得有關如何為自然災害做準備的訊息。

4. 所有布里斯本居民將可以訪問特定地點的訊息，以瞭解他們的洪水風險等級和其他危害風險。

5. 在可能的情況下，將可以使用移動設備和其他管道，以其他語言閱讀安理會的通訊。

（五）一座新世界都市

布里斯本被視為世界前十大生活形態都市之一；全球各地的學生、企業家、研究者、創新者和創業者，都想來此生活、學習和工作。社群、商界和政界領袖正攜手合作，在國內和國際層面為本市和本地區謀求經濟、社會、基礎設施和環境方面的機會。

1. 到2031年，布里斯本將與其他各級政府、商業和教育機構建立牢固的夥伴關係，從而發展壯大並為其公民帶來繁榮的經濟。

2. 布里斯本將被視為全球十大生活方式都市，來自世界各地的學生、企業、研究人員、創新者和企業家，都希望在這裡生活、學習和工作。

3. 布里斯本將成為亞太地區，主要活動、商務、旅遊和全球會議的主要目的地。

〈2031年策略目標〉

1. 與2013年相比，布里斯本在昆士蘭國際遊客之夜中所占的分額將會增加。

2. 布里斯本將在獨立的全球都市排名指數中，排名前二十位世界都市。

3. 布里斯本的大多數居民，將高度評價生活品質。

4. 布里斯本的大多數居民，將高度評價市議會對市政的管理。

5. 布里斯本的大多數居民，都會對自己的都市及其未來充滿信心。

（六）一座智慧、繁榮的都市

布里斯本的經濟既強勁又高產，引領昆士蘭州東南部及整個州的

經濟發展。新企業的成長和對技術工人的吸引，爲社會和經濟的發展提供了一個非常穩定的環境。

1. 到2031年，布里斯本將提供一個商業友好的環境，其積極合作的態度將受到高度重視的商業文化。

2. 布里斯本的高性能經濟體，將以其與亞洲的牢固商業往來和文化聯繫而聞名，並將成爲爲亞太地區提供服務的全球公司的澳洲領先樞紐。

3. 布里斯本的高技能工人將成爲當地企業的主要競爭優勢，並吸引新企業進城。

〈2031年策略目標〉

1. 布里斯本居民的生活水平將提高到人均$75,000（以地區生產總值衡量）。

2. 到2031年，大布里斯本的經濟價值將增長到2,170億加元。到2021年，它將創造343,000個額外工作機會。到2031年將再創造100,000個工作機會。

3. 布里斯本的數位經濟將比2013年繼續增長。

4. 布里斯本90%的企業對與市議會有關業務相關事務的處理，將感到滿意。

5. 布里斯本將成爲國際學生在澳洲學習的主要目的地。

（七）一座充滿活力與創意的都市

布里斯本是一座充滿活力的 24 小時文化之都——一座吸引創意企業與人員，並能激發創新的都市。布里斯本豐富的社會、文化、歷史和創意資源，留給子孫後代經得住時間考驗的宜居性。

1. 到2031年，布里斯本將成爲一座充滿活力的24小時文化都市，這個都市將吸引創意和人才，推動創新並將其創造力應用於對經濟產生巨大積極影響的活動，包括在數字領域。

2.令人興奮的文化景觀，富有創造力的企業、休閒機會、誘人的環境和開放、包容的態度，將使布里斯本成為生活、學習或工作的誘人場所。

〈2031年策略目標〉

1.與2011年相比，昆士蘭州的創意產業業務數量將增加。

2.昆士蘭州的大多數創意產業工人將在布里斯本工作。

3.與2013年相比，布里斯本能量中心、布里斯本博物館和布里斯本音樂節的業務合作夥伴關係和投資水平將有所提高，這代表著一般文化部門的企業發展。

（八）一座精心設計的亞熱帶都市

布里斯本是一座精心設計、適合戶外生活的都市。本市建築物與公共場所的設計，最大限度地發揮了本地區的氣候和生活形態特性。本市的規劃與發展，為人口和就業增長以及人口結構變化做好了切實有效的準備。

1.到2031年，布里斯本將成為一個經過精心設計的戶外生活都市，最大限度地發揮該地區的氣候和生活方式特質。

2.我們都市的規劃和發展，將通過有效利用新的和現有的基礎設施以及公共資產，為人口和就業增長以及人口變化做出有效的準備。

〈2031年策略目標〉

1.都市的自行車道和行人道增加了樹蔭覆蓋。

2.已為所有小溪集水區制定了集水區、洪氾區管理計畫。

3.對布里斯本市議會的所有關鍵基礎設施進行了自然災害風險評估，並設法減少了潛在影響。

4.根據《2009-2031年昆士蘭東南部地區計畫》，布里斯本將容納156,000套新住宅，以滿足預期的增長，其中138,000套將為填充住

宅，即位於現有市區內的住宅。

5.每個郊區都有住房選擇，可以在本地進行選擇並適應生活方式的改變。

6.布里斯本將在全市高效地點提供443,000個新工作。

三、101行動方案

（一）一座交通發達且便利的都市

1.布里斯本是一個適合每個人的都市。居民、工人、學生、遊客和商務人士，可以很方便地在都市中移動。

2.道路、公共交通和活躍的交通網路，為整個都市提供安全、高效、快速和可靠的出行選擇。這些網路有助於為布里斯本帶來經濟效益，並支持我們不斷增長的社區和不斷變化的經濟。

3.在布里斯本各地，可以公平獲得高品質、互聯的公共交通服務。這些服務價格實惠，提供良好的客戶服務，並且頻繁、可靠和安全。

4.布里斯本擁有現代化、高效和互聯的公交網路，提供可靠的工作服務、學校和社區活動中心。

5.當地社區和公共交通選擇，為老齡化社區和殘疾人提供了公平的機會。

6.布里斯本河交通為人們提供一種愉快的工作、學習和休閒活動。

7.活動旅行是更多人、更容易的選擇。人們喜歡步行和乘坐通過到達目的地，如學校、企業、商店、圖書館、公園和公共交通。路徑維護良好，有燈火通明、光線充足、安全。

8.設置旅行終點相關設施，使步行、騎自行車和多種運輸方式成為便捷的旅行選擇。

9. 貨運在布里斯本周圍輕鬆高效地移動，使用專用走廊為關鍵行業和物流目的地提供服務。

10. 布里斯本通過世界級的海港和機場與亞洲和世界其他地方相連，提供商務、旅遊和貨運服務。

11. 各種地方服務、企業、社區樞紐和發展，將位於公共和活躍的交通網路附近。

（二）一座活躍且健康的都市

1. 布里斯本是一個多元化的都市，適合各種年齡、能力和背景的休閒機會。

2. 所有布里斯本居民都有機會實現積極健康的生活方式，並在他們選擇體育活動、運動或運動方面得到支援。

3. 布里斯本擁有便利的公共空間、公園、社區場地、體育設施和俱樂部，方便客人前往布里斯本，為每個人提供安全、多樣的會面、玩耍和鍛鍊機會。

4. 布里斯本的自然資產，河流、小溪、莫頓灣和自然區，將繼續提供獨特的、無障礙的地方、娛樂和放鬆。

5. 公園、公共交通、當地商店和與人見面的地方，距離到家有步行或騎自行車距離。

6. 一個互聯的人行道、小徑和自行車道網路，使居民能夠方便和安全地使用步行和騎自行車進行當地旅行、鍛鍊和娛樂。

7. 布里斯本保持世界一流的健康情況，降低公共衛生風險，健康環境和自然環境，並儘量減少疾病暴露。

8. 布里斯本的居民和遊客可以選擇健康、安全的食物。

9. 公園、學校、後院、社區設施和企業的食品生產花園將人們聚集在一起，將他們與當地社區聯繫起來，並提供學習機會。

（三）一座清潔、綠色的都市

1. 布里斯本將其環境資產作爲經濟資源管理，爲居民和自然提供價值。

2. 理事會和布里斯本的居民、企業和行業，可有效管理其能源使用和對環境的影響。他們在工作場所、家中和布里斯本四處移動時，使用創新的清潔和綠色能源選項。

3. 布里斯本是澳洲空氣品質最好的都市。

4. 布里斯本居民和遊客使用公共交通工具，步行和騎自行車更頻繁，減少私家車出行，有助於減少車輛排放。

5. 布里斯本有一系列健康的本地植物和野生動物，以及保護良好和連接的棲息地區，沒有入侵物種。

6. 布里斯本河、莫頓灣和集水區是清潔、健康和彈性的生態系統。

7. 我們健康的河流、水道、自然區域、公園和生物多樣性吸引著企業在這裡建立，居民、學生和員工在布里斯本生活、學習和工作。

8. 居民和企業重視水及其水質，在日常生活中展示節水行爲，包括保護我們的供水和透過確保雨水只下在雨水管道上，保護我們的水道。

9. 在可能的情況下，理事會營運的設施將使用替代供水。

10. 布里斯本的雨水被回收，並在社區內得到適當使用。布里斯本可重複使用水，並擁有對水敏感的基礎設施，以最大限度地增加提高品質和再利用的機會。

11. 所有居民和遊客與我們合作，保持布里斯本清潔，減少和回收我們的廢物。

12. 企業和行業使用創新的生產和分銷系統來防止廢物的產生。如果無法避免廢物產生，則將其回收爲再利用或再循環的資源。

13.居民和企業適應布里斯本不斷變化的環境,具有彈性,並尋找有效的極端天氣和自然事件的解決方案。

14.布里斯本支援和發展環保產品與服務的潛力,包括基礎設施專案中的綠色舉措。

(四)一座友善、安全的都市

1.布里斯本是一個友好、包容、熱情和充滿活力的都市,擁有令人羨慕的生活方式。

2.布里斯本是一個強大而多樣化的社區都市。我們透過幫助別人來表示友誼和關懷。我們歡迎新居民、移民、學生和遊客,慶祝文化多樣性,向處境不利的人提供支助。我們關心彼此的安全和福祉。

3.整個都市都有豐富的社交網路、社區團體和夥伴關係。布里斯本的社區設施是無障礙的、高品質的,並滿足社區的各種需求。

4.所有年齡、能力、健康和文化的居民,都很容易在公共場所見面,感受到歡迎和包容。人們感到自信,有能力及安全地訪問他們以前沒有去過的新區域和空間。

5.傳統的土著和更廣泛的文化價值觀得到承認和保護。我們為我們的前歐洲傳統感到自豪,並珍視我們的土著和托雷斯海峽島民社區。

6.居民和企業參與創造性、多樣性、自願性和慈善活動,幫助連接社區並提高社區的生活品質。

7.布里斯本是一個更具彈性的都市,一個安全、自信和應對自然災害準備的都市。

8.昆士蘭州東南部整合了有效的應急和災害管理,以確保布里斯本有能力根據州立法,在全災害風險環境中為影響該市的災害做好準備、規劃、應對和恢復。

9. 布里斯本有一個積極和方便的自然災害警報系統，爲居民、遊客、商業和應急管理機構提供明確和及時的建議。

10. 布里斯本將不斷完善和發展自然災害風險管理方法，以平衡經濟、社會和環境成本，以及都市的利益。

11. 布里斯本的基礎設施、交通服務和公共空間的設計與管理，是通過環境設計實踐納入預防犯罪的。

12. 居民在家裡和外出時都感到安全。我們關心我們的社區，不允許塗鴉或亂扔垃圾等反社會行爲。

（五）一座新世界都市

1. 通過與各級政府、商業和教育機構的牢固夥伴關係，布里斯本爲其公民發展並實現了繁榮的經濟。它保留並吸引一批才華橫溢的工作者，並提供生活方式，以提高布里斯本作爲澳洲新世界都市的全球聲譽。

2. 布里斯本繼續擁有透明、開放和合規的治理。

3. 布里斯本是東南昆士蘭州（SEQ）合作區域辦法的主要支援者，通過有效的治理安排、管理問題和優先事項，這確保了SEQ地區的可持續增長和經濟發展。

4. 布里斯本繼續與澳洲其他都市共同合作，分享專業知識，確定優先事項，並針對首都的需求發揮統一的宣傳作用。

5. 布里斯本繼續支持和發展與其姐妹都市的關係，以利用業務增長和經濟發展機會。前往海外市場的商務代表團和布里斯本的國際代表團，也推動了業務增長。

6. 理事會提供領導和與企業和其他各級政府的有力接觸，並提供服務和基礎設施，以：

(1) 幫助維持布里斯本令人羨慕的生活方式。

(2) 配合人口變化發展管理。

(3) 支援經濟發展。

7. 居民們積極而有意義地參與影響他們的生活和布里斯本未來的決定，對有發言權充滿信心。

8. 布里斯本被認為是全球十大生活方式都市。來自世界各地的學生、企業、研究人員、創新者和企業家，都希望在這裡生活、學習和工作。

9. 國際公司的區域辦事處在布里斯本設立，因為它作為全球商業目的地的吸引力。

10. 布里斯本在州際和海外成功上市，是亞太地區舉辦大型活動和商業、旅遊與全球會議的主要目的地。

11. 布里斯本是一個慶祝都市，並以其推廣土著和托雷斯海峽島民文化和地標而聞名。

12. 各個領域的社區、商界和政治領導人共同努力，為都市和該區域尋求國內和國際的經濟、社會、基礎設施和環境機會。

（六）一座智慧、繁榮的都市

1. 布里斯本有許多不同的就業機會。

2. 這裡有許多全球和區域資源行業與相關服務行業企業。

3. 布里斯本的出口增長繼續增加。通過有針對性的貿易任務和創新業務，積極開發更多機會。

4. 布里斯本的高績效經濟，以其與亞洲強大的商業和文化聯繫而聞名。

5. 布里斯本是商務投資和國際公約的首選國家目的地。

6. 布里斯本提供高度理想的生活方式，鼓勵商業創新、創造力和創業精神。

7. 布里斯本河周圍出現了商業、娛樂和旅遊機會，強調其作為河流都市的身分。

8. 布里斯本的高技能工人是當地企業的主要競爭優勢，並吸引新企業到布里斯本。

9. 布里斯本是一個數位創新中心。布里斯本的企業使用數位技術全面參與數位經濟，提高服務水準和銷售，並提高其生產力。

10. 數位技術將更好地將布里斯本企業與當地和國際市場聯繫起來，並將居民相互連接，與世界各地的貿易、服務和休閒活動建立聯繫。

11. 布里斯本的居民和工人重視教育，渴望終身學習。人們使用許多學習途徑，包括圖書館。

12. 高品質、多樣化的教育、培訓、研發機構，吸引了來自世界各地的人們來到布里斯本工作。這些機構還確保布里斯本的工人，擁有推動行業增長的技能和專業知識。

13. 布里斯本提供有利於商業的環境，其商業文化因其積極、協作的方式而備受推崇。

14. 理事會的規劃和戰略活動考慮了商業和我們的經濟需求，以及其他考慮因素，包括基礎設施。

（七）一座充滿活力與創意的都市

1. 布里斯本是一個充滿活力的24小時文化都市──一個吸引創意和人們、實現創新並將其獨創性應用於對經濟產生巨大積極影響的活動，包括數位領域的都市。

2. 政府、企業和個人共同努力，鼓勵創新和創業，擴大知識，提高生產力。

3. 支持創造性舉措將產生良好的投資回報，將爲小企業以及旅遊業、生產、教育和活動行業創造就業機會。

4. 令人興奮的文化場景，創意企業、娛樂機會、有吸引力的環境和開放、接受的態度，使布里斯本成爲一個有吸引力的地方，便於

居住、學習或工作。來自世界各地的學生、專業人士、研究人員、創新者和企業家都希望在這裡生活、工作和學習，因為他們重視生活在一個充滿活力、富有表現力和熱情的都市。

5. 有世界著名的地區與充滿活力的文化基礎設施和行業夥伴關係。布里斯本是大型國際文化娛樂活動和活動的發源地。

6. 這座都市與河流有著牢固、充滿活力和活躍的關係。

7. 一系列社區節日、藝術和文化團體，將彙集和慶祝當地文化。

8. 我們的圖書館將成為充滿活力的社區資訊和活動中心，激發學習、創造力和創意，連接和歡迎不同年齡、能力和背景的人。

9. 豐富的公共藝術將慶祝布里斯本的多樣性，並活躍其公共空間。

10. 布里斯本的建築和空間，激發與容納創意社區。

11. 我們的國際大都市將充滿活力、富有表現力和熱情，擁抱我們在亞太地區的地位，以及我們文化多樣性和遺產的各個方面。

12. 重點將鼓勵創新和創造力的商業化。

13. 布里斯本將有各種各樣的音樂和夜間娛樂區。

（八）一座精心設計的亞熱帶都市

1. 布里斯本已經規劃了它的發展和基礎設施，以便很容易從我們居住的地方到達工作、學習、購物、聚會和玩耍的地方。

2. 布里斯本是一個精心設計的戶外生活都市，最大限度地利用該地區的氣候和生活方式屬性。

3. 我們都市的規劃和發展，有效地為人口、就業增長和人口變化做好準備，有效利用新的和現有的基礎設施和公共資產。

4. 洪水風險透過防洪基礎設施、防洪意識和資訊、洪水應急管理、土地利用規劃和開發控制等協調組合進行管理。

5. 我們的街區、住宅、公共建築、工作場所和公共空間設計

良好，適合我們的人口、氣候、景觀和生活方式。街區應對不同年齡、能力、收入、家庭及休閒需求，隨著時間而變化不同需求，使人們在生活的每個階段都能享受和參與當地社區。

6. 理事會提供適當的基礎設施，以支持和指導都市的發展。

7. 基礎設施旨在最大限度地提高復原力，並最大限度地減少對環境的影響。

8. 鄰里具有獨特的特徵，反映了當地社區的願望和生活方式，以及其在都市環境中的作用。

9. 布里斯本有很多適合人們的地方和空間，供每個人在戶外聚會、放鬆、鍛鍊和玩耍。

10. 亞熱帶林蔭大道創建在戰略位置，提供有吸引力的、綠蔭的、開放的和包容性的街道環境。

11. 對布里斯本、其文化、歷史和社區至關重要的建築和場所得到保護和維護良好。

12. 都市更新和振興仍在繼續，創造了高宜居和功能齊全的市中心住宅區，良好的就業、服務和充滿活力的公共空間。

13. 布里斯本的建築已經形成了一種獨特和可識別的亞熱帶風格，融合了功能和美學品質。

14. 布里斯本通過其積極的「就地老齡化」舉措，成為照顧老齡化社區的領導者。

15. 透過高品質設計與公共藝術創造主要幹道與小空間的空間意象。

16. 連接主要街道與小型步道，主要街道升級為亞熱帶街道，提供遮陽、公共藝術與改善行人步行空間。

Chapter 7

中國大陸港灣都市願景

第一節　上海2040邁向卓越的全球都市

一、引言

在《上海市都市總體規劃（2016-2040）》中，我們的規劃主旨是讓各個年齡段的居民都能夠享受生活在上海，並擁有健康的生活方式。

我們希望，未來的上海，建築是可以閱讀的，街道是可以漫步的，公園是可以品味的，天際是可以眺望的，上海的都市表情是大氣而謙和、優雅而溫馨、令人愉悅的。

我們希望，未來的上海，跑步的人可以有地方跑，在家附近就有一片綠肺，跑累了坐在草地上看看鳥兒、發發呆，就可以澈底地放鬆下來。讓愛看戲的人有戲看，不需要去大劇院，在更多街區裡的小劇場中，觀眾就可以自由地討論、甚至即興客串一把。讓孩子們在社區裡就可以安心地玩耍嬉鬧，不需要擔心被疾馳而過的車輛撞到，因為不存在任何消極空間和死角，大家相互注視、相互關懷、相互守望。

我們希望，上海不僅是中國乃至世界的上海，更是市民的上海。市民如果傾注對都市的感情，都市有機體的生命力和創造力則噴薄而出。請與我們一起努力，讓上海在完成引領國家經濟發展和參與國際競爭的使命之外，更能成為一個正能量的都市、生命力旺盛的都市，能夠讓人安居樂業，充分激發每個個體活力，讓我們感到自己工作和生活的意義，並樂在其中。

二、上海2040新亮點

（一）新目標

1. 落實國家三大思維

(1) 適應國際趨勢

(2) 落實國家戰略

(3) 立足市民期待

2. 目標願景

上海至2040年建成卓越的全球都市，國際經濟、金融、貿易、航運、科技創新中心和文化大都市。

3. 分目標1

〈更具活力：一座創新之城〉

上海將著力提升在全球經濟領域的功能引領性，成為服務長三角世界級都市群、服務長江經濟帶和「一帶一路」戰略的龍頭都市，成為具有全球影響力的科技創新中心，成為對於全球資源配置領域具有支配和控制話語權的國際中心都市。

4. 分目標2

〈更富魅力：一座人文之城〉

面對老齡化程度日趨嚴重、人口結構更加多元的未來社會，上海致力於透過對都市品質魅力的不懈追求，成為文化治理成功、全球影響突出、市民高度認同的人文都市。

5. 分目標3

〈更可持續發展：一座生態之城〉

面對全球氣候變化和環境資源約束帶來的發展瓶頸，上海致力於在2040年建設成為擁有較強適應能力和更具韌性的生態都市，並透

過空間領域和基礎設施方面的示範，成爲引領國際綠色低碳趨勢的可持續發展標竿。

（二）新模式

1. 三項原則

(1) 底線約束：落實規劃建設用地總規模「負增長」要求。

(2) 內涵發展：實施創新驅動，激發都市活力。

(3) 彈性適應：面對都市發展的不確定性，完善多情景規劃策略。

2. 兩個方向

(1) 人口綜合調控：嚴格落實中央嚴控超大都市人口規模的要求、滿足都市實際服務人口的合理需求、應對上海日益明顯的老齡化、少子化和國際化趨勢。

(2) 國土資源利用：優化用地結構、實現廣域空間統籌、促進空間複合利用。

（三）新空間

本次規劃積極回應國家「一帶一路」、長江經濟帶、長江三角洲都市群協同發展等國家戰略，強調立足上海市域，更要面向區域，從更開闊的視野、更高的定位去研究上海未來都市發展的戰略框架，構建開放協調的發展格局。

1. 三個面向

(1) 面向區域：以上海大都市圈全面承載國家重要戰略和要求。

(2) 立足市域：以城鎮圈作爲空間組織和資源配置的基本單元。

(3) 關注社區：以15分鐘生活圈作爲社會治理和社區公共資源配置的基本單元。

2.四項任務

(1) 突出上海區域引領責任

① 強化生態環境共保共治。

② 加強區域交通設施的互聯、互通。

③ 促進區域市政基礎設施的共建共用。

④ 加強區域文化共融共通。

⑤ 統籌戰略協同區共同發展。

(2) 構建開放緊湊的市域空間格局：促進城鄉一體化發展，制定差異化空間發展策略，形成「主城區－新城－新市鎮－鄉村」的市域城鄉體系。

① 主城區：提升功能能級。

② 新城：突出綜合性節點都市功能。

③ 新市鎮：促進分類協調發展。

④ 鄉村：凸顯人與自然和諧的宜居功能。

(3) 以提升全球都市功能和滿足市民多元活動為宗旨，形成由「中央活動區、都市副中心、地區中心以及社區中心」構成的中心體系。上海都市公共活動中心體系：

① 第一層級：中央活動區。

② 第二層級：都市副都心。

③ 第三層級：地區中心。

④ 第四層級：社區中心。

(4) 打破傳統城鎮體系以行政層級配置公共資源的方式，依託城鎮圈發展戰略，實現郊區地區的城鄉統籌發展。

① 以新城、核心鎮、中心鎮為引領，劃分十五個綜合發展型城鎮圈。

② 對於主城區周邊都市化較高的地區，劃分四個整合提升型城鎮圈。

③ 以提升城鄉基本公共服務為指向，劃分四個生態主導型城鎮圈。

④ 促進跨行政區城鎮圈統籌發展。

三、共同的行動、共同的家園

（一）更具活力的創新之城

1. 提升上海建設全球都市的核心功能

(1) 向具有全球影響力的科技創新中心進軍，充分激發全社會創新創業活力和動力，營造激發創新活力的制度環境。

(2) 提升全球經濟輻射力，提高國際金融功能影響力，增強國際貿易服務輻射能級、商務設施的品質和集聚度。

(3) 擴大國際文化影響力，塑造國際文化大都市品牌和都市整體形象，推進高等級公共服務設施建設，建設世界著名旅遊目的地都市，提升都市的旅遊吸引力。

(4) 保障高端製造業發展，將承載國家戰略功能、具有一定規模或對周邊地區具有一定影響的高端製造產業基地予以長期鎖定。

(5) 有力疏解都市非核心功能，堅持政府引導與市場機制相結合，逐步推動都市非核心功能向郊區以及更大區域範圍疏解。加強長三角區域基礎設施一體化建設，推動錯位競爭、優勢互補。

(6) 高等級教育設施：培育若干世界一流大學，形成一批世界一流學科，鼓勵高校或開放型大學和新城、都市副中心聯動發展，每個新城至少有一所大學。

(7) 高等級文化設施：每10萬人擁有5-10個演出場館、8-10個美術館和畫廊、2個以上各類博物館和5個以上大中型圖書館。

(8) 高等級體育設施：全市專業足球場數5-10 個，預留高等級專項體育場館和訓練基地。

(9) 高等級醫療設施：在虹橋、浦東等地區打造醫療功能集聚區，
每個新城至少有一處三甲綜合醫院、一處三級專科醫院。

2. 建設更開放的國際樞紐門戶

提高上海國際、國內兩個扇面的服務輻射能力，提升海港、空
港、鐵路等國際門戶樞紐地位。

(1) 強化亞太航空門戶樞紐地位，提升浦東、虹橋機場保障能力，
至2040年上海航空樞紐涉及年客運吞吐能力1.6-1.8億人次左
右，貨郵運量1,000萬噸左右。

(2) 推動國際海港樞紐功能升級，以洋山深水港區、外高橋港區為
核心，杭州灣、崇明三島港區為補充，強化高端航運服務功
能，突出江海聯運，水水中轉比例達到60%。

(3) 增強鐵路樞紐輻射服務能力，強化上海鐵路樞紐作為國家鐵路
網主樞紐的地位，實現鐵路占對外客運比重達到65%左右。

(4) 提升資訊通信樞紐服務水準，強化全球通信樞紐服務功能，打
造全球先進的資訊通信網路，提升大資料雲計算服務能力。強
化綜合運輸廊道建設，促進區域交通一體化。

(5) 構建以鐵路為主導、多種方式綜合支撐的對外交通網絡。形成
南京、杭州、南通、寧波、湖州等五個主要聯繫方向，強化滬
甯、滬杭、沿江、滬通、滬湖、沿灣、滬甬等七條區域綜合運
輸走廊的服務效率、能級和安全可靠性，實現與上海都市圈內
都市之間90分鐘左右可達。

3. 構築「安全、便捷、綠色、高效、經濟」的綜合交通體系

突出公共交通主體地位，加強市域軌道交通網絡布局。

為支撐和引導城鎮體系的優化並帶動重要地區集聚發展，完善以
多模式軌道交通為主導的公交優先策略，規劃形成「一張網、多
模式、全覆蓋、高集約」的公共交通網路，建成各1,000公里以上

的市域線、市區線、局域線。

(1) 強化新城與主城區快速聯繫，規劃八條主城區聯繫新城、核心鎮及中心鎮的射線。

(2) 強化兩機場之間的快速聯繫，規劃聯繫浦東機場和虹橋機場的聯絡線。

(3) 強化新城與核心鎮和中心鎮之間的聯繫，基本實現10萬人以上新市鎮軌道交通站點全覆蓋。

(4) 提高中心城軌道交通服務水準，加密中心城北部、東部地區的軌道交通網絡，在中環附近形成都市軌道環線，增強沿黃浦江等主要客運走廊的服務功能，確保都市副中心均有至少兩條軌道交通線路直接服務。

(5) 提高中心城公共交通服務水準至2040年，中心城公共交通出行占全出行方式比重的50%以上，綠色交通出行比重達到85%，軌道交通站點600公尺面積覆蓋率達到60%以上。

（二）營造更具吸引力的就業、創業環境

1. 優化就業崗位結構和布局

(1) 拓展高端人才就業規模，強化現代服務業的就業吸引力，提升新興產業就業崗位，逐步淘汰勞動密集型的低端製造業，增加高技術就業崗位。

(2) 引導就業崗位的均衡布局，主城區疏解非核心功能及相應的就業崗位，郊區城鎮加強就業集聚度。打造職住平衡的產業社區，形成二三產業融合發展、配套功能完善、環境景觀宜人的產業社區。

2. 促進中小微企業發展

提供寬鬆靈活的產業發展空間，完善公共服務扶持政策，爲中小

微企業提供創業、創新、融資、諮詢、培訓、人才等專業化服務。

3. 提供鼓勵人才成長的環境

(1) 通過實行租購並舉，為青年群體提供可負擔的住房，完善公共服務配套和環境品質，以便捷舒適的生活環境提高對青年人才的吸引力。

(2) 加強勞動力職業技能教育和培訓，營造彙聚人才的政策環境。

（三）更富魅力的人文之城

1. 打造15分鐘生活圈：構建可負擔、可持續的住房供應體系

(1) 提倡購租並舉，加大新建住宅中租賃住房的配建比重。

(2) 多管道籌措保障性住房。完善「四位一體」（包括廉租住房、公共租賃住房、共有產權保障房和徵收安置房）、租售並舉的住房保障體系。至2040年，全市保障性住房套數占全市住房總套數的比重達到8.5%。

(3) 滿足市民多層次、多樣化的住房需求。根據不同人群的需要，提供人才公寓、國際化社區、適老性住宅等。

(4) 推進老舊住宅的可持續使用。持續改善老舊住區的住房條件、服務設施和居住環境，加強各類住房的修繕和維護，實現老舊住宅持續使用、都市住區有機更新和社區文脈的有序傳承。

2. 完善公平共用、彈性包容的基本公共服務體系

(1) 構築全覆蓋均等化的基本公共服務體系，讓所有市民都能在有助於健康活力生活的社區居住、工作、學習和鍛鍊。各類社區公共服務設施與場地將更加開放、服務效率更高、服務機制更加完善。

(2) 提供覆蓋全年齡段的公共服務保障，完善社區圖書館、文化活

動室、市民健身中心、老年學校、青少年培訓中心等多樣化的文化設施建設，完善社區衛生服務中心和服務衛生點，提升社區公共服務設施對青少年的開放度和利用率。

(3) 建設老年友好型都市，建設和改造一批適老性住宅，優化形成以家庭自我照顧爲基礎、社區居家養老服務爲依託、機構養老服務爲支撐、醫養相結合的養老服務格局。

3. 優化社區生活、就業和出行環境

(1) 城鎮社區生活圈

配備基本服務功能與公共活動空間，設置社區中心作爲綜合服務和公共活動中心。

(2) 鄉村社區生活圈

集中配置符合農村生活、生產特點的各類服務設施，提升公共服務水準。

4. 加強歷史文化遺產保護

(1) 加強城鄉歷史環境整體保護

上海是我國近代歷史文化遺產最豐富的都市之一，1986年被國務院正式公布爲國家歷史文化名城。面向2040年，上海將加強對歷史城區的整體保護，積極保護歷史城鎮與歷史村落，並在舊區改造和城中村改造過程中採取多種手段開展搶救性保護工作。

(2) 拓展歷史文化保護物件

在已劃定歷史文化保護物件的基礎上，增加風貌保護街坊、風貌河道等保護類型，增補里弄住宅、工業遺存、工人新村、傳統校園、歷史公園等文物和各類歷史建築，加強保護代表上海地方文化的非物質文化遺產，以及歷史記憶、社會生活等非物質要素。

(3) 創新歷史文化保護機制

建立保護物件常態化增補機制，完善分級、分類保護更新機

制，加強歷史資源活化利用，完善歷史保護的政策配套與支撐，適時申報世界文化遺產。

5. 塑造國際化大都市和江南水鄉風貌特色

(1) 保護自然山水格局

保護「江海山島」自然生態基底、保護河口沖積型和水鄉聚落型自然文化景觀，延續依水而建、臨水而居的江南水鄉傳統村鎮模式，形成「擁江面海、枕湖依島、河網交織、水田共生」的自然山水格局。

(2) 塑造都市景觀風貌

①加強都市門戶和景觀十五點設計，打造具有全球都市都會感的門戶形象，構建襟海臨江的大尺度開放空間，突出公共活動中心、濱水凸岸、河流交匯處、視線廊道焦點、人流聚集區等區域的空間景觀設計。

②塑造都市空間軸線和景觀廊道，在黃浦江、蘇州河等主要景觀河道兩岸以及大型開敞空間周邊，形成優美的天際線。提升線性路徑兩側的介面景觀，嚴格控制南北高架和延安高架兩側的建築和環境元素。

③形成小尺度、人性化的都市空間肌理，加強傳統街坊格局和空間肌理延續，按照街道功能和人性化要求，強化對都市街坊尺度與規模的控制，通過加密路網，將街坊尺度控制在適宜的步行距離之內。

(3) 構建高品質公共空間網絡

①建設高效可達、網路化、多樣化的公共空間。郊野地區增加區域公園，主城區、新城增加廣場、公園等公共開放空間，積極推動各類附屬開放空間對外開放。

②推進「通江達海」的藍網綠道建設。加強濱海及骨幹河道兩

側生態廊道建設，修復生態岸線。建成226條水綠交融的河道空間，形成市域藍色網路。形成總長度2,000公里以上的綠道，承載市民健身休閒等功能。

③塑造安全、綠色、活力、智慧的街道空間。全面關注人的交流和生活方式轉變，加強街道空間管控，推動街道整體空間環境設計，促進都市街區發展。

④提升公共空間文化藝術內涵。美化都市「第五立面」，在公共活動密集地區、加強屋頂、平臺等空間的綠化建設和公共開放利用。優化沿街建築介面設計和景觀要素的整體規劃，塑造高品質且特色鮮明的空間環境。

（四）更可持續發展的生態之城

1. 堅持生態優先，樹立低碳發展典範

(1) 擴大市域生態空間，優化生態格局

連接區域生態系統，構建「雙環、九廊、十區」多層次、網路化、功能複合的市域生態空間體系，建設崇明世界級生態島。至2040年，全市森林覆蓋率達到25%以上，人均公共綠地面積達到15平方公尺，河湖水面率不低於10.5%。

(2) 完善市域生態環廊

①郊區，形成嘉寶、嘉青、青松、黃浦江、大治河、金奉、浦奉、金匯港、崇明等9條寬度1,000公尺以上的生態廊道，以及寶山、嘉定、青浦、黃浦江上游、金山、奉賢西、奉賢東、奉賢－臨港、浦東、崇明等10個生態保育區，作為生態戰略保障空間。

②主城區，形成近郊綠環和顧村、楊行、嘉寶、滬寧鐵路、吳淞江、滬渝高速、澱浦河、滬杭鐵路、申嘉湖、吳涇、黃浦江、浦閔、外環運河、川楊河、張家濱、趙家溝、濱江等16條寬度100公尺

以上的生態間隔帶。

(3) 建設城鄉公園體系

①建設以國家公園、區域公園、都市公園、地區公園、社區公園為主體的城鄉公園體系。至2040年，全市人均公共綠地力爭達到15平方公尺。

(4) 中心城織密綠地網路

①人均公共綠地面積實現倍增（由現狀3.8平方公尺／人增加到7.6平方公尺／人）。增加若干個面積達1平方公里的大型公園，針灸式增加微型公園。

2. 守護都市安全，建設韌性都市

(1) 加大海洋、大氣、水、土壤環境的保護力度

①海洋環境

推進海洋自然保護區建設，加強陸源入海汙染物控制，加強海域、海島、海岸帶整治修復，保護海洋環境安全。

②大氣環境

推動區域大氣環境聯防聯治，改善都市大氣環境，力爭2040年PM2.5濃度控制在20微克／立方公尺左右。

③水環境

高度聚焦水環境改善，進一步提高水系連通性，提升城鄉水體生態功能，2030年前實現水功能區基本達標。

④土壤環境

加強對土壤汙染的監測、修復和控制，至2040年，受汙染耕地安全利用率達到100%，汙染地塊安全利用率達到100%。

(2) 主動應對全球氣候變化，提升都市抵禦自然災害能力

①推動綠色低碳發展。通過優化能源結構，降低產業和建築能耗，引導綠色交通出行，全面降低碳排放。全市碳排放總量和人均碳

排放於2025年達到峰值，至2040年控制碳排放總量較峰值減少15%左右，可再生能源占一次能源供應的比重達到20%以上，新建建築綠色建築達成率100%。

②應對海平面上升。加強「海綿都市」建設，提高防汛除澇能力，建立全市覆蓋、重點地區加密的地面沉降，地下水環境專項監管網絡，繼續提高地面沉降監測與防治能力。

③緩解極端氣候影響和都市熱島效應。通過加強各類建築的升級改造和生命線工程的維護和保障。應對不斷變化的氣候影響。強化社區、社會和經濟韌性，提升社區層面主動應對極端氣候的能力。建設並控制風道空間，引入自然風，緩解都市熱島效應。

(3) 強化都市能源、水資源供應安全

①保障都市能源供給安全。完善市外來電供應格局，根據需要繼續發展完善市內電源點。積極爭取天然氣新氣源，主動參與國家氣源引進和通道工程建設。推進分散式能源建設，實現都市能源供應方式的多元化、規模化應用。

②確保都市水資源供給安全。探索建立長三角區域內水源地聯動及水資源應急機制，完善市域「兩江並舉，多源互補」供水格局，實現長江、黃浦江多水源互補互備。加強地下水的應急備用能力建設，鼓勵河湖水、雨水、中水在供水系統中的綜合利用。

(4) 構建都市防災減災體系，保障都市安全運行

①強化防災減災救援空間保障。統籌都市應急避難場所和救災、疏散通道等都市安全空間的規劃建設，保障救援、疏散通道，完善應急避難場所布局，依託社區構建分散式、全覆蓋的防災、疏散、安全救援管理單元，形成都市網格化安全管理格局。

②確保都市生命線安全運行。優化完善市政公用基礎設施和軌道交通等重要設施的布局和建設標準。推動綜合管廊建設，打造智慧型生命線工程運行管理、服務體系，保障食品供應、交通資訊系

統、排水系統、電力系統等方面運行的安全可靠度。

　　③建立應急預警機制。完善以社區爲單元的都市網格化安全管理，提高都市應急回應能力和恢復能力，加強風險監測管理與分析，建立健全跨區域、跨部門的都市風險聯防聯控體系，提高災害預警和疏散救災指揮能力。

第二節　香港2030+：跨越2030年的規劃遠景與策略

一、背景

　　2007年公布的《香港2030：規劃遠景與策略》（《香港2030》），並爲香港至2030年的土地供應和都市規劃訂定了概括性方向。在現今社會、經濟情況急劇轉變，科技日新月異的年代，香港作爲國際都市，身處全球化的世界棋局中，對外、對內均面臨重大挑戰，包括全球及外圍區域競爭激烈，帶動經濟增長的模式有所改變，氣候變化，人口增長及漸趨老化，家庭住戶上升但每戶人數下跌，房屋、經濟活動及社區設施方面的土地需求迫切，樓宇急劇老化，市民對環境保護及優質生活有更高期望。爲了香港的可持續發展，政府有需要以前瞻、務實及行動爲本的方針，處理與香港未來息息相關的規劃議題，並就最新的規劃情況及將會面對的挑戰，制定穩健的全港發展策略。

二、願景及規劃目標

　　建基於《香港2030》，《香港2030+》旨在爲香港跨越2030年的整體空間規劃、土地和基建發展，以至爲建設環境和自然環境的塑造探討策略和可行方案。《香港2030+》延續《香港2030》的願景及規劃目標，即把香港定位爲「亞洲國際都會」，並以可持續發展爲總目

標。

　　我們需要致力鞏固香港作爲宜居、具競爭力及可持續發展的亞洲國際都會的地位。就此，《香港2030+》提出三大元素，即「規劃宜居的高密度都市」、「迎接新的經濟挑戰與機遇」，及「創造容量以達致可持續發展」，以及一套概念性空間框架，將上述的元素轉化到空間規劃層面。

三、三大元素

（一）元素一：規劃宜居的高密度都市

　　1.利用適合香港的都市形態和都市設計概念，促進集約、相互緊扣、獨特、多元、充滿活力及健康的都市。

　　2.善用我們豐富多元的藍綠自然資源，提升生物多樣性、令公衆更樂於欣賞和享用這些資源，以及改善都市生態。

　　3.重塑公共空間及改善公共設施，提升我們的宜居度。

　　4.顧及大量急劇老化的樓宇，更新都市結構。

　　5.透過兼顧各界（不論年齡及能力）需要的規劃，促進共融及互助的社會。

（二）元素二：迎接新的經濟挑戰與機遇

　　香港近年在本地生產總值方面的增長相對溫和，而部分鄰近都市卻急速發展。儘管四大支柱行業將繼續成爲香港經濟及就業的支柱，但一些新興行業正乘著全球大趨勢而冒起，與區內其他地方相比，香港在這方面擁有較明顯優勢。另一方面，我們與內地及亞洲的地理及經濟聯繫，亦預期會隨著未來數年多項大型區域性運輸基建相繼落成，廣東自貿區和「一帶一路」等新倡議，以及香港與東南亞國家聯盟的成員國進一步合作而加強。爲迎接未來的挑戰及新的機遇，香港有需要邁向高增值及促使經濟基礎多元化。建立土地儲備亦

可協助提高容量，以應對經濟機遇和挑戰，提供各式各樣的物業供各行各業選擇，以及創造技能層面廣泛的優質職位。這個元素有以下的主要策略方針：

1. 為增長提供足夠土地和空間：規劃足夠土地和空間，以應付當前的短缺以至未來的需要，並建立策略經濟樞紐，以提高我們的經濟容量及抗禦能力。

2. 經濟領域多元化及技能層面廣泛的優質職位：配合轉型至知識型經濟的趨勢，提供有利條件，以促進具優勢的產業和新興產業，並加強支柱產業。

3. 創新科技與合作：提供平臺和有利條件，推動創新及科技發展，並促進各經濟領域之間的合作。

4. 足夠和合適的人力資源：提供相關的教育培訓設施，搭配合適的條件，以培育／吸引／保留珍貴的人力資源和人才。

5. 適時提供足夠的基建配套設施：提升鐵路、道路及航空方面的聯繫，加強基建配套設施的支援。

（三）元素三：創造容量以達致可持續發展

香港需要創造更大的發展容量，配以運輸及其他基建設施，並同時提升及再生環境容量，讓香港可持續發展。在空間發展方面，這需要一個經優化的策略性規劃模式，並以整體方式在更多發展空間、更好生活環境、運輸及其他基建設施，以及豐富自然環境各方面創造及再生容量。這個經優化的模式不單旨在應付可預測的土地用途需求，並積極地提前規劃容量，以改善我們的居住環境質素，應付潛在需求及未能預見的情況，並適時回應可能出現的轉變和挑戰。這個元素的主要策略方針包括：

1. 採取多管齊下、穩健而靈活的方式，優先檢討及釋放已被破壞的地區，以及位於已建設區邊緣但已荒廢，或保育、緩衝及公眾享

用價值較低的地點，藉此創造發展容量，並優化土地使用；

2. 透過新建／改善現有基建設施、更廣泛使用公共交通工具、需求管理及更佳的居所與就業分布，以善用運輸及其他基建配套設施的容量；

3. 把環境保育和生物多樣性納入考慮過程中，以作為規劃和決策，藉此改善環境及創造／提升／再生環境容量。

4. 採用智慧、環保及具抗禦力的都市策略，把它滲透至土地用途、運輸及基建設施規劃所有環節，並以空間數據共享平臺和資訊及通訊科技基建設施作支援，建立一個能迎接未來的都市。

四、概念性空間架構

（一）指導原則

《香港2030+》建議訂立一個概念性空間框架，把上述三大元素轉化到空間規劃，在過程中已充分考慮土地供應和需求評估、各項現有、已規劃及已落實發展項目的空間分布、運輸基建設施、環境狀況，以及下列的指導原則：

1. 保育生態和保育價值高的地區，並適切顧及環境敏感的地區。把發展集中在發展軸和樞紐，避免無序地擴張都市。

2. 促進經濟集聚，建立足夠規模及商業生態系統。

3. 在新策略增長區內創造經濟活動及建立就業樞紐，以優化人口與職位的空間分布，創造技能層面廣泛的優質職位，拉近職位與居所之間的距離，以及提升社區的可持續性。

4. 透過規劃及都市設計措施，改造擠迫的舊區，並構建智慧、環保及具抗禦力的新發展區，以提升宜居度。

建議的概念性空間框架將未來的發展集中在一個都會商業核心圈、兩個策略增長區，以及三條發展軸上，並保育我們的天然資源及

提升宜居度。這個建議框架將為香港的可持續發展和更好的生活環境做好準備，並滿足不同社會和經濟的發展需要。透過在新界創造更多職位，這個框架亦能有助緩解本港現時居所與職位地點分布失衡的情況。根據已規劃的人口／職位數量，都會區占全港人口及職位的比率會大概分別由現時約59%及約76%下跌至約45%及約62%。而新界所占全港的人口和職位比率，則會分別由現時約41%及約24%增加至約55%及約38%。

（二）一個都會商業核心圈

都會商業核心圈涵蓋傳統的商業核心區、九龍東（即第二個商業核心區），以及在東大嶼都會的第三個商業核心區。透過新的策略性運輸系統把東大嶼都會連接至主要市區及全港各區，東大嶼都會可在遠期成為市區核心的延伸。東大嶼都會僅距離港島西約4公里，可有效地連接現有的商業核心區，以鞏固現時在維港兩岸的商業核心圈，並有望成為香港一個新的都會平臺。

三個商業核心區可在功能上相輔相成。傳統的商業核心區可以集中發展高增值的金融服務及先進的工商業支援服務。第二個商業核心區可在轉型中的新商貿區為公司和企業提供另類選擇。而作為擬議第三個商業核心區，東大嶼都會有望可提供現代化、創新及優質的辦公室，成為一個與香港國際機場和鄰近區域有緊密聯繫的金融及工商業支援服務樞紐。

（三）兩個策略增長區

1. 東大嶼都會 （人口：約40萬至70萬；職位：約20萬）

發展東大嶼都會的基本概念是在交椅洲附近水域及喜靈洲避風塘進行填海發展人工島，及善用在梅窩未被充分利用的土地，以締造一個智慧、宜居和低碳的發展群，當中包含第三個商業核心區。在空

間布局上，東大嶼都會符合區域發展重心向西移的趨勢，並透過新建及經改善的運輸基建設施，有效連接傳統商業核心區與珠三角東西兩岸，讓該區成爲具發展潛力的新平臺。

2. 新界北（人口：約25.5萬或35萬；職位：約21.5萬）

透過綜合規劃，並更有效地善用新界的宗地和荒置農地，新界北發展將提供土地建設新社區，及發展現代化產業和需要在邊境附近營運的產業，並同時改善現有地區的居住環境。我們會將香園圍、坪輋、打鼓嶺、恐龍坑及皇后山發展成一個新市鎮，配以兩個位於新田／落馬洲和文錦渡的具潛力發展區。

（四）三條主要發展軸

1. 西部經濟走廊

香港西部擁有多項具策略性的運輸基建設施，預計將成爲把香港連接世界及鄰近區域的重要門廊。加上其他策略性發展項目，例如機場島北商業區、港珠澳大橋香港口岸人工島上蓋發展、東涌新市鎮擴展區的商貿中心、洪水橋新發展區的商業／現代物流發展，以及屯門西的現代物流發展，香港西部將逐漸形成一條經濟走廊，而擬議的東大嶼都會將進一步鞏固這條走廊的發展。西部經濟走廊位置優越，有利抓緊珠三角日後帶來的經濟機遇。新的就業機會會爲新界西北的龐大人口拉近就業與居所之間的距離。

2. 東部知識及科技走廊

東部知識及科技走廊涵蓋六間大學，工業和服務支援中心（例如創新中心及香港生產力促進局），以及位於九龍塘、將軍澳、沙田、大埔、古洞北及落馬洲河套區的高科技和知識型產業（例如數據中心、科研機構、科學園及工業邨等）。政府會研究利用興建中的蓮塘／香園圍口岸附近的一塊土地，發展科學園／工業邨，爲走廊創造

新的發展重心。馬料水發展亦會進一步提供機遇，以發展科研、高等教育、房屋及／或其他用途。東部知識及科技走廊可以連接位於九龍東的第二個商業核心區，以支援創新科技業界、中小企，以及與日俱增的初創企業。

3. 北部經濟帶

北部經濟帶地點優越，擁有六個現有過境通道及正在興建的蓮塘／香園圍口岸，並鄰近科研及科技發展卓越的深圳。經濟帶適合作倉儲、科研、現代物流和其他輔助用途，以及新興產業，為現有及未來的社區創造就業機會。在未來蓮塘／香園圍口岸附近的擬議科學園／工業邨，將位於北部經濟帶與東部知識及科技走廊的交匯點，有望為該兩條走廊產生更大的協同效應。

（五）建議的運輸配套網絡

支援概念性空間框架（特別是東大嶼都會及新界北兩個策略增長區）的建議運輸網路。仍待進一步詳細研究，鐵路會作為東大嶼都會的運輸系統骨幹。對內方面，我們將利用鐵路連接東大嶼都會的主要組成部分。對外方面，可利用鐵路把東大嶼都會連接到港島西、九龍西、北大嶼山，以及經港珠澳大橋香港口岸人工島進一步連接至新界西北。有關建議有望建立一條新的策略性鐵路走廊，經東大嶼都會及大嶼山連接新界西北和都會區。另外，我們亦需要建造策略性公路走廊，以連接東大嶼都會與其他地區，包括向東連接至港島西，向北連接至大嶼山東北部／北大嶼山公路，並進一步連接至新界西北。這條走廊亦可成為通往機場及新界西北的另一條通道。

《鐵路發展策略2014》所建議發展的北環線，將會連接新界北西面的發展。似乎新界北發展的規模和進一步的研究結果，我們有可能需要制定新的鐵路計畫，以輔助新界北東面的發展。就公路而

言，新界北發展如採用較低的人口水平及最多就業職位數目，一般將不會令大欖隧道及吐露港公路在繁忙時段的交通情況惡化。然而，若新界北發展採用人口較多的發展方案，在發展到達較後期時，將無可避免地加重這兩條策略性公路的負擔。因此，在人口較多的發展方案下，我們需要改善南北的道路連接。

第三節　深圳市可持續發展規劃（2017-2030年）

一、引言

經過改革開放近四十年的發展，深圳從一個邊陲小鎮迅速建成為一座現代化大都市，創造了世界工業化、都市化和現代化史上的奇蹟。但也面臨著資源環境承載壓力大、公共服務資源供給不足、社會治理能力有待進一步提升等突出問題，未來亟需依靠創新突破都市發展瓶頸，加快推動科技創新與社會發展深度融合，探索可複製、可推廣的超大型都市可持續發展路徑。

二、機遇挑戰

（一）機遇

一是可持續發展成為當今世界發展的時代潮流。近年來，全球都在深刻反思傳統工業文明發展模式的不足，從經濟、政治、文化、社會、科技等領域全方位審視和應對人類社會發展面臨的資源、環境等方面的嚴峻挑戰，致力於在更高層次上實現人與自然、環境與經濟、人與社會的和諧，可持續發展的理念在全球得到廣泛傳播，世界各國共同致力於可持續發展的目標越來越凝聚。2015年9月，聯合國發展峰會明確了2030年前實現17項可持續發展目標，全球掀起了新一輪可持續發展浪潮。二是新一輪科技革命為可持續發展提供了新支

撐。全球新一輪科技革命和產業變革蓄勢待發，不同領域科技創新加速融合，顛覆性技術不斷湧現，智慧都市、綠色低碳、生命健康等與可持續發展密切相關的領域呈現群體躍進態勢，科技創新正成為支撐引領經濟社會可持續發展的重要手段。加快建設國際科技產業創新中心，也將成為深圳實現可持續發展的重要路徑。三是可持續發展成為都市競爭力提升的關鍵舉措。隨著都市化的快速推進，一些大型都市尤其是超大型都市，普遍出現了交通擁堵、環境汙染、看病難、上學難等「大都市病」。為破解制約都市發展的這些瓶頸問題，國內外各大都市都把可持續發展作為推動各項工作的重要任務，努力提升都市治理能力和都市發展競爭力，積極探索實現可持續發展的新路徑。四是粵港澳大灣區建設將為深圳可持續發展提供更廣闊的空間。國家實施粵港澳大灣區戰略，不僅是粵港澳地區自身加快經濟社會轉型、實現可持續發展的迫切需要，也將為深圳實現更高水準發展提供廣闊空間。深圳必須緊抓粵港澳大灣區建設機遇，主動對標國際一流灣區都市，與國內外都市在推動實現可持續發展方面加強交流合作。

（二）挑戰

一是全球經濟復甦緩慢影響可持續發展進程。當前世界經濟處於深度調整期，經濟復甦動力相對不足與逆全球化等各種風險交織在一起，世界經濟發展不確定性增加，發展不平衡、不充分的矛盾日益凸顯，將給全球可持續發展增添不少變數。二是新技術、新產品、新業態發展，還存在一些瓶頸制約。新能源、新材料等技術領域尚未迎來真正的革命性突破，有關監管規則體系尚不健全，導致新技術、新產品的研究試驗、產業應用和市場推廣受到影響。三是深圳探索實現超大型都市，可持續發展面臨較大難度。不同於紐約、倫敦、東京等國際大都市，深圳作為超大型都市在經濟快速發展和工業化快速推進的同時，「大都市病」問題突出，教育、醫療等民生領域短板問題明

顯，河流和部分海域汙染比較嚴重，這些都給深圳可持續發展帶來不少困難和挑戰。

三、戰略定位

（一）創新驅動引領區。推進全面創新改革試驗，深化科技體制改革，率先建立與社會主義市場經濟相適應的現代科技管理體系。加快重大科技基礎設施建設，構建更具活力的綜合創新生態體系，構築創新人才高地，加快建設國際科技產業創新中心，提高自主創新和成果轉化能力，使創新成為引領發展的第一動力。

（二）綠色發展樣板區。以提升環境品質為目標，以治水提質為突破口，加大生態環境保護力度，構建政府、企業、公眾多方共治的環境治理體系。大力推進綠色、低碳、循環發展，完善低碳發展的政策法規體系，促進資源節約利用，宣導綠色生活方式，建設綠色宜居家園，成為超大型都市經濟、社會與環境協調發展的典範。

（三）普惠發展示範區。立足快速完成工業化、人口超千萬的超大型都市特點，夯實民生基礎，補齊發展欠帳，建立適應發展需要的基本公共服務體系，增加優質公共產品和多元服務供給，努力讓市民享有更優質的教育、更可靠的社會保障、更高水準的醫療、更舒適的居住條件、更有品質的文化服務、更具安全感的社會環境，為全球超大型都市可持續發展提供可複製、可推廣的經驗。

四、目標

到2030年，成為可持續發展的全球創新都市，可持續發展達

到國際一流水準，形成一系列可以向全球推廣複製的可持續發展經驗，努力爲我國落實聯合國2030年可持續發展議程做出卓越貢獻。

（一）連結世界的新興全球都市。經貿實力具有全球影響力，國際化商業、醫療、教育等基礎服務能力全面提升，爲國際居民提供高品質的生活環境，在國際事務中的組織和參與能力進一步提高。形成連結全球的交通樞紐，港口航運發展轉型，郵輪母港建設加快，國際航空樞紐、世界級集裝箱樞紐港地位進一步鞏固。

（二）蓬勃包容的國際創新都市。全面建成國際科技產業創新中心，創新能級躍居世界都市前列，成爲我國建設創新型國家和世界科技強國的戰略支點，以及輻射全國、面向全球的創新樞紐和代表國家參與全球競爭合作的戰略力量，爲實現「兩個一百年」奮鬥目標和中華民族偉大復興的中國夢提供強勁動力。科技進步貢獻率達到64%，全社會研發投入占GDP比重達到4.8%，每萬人發明專利擁有量達到92件。

（三）繁榮公正的活力共用都市。建成全域通達的都市軌道網路、多樣化的公共交通服務及高效轉換的綜合交通樞紐，都市運轉效率和交通公平性全面提升，高峰期間公共交通占機動化出行分擔率達到75%；優質教育、健康等服務領域的供給得到根本改變，公共服務支撐能力全面提升，公共文化設施總面積達到360萬平方公尺，居民人均可支配收入達到10萬元，居民人均預期壽命達到83.73歲以上；都市包容度顯著提高，包容多樣經濟和多樣文化的社會格局共存、共生、共用、共榮，形成強大的全社會凝聚力。

（四）宜居協調的綠色家園都市。擁有高度的生態文明，建成美麗中國典範都市，天藍、地綠、水清的優美生態環境成爲常態，PM2.5年均濃度達到15微克／立方公尺以下，力爭達到國際一

流都市水準，建成全球海洋中心都市，成爲全球可持續發展的典範。

（五）到2035年，建成可持續發展的全球創新之都，實現社會主義現代化，成爲全球卓越的國家經濟特區、「一帶一路」倡議的戰略支點、粵港澳大灣區核心引擎都市、全球科技產業創新中心、全球海洋中心都市。治理體系和治理能力現代化基本實現，天藍、地綠、水清的優美生態環境成爲常態，市民群衆享有更加幸福安康的生活。

（六）到本世紀中葉，建成代表社會主義現代化強國的國家經濟特區，成爲競爭力、影響力卓著的創新引領型全球都市。都市發展更加成熟、更具魅力，經濟社會環境更加協調、更可持續，物質文明、政治文明、精神文明、社會文明、生態文明實現新的全面躍升，成爲實現中華民族偉大復興的「最佳例證」，展示中國特色社會主義「四個自信」的「最佳視窗」，彰顯習近平新時代中國特色社會主義思想磅礴力量的「最佳示範」。

五、重點任務

（一）建設更具國際影響的創新活力之城

全面推進體制機制、科技、產業、商業模式等方面創新，著力構建多要素聯動、多主體協同的綜合創新生態體系，形成「基礎研究＋技術開發＋成果轉化＋金融支援」的創新全鏈條，打造具有全球影響力的創新活力之城。

1. 強化體制機制創新優勢。

2. 持續提升科技創新基礎能力。

3. 提升產業創新發展品質。

4. 打造優秀人才聚集高地。

5. 完善創新金融服務體系。

6. 持續弘揚雙創文化。

（二）建設更加宜居宜業的綠色低碳之城

樹立和踐行綠水青山就是金山銀山的理念，實行最嚴格的生態環境保護制度，推進生態環境品質持續發展改善、全面提升，形成綠色發展方式和生活方式，打造生態環境最優的綠色低碳之城。

1. 推進綠色低碳循環。

2. 全面提升都市環境品質。

3. 構建宜居多樣的都市生態安全系統。

4. 加強都市景觀設計和管理。

5. 打造一流的灣區海洋環境。

6. 創新生態環境保護治理機制。

（三）建設更高科技含量的智慧便捷之城

堅持以人為本、需求導向，綜合利用大資料、雲端運算、物聯網、移動互聯網、人工智慧等技術，整合全社會資料資源，提高都市服務效率，建設智慧社會，實現萬物感知、萬物互聯、萬物智慧，打造全程全時服務的智慧便捷之城。

1. 建設便捷多樣的公共服務資訊系統。

2. 推動政府資料開放和共用應用。

3. 打造智慧都市運營管理平臺。

4. 持續完善新型基礎設施。

（四）建設更高品質標準的普惠發展之城

以普惠共用為導向，注重機會公平，加大民生投入，保障基本民生，逐步實現基本公共服務均等化，推進社會治理現代化，促進社會

事業與經濟增長協調發展。

    1. 加大民生改善力度。

    2. 加快基本公共服務均等化。

    3. 推進區域均衡發展。

    4. 推進社會治理現代化。

（五）建設更加開放包容的合作共用之城

以全球視野謀劃開放布局，積極參與全球可持續發展，搭建國際化開放合作平臺，構建開放型經濟新體制，努力實現更高水準的內外聯動和雙向開放，贏得發展和競爭的主動。

    1. 積極參與實施「一帶一路」倡議。

    2. 攜手共建粵港澳大灣區。

    3. 搭建面向全球的開放合作平臺。

    4. 深入推進對口支援與合作。

    5. 分享可持續發展的深圳經驗。

第四節　寧波2049

一、功能定位

基於三大分目標維度，明確「一樞紐、三中心、一家園」的功能定位，即連結國際的全球樞紐、開放包容的貿易中心、科技活力的創智中心、享譽亞太的文化中心、山海宜居的幸福家園。

二、2049的發展戰略與舉措

（一）實施超級樞紐戰略，打造開放世界港城

「超級樞紐」是指通過空港、海港、陸港、高鐵等基礎設施建設

和聯通，實現人流、物流、資訊流、資本流快速交換，使寧波成為全球資源配置新高地，使樞紐與功能地區成為資源配置與中轉的關鍵節點。

1. 做大機場，提升國際連結能力

(1) 設施提升，構建長三角機場群的新增長極。

(2) 樞紐整合，強化樞紐的人流、物流組織能力。

2. 做強港口，強化貿易功能構建

(1) 整合港口群，建設寧波自貿港，提升貿易服務能力。

(2) 搭建大寧波航運貿易平臺，拓展貿易合作範圍。

(3) 整合航空、鐵路、港口，打造全球實體聯運中心。

3. 連結通道、強化雙向開放水準

(1) 重點建設義甬舟大通道，實現海陸空口岸一體化。

(2) 加快建設區域複合通道，全方位提升區域開放連結度。

（二）強化區域協同戰略，共築世界級大灣區

「區域協同」是指寧波都市發展應積極融入長三角一體化，通過全面對接上海，杭甬一體、甬義聯動、甬舟同城、甬台合作，以三大都市為核心（上海、杭州、寧波），引領和共築世界級大灣區，打造品牌化灣區開放發展模式，提升寧波都市地位，輻射帶動都市圈。

功能方面發揮寧波優勢，擴大核心職能的影響力和區域組織能力；交通方面主動連結，實現與大灣區核心都市及都市圈都市的直連直通；生態方面加強協作，推進大灣區生態環境的協同管控。

1. 全面對接上海，融入長三角一體化

(1) 功能協同，積極承接上海全球都市的高端要素導入。

(2) 全面連結上海，從互聯互通走向直連直通。

2. 推動杭甬一體，共築世界級大灣區

(1) 功能互促，打造區域高品質發展新引擎。

(2) 廊道連結，聚焦灣區核心戰略平臺建設。

(3) 重塑灣區生態環境，聚焦建設美麗灣區。

3. 強化甬舟同城，輻射帶動寧波都市圈

(1) 中心強化，打破制度障礙，構建甬舟一體為核心的功能體系。

(2) 甬台合作，強化寧波對都市圈的輻射帶動作用。

(3) 全面推動寧波都市圈一體化建設。強化交通等重大基礎設施的互聯互通。

(4) 強化生態環境的共治共保。

（三）謀劃動能轉型戰略，建設創新活力智城

　　「動能轉型」是指轉變增長模式，破除路徑依賴，從依靠規模擴張轉向依靠知識、品質的提升。以特色強項、以人才謀長遠，實現智慧創新和生產服務雙輪驅動。以「優化傳統製造，爭取新興經濟，強化服務驅動」來構建現代化產業體系。

1. 優化傳統製造，提升品質與活力，實現創新驅動

(1) 以「3511」現代化產業體系為基礎，控制低質、低效產業環節，優化提升優勢領域。

(2) 整合集聚三類產業大平臺、打造北翼智慧產業走廊。

2. 爭取新興經濟，擁抱新興產業，搶占產業變革制高點

(1) 集聚打造創新功能核心區。

(2) 因地制宜，積極謀劃象山港、東錢湖、三門灣等多元新經濟空間。

3. 強化生產服務，堅持雙輪驅動，做實產業融合

(1) 兩升兩降，調整產業結構，堅持製造、服務雙驅動。

(2) 集聚核心生產性服務平臺，使服務業短板成爲寧波起跳飛躍的「跳板」。

4. 引進專類人才，實現精準的甬城人才政策支撐

(1) 精準政策目標，重點關注四類人才，拓展人才領域。

(2) 搭建四類人才平臺陣地。

（四）踐行魅力港城戰略，營造宜居文化名城

　　生態、人文、宜居是都市長遠的價值，更是都市的長久競爭力之所在。未來的發展需要堅持人與自然和諧共生，充分認識到「綠水青山就是金山銀山」，良好生態環境就是最普惠的民生福祉。

　　「魅力港城」戰略是指寧波應以維護山水林田湖草的生命共同體爲基礎，發掘自然山水、歷史人文資源優勢，以自然爲本、以文化爲脈，以品質爲先、以魅力爲目標，通過「文化+」、「生態+」、「服務+」、「風貌+」等手段，彰顯都市特色，提高人民群眾的獲得感與幸福感，營造長三角世界級都市群最富宜居魅力的文化名城，爲寧波長遠發展奠定基礎。

1. 「文化+」營造「美譽寧波」

(1) 復興城區最重要的文化空間。

(2) 彰顯文化底蘊。

(3) 挖潛文化古蹟。

(4) 振興文化村落。

2. 「生態+」營造「美麗寧波」

(1) 厚植生態基礎，錨固生態框架。

(2) 建設區域公園，從消極保護走向積極利用。

(3) 城區綠化，構建300公尺綠色生態的公園體系。

3.「服務+」營造「宜居寧波」

(1) 打造寧波特色的15分鐘社區生活圈。

(2) 制定寧波設施標準，提供優質高品質公共服務。

4.「風貌+」營造「魅力寧波」

(1) 打造具有「山海韻味、甬派風情、國際風尚」的都市風貌特色，營造「魅力港城」。

（五）推動全域統籌戰略，實現空間價值提升

「全域統籌」是指為破解寧波傳統板塊經濟帶來的低效率、弱統籌資源利用方式的困境，以統籌為核心思路，對接區域發展格局、配置市域空間資源，明確全域理想空間格局，理順體制機制，大力提升土地利用效率，實現資源價值的最大化利用。正如習總書記所言都市空間謀劃要「先布棋盤再落子」，以長三角為棋盤，寧波是棋子，以寧波市域為棋盤，則各區、各鎮為棋子。因此全域統籌戰略要從市域層面統籌謀劃。

1. 擁江攬湖濱海，統籌優化全域空間發展框架

(1) 枕山面海，自然為底。

(2) 擁江攬湖，品質為先。

(3) 濱海提升，三灣轉型。

2. 構建「一主兩副多中心、三江三灣大花園」的全域理想空間格局

(1) 一主為主城區，包括海曙、江北、鄞州、北侖、鎮海、奉化在內的都市核心區。

(2) 兩副為市域兩大副城區，以全域城區化格局為導向，建設北部餘慈副城區、南部寧象副城區。

(3) 多中心，構建全域多中心網路化的城鎮空間體系。

(4) 統籌市域軌道交通，建設「軌道上的寧波」，支撐構建多中心網路化的空間格局。

(5) 以三江爲載體重塑都市公共空間魅力。

(6) 以三灣爲抓手謀劃海灣發展模式轉型。

(7) 以「大花園」爲核心建設生態涵養區。

三、當下行動與實施路徑

本次規劃圍繞五大戰略舉措謀劃十大近期行動，每個戰略行動均爲一系列專案集合，涉及到都市影響力、發展動力、都市品質等方方面面。

（一）寧波自貿港建設行動

目標：透過港口互聯互通、投資貿易便利化、產業科技合作、金融保險服務、人文交流，實現都市對外開放水準的升級。

（二）櫟社綜合樞紐建設行動

目標：著力提升全球資源配置和服務能力，關注會展商務、航空貿易物流、臨空智慧等功能，建設國家級臨空經濟示範區，成爲服務都市圈的綜合交通中樞。

（三）前灣新區建設行動

目標：統籌灣區智慧創新功能，打造前灣新區，建設長三角智慧製造基地，大灣區門戶都市及生產性服務中心。

（四）甬江科創大走廊建設行動

目標：發揮創新核心的龍頭作用，輻射帶動甬江兩岸，提供智慧創新支撐，建設甬江科創大走廊。

（五）人才高地行動

目標：東拓南高教園區，整合東錢湖西片區（下應、雲龍），建設寧波科教人才的核心集聚區。

（六）三江提質行動

目標：以貫通、開放、活力為核心，將三江（甬江、奉化江、姚江）打造成為世界級濱水品質空間。

（七）文化錢湖行動

目標：建設生態優先的世界級文化湖區。

（八）郊野綠環行動

目標：搭建全域魅力空間框架體系，以打造人可親近、可融入、可休閒的綠化開敞空間為主要任務，重點建設郊野綠環，支撐美麗寧波建設目標。

（九）全域產業園區提效行動

目標：統籌全域產業空間，釐清低效工業空間，提升空間利用效率，推動轉型與創新發展。

（十）美麗港灣行動

目標：通過美麗港灣行動，綜合協調象山港、三門灣區域的社會、經濟與環境發展，建設長三角地區最富魅力的新經濟灣區。

第五節　廣州2035美麗宜居花城活力全球都市

一、落實國家與區域戰略要求

（一）落實四個堅持三個支撐兩個走在前列要求。

（二）一帶一路重要樞紐都市。

全面加強與絲綢之路經濟帶和二十一世紀海上絲綢之路沿線國家和地區的務實合作。突出與東南亞、南亞、南太平洋國家和地區的互聯互通、經貿合作、人文交流和港口都市聯盟。

（三）粵港澳大灣區核心增長極

發揮粵港澳大灣區核心增長極作用，推進與港澳全面深度融合，共建粵港澳優質生活圈，建設南沙粵港澳全面合作示範區。

（四）獨具特色文化鮮明的省會都市

發揮廣州作為國家重要中心都市和省會都市，在區域、產業、改革開放、文化方面的優勢，建設獨具特色、文化鮮明的國際一流都市。

二、謀·定位──圍繞「兩個一百年」謀劃廣州都市發展定位

（一）目標願景與都市性質

1. 目標願景

美麗宜居花城、活力全球都市。

2. 都市性質

廣東省省會，國家重要中心都市、歷史文化名城、國際綜合交通樞紐、商貿中心、交往中心、科技產業創新中心，逐步建設成為中國

特色社會主義引領型全球都市。

（二）分階段目標

1. 2020年

　　高品質、高水準全面建成小康社會，成為兼具實力、活力、魅力的美麗宜居花城。

2. 2035年

　　建成社會主義現代化先行區，成為經濟實力、科技實力、宜居水準達到世界一流都市水準的活力全球都市。

3. 2050年

　　全面建成中國特色社會主義引領型全球都市，實現高水準社會主義現代化，成為向世界展示中國特色社會主義制度巨大優越性，富裕文明、安定和諧、令人嚮往的美麗宜居花城、活力全球都市。

三、塑・格局——構建樞紐網路都市空間結構

（一）區域協同發展

1. 粵港澳大灣區都市群協同發展目標
　　(1) 網絡化都市群格局。
　　(2) 交通設施互聯互通。
　　(3) 市政基礎設施銜接共享。
　　(4) 生態環境共同維育。

2. 重點工作
　　(1) 加強與香港、澳門全面深度合作。
　　(2) 推進廣佛同城。
　　(3) 深化廣清一體。

(4) 優化廣佛肇清雲韶經濟圈發展布局。

(5) 強化與深圳、東莞的科技創新合作。

(6) 加強與環珠江口重點地區的協作。

(7) 拓展高鐵經濟帶與西江——珠江經濟帶。

（二）構建樞紐型網路都市空間結構

1. 空間網絡

(1) 以山水城田海爲基底。

(2) 以珠江水系爲發展脈絡。

(3) 以生態廊道相隔離。

(4) 以交通骨架爲支撐。

聚焦航空、航運和科技創新三大國際戰略樞紐，強化多點支撐構建樞紐型網路空間結構。

2. 重點工作

(1) 以珠江爲紐帶，優化提升「一江兩岸三帶」。

(2) 航空、航運、科技創新三大國際戰略引領，強化多點支撐。

(3) 優化完善生態、交通、生產生活、訊息數據多層次網絡布局。

(4) 形成「主城區—副中心—外圍城區—新型城鎮—鄉村」的城鄉空間網路體系。

　　① 優化提升主城區：治理大都市病、都市修補和生態修復。

　　② 擴容提質外圍城區：促進產城融合與主城區有序分工、疏解主城區與人口合理分布。

　　③ 建設新市鎮：發揮城鄉統籌、完善城鎮空間網絡。

（三）生態「農業」城鎮空間

保護傳承廣州的自然稟賦、歷史文脈，維育山水城田海整體格

局，統籌生態、農業、城鎮三類空間，劃定生態控制線、永久基本農田保護線、城鎮開發邊界，強化土地用途管制和空間開發管制，構建美麗國土與理想都市空間格局。

1. 保護生態空間「山清水秀」。

2. 保障農業空間提質增效。

3. 促進城鎮空間緊湊集約。

四、優‧布局──優化都市功能布局

（一）產業空間布局

建設以戰略性新興產業爲引領、現代服務業爲主導、先進製造業爲支撐、都市型現代農業爲補充的綜合型現代產業體系。

依託珠三角（廣州）國家自主創新示範區，建設廣深科技創新走廊（廣州段）、珠江創新帶，聚集全球創新資源，打造一批具有全球影響力的核心創新平臺、創新節點和價值創新園區。

（二）居住空間與公共服務中心

1. 居住空間布局

優化居住空間布局，引導人口合理分布。

2. 構建四級公共服務中心體系

第一層級二處、第二層級十二處、第三層級二十三處、第四層級八十處。

（三）美麗鄉村

總體目標：建設「產業興旺、生態宜居、鄉風文明、治理有效、生活富裕」的嶺南特色美麗鄉村。

1. 核心策略

(1) 業：產業升級，推進農業現代化。

(2) 地：提高集體土地效率。

(3) 房／物：規範農民建房、設施一體化、服務均等化。

(4) 貌：精細化、品質化。

(5) 治：強化鄉村治理。

2. 空間引導：構建差異化的空間管控政策

(1) 城中村：全面納入都市集中建設區，實現一體化管理。

(2) 城邊村：逐步引導向城鎮轉型。

(3) 遠郊村：培育嶺南特色彰顯的美麗鄉村。

五、美·花城 —— 建設人與自然和諧共生的美麗宜居花城

（一）生態空間網絡

構建聯通山水、貫穿城區、藍綠相融、功能複合的生態空間網路。

（二）搭建公園與遊憩體系

1. 公園綠地和開敞空間500公尺服務半徑覆蓋率提升至85%。

2. 城鄉休閒遊憩網路：構建城鄉休閒遊憩體系，串聯生態公園和都市公園。

（三）保護河湧水系

維護「北樹南網」的水網格局，保護全市1,300多條河流（湧），加強河湧整治與生態修復，形成可蓄、可引、可排、清潔的都市水網。到2035年，全市河湖水面率達10.2%。

（四）構建市域6條通風廊道

結合生態廊道控制、構建市域6條通風廊道，形成通風與空氣流通的空間環境。

六、顯·特色──彰顯都市特色與歷史文化

（一）總體都市設計

彰顯嶺南山水特色，挖掘地域文化特徵，塑造依山、沿江、濱海的風貌。以珠江母親河為紐帶，展現廣州山水相連的生態特色，以南北12公里的都市新軸線為統領，凸顯廣州國際化、現代化的都市魅力。

（二）總體都市風貌

北部凸顯連綿起伏的生態山林風貌，中部凸顯傳統與現代交融的都市風貌，南部凸顯港城融合的濱海風貌。

（三）珠江景觀帶

1.「大美珠江」生態活力岸線：濱江綠化帶面積增加40%，控制沿江建築高度與開敞空間。

2.貫通舒適開放濱江空間：實現主城區珠江兩岸60公里濱江漫步道、騎行道、無障礙通道三類通道全線貫通。

3.精品珠江三個10公里，優化整合珠江堤岸、橋、樹、天際線等都市景觀資源，建設世界級一流濱水區。

（四）景觀視廊與天際線

1.構建雲山珠水相望的景觀視廊，強化山水都市整體意象。

2.引導歷史城區與沿山濱水地區的建築高度，塑造獨特而豐富的都市天際線。

3. 引導歷史城區、白雲山及廣州塔等視域區域，白雲機場起降區域的都市第五立面。

（五）都市公共空間

1. 在沿珠江景觀帶和沿新軸線串珠式布局高品質都市客廳。

2. 提升景觀道路、廢舊鐵路、橋梁等重要的公共空間，構建可漫步和駐足的線性空間。

3. 著力提升陳家祠、天河體育中心、珠江新城四大公建等大型公共建築周邊環境品質與人文活力。

（六）歷史文化名城保護體系

1. 市域歷史文化遺產。

2. 歷史城區。

3. 歷史文化街區和名鎮名村。

4. 不可移動文物和歷史建築。

5. 非物質文化遺產。

（七）歷史城區整體保護與活化

保護修復珠江文化帶、都市傳統中軸線、城廓和騎樓文化景觀共同構成的「一帶一軸兩環」的歷史城區整體結構。

（八）實施「最廣州」歷史文化步徑

串聯一批最能反映廣州歷史底蘊與文化特色、最能展現廣州傳統風貌的建築、街道、街區，講好廣州故事，展示廣州魅力。

七、全・配置 —— 抓重點、補短板、強弱項，優化要素配置

（一）建設世界級空港、海港和鐵路樞紐

1. 至2035年，廣州航空樞紐設計年吞吐能力1.2-1.4億人次，國際航空旅客中轉率達到35%以上。

2. 廣州港貨物年吞吐量達7.5億噸，集裝箱年吞吐量3,600萬標準集裝箱。

3. 廣州鐵路樞紐客運量超過3.97億人次，貨運量超過0.77億噸。

4. 建成2,000公里左右都市軌道網絡。

（二）公共服務與民生保障

1. 教育

〈構建優質、均衡的教育公共服務〉

(1) 建設一流大學和學科，優化大學城。

(2) 五山 —— 龍洞高校聚集區、國際創新城環境。

(3) 幼稚園、小學與初中全面實現就近入學。

(4) 到2035年，主城區和每個外圍城區至少配置一所特色鮮明的高
　　等教育機構。

2. 醫療衛生和養老

(1) 發揮省會都市帶動作用，打造廣州醫療衛生高地

到2035年，每個區一所三級綜合性醫院、一所二級以上中醫類醫院、一所二級以上婦幼保健與計畫生育服務機構。

(2) 建成全覆蓋、多層次的養老服務體系

大力支持社區嵌入式和護理型養老機構；加強居家養老設施建設，完善社區長者飯堂、日間照料中心；到2035年，實現社區居家養老服務全覆蓋。

3. 文化體育

引導文化和體育設施均衡布局。

4. 社會福利

構建更全面的社會救助體系和無障礙公共活動網絡：推進基本公共服務圈覆蓋，落實租購同權；提升以公辦學位解決非戶籍人口隨遷子女接受義務教育的比例。

5. 便民設施

完善便民服務，落實推進「廁所革命」；優化提升社區菜市場、公共廁所、零售商業等便民服務設施的環境與品質。

（三）宜居社區公共服務

1. 主城區、南沙副中心和外圍城區：社區公共服務設施15分鐘步行，可達覆蓋率90%。

2. 新型城鎮和鄉村地區：社區公共服務設施15分鐘慢行，可達覆蓋率90%。

3. 形成由基礎教育、醫療衛生服務、文化服務、體育健身服務、養老服務、公共管理、商業服務、市政公用構成的社區公共服務網絡。

（四）都市安全（至2035年）

1. 市域總供水能力1260.5萬立方公尺／日。

2. 都市建成區80%以上面積達到海綿都市建設要求。

3. 都市生活汙水處理率不低於96%，城鎮汙水處理設施再生水利用率27%。

4. 對接省電網及區外送入電源通道，合理布局500kV變電站。

5. 依託七大門站提高天然氣接收能力。

6. 主城區、南沙有效應對不低於50年──遇暴雨番禺南部城區、花都城區、增城城區、從化城區及新建區域，能有效應對不低於30年──遇暴雨。

7. 建設26個中心應急避護場所，人均應急避護場所面積達到1.75平方公尺以上；全面具備抗禦不低於六級近場地震的綜合能力。

8. 推進立體化社會治安防控體系，建設完善反恐怖指揮體系。

（五）強‧南沙──建設粵港澳大灣區核心門戶

1. 發展定位

(1) 高水準對外開放門戶樞紐。

(2) 綠色智慧宜居都市副中心。

(3) 粵港澳大灣區綜合服務功能。

(4) 核心區和共享發展區。

2. 強化粵港澳大灣區核心功能

(1) 大灣區交通中心：推進南沙樞紐站規劃建設和提升慶盛站綜合交通服務能力。推進建設南沙與廣州主城區、香港國際機場、深圳寶安國際機場、廣州南站暢達的高速交通走廊，實現30分鐘直達大灣區主要都市中心區和重大交通樞紐。

(2) 大灣區綜合服務功能核心區：重點發展國際航運、國際服務貿易、國際創新金融、科技創新、國際交往等功能。

3. 粵港澳全面合作示範區

(1) 面向港澳實施更大程度的先行先試和更高水準的開放政策。

(2) 加強與港澳在離岸貿易、高技術服務、教育培訓、高新技術產業、高端醫療產業等領域的合作。

(3) 充分考慮港澳人士在南沙生活的需求，完善出入境、通關、居留等服務設施，積極引入國際知名學校、職業教育培訓機構、

醫療機構。

4. 探索建設自由貿易港

對標借鑒國際最高水準，在南沙、黃埔、空港經濟區探索建設自由貿易港。

Chapter 8

日本港灣都市願景

第一節　川崎市2025

一、願景

「成長與成熟相融合的可持續發展型無上幸福之城川崎」

「成長」和「成熟」是指什麼？

「成熟」指的是能「放心」、擁有「生活意義」和「自豪感」等的生活；「成長」指的是即使未來人口減少，「都市」依然能不斷發展。

那麼，「無上幸福之城」又指什麼呢？

均衡地推進振興具有未來性的產業等，有助於「成長」的舉措以及福利教育等方面「成熟」的都市建設，從而實現大家都能感受到幸福的都市！

二、川崎10年戰略

隨著少子老齡化的飛速推進，預計勞動力人口會減少，所處形勢極爲嚴峻，但盡可能地緩和其影響，同時朝著未來不斷挑戰，這一點很重要。

不斷積極推進「成熟」的建城戰略（持續爲市民提供福利、教育、文化振興等貼近生活的行政服務，以此讓市民在日常生活中感受到滿意的品質）和「成長」戰略（立足未來進行投資、強化本市的優勢產業和經濟、打造便捷都市等，讓都市進一步成長）。

進而，產業、經濟和都市建設等的活化所實現的「成長」，能夠增加市稅收入，對本市財政帶來良好影響，因此又能透過提高市民生活來讓都市變得「成熟」起來，「成熟」的市民實力，成爲全新產業、文化、體育及地域活動振興的源泉，推動更大的「成長」。

該戰略的目標便是通過「成長」與「成熟」的良性循環實現都市

可持續發展，結合支撐良性循環的「基礎」建設，對其思考及當下設想的主要舉措進行了歸納。

戰略1：打造「大家共同守護的強大優美都市」

國土強韌化舉措，作為災害時據點的政府建築等的重建。

切實做好不知何時會發生地震及集中暴雨等的自然災害準備，同時推進日常生活中令人放心的環境建設，從中長期的觀點出發，準確應對氣候變化，打造能永遠放心生活的優美都市。

戰略2：打造「最適合育兒的都市」

推行待入園兒童對策，實施中學完全配餐制度、地域私塾等。

持續推行待入園兒童對策，引進中學完全配餐制度等，打造方便育兒的環境，同時增加地域私塾，利用老年人資源，在整個地域共同建設幫助育兒的環境。通過這些舉措，實現在安全的環境中健康育兒，同時還能讓女性煥發活力光彩，打造比任何地方都更加適合育兒，成為育兒家庭首選的都市。

戰略3：打造「讓大家的生活充滿活力的都市」

推進綜合護理，延長健康壽命等。

即使面臨著急速的老齡化，也要通過保持健康，充實看護預防舉措等延長健康壽命，構建起每個人都能在住慣的地域或自己喜歡的地方放心生活的架構，打造成使生活充滿活力的都市。

戰略4：打造「更加便捷舒適的宜居都市」

形成廣域據點，地域生活據點，完善交通網等。

開展廣域據點、地域生活據點等的建設工作，實現以鐵路車站為中心的便捷舒適生活，同時完善都市規劃道路，改良十字路口等，決解交通堵塞的問題，打造便捷、豐富多彩的、環保型宜居都市。

戰略5：打造「在全球大放異彩，以技術與智慧開創未來的都市」

推進創新，活化臨海地區，推進氫能（綠氫）戰略等。

利用聚集於本市的尖端技術，生產製造產業和研究機構等的力

量，在不斷成長的亞洲乃至全球大放異彩，打造環境與產業和諧統一，開創未來的都市。另外還爲不斷努力的中小企業及商店街等提供扶持，開展充滿活力的健康都市建設。

戰略6：打造「大家心靈相通的都市」

爲奧運會、殘奧會做準備，都市宣傳等。

將2020東京奧運會和殘奧會作爲一個機會，振興體育和文化藝術，同時推進無障礙設計及「打破心靈壁壘」等，打造殘疾人、老年人等所有人都能舒適生活的宜居都市。另外，爲了讓市民熱愛都市，充滿自豪感，將本市的魅力進行品牌化，簡單易懂地進行傳達，將市民的心團結在一起。

戰略7：打造「不斷挑戰，永保活力的都市」

推進「財政改革」，「健全的財政運營」。

嚴峻的財政狀況一直持續，爲了在創意上下功夫，利用現有的資源，將提升整個市公所的品質。此外，從中長期觀點出發，穩步推進合理管理市資產和債務的資產管理以及財政健全化舉措，打造可持續發展型都市。

三、川崎市五大都市目標、23政策、73行動方案

（一）創建一座平安生活的都市

1. 保護生命遠離災害
   (1) 推動準備預防災害、危機現象工作。
   (2) 推動以地區爲主體的社區防災規劃。
   (3) 推動都市整體抗震工作。
   (4) 綜合強化消防力。
   (5) 整治河川安全安心生活。

2. 創建一座安全生活都市

(1) 推動犯罪預防。

(2) 推動交通安全對策。

(3) 推動無障礙都市規劃設計。

(4) 維持與管理道路等地方基礎生活設施。

3. 支持穩定供水與水回收循環利用

(1) 確保穩定供水與提高安全性。

(2) 建立下水道良好回收循環機能。

4. 為社區建立聯繫和機制，讓每個人都能安心生活

(1) 推動綜合照護。

(2) 加強老人福利服務。

(3) 營造老人能有活力的社區。

(4) 加強殘疾福利服務。

(5) 支援殘疾人的獨立性和促進社會參與。

(6) 營造人人都能輕鬆居住的生活環境。

(7) 營造有活力的健康生活。

5. 提供必要生活保障

(1) 支持可靠的安全醫療保險制度的營運。

(2) 推動能自立生活的配套措施。

6. 守護市民健康

(1) 加強和充實醫療供給機制。

(2) 令人信賴的市立醫院管理。

(3) 確保健康舒適的生活和環境。

（二）創造一個孩子們可以安心成長的家園

1. 創造一個能夠安心撫養兒童的環境

(1) 推動社會全體支援養育子女的配套措施。

(2) 推動高品質的兒童保育和幼兒教育。

(3) 促進兒童健康成長。

(4) 建立一個支援兒童能安心生活的機制。

2. 培養未來人力資源

(1) 藉由擴大生命的力量，推動以一個人的生命活力為軸心的教育。

(2) 滿足個人教育需求。

(3) 創造安全舒適的教育環境。

(4) 提高學校教育力。

3. 藉由生涯規劃學習成長

(1) 提高家庭和社區的教育能力。

(2) 支持自我學習與活動。

(三) 創造市民一個豐富生活的環境

1. 創建關心環境的配套方法

(1) 努力保護地球環境。

2. 守護地方環境

(1) 推動保護地球。

(2) 努力推動永續循環型社區配套措施。

3. 創造一個有豐富綠意水意環境

(1) 透過協作努力創造和培育綠意。

(2) 發展有吸引力的公園和綠地。

(3) 保護多摩丘陵地。

(4) 推進農地保護利用並參與農事。

(5) 推動發揮多摩河的吸引力的綜合配套措施。

（四）打造充滿活力和魅力的都市

1. 振興支持川崎發展的產業

(1) 加強支持發展對以亞洲為中心的海外業務。

(2) 塑造一個充滿魅力和活力的商業區。

(3) 強化中小企業競爭力，形成充滿活力的產業集群。

(4) 利用都市農業的優勢強化農業經營。

2. 通過創造新產業與技術創新，提高生活便利性

(1) 透過創投協助創業立業。

(2) 發展本地支撐產業，同時支援當地經營者進入新領域。

(3) 利用科學技術加強研發基礎。

(4) 推動智慧都市。

(5) 利用資訊和通信技術（資訊和通信技術）提高市民的便利性。

3. 營造一個可以持續有活力的工作環境

(1) 建立活化人力資源的配套制度。

(2) 營造容易工作環境。

4. 振興沿海地區

(1) 發展沿海地區戰略性產業集群與基礎設施。

(2) 打造區域合作港口物流基地。

(3) 營造一個向公民開放的安全舒適的沿海環境。

5. 營造有吸引力的都市據點

(1) 建立區域有魅力據點網絡。

(2) 營造有獨特性的地方生活據點。

6. 推動營造良好都市環境

(1) 推動安全、安心和舒適的社區規劃計畫。

(2) 推動營造以地方為主體的街景。

7. 建立一個全面的交通系統

(1) 完善區域交通網絡。

(2) 完善市區交通網路。

(3) 完善地區交通環境。

(4) 充實市區公車服務。

8. 振興體育和文化藝術

(1) 營造體育都市規劃。

(2) 促進市民的文化藝術活動。

(3) 營造都市音樂和電影活動發展。

9. 都市行銷戰略

(1) 改善都市形象，培養公民自豪感。

(2) 振興活用川崎特色的旅遊。

（五）人人都能積極參與地區活動的市民自治

1. 通過參與和協作促進市民自治

(1) 促進公民參與和多元主體協同聯合配套措施。

(2) 迅速準確地宣傳與開放的共用資訊供民眾使用。

(3) 加強區公所辦公室職能，促進社區發展，相互支援。

2. 創建一個尊重人權和共同生活的社會

(1) 推動尊重平等和多樣性的人權與和平措施。

(2) 促進建立兩性平等社會的措施。

第二節　東京2040

一、我們在哪裡（檢視平成30年）

（一）日本經濟已從世界頂峰明顯的往下降

　　1. IMD世界競爭力排名：從第1位下降到第30位。

　　2. 全球上市公司市值排名：世界排名前50位公司僅有一家。

　　3. 獨角獸公司的數量：全球390家公司中只有3家。

　　4. 美國和中國的GDP是增長的。日本卻是平坦變化不大的。

　　5. 人均國內生產總值：在36個經合組織成員國中排名第17位。

（二）東京正遭逢少子化和高年齡化，生活方式的改變，以及教
　　　育、都市發展和環境所產生的各種變化。

1. 產業領域

　　就第三產業的轉移和遊客人數的增加相比，經濟大餅並沒有擴
大。

2. 就業

　　在婦女就業率提高的同時，非正規工人的數量增加了。

3. 少子化和高齡化

　　高齡化持續惡化，少子化也無法阻止。

4. 東京居民生活

　　消費者支出和生活方式有很大的變化，同時火災和事故也減少。

5. IT／通訊

　　手機／智慧手機和互聯網已經普及，極大地改變了工作和生活。

6. 教育

　　義務教育完成時的國民學力很高，但全球高等教育的地位正在下

降。

7. 都市發展

高效、安全和有保障的都市發展有成果，但應持續努力。

8. 環境

人們正在努力減少能源消耗和保護環境，但氣候變化的影響是巨大的。

二、如何繼續掌握大變化和大變革

（一）如果高齡化和少子化繼續惡化下去，將對生產力和都市活力產生重大影響。

（二）全球政治、經濟和軍事結構體系與權力平衡發生重大變化。

（三）在第四次工業革命的浪潮中，日本和東京被要求做出回應。

（四）如何掌握人流和物流的變化。

（五）全球氣候變化與頻繁的自然災害，對東京的生活有重大影響。

（六）在不久的將來，地震很可能會襲擊東京，減災成爲重點。

（七）如何建立一個可以與大量外國人共同生活的社會。

三、展望未來，東京的優勢和劣勢是什麼？

（一）主要優勢

1. 它起著推動日本經濟的作用。

2. 與世界各地的都市都存在高度的安全性和便利性。

3. 一個迷人的都市，可以在這裡享受古老傳統和新的文化。

4. 世界一流的舒適都市環境。

5. 義務教育水平得到高度評價。

6. 一個可以讓各式各樣發揮積極活力的都市。

（二）主要弱點

1. 商業環境仍無法在國際競爭勝出。

2. 都市基礎設施功能仍需強化。

3. 入境旅遊資源，藝術和文化的宣傳不足。

4. 夏季炎熱和都市綠化的措施成爲問題。

5. 教育制度的轉換仍僵化。

6. 創建一個人們可以舒適生活的環境仍需加強。

四、期望未來東京的目標（2040年的形象）

（一）讓人眼睛一亮的東京

1. 東京到處都是想生育和撫養孩子的人，成功擺脫了出生率下降的局面。

2. 東京是所有兒童和年輕人都能帶著對未來的希望成長。

3. 東京是女性能依自己的意願選擇自己的生活方式，同時能發揮所長。

4. 東京是老年人可以在他有生之年繼續發揮積極作用。

5. 東京是每個人都可以積極工作並保持活力。

6. 東京是眾人可以共同生活，生活豐富多彩的地方。

7. 東京是每個人都可以聚集和互相支持的地方。

（二）安全可靠的東京

1. 堅固而美麗的東京，保護東京居民免受災難威脅。

2. 安全和有保障的東京，保護東京居民免受犯罪和事故的傷害。

3. 擁有世界上最佳交通網絡的便捷舒適的東京。

4. 東京通過維護和更新繼續發展先進的都市功能。

（三）東京，世界領先者

1. 東京透過實現5.0社會計畫成為世界第一數位都市。

2. 東京聚集來自世界各地的人們，貨物、金錢和訊息成為世界第一開放都市。

3. 新產業層出不窮產生，讓東京成為世界上最好的創業都市。

4. 東京引領全球經濟成為世界生產力最高都市。

（四）美麗的東京

1. 東京水和綠交織，讓人滋潤放鬆。

2. 東京實現零排放。

（五）有趣的東京

1. 東京的文化和娛樂成為世界焦點。

2. 東京的運動場能將體育融入日常生活。

（六）東京與全國齊步

東京實現了與全國的共存與繁榮。

（七）東京都政府本身也在改變

1. 員工正在與民間企業共同合作解決社會問題。

2. 大部分日常工作由人工智慧負責，員工已經轉變為專注於創新政策的發掘與組織變革。

3. 與世界主要都市合作，引領世界解決問題。

4. 保持雄厚的財務基礎，進一步加強行政服務。

五、東京的未來應該做什麼（面向2030年的課題）

（一）讓人發亮的東京 —— 多樣性

1. 實現一個想要生育和撫養孩子的社會。

2. 轉向適合新時代的教育體系。

3. 實現一個讓女性大放異彩的社會。

4. 創造一個老年人可以在社會中發揮積極作用的環境。

5. 從共存和預防的角度建立適當照顧癡呆症的環境。

6. 創建一個老年人可以健康、安心生活的區域。

7. 創造一個人人都能獲得高品質醫療服務的環境。

8. 解決未來對就業市場冰河時代的擔憂。

9. 實現一個社會，每個人，包括殘疾人，都可以過上輕鬆的生活。

10. 建立日本人與外國人共同生活的共生社會。

11. 實現一個尊重每一位市民的人權社會。

12. 每個人都可以聚集和互相支持的地方。

13. 建立一個能找到熱心參與社區領導人的環境。

14. 改變工作方式，創建每個人都可以發揮其能力的社會。

（二）安全東京 —— 安全都市

1. 創建一個可以承受東京都會區直下地震（註：日本地震專用語）的「強大的東京」。

2. 加強防備颱風大雨成洪的準備。

3. 繼續提供一個安全可靠的都市所必需的措施。

4. 建立世界上最好的交通網絡。

5. 加強物流功能，建立優化的分銷網絡。

6. 維護都市功能並進行適當的更新。

7. 繼續轉型爲最新的先進都市。

8. 進一步提高多摩和離島的吸引力。

（三）世界領先的東京 —— 智慧都市

1. 實現東京成爲一個數位化先進都市。

2. 藉由世界各地的人們，貨物、金錢和訊息都聚集東京，讓東京成爲世界上最好的商業都市。

3. 正在將東京都立大學發展爲全球頂尖的大學。

4. 建立強大的經濟模型來提高生產力。

5. 發揮中小企業和當地產業最大限度的潛力。

6. 農林水產業能賺錢。

（四）美麗的東京

1. 倡導東京零排放。

2. 促進適應氣候變化，強化熱浪處理。

3. 東京水和綠交織讓人滋潤放鬆。

4. 提供穩定與安全的美味水和良好的水循環。

（五）東京趣味

1. 東京實現吸引全世界人民，成爲世界上最佳旅遊都市。

2. 創建一個可以享受文化、娛樂和運動的都市。

3. 加深與日本其他地區的合作，爲整個日本的繁榮做出貢獻。

4. 將奧運會和殘奧會的場所，發展成都市重要景點。

5. 從可持續發展目標的角度重新思考政策。

（六）東京都政府自身的改革

1. 爲應對變化，東京都政府的作用和工作將發生重大變化。

2. 建立強大的組織結構，以支持戰略政策制定並確保財務基礎。

六、2040七大戰略30政策與80行動方案

（一）戰略1：創造可持續增長，形成充滿活力的基地

1. 政策1：保持世界領先的國際商務交流都市。
   - 行動1：在多個國際商業據點，推動持續經濟增長。
   - 行動2：在高品質的基礎設施，支持高密度都市活動。
   - 行動3：讓創業家和外國人都認為有吸引力，進而創造商務停留環境。

2. 政策2：在多摩地區創建一個能創新的據點。
   - 行動1：利用大學和研究機構的群聚效果，創造新的創新。
   - 行動2：強化多摩地區的道路與交通網絡，促成據點之間的合作。
   - 行動3：接受追求寬鬆氣氛的企業、研究人員與留學生。

3. 政策3：根據地區獨特的魅力，進行社區發展建設。
   - 行動1：以社區的顯著「個性」打造社區。
   - 行動2：透過連接個個據點形成「區域軸」。

（二）戰略2：實現人、物、資訊自由交流

1. 政策4：強化機場功能支持更多國內外的物品、人的交流。
   - 行動1：支持國內外航空需求增加。
   - 行動2：提高首都圈西部地區航空便利性。
   - 行動3：支持離島居民生活的穩定性與自主性。

2. 政策5：人們可以順利地移動無任何道路擁堵。
   - 行動1：通過形成道路網絡增加路線選擇的自由度。
   - 行動2：透過各種措施讓道路交通更平順。

3. 政策6：我們重新組合道路空間，創造過鬆和過忙。
   - 行動1：透過道路網絡的改善效果，重組道路容量。

- 行動2：活用地區的道路過鬆和過忙情境。

4. 政策7：沒有擁擠的軌道運輸，人人都可舒適移動。

- 行動1：通過各種手段解決軌道運輸擁堵問題。
- 行動2：打造安心舒適使用軌道運輸的環境。

5. 政策8：在軌道運量的基礎下，打造人人都可非常容易移動的地區。

- 行動1：以地鐵站為中心，打造地區的新風貌。
- 行動2：打造地鐵站為地區中心，讓市民能容易使用的運輸節點。
- 行動3：透過各種交通運具，實現自由自在移動。

6. 政策9：形成高度協調與高效率的物流網絡。

- 行動1：支持廣域物流基礎設施網絡化。
- 行動2：透過都市規劃整併，改善物流功能。
- 行動3：確保交通不便的地方的物流功能。

7. 政策10：利用尖端技術創建訊息都市容量。

- 行動1：創造宛如「熱情好客」的資訊使用氣氛。
- 行動2：利用ICT進行交通改善、災害應變與基礎設施管理。

（三）戰略3：建設一個能對抗災害風險和環境問題的都市

1. 政策11：根據各種可能災害，打造一個抵禦強災的都市。

- 行動1：為讓木質房屋密集區更安全，東京可透過改善都市景觀來進行。
- 行動2：應對不斷增加的大規模洪水災害風險，加強防災減災措施。
- 行動3：透過預防土石流等災害來提高區域防災能力。

2. 政策12：沒有電線桿安全美麗的都市。

- 行動1：未來東京的主要道路沒有電線桿。

- 行動2：住家的地區也沒有電線桿，創造更大用路空間。

3. 政策13：在災難發生時都市活動與居民生活能持續維持，同時能快速重建。

- 行動1：在平時的都市發展規劃中，就明確訂出重建目標。
- 行動2：建立必要迅速都市重建機制。
- 行動3：利用ICT進行數據管理，即使發生災難也可以恢復的原有儲存資訊。

4. 政策14：都市基礎設施未來能繼續健全使用。

- 行動1：透過都市基礎設施延壽，同時降低維護成本。
- 行動2：配合大促進都市復興，進行大規模基礎設施更新。

5. 政策15：減少整個都市能源負荷。

- 行動1：抓住發展機遇，實現低碳化，促進能源使用的高效率。
- 行動2：根據地區特性發展相關再生能源。

6. 政策16：實施可持續、循環型的社會。

- 行動1：實現良好的水循環，享受水的諸多益處。
- 行動2：促進森林循環。
- 行動3：不浪費使用都市資源。

（四）戰略4：人人都能安身

1. 政策17：因應不同的生活方式，提供居住空間。

- 行動1：提高區部中心區的居住環境品質。
- 行動2：提高區部外圍地區與多摩地區住宅區的吸引力。
- 行動3：配合山區和離島嶼的不同的生活方式，提供居住空間。

2. 政策18：讓老年人和殘疾人都能有活力，孩童能健康成長的環境。

- 行動1：打造可以安全地撫養孩子的社區。
- 行動2：營造老年人和殘疾人士能安心愉快地生活環境。

• 行動3：制定實現豐富的生活方式的機制。

3. 政策19：提供充裕優質的住房是政府長期重點工作。

• 行動1：建立能長期使用的住房存量。

• 行動2：讓現有住房市場優質化。

4. 政策20：重振多摩新城是一個富裕的生活與充滿活力的都市。

• 行動1：住房和生活基礎設施要與時俱進的更新。

• 行動2：大規模未利用地要能活用，充分負起多摩創新交流區開發責任。

• 行動3：實現充分道路、交通網絡的效果。

（五）戰略5：實現高便利生活、創建多元化的社區

1. 政策21：打造更集約的建成區。

• 行動1：建立以地區基礎的都市發展機制。

• 行動2：創建因應公共交通的匯流狀態的據點。

• 行動3：創建能提供居住的住宅區。

• 行動4：提供更空曠空間在住宅區周圍。

2. 政策22：產生更多新事務來滿足各種生活方式。

• 行動1：透過複合土地使用創造新事務交流。

• 行動2：目前土地使用可以加入新思維。

3. 政策23：透過新社區創造都市各種空間。

• 行動1：利用空置房屋創造更多人的互動機會。

• 行動2：利用都市的開放空間創造互動。

（六）戰略6：建設綠環境和水環境交織四季如畫般美麗的都市

1. 政策24：打造所有空間都有綠意的都市。

• 行動1：保護可貴綠意，讓積極的都市活動與豐富的生態系能平

衡。

- 行動2：到處創造新綠意，形成舒適的都市空間。
- 行動3：將山區、離島的獨特魅力能成為地區新亮點。

2. 政策25：培育都市農業成為振興產業的重要環節。

- 行動1：保護農田，讓新世代能繼續務農。
- 行動2：傳播東京都內農產品品牌。
- 行動3：創造農業空間提高都市魅力。

3. 政策26：創造令人愉悅的水岸都市空間。

- 行動1：推動面向水岸的社區規劃。
- 行動2：藉由恢復船運帶動觀光與鄰近地區交通‧
- 行動3：打造濱水空間讓社區有水意。

（七）戰略7：從藝術、文化、體育創造新魅力

1. 政策27：將支持都市歷史的傳統文化創造出新魅力。

- 行動1：利用地區歷史與傳統文化來進行都市規劃。
- 行動2：文化藝術與繁華地點要能遍及都市。
- 行動3：透過地區經營管理來提升該區價值。

2. 政策28：保持旅遊都市身分。

- 行動1：活用旅遊資源流量來提升都市各種各樣存量。
- 行動2：每個人都能舒適快樂的旅遊。
- 行動3：運用光的顯著吸引力，發展都市夜間景觀。

3. 政策29：建立一個認為體育是日常生活不可缺乏的都市。

- 行動1：打造能夠隨時隨地快樂運動的社區。
- 行動2：打造體育設施成為人群聚集中心。

4. 政策30：提供活用東京2021年奧運會比賽設施新思維。

- 行動1：臨海地區成為一個大運動區。
- 行動2：發揮神宮外苑地區兼具風格與熱鬧特性，打造該區成為

世界獨一無二的運動據點。

- 行動3：發展武藏野森林區成爲人群聚集的體育據點。
- 行動4：繼續推動1964年奧運會的遺產的社區發展。

第三節　大阪副首都：支持和引領日本走向未來的 「第二首都大阪」

第二首都的願景：大阪府和大阪市將透過中長期政策共同努力，以使該地區成爲日本的「第二首都」，並幫助它成爲西日本的國家的增長引擎。

這個願景展示了「大阪渴望成爲的第二個首都」的基本概念，實現它們的策略以及大阪的未來形象。

一、副首都的必要性

（一）有必要建立具有國際競爭力的多個基地，引領整個國家的增長。

（二）必須加強能夠減輕首都東京的負擔並應對意外災難。

（三）必須努力引導轉向基於地方自決／自我責任的分權機制。

二、副首都‧大阪將扮演的角色

（一）作爲日本西部的首都中心和樞紐

作爲一個以地區爲導向的多元社會的領導者，並作爲日本與東京一起成長的引擎，改善關鍵經濟功能。

（二）備份首都的功能包括承平時代的替代機能

在正常和緊急情況下建立一個支持日本的系統，建立大阪和關西地區，這個地區不太可能像東京一樣遭受災難，成爲日本核心的備用大都市。

（三）鞏固其作為亞洲大都市的地位，擁有與東京不同的新價值觀和身分

創造和發掘新的價值觀和與東京不同的身分，並確立其作為亞洲大都市的地位。充當日本通往亞洲的門戶，並展示其在世界上的地位。

（四）民眾之都：大阪是實現充分利用人民力量的都市

將私營部門的活力置於社會的中心，超越政府部門的傳統思維，創造一個充分利用營利和非營利活動的環境。樹立大阪以人為本的社會發展典範。

三、建立副首都‧大阪，發展戰略

大阪將自己變成一個「領跑者」來實現其最初的潛力，將與首都東京一起領導其他大都市區。

作為日本的中心，大阪將成為一個成長引擎，在正常和緊急情況下支持並引領國家走向未來，以新的價值觀和與東京不同的身分展示其在世界上的存在。這將有助於極大地改變由地理、社會和價值體系組成的金字塔結構，這些體系鞏固了東京的頂峰，使大阪也能夠在解決日本的社會問題方面發揮主導作用。

（一）功能方面：努力完成副首都所需的機能

1.改善都市基礎設施

使用諸如優惠和證券化措施，來加強機場和維護鐵路，並改善未串聯高速公路路網。在未來需要上穩定推進基礎設施建設，如改善發展機場交通，解決陳年問題，透過建立都市基礎設施支持都市的全球競爭力。

2. 基本公共職能的多元化

通過都市合作倡議，來加強安全和危機管理能力，促進都市功能和改善居民服務，同時站在府市一體來調整經營形態，讓都市基礎設施的機能提升，讓市民更容易生活，也建立永續都市基礎。

3. 特區的監管改革和環境改善

透過世界最便利營商環境創造，引領全國，透過國家特區建立與大阪本身行政改革及推動稅改措施等工作。優化商業環境，同時更活用特區制度，來強化大阪軟性全球競爭力。

4. 加強工業支持和研發的功能及系統

整合統一府市成長戰略，透過深化政策合作來增強產業支持。未來，除了大阪工業技術研究所增加各式各樣創新成果外，也透過體制整合府市其他產業支援機構來強化的產業，奠立大阪地區新研究的基礎。

5. 加強人力資源開發環境

重點是加強教育，特別是通過促進英語教育等方式來培養全球人力資源。在未來，新公立大學（府立大學和市立大學合併）和公辦民營（國際文憑等）設立配套努力下，將推動大阪高度專業知識的人力資源開發基礎。

6. 形成文化創造／訊息傳播的基礎

通過文化藝術和促進旅遊業的行銷來建立新框架的推廣體系的配套措施，今後，除打造文化藝術新基地外，同時鼓勵和舉辦國際賽事，建立與強化大阪的品牌。隨著2025年世博會的開幕和IR的設立，我們的目標是擴大大阪發送訊息的功能。

（二）制度面：副首都必要的制度層面的配套努力

1. 實現適合大阪成為副首都的大都市制度

　　爲發展大阪成爲副首都的基礎下，有必要提出整合府市發展都市基礎設施功能新制度。

　　此外，作爲副首都的增長的成果一定要回歸居民，以民爲本要根據地方需求提供各式各樣行政服務，因此有必要充實大阪市基礎自治機能體制。

2. 加強支持居民生活的基本自治功能

　　隨著人口減少，老齡化惡化，加上社會保障需求增加與行政問題多樣化挑戰，未來副首都成果務必回歸居民，發展滿足符合當地居民關心的需求服務，有必須強化府市中中型核心都市的基本自治功能的行政管理體制。

3. 加強充實支援副首都（地區）（京阪神社・關西）的區域功能

　　強化大阪爲副首都的都市功能，京都、大阪、神戶等都市是有必要納入副都市圈。此外爲了能夠豐富都市的功能，中央的職能與權力下放及目前職能與權力分階段下放關西區域協會合作並無衝突。

4. 啓動中央機構的搬遷

　　中央機構搬遷正是補救過度集中東京發展，因此從整個國家的競爭力的角度，備份功能的建立是有其必要性。更重要的是，相對於副首都的形成的連漪效應是被期待的。配合地方創生不少機關已決定搬遷大阪連同過去在關西已有辦事據點，配合與區域協會和商業界合作，未來大阪和關西的中央據點力是可提升，另外當備份功能成效顯示，中央機構的搬遷會再檢討。

（三）經濟增長：作為副首都經濟增長的配套努力

1. 加速大阪副首都發展的影響

(1) 舉辦日本萬國博覽會

2025年日本萬國博覽會，是2020年東京奧運會和殘奧會之後，日本成長的新引擎。支持舉辦萬國博覽會的倡言與決心一反過去社會壓倒性的支持，同時創造更多的力量與創造和世界各地人民交流，是未來日本經濟增長的關鍵。

萬國覽博會的主題是「光明未來社會的生活設計」。「健康長壽」領域，是大阪、關西中一個重要因素，生命科學相關領域的基礎雄厚，領先世界。此外，不光是尖端的醫療，在保健、體育、美食、娛樂，甚至人工智慧（AI）和機器人，包括在製造，都有極大發展空間。

為吸引來自全球新知來大阪和關西世博會，可配合貢獻人類社會的聯合國的SDGs（可持續發展目標）計畫，讓作為大阪的副首都的都市地位能提高，同時可以進一步加速活化經濟。

(2) 推動綜合度假村（IR）設置

在追求觀光立國，日本確實有必要引進綜合度假村（IR），度假村在開發具有規模和實力的會展產業（MICE）設施的競爭力要與世界相關對象競爭，才有能力期待更多觀光客入境。

大阪夢州除擁有24小時運行關西國際機場與充分都市基礎設施等交通非常便利性外，同時區位良好、空間寬廣。配合「大阪夢州地區發展構想」與企業界合作的強化會展功能，來促進海灣地區的活化，透過該地區增長和發展實施，也提升都市的地位，同時為防患賭博帶來的負面影響與衝擊，啟動加強安全網措施的有效性的研究，並隨時檢討有效性，府市立場是希望府市民能通過更多支持發展機會的相關訊息的傳播，讓民眾更理解綜合度假村（IR）設置。

透過早期IR開發準備，來實現有魅力與國際競爭力的IR，同時也透過建立大阪的世界級都市品牌來加快IR建設。

2. 努力實現大阪副首都經濟成長措施

(1) 工業和技術力

世界各大都市，都一直專注於下一代的產業和高附加價值產業的發展，大阪也不例外在推動主導產業。

重點在打造以大阪北部中心包括神戶、京都在內的產業集群、研發集群，以健康長壽醫療相關產業的「生命科學」領域與發展下一代的主導產業為主。此外，我們將利用厚實製造業的基礎來提高產品附加價值與創新。

(2) 資本力

配合建立作為副首都「機能面」各式各樣措施後，可進一步強化全球競爭力，其水平足以媲美世界各大都市。

其重點在振興人流、貨流，讓大阪地區發展和區內交通網絡能有新風貌，包括加強國際交通基礎設施和廣域交通網（線性中央新幹線，促進北陸新幹線的儘早全線開通），並努力打造廣域網的節點能與國內外都市聯繫。（硬體基礎設施）

同時在提高入境觀光，我們將進一步改善都市品牌，提高向世界傳播的能力。（軟體基礎設施）

(3) 人力資源

全世界，為爭取高技能人力和留學生，快速活化人的流動力才是「人才競爭」的重點之一，但多元化的人才培育與吸引是有其必要性。

在加強大阪人力資源，活化大阪、關西學術型大學和研究機構優勢同時，也打造一個讓多樣人才有挑戰性的環境。

掌握重視企業社會責任、社會企業家和非營利部門活躍是大阪對

世界展現活力機會，不管營利和非營利性民間部門都大步往前。

（四）未來大阪要發展為副首都

透過世博和IR的影響活化，發揮日本在世界最先進創新和人的力量，來支持世界永續發展成為影響全球大都市之一。

利用副首都開發的成果，實現居民安全，豐富便捷的都市生活。

1. 全球而言：世界關注的工業、文化和科學的據點

大阪和關西產業、文化，各種科學深厚實力與潛力及蓬勃發展相關，其企業與人才引起世人關注，同時也展現其品牌力，不光僅健康長壽領域，其他領域問題也讓世界能期待解決，讓大阪可成為一個最先進、具競爭力的全球都市。

2. 日本而言：超級大都會區的西核心

從大阪開始的線性中央新幹線已成為世界上最大的超級大型區域，大阪在副首都圈可發展自己獨特的經濟和文化，並加強其作為日本西部門戶的世界存在，可與東京相媲美。

3. 市民而言：豐富、便捷的都市生活

我們將努力解決社會的各種問題，包括通過世界上最先進的創新成果實現健康長壽。此外，同時實現可持續的經濟增長，運用人的動勁活力，確保安全保障，來實現豐富且高度便利的生活環境。

第四節　福岡2025

一、福岡願景：想在福岡居住、想去福岡、想在福岡工作，亞洲的交流據點都市

（一）自律的市民互相支持，能心曠神怡地生活

福岡市是在與大陸交流的歷史中成長起來的，福岡市是一個自由豁達、充滿進取心的自治都市。每個市民通過自己的力量，創建了一個以自治和互相支援為基礎的地區社區，建成一個宜居的都市。

（二）與大自然共存、可持續發展、生活品質高

福岡市自然環境優美，氣候溫和。福岡市景觀富有魅力，擁有舒適的社會生活基礎設施，都市功能極其完善。可說是麻雀雖小，樣樣俱全。

（三）海洋孕育的歷史和文化魅力極吸引人

福岡市通過海洋和世界聯繫在一起，在悠長的歲月中形成了獨特的文化和個性。這體現在節日、食品、藝術和體育運動等方面，創造了多樣化都市魅力。

（四）充滿活力、具有影響力的亞洲據點都市

無論在地理上或在歷史上，福岡市都與亞洲結下了不解之緣。國際都市間的競爭目前日益劇烈。在這種情況下，以福岡都市圈為核心，我們希望與九州以及毗鄰的亞洲各地區合作，對整個日本發揮牽引作用。在與亞洲的交流上，我們希望在市民、學術、文化和經濟等各方面進一步深化交流，吸納亞洲的活力，與亞洲一起成長。此外，作為亞洲地區發展比較成熟的都市，我們希望能通過多年積累知識和經驗，為解決亞洲地區面臨的社會問題和提高生活環境作出貢

獻。我們希望在亞洲地區能夠成為模範都市。

二、八個目標與政策

（一）目標1

　　每個人都能夠心曠神怡地生活，精神抖擻以全民設計理念來建設都市。都市要成為一個所有居民都有同情心，為每個人著想的地方。人人要互相尊重人權。無論國籍、年齡、性別，或是否有殘疾，要承認市民的多樣性，保證每個人能生氣勃勃地生活。市民在生氣勃勃的氣氛中生活。他們運用自己的知識和經驗，作為社會建設的主力軍，積極參加社會活動。有困難者能獲得適當的福利，任何人都能夠安心、舒適、開心地生活。市民可享受文化藝術、體育和娛樂活動，身心充實。兒童可享受多種保育服務。在寬裕的育兒環境中，市民可安心生孩子、養育孩子。孩子們有自學意願，有自己的夢想，對未來充滿憧憬和希望。他們在與各代人的接觸中，不斷學習和積累經驗，成長為心胸開闊的人。

政策規劃

1-1　以全民設計理念來進行都市建設。

1-2　在都市建設上，每個人的人權都受到尊重，推進男女共同參與。

1-3　構建一個每個人都能夠健康生活，一生充滿活力的社會。

1-4　構建一個市民內心豐富、能享受文化藝術的都市。

1-5　振興體育運動和娛樂活動。

1-6　完善福利，讓所有人都能夠安心生活。

1-7　構建一個兒童能夠健康成長，大人能夠安心生育孩子的社會。

1-8　培養能夠自己思考、學習和行動的兒童和年輕人。

（二）目標2

　　互相支持，大家團結合作市民積極地參與附近地區的問題解決和都市建設，有效地利用公民館等地區社區活動的場所。舉辦各種活動，讓更多市民參與進來。通過交流和對話，人與人之間產生關聯。各種各樣的人彼此支持，精神抖擻、安心地生活。地區社區、NPO、志願者、企業和行政單位等單位，以及個人互相提供主意和專業知識，通過這種相輔相成的效應，解決各種社會問題。

政策規劃

2-1　提高地區社區活躍度，使它成為互相支持的基礎。

2-2　充分運用公民館等設施，使它成為活動的舉辦場所。

2-3　通過互相支援和互相說明，以推進地區福利事業的發展。

2-4　進一步開展NPO、志願者活動。

2-5　通過社會商務等多種方式和關係，推進社會問題的解決。

（三）目標3

　　確保安全、安心的良好生活環境，建設一個即使遭遇災害也不會損失慘重的都市基礎設施，消防、救急醫療體制要十分完善。在每個地區，以自主防災組織為中心，要建立互助體系，強化災害迅速應對體制。完善道路、上下水道、河流、居住環境等與市民關係密切的都市基礎設施，以便居民能有一個健康、舒適的生活環境，無論誰在這裡都能安全、安心地生活。市民具有公德心，遵守規則，地區的自主防止犯罪活動十分活躍。市民為能安全、安心的居住環境感到自豪。兒童要學習遵守社會規則的重要性，並培養同情心和守法意識。

政策規劃

3-1　建設一個不容易因災害而損失慘重的都市。

3-2　完善安全、舒適的生活基礎設施。

3-3　建成一個住宅品質優良、居住環境良好的都市。

3-4　建設一個市民遵守規則，人性化並十分安全的都市。

3-5　建設一個沒有犯罪，既安全又宜居的都市。

3-6　穩定供應安全、優質的水源。

3-7　確保安全、安心的日常生活。

（四）目標4

　　構建一個對人類和地球友好，可持續發展的都市。引進可再生能源，鼓勵節能，鼓勵使用公共交通。通過上述各項措施，展開環境負擔較少的可持續發展的都市建設。與此同時，控制垃圾排放量和推進循環使用，以構建循環型社會。維護生物的多樣性，讓市民享受優美的大自然。大自然和都市相得益彰，結構緊湊、生活舒適的都市環境已獲得國內外高度的評價。市民為高品質生活感到自豪。巧妙地利用都市多年來積累下來的財富，市容景觀優美，地區富有特色。在景觀、居住環境品質上，要形成具有魅力的都市環境。

政策規劃

4-1　推進實施溫室效應對策，構建自律分散型的能源社會。

4-2　構建循環型社會系統。

4-3　保護生物的多樣性和推進綠化工作。

4-4　構建一個都市與大自然相得益彰，福岡型的緊湊都市。

4-5　構建以公共交通為主軸的綜合交通體系。

4-6　通過多年來的軟實力積累進一步提高地區的價值和魅力。

（五）目標5

　　充滿魅力，能吸引廣大人員。除了海洋外，擁有自然、歷史、文化、食品、體育運動、商業設施等豐富多彩的資源。回頭客極多，本

市的好客傳統聞名遐邇。作爲亞洲的交流據點，聚集著來自世界各地的人們。我們還與福岡都市圈和九州其他都市合作，展開魅力提升活動和戰略性宣傳活動，從而增加了整個九州的旅客到訪人數。位於市中心附近的大濠公園和舞鶴公園一帶，是市民休息玩耍的地方。這裡還具備歷史、文化、觀光資訊的傳播功能。作爲本市的形象代表，其魅力發揮著重要作用。作爲MICE的據點都市和國際體育運動大會的舉辦都市，得到國際上的認知。

政策規劃

5-1　重新發掘觀光資源的潛力，提升其魅力。

5-2　建設成一個綠意盎然的歷史和文化據點。

5-3　通過容易獲取資訊和交通便利等優勢，讓到訪人士感到福岡人的友好和好客。

5-4　建成MICE據點，通過交流產生商務機會。

5-5　邀請國際體育運動大會到福岡舉辦，振興職業體育運動。

5-6　在國內外推進戰略性宣傳工作。

（六）目標6

經濟活動活躍，創造許多工作崗位IT、健康、醫療、福利產業等新興領域的企業活動十分活躍。眾多的國內外企業到這裡建廠，本地的中小企業等不斷創新，從而產生具有特點的商品和服務，提高競爭力。在培養新行業員工的同時，新鮮的農水產品本地生產、本地消費，以及農特產品的研發工作都取得進展，提高包括農林水產業在內產業的附加價值，使九州整體得到發展。提高整個福岡都市圈的經濟活躍度。除了新興領域的企業外，既有產業的中小企業等也能創造許多工作崗位，年輕人、婦女、高齡人士、殘疾人士等，都能生氣勃勃地工作。

政策規劃

6-1 通過產學官合作，振興知識創造型產業。

6-2 促進地理條件建設，以便新興領域的企業和企業總公司到福岡發展。

6-3 中小企業支援地區經濟，強化中小企業的競爭力。

6-4 振興農林水產業及其相關商務。

6-5 完善就業支持工作。

（七）目標7

　　創造性活動十分活躍，各種各樣的人才創造出新的價值型創業、進行新挑戰的創造型尖端人才和企業從世界各地來到這裡，創造新的價值。創業率在全國達到最高水準。具有創造性靈感、技術和才能的人才和企業聚集在這裡，創業者、新銳藝術家和創作人士等創造出新的價值。創造型尖端人才和企業表現活躍。眾多從事文化藝術活動的人表現活躍，遊戲、時尚、設計、電影、音樂等創造型相關產業聚集本市，形成據點，成為都市的發展動力。市中心的創造型空間人才聚集，交流活躍。很多婦女、年輕人、學生和留學生以福岡為工作據點，使都市成為利於挑戰型人才發展的都市。

政策規劃

7-1 構建一個創業型都市，以產生新的價值。

7-2 振興文化藝術，具備利於創造性活動開展的基礎。

7-3 振興利於個人成長的創造型產業。

7-4 構建創造型場所，以便各種人才能夠聚集在一起進行交流。

7-5 構建一個富有挑戰性的年輕人和婦女能夠施展才能的都市。

7-6 強化大學和專門學校等高等教育機關的功能。

（八）目標8

構建一個具有國際競爭力的亞洲模範都市，以市中心為主，擁有高度發達的都市功能，完善港灣和機場功能等，無愧為國際交流的大門。作為國際競爭力較高的地區，福岡都市圈獲得國內外高度的評價。本地眾多企業積極向亞洲等海外地區發展，活躍地區經濟活動。具有海外經驗的日本人、留學生和外國人都以福岡市為舞臺，在各領域具有活躍表現。作為亞洲地區發展比較成熟的都市，運用多年來積累下來的知識和經驗，為解決亞洲地區面臨的社會問題和提高生活環境作出貢獻。福岡市和釜山廣域市隔海相望，兩市超越制度、習慣、語言等方面的不同，構成以兩個都市為中心的生活經濟圈。

政策規劃

8-1 　強化都市中心部的功能，以帶動整個都市散發活力。

8-2 　構建都市功能高度集中的活力創造據點。

8-3 　促進國際商務交流。

8-4 　構建物流和人流大門，以帶動經濟增長。

8-5 　構建一個能培養全球性人才和供他們施展才能的場所。

8-6 　對亞洲各都市作出貢獻，促進國際合作。

8-7 　與釜山廣域市形成一個超廣域經濟圈。

8-8 　構建一個對亞洲以及世界其他地區的人們來說都適合居住的都市。

三、空間規劃目標

利用背山面海的地形上的特點，以市中心為中心，建成一個結構緊湊的市區，都市魅力和優美的大自然相得益彰，在安全、安心的日常生活中，市民能經常享受到這種和諧樂趣。市中心是福岡市經濟增長的引擎。以市中心為中心、推進都市發展的活力、創造據點，以

及市民生活的核心地區 —— 東部、南部和西部等廣域據點、地區據點都具備符合自身據點特性的都市功能，這些功能爲市民提供活動場所，又通過發達的交通網絡來保證交通方便，建立「福岡型結構緊湊的都市」。

（一）都市中心部

市中心是福岡市經濟增長的引擎。是福岡都市圈和九州地區的中樞所在，它所具備的都市功能是具有國際競爭力的。

（二）地區據點

東部、南部和西部等廣闊據點是市民生活的核心。這些據點的都市功能是和都市的成長過程、生活圈的地帶和交通連結功能等特點相配套的，具備市民生活所需的都市功能。

（三）日常生活圈

日常生活圈以小學校區爲基本區分單位，以公民館爲據點，形成以自治委員會爲中心的地區社區。確保市民日常生活基本所需的方便性。

（四）活力創造據點

愛藍島城、九州大學伊都校區及其周邊、海濱百道等活力創造據點，根據據點特性，具備物流、資訊和研究開發等多種都市功能，推進福岡市的經濟增長。

（五）功能充實

轉換地區九州大學箱崎校區一帶進行新建，舞鶴公園、大濠公園一帶成爲廣大群衆休息玩耍的場所。許多觀光旅客也都來這裡遊覽。

（六）交通網絡

　　市中心部具備陸、海、空廣域交通網絡。以此為中心，各據點之間都有公共交通網絡，據點內及其四周的交通十分方便，確保各種都市活動和市民生活都能順利進行。

第五節　橫濱市2025

一、橫濱未來目標

（一）世界上各種智慧凝聚和交匯的都市

　　橫濱自開放港口以來，從國內外聚集了眾多滿懷熱情、才華橫溢的人才，在始終領先於時代的同時，孕育了作為國際港口都市的新魅力和活力。如今智慧財產和活動顯得越來越重要，在向國內外知識和人才提供大量聚集場所的同時，在社會上應熱情關懷肩負著重大使命的下一代。橫濱將在充實的教育環境下，把兒童們培養成將來能活躍在世界舞臺上的人才。在聚集了眾多國際機構和研究機構的橫濱，我們通過與來自世界各地的、擁有多種文化和技術的人們進行交流和互相切磋，創造出新的文化藝術和先進技術，並通過傳播這一富有特色的都市創造性，努力把橫濱建設成為世界知識和智慧的寶庫。

（二）開拓新的活躍場所、創造活力的都市

　　橫濱憑藉其布局條件和作為港口等有利條件，新創了各種順應時代潮流的產業，並在將其積累和發展的過程中，創造出了都市的活力。隨著社會經濟全球化和資訊化的發展，各都市之間的競爭也越來越激烈。在這種情況下，橫濱通過創造新的商機和企業活動，從國內外大量引進企業投資，為眾多的人才提供了活躍的舞臺。通過由高度的技術積累和人才積累而產生的都市創造能力，以及通過創造新的就

業機會，努力把橫濱建設成爲人才和企業都朝氣蓬勃，且充滿生命力
的都市。

（三）多種工作方式和生活方式共存的、生活舒適的都市

由於商業和產業等都集中在東京，住宅區的範圍也相應迅速擴
大。在集中產業的過程中，形成了富有魅力的市中心部分。在這種情
況下，許多人來到橫濱，並在這裡生活、就業，橫濱也由此成了一個
大都市。工作方式變得多樣化的同時，不同年齡和性別的人所能發揮
的作用也在發生著變化。我們應實現以個人的價值觀念爲基礎，能邊
工作邊在地區和家庭中享受身心富裕生活，同時老年人和婦女都能健
康愉快生活的生活方式。此外，通過市民自發進行的、與自然環境和
都市景觀等地區特點相稱的都市建設，努力把橫濱建設成爲具有豐富
生活環境、易過上舒適生活的都市。

（四）由市民的智慧建成的環境都市

在日常生活和活動中，我們始終影響著地球環境，因此要求我們
進行任何行動時都應時常注意對地球環境的影響，做好環保工作。
地球規模的環境問題日益深刻，我們必須從身邊的小事開始積極地
保護環境，並創造出高品質的環境。如此通過不斷的積累，我們將作
爲世界大家庭的一員發揮作用。在從世界各地廣泛蒐集關於環境的
資訊和技術並網羅人才等交流的過程中，將產生新的環境技術和新
的收穫。同時，透過向世界傳播實現了環境和經濟良好循環的都市形
象，努力把橫濱建設成爲具有優良環境的港口。

（五）能永遠安心生活的安全、安心的都市

爲能安心生活，我們有必要消除災害、犯罪和疾病等不安因
素。低出生率、高齡化社會的發展和人口的減少，將導致地區社會發

生變化。但是，只要生活在那裡的人們能重視人與人之間的關係，互相幫助，安全、安心的生活就將得到保障。透過集結每一個人的智慧和行動能力，形成布滿安全網的社會結構，努力把橫濱建設成為永遠身心富裕的都市。

二、四大戰略

（一）戰略1

可以發揮所有人的能力的都市建設戰略：發揮女性、兒童、年輕人、中老年的潛能，並注重他們的健康的健全都市。

伴隨少子高齡化進展，支援社會發展的減少以及福利醫療服務需求增加等預測，為了創造容易生育和養育孩子的環境同時，以培養擔負未來兒童和年輕人為首，發揮包括女性、中老年齡層等所有人的能力。此外，作為支撐本戰略的人民健康問題，需要全市民共同努力，推廣健康維護。

1.育兒支援和年輕人、兒童培養

(1) 全面的兒童、育兒支援：繼續保持沒有無法進入保育員的兒童，並充實家長不在家兒童放學後可以停留的場所。此外，致力於充實針對所有育兒家庭以及育兒支援。

(2) 培養青少年頑強生存能力的教育以及青少年的自立支援：致力於針對每個階段的職業教育、年輕人就業、自立的支援。此外，致力於推進初高中一貫制教育，創建特色的高中，培養將來能活躍在國際舞臺上的國際化人才。

2.支援女性的活躍

成為全日本最能讓女性易於工作、最具有工作價值的都市。除育兒資源、兼顧工作和家庭支援以外，充實對女性創業者的支援，提供職業生涯形成的機會等，強化讓女性能夠在社會上活躍的支援。

3. 發揮中老年的能力

　　透過中老年的活躍，實現有活力的地域社會：擴大高齡者的活動場所，讓他們在地域以及企業等擔任橫濱社會建造的主角，透過在多種領域的活躍，實現終身工作社會。

4. 維護370萬人的健康

(1) 維護健康創造有活力的橫濱：推進全市民致力於健康創造的都市建造，透過與民間企業的合作協議會，積極創造新的健康相關服務。

(2) 支援醫療的充實和醫療水準提高：透過推進在家庭內醫療和護理的合作，力求加強創造讓市民住慣了的家庭，以及地域內進行療養的環境。

（二）戰略2

　　實現橫濱的經濟發展和能量循環都市的戰略：有活力的經濟創造富裕、有效使用資源的循環型都市。

　　以充分實現對中小企業的基礎支援為前提，透過培養成長、發展領域以及強化產業據點，推進活用橫濱特色的都市農業等，振興產業，擴大就業人口，使橫濱市經濟得到活化。此外，推進適合環境未來都市的先進能源措施，使能源有效循環，推動都市發展。

1. 培養發展領域、強化產業據點

(1) 培養成長、發展領域：透過新技術、新服務的開發以及促進入駐和投資，致力於培養今後有望成長和發展的環境、能源、健康、觀光、MICE等領域。

(2) 對支撐發展的企業和人才的培養與支援：透過海外市場發展促進成長，培養創業人才，進一步強化產業學術和政府的合作，培養支援發展的企業和產業人才。

(3) 產業據點的強化和發展：致力於招致有明確物件區域以及功能等的戰略性企業，以有特點的產業據點強化和發展作為目標。

2. 充滿活力的都市農業

(1) 提高市內產農畜產品的附加價值：透過為生產者和加工業者、飲食店等牽線搭橋，推進六次產業化，確立橫濱農場、農畜產品的橫濱蔬菜等品牌，旨在擴大農畜產品的市場需求。

(2) 支援穩定的、高效的農業生產：推進向農產積極性高的農家集中農業用地，對農業生產基礎以及生產設備的整備、改建提供支援。

(3) 支援和培養多樣的人才：支援積極性高的農家，培養並推進新人才的加入。

3. 推進能源政策

(1) 推進放眼未來都市建設的能源管理：致力於推進都市活動所必需的能源的自給、分散化，以及高效能源管理系統的構築等。

(2) 促進可再生資源的引進：探討實現引進廚餘垃圾等沼氣化的可能性，探討可再生資源以及氫的活用方式並進行引進。

(3) 推進考慮環境的生活方式：市民、公司和行政齊心同力，創造考慮環境的生活方式。

（三）戰略3

充滿魅力和活力的都市再造戰略：吸引世界人民和企業，讓大家都想在這裡並願意一直住下去的都市。

在作為橫濱成長引擎的都心臨海部，由於山下碼頭等新土地利用的推動，大規模商業區的引進等創建舒適的有魅力的都市，以及觀光、MICE、振興產業、先進的文化藝術創造都市等，市民、企業和行政齊心同力，吸引世界人民和企業，推進創造都市活力和繁榮的都

市建造。在郊區以車站附近爲首，徒步或使用公共交通就可以到達的身邊範圍內，聚集了生活便利設施和交流設施，在身邊就可以感受到水和綠色，推進容易生活且充滿魅力的都市建設，使大家都願意在這裡居住並願意一直住下去。

1. 都心臨海部的再生、功能強化

(1) 都心臨海部的魅力提升：透過橫濱市周圍地區大規模都市改造，港灣未來二十一個地區進一步招致國際化企業，山下碼頭周邊地區大規模建設商業區等措施，以形成新的繁榮地區爲目的再開發，關內、關外地區準備新的政府辦公設施，以及橫濱文化體育館，現有政府辦公設施街區的整合等進一步推動活性化發展。此外，形成綠色網路，讓充滿季節感的綠色和花朵提高全區的魅力。引進新的交通設施，使五個地區連接緊密、交通方便，形成新的繁華機軸。

(2) 先進的國際化觀光，MICE都市：提高客船接收能力，擴充MICE功能，招致和主辦大規模體育賽事，以及體育設施的整備，將橫濱打造爲綜合型娛樂度假場所（IR）。

(3) 成爲亞洲核心的文化藝術創造都市：繼續實施具有橫濱特色的藝術文化節，作爲亞洲文化據點提高自身存在感，吸引藝術家以及創造者等人才，打造創新型產業發展。

2. 郊區的再生、活性化

(1) 車站以及車站周邊的功能強化：整修車站周邊的街區，活用新型交通引導手段，使車站周邊地區具有更新的功能，形成舒適便利的生活圈。

(2) 郊區住宅地的再生：活用市民的力量、企業的力量以及地域資源，創造再生和引導必要功能的構造，並在市內積極推動。

(3) 引導戰略性土地使用和都市建設：車站和立體道路樞紐周圍等

預計將作爲都市用地的地區，在保護綠地和農地用地平衡的基礎上，招致和聚集醫療學術研究機關、物流產業等。

3. 綠色的保全與創造

(1) 培育連接下一個時代的森林：以綠色的十大據點爲首，促進保全有規模的樹林地區。

(2) 創建能在身邊感受到農業的場所：開設市民農園等，支持農畜產品的直接銷售點，透過和企業的合作實現地產地銷。

(3) 創造能感受到的綠色：透過對創造綠色，保全綠色的市民支援，創造能在身邊感受到的綠地。

（四）戰略4

支撐未來的強韌的都市建造戰略：支持橫濱經濟和市民生活的骨架和具備防災、減災功能的都市。

在推動都市基礎設施的保全和更新的同時，力爭在2022年實現橫濱市地震防災戰略的減災目標，創建有效抗災的人、地域、都市。此外，整備支撐都市成長和發展的道路、鐵路等交通網，推進具備強韌骨架的可持續性發展都市建設。

1. 有效抗災的都市建設

(1) 推進自助和互助：強化橫濱市區防災中心的功能，培養在災害來臨時能率先採取減災活動的人才。此外，強化發生火災時地域的初期滅火能力，推進結合含自救和互動的地震火災對策。

(2) 建設不易著火的都市、著火以後火勢不易蔓延的都市：推動緊急救火道路等都市基礎設施，以及防火限制區域來阻隔火勢蔓延，同時引進新的防火規則，推動都市不燃化。創建有利抵禦火災的都市。此外，透過加強消防本部的功能等，提高滅火能力。

(3) 建設可預防局部大雨的都市：根據積水警報圖以及洪水警報圖的災害預測，強化坡地防災對策，制定局部大雨的對策計畫，防範未然。

2. 強化都市基礎設施

(1) 吸引人和企業，招商引資加強都市基礎設施重建：以橫濱環狀道路爲首，整備廣域幹線道路網，充實神奈川東部方面線以及延伸高速鐵路三號線（從蘇野到新百合邱）等，構築更加充實的鐵道網路，在沿線地域招致人和企業，創造都市活力。

(2) 有國際競爭力的港口：爲了對應貨櫃船的大型化，整備在南本牧碼頭水深達20公尺的高規格貨櫃總站，並整修臨港道路的同時，在南本牧海岸建立新碼頭，形成新物流據點。

(3) 有計畫地保全和更新都市基礎設施：對於老朽化的都市基礎設施，透過預防保全降低整體成本，力求預算平均化，透過系統構築計畫性保全和更新包括預防在內的對策。

三、基本政策

計畫期間的活動，根據女性、兒童、年輕人、中老年的支援；市民生活的安心、充實；橫濱經濟活性化；都市功能、環境的充實，這四個觀點整理出36項措施。

（一）女性、兒童、年輕人、中老年的支援

1. 女性易於工作、易於活躍的都市：促進女性職業生涯的形成和聯絡網的創造，支援女性創業和創業後的發展，促進男女都能易於工作的環境。

2. 中老年活躍的舞臺。

3. 充實從孩子出生到嬰幼兒期的家庭育兒支援。

4. 從未就業學期到學齡前的兒童、育兒支援。

5. 社會全體共同培育兒童和年輕人。

6. 防止虐待兒童和家庭暴力，充實社會養護體制。

7. 推進細緻綿密的擔任未來的孩子們教育。

8. 和大學合作共同創造地域社會。

（二）市民生活的安心、充實

1. 抗災力強的人員培養及地域建設（推進自救、互助）。

2. 抗災力強的都市建設（地震、火災等）。

3. 可以安心生活的都市。

4. 確保支持生活的安全網。

5. 實現地域綜合護理系統。

6. 充實殘障兒童以及殘障人員的福利。

7. 透過維護健康和健康危機管理等確保市民安心。

8. 充實地域醫療提供體制，推進先進醫療。

9. 運動培育都市以及生活。

10. 支援透過參加和合作的地域自治。

（三）橫濱經濟活性化

1. 中小企業振興和地域經濟活性化。

2. 經濟成長領域的育成和強化。

3. 實現橫濱為全球化都市。

4. 支援市內企業的海外基礎設施事業。

5. 推動觀光、MICE。

6. 透過創造成為文化藝術的都市，創出魅力和活力。

（四）都市功能、環境的充實

　　1. 充滿魅力和活力的都心部的功能強化。

　　2. 創建加強國際競爭力和提高市民生活水準的綜合港灣。

　　3. 透過充實交通網加強都市基礎設施建設。

　　4. 充實便捷舒適交通功能等。

　　5. 精巧並充滿活力的郊區建設。

　　6. 對應多種居住需求的住宅建設。

　　7. 公共設施的保全及更新。

　　8. 推動充滿活力的都市農業。

　　9. 推動環境符合未來都市的能源措施和低碳都市建設（綠建築）。

　　10. 實現有橫濱特色的環保生活方式以及實現豐富的生物多樣性。

　　11. 充滿綠色生態的都市環境。

第六節　北九州市2020

一、規劃目標

　　北九州「2020年的都市規劃」之目標，是「孕育人與文化、與世界接軌、環保與技術的都市」。為了實現這一目標，將開展育兒支援、教育擴充等「人的培育」；建構安全、安心的社會，推進市民健康建設，創造熱愛文化體育活動等豐富多彩生活方式的「生活建設」。此外，還將致力於發展附加價值高的製造業、促進中小企業發展等「產業建設」；同時推進完善可步行生活的高品質生活空間、強化交通、物流網路等的「都市建設」。

二、規劃策略

北九州「2020年的都市規劃」之規劃策略為：

（一）人的培育方面

1. 創造安心成長的環境

(1) 提供多種保育服務

為適應保育需要，提供包括新建多種設備設施的保育所，謀求多樣化和靈活性的長期保育、短期保育、殘疾兒童保育、夜間深夜保育、醫療機構等兒童的保育服務。

(2) 減輕和消除育兒不安的壓力

有效利用嬰幼兒健康診斷和家庭訪問中的個別諮詢、幼兒不安和壓力比較大的母親們的諮詢等，以建立養育孩子的諮詢機制，減輕和消除育兒的不安。

(3) 支援單親家庭

設立家庭諮詢室和單親福利中心及建立針對單親家庭的諮詢體制，另外，對於經濟困難的單親家庭，加強對他們的培訓機能及促進就業的機會。

2. 建立一個尊重孩子權利的社會

(1) 促進兒童參與社會活動

透過在地區建立托兒所或公園等設施，積極建立讓孩子能夠發表意見的部門，以反映孩子的意見。以兒童參加社會活動為契機，使他們得到和各種人交流的機會，並促進兒童在該地區從事活動和志願服務。

(2) 充實和強化孩子綜合問題諮詢中心的諮詢體制

為因應孩子和青年的各種問題的諮詢，透過兒童福利部門、教育部門等領域的幫助進行指導和援助。另外，建立相關機關、非盈利組

織等網路系統，建立聯合體制，同時要擴大兒童養護設施和托兒所等機構的定額人數，加強兒童保健工作。

(3) 加強輔導教育

培訓具有相關技能的老師，並利用具大學生身分的志工解決小學生的煩惱和諮詢，針對問題解決，強化教育諮詢體制。

3. 建立健康養育孩子的環境

(1) 提供孩子娛樂活動的場所

以公園的改良、有效利用新建綠地爲中心，使地區居民和孩子們、青少年可以在安全的遊樂設施中無拘無束的遊玩，並利用學校設施，於放學後或假日提供各種體驗的場所和機會。

(2) 促進各種體驗和交流

基於青少年發展協會、兒童發展協會等商業發展組織和社區中心專案，促進兒童之間的交流，提供孩子學習自然、科學技術、傳統文化、藝術文化，以及自我實現的機會，支持他們參加各種體驗活動。

(3) 提供資訊、諮詢機制的完善

透過豐富資訊的雜誌和網路，爲市民提供易於理解的資訊，作爲提供諮詢的地區委員會委員、兒童委員、主任委員，以及地區家庭諮詢室努力改善的諮詢機制。

4. 發展21世紀孩子健康發展的教育

(1) 促進培養豐富心靈的教育

進一步加強接觸自然和志願者活動等體驗學習的活動，促進道德教育、人權教育，培養社會奉獻精神，關心他人和感恩的心，以及獨立思考問題的能力。

(2) 促進培養發明、科學創造的教育

與地區的人才、企業、大學、非盈利組織等機構合作，確保進行

發明、科學創造、藝術設計的同時，能夠學習知識的機會，促進培養創造性、發展個性的教育。

(3) 實施適應當今課題的教育

外語學習、國際理解教育的強化，加強外語教學，有效利用留學生和本國人才，支持至海外進修的同時，與大學合作，強化從幼兒時期到學生時代的外語教育和國際理解教育。

(4) 資訊教育的完善

促進和有效利用北九州市學校資訊網路等對學生使用網路的設備，培養適應高度資訊化通信社會的人才。

(5) 環境學習、教育的推進

家庭和地區合作，促使垃圾減少、分類、回收利用等保護環境的活動，同時通過自然體驗活動，喚起人們對地球環境和能源的關心並付諸保護行動。

（二）生活建設方面

1. 加強醫療衛生管理系統

(1) 提供急救活動體制

有計畫的提供急救人員的培養教育，及救護車使用高規格的配置，以推進高速化急救業務，提供消防直升機運轉體制，以保障孤島急救活動的進行。

(2) 提供急救醫療體制的完善

與相關機關合作，提供假日及平時、夜間的疾患診療體制，強化醫療機關且靈活高效的醫療機能和相互合作的關係。

(3) 建立飲食安全的制度

加強對食品經營者的監督指導，提供其自主管理，強化食品流通的國際化、多樣化和食品檢查體制。向市民提供正確資訊，進一步加

強與市民的合作，充實監督體制，對人身侵害做到防患於未然。

2. 建立無犯罪的和諧都市

(1) 提高市民的防範意識與強化地域防範能力

利用多種媒體進行廣泛宣傳，同時聯合員警、防犯罪團體，舉辦演講、研究會，宣導防犯罪知識，並且支持市民及地方防犯罪團體等自發性進行的防犯罪活動。

(2) 營造預防犯罪發生的環境

對都市空間的理想狀態進行設計、討論，如公共建築、道路、公園等的建築設計，以及夜間照明設施的完善等，以減少誘發犯罪的因素，促進安全環境的建設。

(3) 治安體制的完善和強化

針對犯罪的低齡化、凶殘化、國際化，完善治安體制是市民的心聲，政府機關希望加強警局和派出所的正確調度和機能的強化。

3. 防災、危機管理體制的強化

(1) 提高危機管理的處理能力

充實完善應對危機的管理計畫、職工教育訓練、對市民演講宣傳等內容，同時提高危機管理意識和緊急處理問題的能力。

(2) 地方自主防災能力的強化

為了形成安全的、抗災性強的社區，以校區和街區為單位，使地方居民自發制定防災計畫，積極進行防災訓練，舉辦防災講座。提高地方居民間的合作和加強防災意識，並以此為契機，自發組成防災組織，培養地區防災的領導者。同時，還要建立事業場所的防災管理體制，強化地方自主防災能力。

(3) 利用手機功能，使資訊傳遞暢通無阻

根據市民的需求進行快速的防災資訊蒐集，利用連網的手機資訊，建立最新的防災情報組織，即時向市民提供災害發生的情報，如

受災地區，進行避難勸告等。

4. 建立一個所有人都被尊重的社會

(1) 實行人權教育和人權啓發

把人權教育作爲基礎核心，促進市民和相關機關、團體的跨領域的交流，推動解決人權問題的市民活動。同時，與市民中心、人民館等聯合，進一步有效的推進人權教育、人權啓發。

(2) 建構一個尊重人權的都市

支援學校區人權尊重推進協會等地區人權啓發推進組織事業的同時，以此爲據點和地區內外交流，促進人與人交流、尊重人權的都市。

(3) 促進兩性平等社會的形成

①擴大女性在所有領域策略方針的決定權。

②促進男女平等的意識啓發。

5. 改善民生生活

(1) 形成安全舒適的生活圈

①確保安定的水資源，保持都市和農山漁村地區的新型聯繫，和水源區域的居民進行多樣的交流合作，保持各自區域的資源，並進行循環有效的利用。

②針對實施關於道路、鐵道等交通基礎、廢棄物處理、下水道等都市基礎整頓、風災水害等大規模範圍的災害對策等問題，透過都市和都市圈市街建立多樣的合作，進而解決上述問題，提高安全舒適的生活圈建設。

(2) 提高高層次都市機能

以國內外的交流爲支點，提高高速公路、機場、港灣等設施。同時，充實強化學術研究、資訊通信、國際交流等機能。

6. 推動文化體育活動

(1) 促進市民的文化活動

透過既有的公共設施和民間設施，並根據市民的多樣化需求提供活動練習和發表的場所，辦理市民一個在生活附近就能接觸到亞洲等國內外優秀藝術和文化活動，且提供觀賞高品質演劇機會的同時，也要振興由市民參加自主製作的演劇文化。

(2) 振興活躍市民生活的體育和休閒活動

維護公園設施，謀求地方體育活動和休閒團體的積極性，為市民創造一個輕鬆舒適的娛樂休閒環境，且支持姐妹都市市民的體育交流，透過國際體育大會的召開，促進體育國際交流。

（三）產業建設方面

1. 強化當地中小企業的競爭力，厚實經營基礎

(1) 金融支持和充實談判業務

為使缺乏信用擔保的中小企業金融靈活，建立工商業的金融資金制度。中小企業所面臨的金融、法律等經營上的各式各樣的課題，提供詳細的商談和指導措施。

(2) 支援經營革新和技術提高

提供謀求經營革新決策的同時也提供企業間交流的場所，促進有關技術、服務等資訊的交換，並取得有關機關的密切合作。

(3) 商業街的振興

支持商業街制定未來具體構想，如整修公共設施設置等和有效利用空店鋪等事務。

2. 實施創業支援策略

為成為一個鼓勵創業的都市，促進創業諮詢窗口和設施的完善，所以組織從人才、資金、銷路、資訊等各方面對創業提供支援的

人才，對缺乏信用和資金的創業企業在資金方面提供諮詢，以求全面支援。

3. 充實區域布局對策

透過對區域布局促進制度的活用，促進知識創造型企業，面對快速發展的東亞國內外企業，及以亞洲為中心欲進軍日本的外資企業等各樣企業進入北九州市，努力為那些已在本市並發揮重大作用的製造業、物流業等創造更有利的條件。

4. 科學技術的振興和促進聯合產官學

(1) 促進科學技術振興構想

使科學技術與市民生活及文化、藝術、娛樂相融合，與亞洲聯合振興產業、經濟，促進北九州市科學技術振興構想的實施。

(2) 促進產官學聯合

聯合都市圈的大學、工商團體和產業界團體，成立北九州地區產官學交流中心，發展與產官學有關聯合事業。

（四）都市建設方面

1. 改進運輸和物流

(1) 提高北九州機場的功能

增加機場貨物裝卸量，並提升北九州機場的客運和貨運中心，延長跑道及擴建客運大樓以加強機場的功能擴展。

(2) 加強港口的國際競爭力

一些與亞洲其他地區的貿易數量將增加，而促進使用貨櫃碼頭和其他港口設施，如擴大裝載船舶，以提高港口的國際競爭力。

2. 道路和交通網絡的維護

(1) 加強區域物流網絡

為了提高機場的便利，促進交通運輸網絡的發展，並應注重基礎

廣泛的分銷網絡。

(2) 提高市民的交通和工業活動的便利性

為了提高重大工業用地和區域之間的使用，以及開發高效的選擇和主要途徑，如6號線繞行公路和都市規劃國道3號，主要是提高公共交通的便利。

3. 建設和維護都市基礎設施

(1) 都市基礎設施和設備的維護

提升高品質的公共工程，以保持適當的都市基礎設施，並降低公共設施成本，及妥善保養維護都市基礎設施。此外，針對基礎設施的老化進行維護，使設施的使用年限能延長，並將維修和管理的預防性維護及建立維修的類型機制。

(2) 利用現有存量

①都市基礎設施和設備的有效利用

有效利用都市基礎設施，如公園和相關的基礎設施與物流運輸、供水和汙水處理、都市住房、道路、機場、港口等。

②提高公共設施的利用率

未充分利用的公共設施，轉變為其他用途，以提高其使用率。

4. 促進低碳產業的建設

(1) 對低碳社會形成的基礎上，提供產品和服務技術的發展作出貢獻

形成了技術開發基地，提供產品和服務，並綜合北九州學術研究園區及北九州環境技術和專門知識，以減少二氧化碳的產生。

(2) 透過低碳社會創造豐富的生活

①減少二氧化碳排放量

政府機構、企業和人民為解決全球變暖的問題，制定相關策略並確實執行，以達到減碳的目標。

②促進可再生能源技術的開發

以促進太陽能、風能、水電、燃料電池和氫能、生物質能等可再生能源技術的發展，爲人民提供的資訊系統和輔助太陽能發電系統。

三、北九州市的七大發展策略

（一）培育人才：日本教育第一與創造性人才輩出

在人口減少與少子高齡化進展同時，「人」是支撐都市發展最大的資產，因此各年齡層的人才培育都需要重視，特別是兒童培育非得從教育環境的打造著手，除此之外，產業、藝術、文化、環境、社區營造與亞洲事物等各式各樣人才也需養成，因此如何彙集、養成、發亮人才的環境就顯得非常重要，北九州市提出下列三項行動方案：

1. 創造一個日本教育第一的育兒環境。
2. 打造亞洲領袖培養據點。
3. 培養各式各樣社區發展人才。

（二）打造安全網：可以健康安全、安心生活

爲了讓市民遠離災害、犯罪，以及有充分的保健、醫療與社會福利，政府有責任打造一個安全、安心機制。同時更應深化市民間關係，來強化充實社區網絡。除此之外，居民不分年齡、性別、殘障、國籍、社會地位或出身，都獲得人權尊重，讓北九州市都市發展注入人權文化，因此提出三項行動方案：

1. 從信賴網建構來營造安全安心社區。
2. 每一位居民都能健康安心生活。
3. 打造任何人的生活方式都得到人權尊重的社區。

（三）多彩的生活：創造舒適生活空間與振興文化體育事業

　　為了讓市民感受高品質生活，可以讓民眾享受舒適與熟悉包括藝術、文化、體育等各種活動。同時這些活動應扎根於社區，由社區營造與其他非營利及志工團體來策展並與行政體系做結合，因此提出如下行動方案：

　　1. 提出生活舒適的空間。

　　2. 文化與體育事業扎根在生活。

　　3. 創造積極參與公民活動環境。

（四）活力與勤奮：有競爭力的產業振興與大量工作機會

　　要讓都市發展過程中產業充滿活力，需要仰賴高附加價值產品產業與帶動居民生活品質的服務業，並提高中小企業的經營能力，如此將可能帶動青年、女性、中高齡民眾的工作機會。同時配合社區營造來振興商店街；除此之外，在眾人營造下「新北九州品牌」的形成，將有助振興農林水產業，因此有下列四項行動方案：

　　1. 創造高附加價值產業。

　　2. 振興農林水產業、商業與服務業。

　　3. 推動多元多樣的人力資源開發與就業輔助服務。

　　4. 打造創意氣氛。

（五）社區再造：強化基礎設施與打造國際物流據點

　　為讓重點地區小倉都心、黑崎副都心除有必要的生活設施與便利交通來提升其都市機能與帶動繁榮外，更要整理其他交通、物流基礎、公共建築等都市基礎設施，並做好維護與提升效率工作，同時也規劃興建新設施，期許成為一個國際物流據點，因此規劃三項行動方案：

　　1. 重點地區整建支持都市整體發展。

2. 交通與物流基礎設施的機能強化與網絡化。

3. 都市基礎設施的整建與績效提升。

（六）引領未來環境：市民、企業、政府一體營造「世界環境首都」

市民、企業、政府三位一體合作，營造環境優良、經濟振興、宜居的「世界環境首都」，同時也讓市民認識環境問題，發展市民環境力，來促成低碳社會、循環社會，使自然環境的保全、都市魅力景觀形成、安全舒適生活環境更能達成，因此有如下行動方案：

1. 拓寬市民環境力於世界各地。

2. 致力形成低碳社會。

3. 生活形態與產業結構朝向循環型。

4. 維護豐富自然資源與舒適生活環境。

（七）亞洲成長都市：與亞洲各都市一起合作、交流

長年與亞洲各地的交流工作和地理位置優越性，可振興本地企業的國際商務，同時在國際合作與都市間的交流過程中，也有助彙集各種人才與企業。除此之外，為面對亞洲各巨大都會的競爭，北九州市有必要與福岡、下關及九州各都市共同攜手合作，其行動方案如下：

1. 推動以亞洲為核心的國際化戰略。

2. 藉由物流基礎設施活化振興國際商務。

3. 與亞洲各大都會合作，並與境內都市結合提升競爭力。

第七節　神戶（Kobe City）2025

一、規劃目標

神戶「2025年展望計畫」之目標為：

（一）建立尊重人權的都市

每個市民都把人權作為自身的問題，尊重每個人的尊嚴和人權，不管性別、出身、家庭背景，沒有歧視和偏見。神戶市將成為一個接受和認可人種多樣性的都市，在那裡生活著各種國籍、民族和文化的人們，互相尊重各自的價值觀和個性。

（二）加強社會福利文化成為生活豐富的都市

在任何時代，實現快樂的人民生活，是都市規劃的主要目標。從生活的角度和社會經濟機制來探討其價值觀和生活方式具有多樣化，且所有的人民依據基本生活的穩定性，發展出豐富的生活型態。因此，創造新的價值、福利文化的培育及住宅的有利環境下，改善生活品質，使每個人都能居住在充滿健康且生活豐富的都市。

（三）建造舒適的生活環境，充滿魅力的都市

全球環境問題的產生，使神戶市意識到需保護新一代健康的環境，除維護自然與植栽外，同時還要克服大自然的嚴峻考驗，因此需顧及創建環境友好型都市的需要，且形成一個平衡的都市空間。故保護和改善自然生態環境與都市環境，以及創建一個新的環境，與自然和歷史環境的和諧是神戶市都市規劃的目標之一。

（四）建立成為國際文化交流的都市

為促使神戶市成為一個國際文化的焦點，故神戶市的市民生活的

目標為培養成為具有文化和多樣性的生活。資訊的價值不斷增加，而使神戶市已成為重要的資訊環境，交流產生新的資訊，這些資訊創造一個新的文化，文化增強都市的吸引力，進而吸引許多不同的人才聚集。透過培育與各地人才交流的措施，提高都市文化使神戶市成為充滿國際文化交流的都市。

（五）成為新一代生氣蓬勃經濟體系的都市

神戶市是由港口發展而成的都市，因而發展出各種產業，且在發揮其能力、完備自我實現環境的同時，讓市民及從國內外聚集的人們，在市民活動、經濟活動等各式各樣的領域能活躍作為都市目標。為了讓都市充滿活力和發揮創造性的功能，應發展都市的交通和經濟，使人民取得生活穩定且豐富的文化意識，同時考慮到環境與取得廣泛的都市配套措施。

二、規劃策略

神戶「2025年展望計畫」之規劃策略為：

（一）在建立成為尊重人權的都市方面

1. 創建具社會生活的能力

(1) 實現無歧視的社會

創造自由的社會，使所有的人不因性別、國籍、文化和種族而受歧視。

(2) 實現性別平等為基礎的社會

透過支持男女共同參與策略方針決定過程，以及女性就業和創業，發揮能力的機會等，推進男女機會均等，特別是從接受男女共同參與都市建設活動的觀點進行工作。

2. 促進創造積極的人民社會

(1) 以社區為基礎的都市發展

使人民在社會生活能解決雙方共同問題，促進以社區為基礎的都市發展。

(2) 擴展都市的交流圈

透過對都市規劃的合作，建立人與人之間關係的各種交流。

(3) 形成社區共識

經由在各個領域的人民，具有經驗、知識和技能的志願者相互支持，形成社區共識。

3. 促進人民參與

(1) 加強市政府、人民和企業間信任的關係

促使市府、人民和企業間致力於都市發展，增進相互信任的關係。

(2) 市民參與計畫、相互作用的推進

以對市民身邊的領域為首，形成市民參與行政營運各過程的機構，積極促進相互作用，促使市民透過各種管道提供參與都市規劃的意見。

(3) 促進雙向資訊交流、資訊交換

為了對市民實施透明性較高的行政政策，積極且迅速的進行資訊公開，完成對市民說明的責任；促進市民和行政雙向的資訊交換，建立促進市民參與策略形成的制度。

（二）加強社會福利文化成為生活豐富的都市

1. 建立互相支持幫助的機構，提供以使用者為中心的保健福利服務

(1) 地區保健福利活動的推行

地區保健福利中心和社會福利協會等相關機關聯合起來，發展地區保健福利活動，推進網路建設，同時要支援市民自主參加的活動。

(2) 諮詢窗口機能的充實

為瞭解市民不滿的合作機關、廠商聯合起來，充實諮詢窗口機能，提供能夠完全反映使用者意見的保健福利服務。

2. 推行終身健康計畫

加強緊急醫療機構相互合作，促進建立急救醫療系統機制，以保護人民的生命與健康。

3. 提高生活衛生與豐富消費生活

(1) 推進與商品和服務有關的標示明確化

完善監督指導，使商品和服務的品質安全性等有關內容明示化，此外，積極提供資訊，對消費者進行宣導教育，努力營造以消費者為主體，對商品和服務自主選擇的環境。

(2) 強化消費生活中心除法庭處理糾紛以外的有關機關的機能

重視消費生活中與糾紛有關的商談、斡旋的消費中心的作用，與企業者、律師事務所等攜手尋求不涉及法庭審理的快速解決糾紛的途徑。

（三）建造舒適的生活環境，充滿魅力的都市

1. 創造和諧的都市空間

(1) 創造一個能容納180萬人生活的都市，且進行都市人口容量

限制，以保護寶貴的自然資源與耕地，同時控制都市的發展。

(2) 區域均衡發展

促進都市空間和都市永續性發展，並隨著都市功能的更新，以確保舒適的環境，奠定高階都市基礎。如神戶西北地區以保護自然環境和農業生產環境爲主，主要在介紹成立的市區更新和維護與合作新的都市功能，提高該地區的獨立。

2. 保全豐富的自然環境、形成完整的生態系統網

(1) 環境指標的確定和自然環境保護的推進

制定人和自然共存的環境改善的都市製作計畫和維持有關生物多樣性事項的方針，以及與其他有關的環境保護計畫和環境評估制度等各種制度結合，發展地域開發、土地利用等計畫和調整事業及積極地致力於環境的保全、再生、創造。

(2) 環保的推動和都市公園公共綠地的維護

提供給人們休閒的娛樂場所，爲防止地球暖化和確保避難所、避難道路的完整，維護附近大規模的公園、河流、池塘等公共設施，並且推進運動場所和民間土地維護的同時，也要建立一個充滿環保的都市街道，推動綠化的發展。

3. 強化災害危機處理的機制

(1) 強化消防力

持續擴充及增強消防人力，新建消防機關（消防署、消防派出所）。

(2) 建立消防、防災綜合資料庫事業

將消防、防災機關分散管理的資料庫資料綜合起來，災難發生時能迅速地搜索資訊，提高災難現場的處理效率。

(3) 建構災難綜合指揮無線網

爲了災難發生時迅速出動及處理災難現場，透過與災難相關的有

關機關進行綜合作戰指揮，建構資訊共用，提高災難處理的迅速性及合作體系。

(4) 強化新型大眾利用領域的安全管理

民眾對大型公共空間利用的安全知識與意識薄弱，因此有必要引進可事前預防生命損害的安全管理體系並廣為宣傳。

4. 創造環境友好型都市

(1) 促進人和環境相互和諧的交通體系

構築都市內幹線道路網及廣域幹線道路網有系統地聯合的網路型道路體系，改善由於道路交通混亂對環境產生不良的影響情況。

(2) 妥善處理汙水和廢水，並建立循環型供應處理系統，促進

有機資源供應和汙水處理設施的使用，以及處理在節約資源的過程中，建立回收處理系統。

5. 建立充滿魅力的都市

(1) 有效利用各種制度，和市民共同努力建設都市景觀

為了在公共設施和民間建築的基礎上建設魅力的都市景觀，有效利用景觀形成地區和地區計畫、建築協定等各個制度，透過市民和行政部門共同努力建設都市景觀，形成有效利用地區特性的高品質都市空間。

(2) 創建更具吸引力的都市景觀

在都市的中心，能夠感受到四季的鮮花和綠草的街道及公共場所、步行空間、美麗的濱水區景觀和夜景及高品質廣告設計，市民和企業共同努力促進美好的都市空間建設。

(3) 有效利用文化資產，打造神戶市魅力

有效利用神戶市現存遺跡和祭祀等有形、無形的文化遺產和傳統文化，使都市更具魅力，並與文化據點相結合，進行資訊傳播，打造神戶市在內的魅力都市圈。

（四）建立成為國際文化交流的都市

1. 利用文化藝術活動建構都市

爲了有效的促進文化藝術，市民與一些民間團體企業共同以神戶市文化藝術振興爲共同機關相互合作，維護與文化藝術有關的環境，而且有關的產業及觀光產業相互聯繫，爲促進文化藝術而努力。

2. 成為培養富有個性和創造性的人才都市

(1) 促進豐富市民生活的生涯學習

爲豐富市民生活，支援實現自我價值，根據市民的需求提供系統的學習機會，規劃相關體制，建造一個將學習成果運用到活動中的結構體制，且提高圖書館和市民活動中心等近距離的學習設施，做到便利和提升服務品質。

(2) 實施終身學習的措施

提高教學和學習型學校的功能，家庭、社會和工作場所，創造一個全面推動終身學習體系。此外，爲了促進該地區的社區發展活動，加強終身學習爲核心的學校設施。

(3) 人才培養的策略

如地方人才的發覺和培養；致力於環境的提升（接受國內外的研究生，培養和派遣人才）；培養確保研究者及技術人員；建造一個培養人才的亞洲都市（支援留學生和外國人）等。

3. 振興活躍市民生活的體育和休閒活動

(1) 利用已有的體育設施

透過對公園的維護以及學習體育設施和休閒場地的開放，提供市民多樣化的需求，並對已有的設備進行整頓。

(2) 振興地方體育活動

通過與神戶市體育協會的合作，符合體育需求培養指導者的同

時，也要謀求和相關團體合作，振興地方體育。

4. 多文化共生的地球市民的都市

(1) 培養具有國際化的人才

透過神戶市及大學合作，對學生進行一連串的語言、國際事務的強化教育。同時充實以留學生使用的亞洲語言為中心的外語教室、國際事務，培養各個國際活動的人才有效利用文化資產打造本市魅力。

(2) 建造外國人居住、活動方便的都市

提供外國人的教育、醫療等服務，並提供多語言的資訊於外國人的生活環境中，同時，引用外國人的技術、能力，使其能在各領域中活躍。

5. 強化與亞洲東北部據點都市的關係

與神戶市各地區經濟合作的同時，向釜山、首爾、上海、廣州、香港、臺北等亞洲東北部據點都市發送資訊，透過促進經濟交流、吸引觀光等提升神戶市的知名度，建立經濟上的合作關係。

（五）成為新一代經濟活力的都市

1. 創建一個充滿活力的經濟

(1) 建立精緻的產業結構。

(2) 成立充滿活力的小企業集團。

(3) 加強製造業和商業的吸引力。

(4) 促進農業和漁業的發展。

2. 提升都市的高階功能

(1) 利用神戶的特性推動建立一個全球性的時尚中心，提升功能，創造一個獨特的工作都市。

(2) 加強研究和發展技術，促進都市功能。

3. 實現舒適的工作環境，以提高工作績效

　(1) 為大家改善工作環境，促進男女平等的工作機會，並改善身障
　　　人及外國人的工作環境。

　(2) 創造充滿創造力的工作環境，努力建立一個技術發展的條件和
　　　傳統的職業技能開發，促進創造工作環境可以發揮他們的創造
　　　性工作，提高公民的生活。

4. 營造陸、海、空綜合交通環境

　(1) 海上運輸

　「阪神港」是由神戶港和大阪港構成的，其海外貨櫃量從現在的
400萬噸增加到490萬噸，增加港口的功能，加快國際化的步伐。

　(2) 航空運輸

　改善飛機的航線網絡，增強功能，制定規則，使神戶機場更加便
於利用。

　(3) 陸上運輸

　建構道路網絡，使重要的地區相互連接起來，同時還重新評估收
費公路的收費機制，使收費公路便於利用。

　(4) 加強後勤

　促進利用的綜合交通運輸體系的基礎設施和機制的建立，除了陸
地、海上和空中，更要加強職能分工，如船舶、飛機、汽車、鐵路等
運輸工具。

5. 加強交通便利，形成一個大都市區

　(1) 交通運輸領域擴展為30分鐘

　為了提高居民日常生活的便利，努力維持廣域生活區和神戶間以
30分鐘行車時間的交通基礎設施。

　(2) 引進新型式的公共交通工具

　促進公共交通的改善，因此，除了新幹線的鐵路、巴士外，因應

需求引進和開發新型式的交通工具。

　　(3) 都市交通綜合管理

　　提供一個安全和舒適與低環境影響的交通系統，創建一個可以全面管理機制，如提供正確使用公共交通和私人交通的規則等。

三、神戶市12項發展政策

（一）保障生活

　　當今，少子化和高齡化不斷加劇，全球化日益深入，不少人對生活和工作感到不安，神戶市抓住這種時代變化，採取多項措施，保障市民的生活。具體來說，就是建立福利機制，讓市民感到安全放心，充實完善醫療，保障住宅和職業，力求通過這些密切相關的活動，是任何人都能夠過上富裕舒適的生活。

　　1.透過開展「地區福利網絡利用者」等活動，建立能夠提供系統支援的地區福利網絡。

　　2.建立一套機制，使廣大市民能夠放心地就近諮詢，遇到困難時相互幫助，並且順利地得到專業性支援。

　　3.力爭在2013年度之前創造兩萬個就業機會，並在隨後的兩年創造更多的就業機會。

　　4.增加發育障礙者諮詢窗口和就業促進中心，充實殘疾人支援和就業支援網絡。

（二）保障生命

　　1995年，神戶市成為阪神淡路大地震的災區。當時，我們雖然失去了很多重要的東西，但同時也學到了「以地區為中心的人與人之間情誼」的重要性。神戶汲取這一教訓，在都市建設中增強了抗災能力，同時還採取了針對新型流感等新感染症的對策，應對自殺等問題，綜合解決最近發生的各類問題，保障每個市民的生命。

1.建立一套以「危機管理中心」爲核心的體制，以便在發生災害等能夠迅速發揮作用。

2.在保存賑災資料的同時，向下一代傳授震災的教訓，也向國內外的人們宣傳。

3.建立一套以「中央市民醫院」及「神戶兒童初期疾病中心」等爲核心的急救醫療機制，讓任何人都能夠放心。

4.通過「自殺預防訊息中心（暫名）」等活動，推往清除自殺的措施。

（三）創造新的活力

大力發展經濟，穩定和提高市民的生活水平，神戶市開展各項活動，爲產業活動創造新的活力，除了招徠醫療和低碳等有發展前景領域的企業之外，還支持市內的企業向新領域挑戰，同時還重新評價培育產業的基礎——海陸空交通網絡，增強並進一步完善其功能。

1.建立支持有發展前景領域的企業活動的區域（綜合特區）等，招徠醫療和低碳等有發展前景領域的企業，創造市民的就業機會。

2.支持以有發展前景領域爲中心的創業和市內企業，向新業務活動挑戰。

3.「阪神港」是由神戶港和大阪港構成的，力爭使其海外集裝箱吞吐量從現在的400萬噸增加到490萬噸，增強港口的功能，加快國際化步伐。

4.完善飛機的航線網絡，增強功能，改善規則，使神戶機場更加便於利用。

5.構建道路網絡，使重要的地區相互連接起來，同時還重新評估收費公路的收費機制，使收費公路更便於使用。

（四）活化產業

為了使眾多市民精神飽滿地工作，健康富裕地生活，發揮地方產業的特色，並使其得到進一步發展是非常重要的，神戶本來就擁有歷史悠久的多種地方產業，包括製造業、紡織業、漁業、商業等。神戶市支持在這些產業並努力工作的員工，同時還加強與大學和企業的聯繫，採納新的想法，進一步提高價值，此外還透過廣泛宣傳，擴大銷售的基礎。

1. 提高市內企業的市場行銷能力，並發展向國內外擴銷的活動。

2. 透過應用新一代超級電腦等，提高市內企業的技術和價值。

3. 使當地生產的紡織業品和水產品在當地消費（地產地銷），同時還透過品牌化提高其價值。

4. 力求透過網際網路等傳播零售店的訊息，同時還提高都市型商業的魅力，打造繁華熱鬧的商店街和零售店。

（五）各種市民發揮才能

相互尊重人權、認同各種不同的思想和生活方式是很重要的。在此基礎上努力推動「通用設計（UD）」，營造任何人都便於利用的都市、建築物、產品、環境、服務等。促使任何人都能夠發揮其才能有積極作用的都市建設。同時還營造可以在附近參加文化藝術和體育活動的環境，使所有的市民都能夠享受情感豐富的、有意義的生活。

1. 在推廣通用設計的同時，還通過每個地區的細緻活動，加深市民的理解。

2. 促使大家能夠發揮各自才能有積極作用的都市建設。

3. 大力培養創造文化藝術的人才，開展有效利用文化藝術的都市建設。

4. 透過神戶馬拉松比賽等大型體育活動，繁榮體育事業。

（六）培養新一代市民

隨著少子化的加劇，人們擔心家庭和地區的教育能力下降，從妊娠、分娩、育兒到教育和虐待問題，神戶市通過採取各種措施幫助扶養孩子的家庭，力求達成讓所有人都能夠放心地生育孩子、教育孩子的都市。此外，還進一步充實豐富心靈的培育、學校教育以及對有殘疾的兒童的療育和教育等，打造隨處可見孩子們歡快笑臉的都市。

1. 採取增加托兒所名額的措施，以便能夠提供必要的托兒服務。

2. 提供滿足生病和病後兒童的照護等各種需求的托兒服務。

3. 開展「神戶兒童啦啦隊」項目，家庭、地區、學校攜手開展助學活動。

4. 通過「培養新一代兒童的市民會議」使全社會都來教育兒童珍惜生命，遵守社會規範，培養豐富的心靈。

5. 增加聽懂學校授課的兒童、喜歡運動的兒童，同時還開展防災和環保等獨具神戶特色的教育。

6. 根據各自的殘疾情況進行教育，充實對殘疾兒童的支援。

7. 為了防止虐待兒童，相關機構聯手開展活動，努力增加小組護理等個別護理。

（七）建立安全放心的基礎

為了防備隨時都會發生的災害和危機，建設能夠抗震的學校、住宅等建築物，並且對於那些需要從防災方面加以整改的地區，例如：舊住宅雲集的街區和有可能進水的地區等，採取措施提高其安全性，同時，為了能夠長期放心使用橋梁、自來水管、地下水道等共同基礎設備，有計畫地對其進行維護、修理、更新。

1. 使小學、初中、幼兒園、特別支援學校、高中的所有校舍都能夠抗震。

2.對住宅（86%→95%）、橋梁（全部92座）等都市設施進行抗震處理。

3.從防災方面改善密集社區，並開展防止進水的都市建設活動。

4.對橋梁、自來水管、下水道、公園等陳舊公共設施進行維護、修理、更新，以便今後能夠安全地使用。

（八）建設可持續發展的都市

神戶市被大海和群山環抱，自然環境非常優美。為了把得天獨厚的自然環境留給下一代，神戶市以環保型都市、低碳型社會與自然共生的社會、循環型社會為目標，開展各項活動。特別是對於六甲山系，要求大家共同來保護。因為，不僅要保護景觀和棲息在那裡的各種生物，還要保護大量植被所擁有的蓄水能力，這一點對於防災非常重要。

1.根據「六甲山森林整備戰略」，綜合開展保護、培育六甲山的自然環境的活動。

2.建立有效利用寶貴水資源的水循環機制，完善河流及其周遭的環境，建設到處是潺潺流水和綠樹繁花的都市。

3.採用太陽能、生質能、可再生能源、尚未利用的能源，力爭成為低碳型都市。

4.推廣利用新一代汽車（電動汽車、插入式混合動力汽車等）和自行車等環保型交通工具。

5.在全市開展容器包裝塑料的分類回收和「雜紙」的資源化活動，進一步減少垃圾處理量。

6.在全市開展生態建設活動。使生態城從現在的93個地區擴大到128個地區，並在2020年之前擴大到所有的小學學區。

（九）密切人與人之間的聯繫

隨著少子化、高齡化的不斷加劇，社會經濟情況也大為改變。在這種形勢下，神戶市進一步密切在震災中建立起來的地區居民之間的聯繫，力求營造能夠發揮市民的才智和力量的、富有特色的、繁榮昌盛的社區。向地區提供更多的支持，使地區的各項活動能夠有機地結合起來，由各個地區的市民們自主管理各自的地區。同時還培育「社會性企業」，以解決地區的問題。

1. 使合作夥伴協定從3個地區擴大到9個地區。同時，使開展互動的都市建設的「地區平臺」，從4個地區擴大到所有地區。

2. 截至到2015年，使「我市空間構想」活動，即制定保障市民安全、放心、舒適地生活的活動，擴大到10個地區。

3. 培養「社會性企業」，努力解決近幾年受到關注的社會問題，建立支持該企業的機制，完善可以在各個領域施展才能的環境。

（十）提高行政部門的「牽線搭橋能力」

積極利用訊息通信技術（ICT），進一步完善本市的宣傳、聽政活動。掌握市民的需求，注意提供淺顯易懂的訊息，開展親民的行政工作，同時強化與周圍三個行政指定都市間（大阪市、京都市、堺市）連繫，與周圍的城鎮合作，落實振興整個關西地區的計畫。同時有效利用海外的姐妹都市、友好都市和聯合國教科文組織的全球創意都市網絡等紐帶，向全世界宣傳神戶的魅力。

1. 透過「神戶市綜合呼叫中心」、「蒐集利用市民意見系統」，充實廣泛傾聽市民意見的機制。

2. 改善本市的網站首頁，使其貼近市民、便於使用，提高傳遞資訊的能力。

3. 在所有地區配置區民服務主管人員，提供周到細緻的便民服

務。

4. 透過關西四大都市市長會議，加強四大都市的合作關係，並且增強與「關西廣域聯盟」的合作。

（十一）提高和發揮創造性

每個都市都散發著多姿多彩的魅力的同時，進一步開展發揮神戶特色的「設計型都市」的活動。為了實現經濟不斷增長的創造型都市，要從國內外吸引各種人才，成為一座生機勃勃的都市。

同時，進一步推動神戶醫療產業都市構想，利用新一代超級電腦發展產業，深化與大學的合作，並加快發展神戶的優勢「知識集群」。

1. 以「設計創新中心KOBE」為核心，培養和彙集創造型人才，使註冊人數從現在的300人增加到1,000人。

2. 力爭成為亞洲首屈一指的生物醫療集群，彙集高級專業醫院，提供高級專業醫療服務，發展醫療設備。

3. 推廣利用新一代超級電腦，彙集眾多大學和研究所等機構，在有助於防災等市民生活的研究中發揮作用。

（十二）提升和宣傳都市的魅力

保護和培育神戶的富有魅力的街道和環境。精心打造有自然、歷史、生活方式構成的神戶特有的旅遊資源，完善對遊客的接待服務。同時還力求構成「設計型都市」的區域——市中心和濱水區活躍起來，廣泛宣傳尖端技術的基地——擁有歷史悠久的兵庫運河周圍地區的魅力。如此一來，大家就會更加留戀散發著無窮魅力的神戶。

1. 建設15處可以欣賞到附有魅力的景象的景點，保護和培育神戶富有魅力的景點。

2. 有效利用旅遊資源，同時還透過吸引國際會議和會展等活

動，增加遊客。使外國遊客人數從現在的44萬人增加到100萬人。

　　3.大力改造三宮站周圍地區，重新開發新港第一防波堤和美利堅公園周圍地區，進一步提升市中心和濱水區的魅力。

　　4.有效利用歷史資源和產業景觀，更廣泛地宣傳以兵庫運河周圍地區為中心的地區。

第八節　名古屋2021

一、前言

　　名古屋位於日本的中心地帶，擁有豐富的自然環境，如伊勢灣、濃野平原和木曾三川，是日本最具潛力的都市之一。

　　建制為都市後，八十年來為了形成一個現代化的都市，名古屋通過克服無數的考驗和困難方有今日成果。

　　我們必須繼承和發展這座都市，它為前輩努力的結晶，並將其交給下一代。

　　同時，站在寬廣視野來建設有前景且繁榮的名古屋，讓後人引以為傲，向前輩學習，也蒐集市民的智慧，來策劃展望新世紀的基本計畫。

二、都市發展的基本原則

　　名古屋是座獨特的都市，我們希望在都市的每個人的基本人權都受到憲法的保障，希望每位市民都能真正的幸福，並享受健康和文明生活。

（一）建立公民自治

　　我們市政的主體是公民，市政運營是在市民的信賴基礎進行，同

時要發揮創意、自主性和責任感,來努力實現地方自治,為我們名古屋建立美好的明天。

因此,要讓公民對市政有濃厚的興趣,相互團結,加強他們的主體意識,回應公民的意願與落實議會民主制度,讓都市朝民主方式進行都市管理。

(二) 尊重人性

我們基於個人尊嚴和性別平等的原則,讓每個公民充滿信心和希望,充分展示其能力。為市民能真正生活,創造一座豐富人文氣息的都市是我們的目標。

(三) 活用特色和傳統

名古屋擁有豐富的土地,寬敞的道路空間和堅實的公民身分等有價值的元素。

因此我們將積極發現新的可能性並有效地利用它們,從而促進創造一個充滿活力的獨特都市。

此外,我們正確地繼承了豐富的歷史,傳統和文化社會資產和自然環境,同時設法增添新的元素,讓世代相傳。

三、理想的都市形象

在名古屋,許多前輩的努力已經實施了一項創新的都市規劃,並形成了一個有序的都市區域。

我們充分利用這些優良的特色,如房屋、辦公室、工廠等,周圍綠樹、花草樹木,整個都市擁有寧靜的公園氛圍。我們將設定以下四個理想的都市形象,來實現「一個安靜和富庶的都市」。

（一）安全舒適的都市

我們實現了一個光明的都市，公民的生命和財產受到保護，免受災害、汙染、事故、暴力、犯罪等的影響，每個公民都可以終身安居樂業。

另外，日常的交通安全便利，提供充滿生活的需要，如學校、公園、遊樂場、自來水和下水道設施，目標是讓市民生活在宜居的都市。

（二）芬芳文化的都市

我們將加強公民的生活水平，發展精神財富，創造新的都市文化。

文化應植根於日常生活中，由公民手中來傳承與創造。

因此，我們將適當地繼承和發展，讓堅實的公民來支撐傳統文化。此外，我們將透過振興教育，打造新文化設施等文化環境，通過公民的獨立活動與回應工業和學術發展，建設名古屋為具有獨特文化吸引力的都市。

（三）富裕而多彩的都市

良好的工業和經濟發展及就業穩定，確保了公民生活的基礎。

因此，我們為因應社會和經濟的進步，有效發展中小企業、地方產業和知識密集型產業來調整產業結構，以及配合都市結構和消費結構的變化、促進批發、零售和服務業。

通過這種方式，每個公民都將提高自己的能力，真正有目的感的工作，並讓市民在經濟社會進步中，可以創造更豐富生活。

（四）一個充滿觸感和心靈聯繫的都市

我們的目標是一個充滿豐富和溫暖的都市，每個市民都希望繼續

作為他們的家鄉生活。

因此，我們將努力增進相互信任和團結，努力實現一個沒有非法歧視和偏見的社區，社會弱勢群體不會被疏遠。

四、名古屋的定位

名古屋是名古屋大都會以及中部地區的中心都市，我們的生活會因名古屋的支持發揮著重要作用。

隨著交通和通訊手段的發展，未來名古屋促進社區發展與各地區之間的聯繫將會更密切，名古屋在這種情況下，將積極發揮作用。

（一）名古屋都會區中心城

名古屋位在愛知縣、岐阜縣和三重縣三個縣間，對中部地區的經濟、社會和文化等各個領域發揮了重要作用。這一角色將來會進一步加強。

我們認識到名古屋的這種作用，並在與相關都市合作和相互理解的基礎下，進行土地使用，都市基礎設施的維護，工業的適當安置和促進等規劃與指導。

此外，為了改善生活在該地區的人們的生活，我們將加強中央管理職能，維護交通系統，並提供各種廣泛範圍的社會、文化和教育設施使用。

（二）太平洋沿岸的典範都市

名古屋、東京和大阪，都位於太平洋海岸帶地區，人口、工業和各種核心功能集中，廣域都市化正在進行中。

從現在開始，為了實現土地的均衡發展，希望根據該區域內的主要都市條件，來進行角色分工。

我們將利用名古屋的地理條件來促進工業和經濟，同時加強文化

和學術功能，讓都市具有特色和吸引力。

（三）國際開放都市

未來日本經濟和文化的國際交流將日益發展。

我們充分認識到這一點，並始終廣泛關注世界，加強訊息、文化、學術、體育的廣泛交流，並與亞洲國家和其他國家的經濟交流，同時發展富有國際意識的公民。

此外，為了促進名古屋及其周邊地區的國際化，加強與國際組織的聯繫

因此我們將努力加強名古屋港的功能，維護與國際機場等交通通訊手段相適應的設施，來吸引新的國際組織。

五、五大都市目標（形象）（2018-2021）

（一）所有市民的人權都得到尊重、每個人都幸福生活的都市

1. 市民人權得到尊重，人人都可充實生活的都市。
2. 人人都可安心、自主生活的都市。
3. 人人都可活躍貢獻自己力量的都市。

（二）能安心育兒，同時能多元豐富培育兒童與青少年的都市

1. 能夠安心生養小孩的都市。
2. 兒童能夠歡樂健康成長的都市。
3. 能讓青年人開展光明未來與活力十足的都市。

（三）不懼怕災害能安心生活的都市

1. 不怕地震、豪雨等災害的都市。

2. 不容易引發犯罪與交通事故的都市。

3. 確保市民民生生活安全、安心的都市。

（四）舒適的都市環境與自然融合的都市

1. 在舒適都市環境中能舒適生活的都市。

2. 能感受到身處自然有滋有味的都市。

3. 親和環境的低碳循環都市。

（五）充滿魅力和活力的都市

1. 建構品牌力與市民光榮感的都市。

2. 連結全球企業與人群的開放都市。

3. 活化地方產業同時握有高競爭力產業的都市。

六、四大戰略（2018-2021）

（一）戰略1：全面支持兒童和家長，來培養能擔負未來的人才

1.「支持兒童和青年的戰略」培養能擔負未來的人才

(1) 保障兒童權利和支持健康成長。

(2) 養成堅實的學識力，培養充沛體能。

(3) 充實培養全球人才、先進製造業人才、ICT人才教育。

(4) 充實支持各式各樣學習的教育環境。

(5) 打造青年學子各式各樣活躍學習環境。

2.「育兒支持策略」可以安全地撫養孩子！

(1) 從懷孕到育兒的不中斷支援。

(2) 打造邊工作、邊育兒的工作環境。

(3) 打造育兒是全社會責任的環境。

（二）戰略2：全民相互支持，推動安心、安全和充滿活力的社區發展

1.「人人都能安心的策略」人人都能放心

(1) 促進延長壽命的健康措施與預防醫療。

(2) 推動深化包括老年痴呆症的地方健康照顧系統。

(3) 支持殘疾人的社區生活配套。

(4) 充實緊急醫療系統。

(5) 打造無障礙環境。

(6) 創建安心、安全社區。

(7) 促進多元文化共生。

2.「精力充沛的活躍策略」人人都是主角

(1) 促進老年人的積極表現。

(2) 促進女性的發光發亮。

3.「地方社區振興戰略」大家一起來

(1) 促成釋放民眾力量的機會，並鼓勵民眾參與地方各種活動。

(2) 培養與支持市民各種角色能力。

（三）戰略3：建設一個能強大的抗災，對環境友好的可持續都市

1.「區域支持戰略」裝備齊全

(1) 增進防災意識活動。

(2) 根據地域特徵制定防災對策。

2.「提升災害應對能力戰略」即使發生災難也能安心

(1) 充實消防與救助體制，並強化防災據點。

(2) 多元並充實各式各樣資訊蒐集與傳播。

(3) 強化指定避難所功能。

(4) 強化防震、防洪等都市防災功能。

(5) 推動滯留人員的措施。

3.「可持續都市戰略」接近環境

(1) 從重商生活方式轉換低碳生活方式。

(2) 打造綠色環境，回復水循環，保護生物多樣性。

(3) 因應社會和經濟條件的變化推動3R。

（四）戰略4：以強大的經濟實力為基礎，藉由強化都市功能繼續不斷的創造新價值

1.「都市功能提升策略」亞洲首選，線性規劃

(1) 線性規劃中央新幹線市中心通車後的魅力都心再造。

(2) 改善20屆亞運基礎設施。

(3) 提高區域交通網絡便利性。

(4) 強化日本中部國際機場，名古屋港功能。

(5) 促進先進移動技術的利用。

2.「創新戰略」促進交流，創造新價值

(1) 藉由採用先進的技術與創業來創造新價值。

(2) 振興下一代產業與招商戰略。

(3) 促進產業交流與獎勵會展產業。

(4) 活化區域商業。

(5) 培養與確保未來產業人力。

3.「提升魅力與傳播策略」精練有吸引力的資源

(1) 創建和行銷以名古屋城為核心的魅力軸線。

(2) 提高和行銷名古屋的文化、歷史資源、旅遊資源。

(3) 促進入境旅遊，充實熱情好客。

4. 創造與行銷活化運動及流行文化魅力。

5. 創造公民自豪感。

七、四十五項行動方案（2018-2021）

（一）所有市民的人權都得到尊重、每個人都幸福生活的都市

措施1：為培養身心雙方面的健康提供終身支援。

措施2：健全醫療體制，使市民能夠接受合適的醫療服務。

措施3：為高齡者能夠有價值地生活提供支援。

措施4：高齡者可以在原生社區安全地生活。

措施5：為市民能安心接受護理服務提供支援。

措施6：為殘疾人能自立安心生活提供支援。

措施7：支援市民就業，使市民工作幹勁十足。

措施8：為市民通過畢生學習及運動，營造人生價值提供支援。

措施9：營造尊重人權不只是不持偏見的社會。

措施10：綜合推進男女平等參與社會的規劃。

（二）能安心育兒，同時能多元豐富培育兒童與青少年的都市

措施11：營造能安心生養孩子的環境。

措施12：營造孩子們能夠健康成長及支撐年輕人自立的環境。

措施13：解決虐待、欺凌及不上學問題。

措施14：尊重孩子們的個性，使他們具有扎實穩固的學歷和健康的身心。

措施15：建設能讓年輕人在此學習、玩樂、工作的都市。

（三）不懼怕災害能安心生活的都市

措施16：推進不懼怕災害的都市建設。

措施17：支援推進防災、減災的對策，同時提高地域防災能力。

措施18：推進強化發生災害時維護市民安全的體制。

措施19：努力營造無犯罪及無交通事故的地域。

措施20：努力確保衛生環境。

措施21：穩定供應安全優質的飲用水。

措施22：穩定提高消費生活的質量，確保食物的安全、放心。

（四）舒適的都市環境與自然融合的都市

措施23：確保舒適的生活環境，保持良好的大氣及水質狀態。

措施24：營造親近自然及農業的環境。

措施25：推進以公共交通為中心，步行就能生活的都市建設。

措施26：形成具備良好都市基礎設備的舒適生活城區。

措施27：確保行人及自行車利用者安全舒適的道路環境。

措施28：推進無障礙的都市建設。

措施29：實現能因應多元需求的安全舒適居住環境。

措施30：促進市民、企業單位的環保活動。

措施31：推進低碳社會的建設。

措施32：推進通過3R建設循環型社會。

（五）充滿魅力和活力的都市

措施33：加強作為世界主要都市所具備的市中心機能、交流機能，推進作為主要都市的市中心都市建設。

措施34：推進面向世界開放的都市建設。

措施35：提升港口、水邊地區的魅力。

措施36：推進行程有魅力的都市景觀。

措施37：珍惜扎根歷史、文化的魅力。

措施38：通過振興觀光、會展和傳播訊息促進交流。

措施39：利用體育運動增強都市的魅力和活力。

措施40：培養支援地域產業。

措施41：振興能創造新價值產業與促進產業交流。

措施42：提高市民服務的質量。

措施43：推進向市民傳播訊息和公開訊息。

措施44：推進以地域為主體的都市建設。

措施45：推進公共設施的合理維護管理，有效活用保有資產。

Chapter 9

韓國濱海都市願景

第一節　2030首爾計畫

　　都市總體規劃於1981年根據《都市規劃法》立法，以保證國家土地管理的可持續性，以便使用開發和保護土地。它提出了環境無害和可持續發展的政策方向，以及有效和合理利用有限資源，從而改善生活品質。就其性質而言，這是一個全面的計畫，為都市提供長期的框架，以實現其未來二十年的發展目標。

　　首爾計畫是首爾總體規劃的另一個名稱，表明根據《國家領土規劃和使用法》修訂的首爾都市總體規劃與其公民合作進行了修訂，以反映該都市的特點。

　　根據都市總體規劃的指導標準，首爾以另一個名稱「首爾計畫」制定了自己的都市總體規劃，以使規劃的要素和內容與首爾的具體要求保持一致。公民、專家和其他有關方面參與了2030首爾計畫的制定，該計畫的過程以公開、透明的方式進行。關鍵問題已納入計畫，以補充都市總體規劃的戰略性質。都市規劃局和管理規劃辦公室在提高計畫地位方面起了帶頭作用。

一、首爾計畫的特點

（一）公民參與規劃階段。
（二）以問題和目標為導向的戰略計畫。
（三）首爾市政府的跨部門合作。
（四）增強生活領域計畫的作用和功能。
（五）有效性的全職監測和評估系統。

二、首爾計畫：願景、關鍵問題

　　首爾2030是透過公民參與規劃找出發展都市的未來願景，並提

出適當的目標和戰略。**公民參與的首爾2030願景：「基於相互溝通和關懷的友好都市」**，同時也針對**具體問題制定戰略計畫**；確定都市的優先事項。

關鍵問題制定的計畫包括基本方向、指標、目標和戰略。為了制定這些計畫，五個部門小組委員會（福利／教育／婦女、工業／就業、歷史／文化、環境／能源／安全、都市空間／交通／改善）在十個月內達到10次左右，以確定五項關鍵問題、十七個目標和六個戰略，以解決關鍵問題。

（一）核心問題1：人人不受歧視的平等都市

1.目標1：建立老年社會福利制度

(1) 戰略1-1：加強對穩定退休的社會支持

- 建立擴大老年人參與經濟活動的基礎。
- 持續搜尋最低收入無依老人及家庭，並給予保障支援。
- 建立無依老年人補充服務支持系統。

(2) 戰略1-2：擴大老年人口社會參與機會和創造一代綜合文化

- 擴大老年人參加休閒活動的機會。
- 擴大老年人社會貢獻活動。
- 擴大空間和代際融合方案。

2.目標2：為所有公民創造一個健康的生活環境

(1) 戰略2-1：透過建立有效的公共衛生保健系統消除健康失明

- 按地區擴大公共醫療服務。
- 促進健康公平項目，消除各地區的健康差距。
- 建立患者安全住院手術制度，支持重病患者和保護患者權利。

(2) 戰略2-2：透過生命週期加強預防保健

- 加強孕產婦和嬰兒健康管理。
- 加強對兒童和青少年的保健。
- 透過公私合作促進長期慢性病保健。
- 加強養老保健活力退休。

(3) 戰略2-3：預防性管理環境疾病，提高市民的食品安全

- 建立「自然災害與環境危機應對研究中心」。
- 加強環境衛生政策，防止環境受到有害物質的侵害。
- 實施「健康首爾食品戰略」。

3. 目標3：建立解決兩極化和歧視的社會制度

(1) 戰略3-1：加強社會弱勢群體不受歧視的生活權利

- 為改善歧視和改善人權奠定基礎。
- 加強教育權和流動權等權利。
- 為當地社區的獨立性和自給自足提供定制的支持系統。

(2) 戰略3-2：建立定制的福利服務

- 推進「首爾市民福利標準」，以適應不斷變化的環境。
- 擴大對減少收入不平等和解決福利盲點的支持。
- 根據當地和家庭特點提供首爾式福利服務。
- 透過重組交付系統減少福利盲點。

(3) 戰略3-3：透過分享和參與實施志願福利社區

- 建立社區福利社區，尋找和支持該地區的困難居民。
- 通過民間合作在社區內建立福利資源網絡。

(4) 戰略3-4：創造一個尊重文化多樣性和價值的社會

- 加強外國人之間的溝通和交流。
- 建立外國居民可以輕鬆居住的都市基礎設施。
- 支持多文化家庭的穩定安置和提高自力更生能力。

4. 目標4：建立一個可以在整個生命中學習的學習系統

(1) 戰略4-1：支持教育，不歧視任何人

- 為社會弱勢群體提供優質教育機會。
- 提供公共教育創新，學校創新基礎。

(2) 戰略4-2：透過建立學習型社會來加強公民能力

- 建立終身學習支持系統，提高生活品質。
- 項目開發和運營多樣化，促進終身學習。
- 擴大開放式公民大學的運作。
- 促進終身學習社區文化和終身學習網絡。

(3) 戰略4-3：支持恢復全日制教育的學校功能

- 通過各種創造性人格教育發現人才的機會。
- 加強學校安全網。

(4) 戰略4-4：利用當地資源實現教育社區

- 建立當地教育資源網絡。
- 擴大教育人才共享。
- 為不斷增長的老年人口開辦綜合教育福利機構。

5. 目標5：實現兩性平等和社會關懷

(1) 戰略5-1：創造性別平等家庭和社會文化

- 打破組織的玻璃天花板（無形障礙），創造性別平等社會文化。
- 加強扶持男性家務和育兒參與的扶持政策。
- 加強性別平等政策的有效性。

(2) 戰略5-2：為婦女的經濟活動創造社會環境

- 擴大提供優質就業和就業支持，促進婦女參與經濟活動。
- 建立就業支持基地，防止女性職業中斷。
- 改善婦女的工作環境。

(3) 戰略5-3：創造危險和暴力的安全環境

- 建立嚴密的安全網，保護兒童、婦女和老年人免受危險和暴力。

- 加強預防性政策措施，如與風險、暴力和教育有關的運動。

- 加強對風險和暴力受害者的支持。

(4) 戰略5-4：社區關懷、社區實施

- 支持首爾市提供的護理。

- 加強對衰敗區主體的社區保護。

（二）核心問題2：充滿就業和活力的全球都市

1. 目標1：全球經濟都市基於創造力和創新的飛躍

(1) 戰略1-1：透過加強創意經濟的基礎，提升增長引擎行業的競爭力

- 創造融合時代趨勢的融合產業。

- 聯動型創意產業的發展。

- 培育首爾未來增長引擎產業。

- 文化軟經濟基礎設施加強。

- 透過活化產學合作聯繫，提升融合和創造力。

(2) 戰略1-2：培養創意風險企業

- 支持形成共存的商業生態系統。

- 加強大都市區建立孵化功能。

(3) 戰略1-3：在首爾建立可持續的工業生態系統

- 建立一個具有各種行業的相互增長的工業生態系統。

- 基於自發性促進產業發展促進區。

(4) 戰略1-4：培育創新集群，振興現有產業集群

- 透過研發據點的聚集來發展創新群落。

- 制定半工業區活化綜合管理計畫。

2. 目標2：促進經濟主體間的共同增長和區域共贏增長

(1) 戰略2-1：活化社會經濟的共存與合作

- 通過引入社會責任採購制度，擴大公共市場，建立社會金融基礎。
- 加強社會經濟人才培養和臨時支持功能。
- 透過促進合作社聯盟，擴大社會經濟。
- 透過合作治理的制度化來保持政策的一致性。

(2) 戰略2-2：透過支持小企業主的成長，加強自給自足

- 爲當地小企業主建立全面的支持體系。
- 共存共贏的增長戰略。
- 培育一個充滿活力和吸引力的傳統市場。

(3) 戰略2-3：擴大弱勢群體的自力更生工作

- 社會經濟領域的公共社會福利服務功能和角色授權。
- 透過活化區域合作社，擴大弱勢群體的就業機會。
- 利用公共閒置空間，建立當地就業專業區。

3. 目標3：實現以人為本的活力經濟

(1) 戰略3-1：通過創意人才培養拓展創意課程

- 建立培育和吸引創新人才的都市環境。
- 透過最大化文化和教育資源實現都市化。
- 完善專業工作者的教育培訓體系。

(2) 戰略3-2：創造一個世界想要工作的全球環境

- 創造有競爭力的全球經濟基礎空間。
- 加強海外人才的支持。

(3) 戰略3-3：創造生活 —— 就業綜合空間

- 創造21世紀都市經濟環境。

- 透過壓縮、複雜和立體的都市空間，重建人性。

（三）核心問題3：一個有歷史的宜人文化都市

1. 目標1：建立一個生活在你生活中的都市

(1) 戰略1-1：都市空間結構的形成揭示了歷史特徵

- Jangbuk地區作爲車站中心。
- 周邊歷史資源與都市規劃管理。

(2) 戰略1-2：改善公民歷史資源的可訪問性

- 建立重要文物歷史文化基礎。
- 各種歷史文化節目和節日發展。

(3) 戰略1-3：歷史資源的時空擴展

- 擴大歷史視野，發現各種歷史資源。
- 認識到自然元素，形成獨特身分的重要性。

(4) 戰略1-4：促進有效保存歷史

- 爲歷史和文化遺產的管理提供支持。
- 將歷史和文化資源與觀光聯繫起來。

2. 目標2：能感受到都市景觀管理的核心

(1) 戰略2-1：保護自然景觀

- 以山爲中心的景觀管理。
- 漢江與主要河流的濱水景觀管理。
- 透過保護自然元素，回顧生態帶和景觀軸。

(2) 戰略2-2：歷史景觀恢復的保護與管理

- 恢復對首爾景觀記憶。
- 保護具有重疊時間層的場景。

(3) 戰略2-3：都市景觀管理

- 創造步行景觀。

- 建築設計與周圍環境和諧相處。
- 系統的夜景管理。

(4) 戰略2-4與市民進行景觀管理

- 推進地方的故事。
- 透過關係緩衝和超越監管關係的合作，建立景觀規劃。

3. 目標3：創造每個人都喜歡的各種都市文化

(1) 戰略3-1：所有公民都可以享受的文化條件

- 在日常生活中創造文化空間。
- 活化開關社區活動。

(2) 戰略3-2：促進文化專業區域發展

- 基於獨特性的專業區域發展。
- 文化振興和活化。
- 保護和培養文化集中區。
- 文化軸概念反映了五區的特徵。

（四）核心問題4：我是一個生機勃勃的安全都市

1. 目標1：創造一個公園般的生態都市

(1) 戰略1-1：公園基礎設施向一個主要都市過渡

- 擴大公園概念，提高公園利用公平性。
- 建立綠地保護與擴展管理體系。

(2) 戰略1-2：加強都市氣候控制能力

- 加強對都市表面的環境友好。
- 加強氣候變化監測。

(3) 戰略1-3：保護都市中的自然生態系統

- 提高恢復和公用事業。
- 都市生態系統保護與管理。

- 建立生態綠色網絡。
- 都市規劃利用都市生態系統。

(4) 戰略1-4：改善和優化都市生活環境
- 細微的灰塵和煙霧減少。
- 改善自來水供應環境，擴大飲用水平。
- 改善都市垃圾管理系統。

2. 目標2：實現節能資源循環都市

(1) 戰略2-1：針對能源危機的先進管理體系
- 引進智慧能源管理系統。
- 建立政府與相關組織之間的合作體系。

(2) 戰略2-2：建立低碳能源生產和消費體系
- 確保低碳能源生產。
- 節能教育系統化。

(3) 戰略2-3：擴大資源循環利用
- 擴大中水回用。
- 利用廢物（回收和再循環）和擴大循環。
- 提高民眾意識強化循環利用。

3. 目標3：創建一個安全的都市

(1) 戰略3-1：獲取和利用風險訊息
- 建立和使用風險意識。
- 建立都市空間安全評估基礎。

(2) 戰略3-2：確保早期響應並提高能力開發
- 應用應急車道管理系統。
- 促進和支持救援能力建設計畫。

(3) 戰略3-3：擴大都市生活安全治理
- 利用民事能力加強公民教育。

- 利用都市環境設計技術（CPTED）預防犯罪。
- 擴大首爾的安全推廣。
- 弱勢群體的運作和當地的安全計畫。

(4) 戰略3-4：防止氣象災害和提高環境維護能力

- 擴大因天氣變化引起的洪水對策。
- 防止邊坡災害的擴展。
- 透過公民參與促進地方一級的分布式雨水管理。

（五）核心問題5：住房穩定且易於移動的社區都市

1. 目標1：透過生活和工作的結合促進都市復興

(1) 戰略1-1：以車站區為中心的近端複雜土地利用

- 以車站區域和公共交通為中心的空間結構的形成。
- 建立與大都市區連接的多核聯動中心系統。
- 建築物立體化與多功能化。

(2) 戰略1-2：透過區域發展實現均衡發展

- 建立自給自足的中心系統。
- 區域分配基本生活服務和有效安裝基礎設施。
- 透過生活區規劃為各地區的專業化發展奠定基礎。

(3) 戰略1-3：透過都市復興活化社區

- 推動居民領導的各種住宅小區維修項目。
- 加強維護業務等各種開發項目的公共利益和宣傳。
- 透過鐵路再生引領區域振興。

2. 目標2：創造一個綠色交通環境，即使不依賴乘用車也能過上舒適的生活

(1) 戰略2-1：都市更新以公共交通和複雜的交通系統建設為中心

- 擴大以都市鐵路為中心的公共交通基礎設施。

- 建立以交通節點爲中心的交通系統。
- 公共交通服務能力，考慮可擴展性的都市維護和管理。
- 建立整合首爾及周邊都市的大都市交通網絡。

(2) 戰略2-2：重新組織道路整合安全步行與騎單車，營造健康的生活環境

- 創建一個步行友好的生活區。
- 綠色道路建設，透過道路空間重組。
- 創造一個優質自行車的環境。

(3) 戰略2-3：乘用車的合理管理

- 加強了市中心的乘用車通行管理，提供良好的公共交通服務。
- 強化對巨大車流量的交通設施管理。
- 透過空間距離的規劃安排，實現減少社區間移動量。

3. 目標3：自由和穩定的住宅空間選擇

(1) 戰略3-1：經濟適用房擴增

- 供應經濟適用房。
- 供應價格實惠的私人出租房。

(2) 戰略3-2：擴大制定住房福利計畫

- 公共租賃住房擴建超過住房存量的1%。
- 擴建家居裝修項目。

(3) 戰略3-3：創造一個舒適的生活社區

- 爲老年人和殘疾人提供舒適的住房服務。
- 活化社區住房社區。
- 活化低層住房密度社區。

三、空間規劃（空間結構和生活領域計畫）

（一）基於視覺、溝通和關懷的都市設計

首爾2030的空間結構是根據都市的願景設計的。對其進行了修改，以適應首爾及其大都市區的社會經濟變化，以及實施五個關鍵問題的目標和戰略。

該都市的空間結構設計如下：積極管理和維護首爾的自然、歷史和文化遺產；重組CBD區域，以提高都市競爭力和均衡的區域發展；發展軸線在大都市，以便更好地溝通和同居。

（二）中心區域的結構變化——從單核結構到多核結構

CBD是空間結構的基本組成部分之一。為瞭解決與空間結構相關的問題（居民要求更好的生活品質，地區之間的差距越來越大，首爾的擴張以及全球都市之間日益激烈的競爭），有人提出現有的單核結構應該是變成了多核的。

現有結構的層次結構簡單，由一個都市中心、五個分中心和十一個區域中心組成；新的多核結構有三個都市中心、七個廣域中心和十二個區域中心，經過修改以鼓勵共同發展，促進指定為CBD的特殊角色，並確保CBD之間的功能聯繫。

（三）生活領域計畫

1.五個生活領域的發展方向和關鍵任務

生活領域計畫提供有關生活領域層面的首爾計畫的願景，關鍵問題及其計畫，空間結構和其他內容的詳細訊息，並為諸如都市管理計畫等低級計畫提出指導。

大約有1,000萬人居住在首爾，面積為605平方公里。都市需要明確適用於生活領域的廣泛和宏觀的都市總體規劃，並在制定都市管

理計畫時需要相關生活領域的發展和政策目標指南。因此，根據都市的自然／物理特徵、行政區域和旅行模式，將都市分為五個生活領域（市中心、東北、西北、西南和東南），每個方向和關鍵任務已經建立。

2. 來自二十五個區（gu）辦公室的居民和公務員的意見

爲了制定生活領域計畫，通過當地市長辦公室的聽證會，二個地方政府和居民的研討會，研究首爾政府各部門啓動的空間相關項目，研究關鍵問題的一般意見，或審查地方政府的建議。

在對各種意見的研究基礎上，建立了五個部門（都市中心和就業、住宅、交通、生活和地區特徵），以確定每個部門的關鍵任務。任何未包括在區域計畫中的問題，都將在隨後的生活領域計畫中進行審查和規定。

第二節　仁川願景2050

一、仁川願景2050（Incheon Vision 2050）設定了實現仁川三大未來價值的願景，包括四個目標和二十個實現願景的未來議程。

二、仁川的三個未來價值：人性、動態和清潔。

三、最終的願景被定位為「由公民創造的健康的世界都市」。

四、四個目標：一個充滿活力的社區都市、一個全球樞紐都市、海洋文明與公民開放都市、生機盎然綠色健康都市。

五、四個未來方向：全球平臺都市、仁川社區網絡、仁川增

長引擎空間整合與擴散、2050世界領先都市。

六、二十項議程：其重點內容分述如下

（一）各種幼兒社區服務

即使人口普遍下降，往返仁川的年輕工作夫婦人數也會增加，外國人的增加和多元文化家庭的增加，肯定會增加兒童保育需求。此外，人口構成將發生變化，兒童保育的形式將變得更加多樣化。特別是，家庭成員的規模預計將減少，多元文化家庭和非父母將增加。

在這種情況下，需要開展社會合作以培養後代的子女。由於分娩和育兒的環境將多樣化，我們需要建立一個多方位的兒童保育支持系統，以滿足各種形式的兒童保育需求。

（二）個人和社區共存的幸福的單人家庭社會

將來，由年輕人、老年人、男人和女人組成的單人家庭數量將會增加。一個人的家庭將要求透過家庭成員，作爲社會服務來解決他們的各種生活角色。單身家庭日常生活的各種社會服務有利於婦女的經濟活動，因此婦女的就業也有所增加。此外，爲單身家庭購買安全服務的願望可以增加安全和安全部門的就業。此外，還希望確保個人在日常生活中的時間，以及與他人互動的願望。因此，有必要相互交換個體家庭，並與個體家庭和社區進行交流和聯繫。

（三）建立融合的社會服務提供系統

人口和社會變化，如個性化、老齡化和單身家庭的增加，將導致社會服務提供系統的變化，加上新都市的發展和原市區的低迷。目前，爲老年人、殘疾人、兒童、婦女和弱勢群體提供的制定社會福利設施提供個性化服務，但未來社會和人口環境的變化將需要新的社會服務提供系統。仁川市將準備一個多功能綜合社會服務系統，學

校、社會福利設施和文化設施相連，由設施進行共享。

（四）建立可持續七色彩虹協會

　　增加社會多樣性可能導致以韓國人爲中心的價值觀，文化、宗教和社會秩序的變化，可能導致衝突。因此，在社會融合和社會保障方面，需要解決和消除在多種族、多文化和多宗教環境中可能出現的社會衝突。要做到這一點，應該先制定禁止歧視的規範和制度化。我們需要創造一個社會，所有社會成員都享有「沙拉碗社會」的價值，這種社會相互尊重，幸福地生活在一起。

（五）從百年歷史和文化活躍的市中心

　　通過發現和利用分散的歷史文化資源創造新的價值，將成爲建立地方特色的地方。通過社區的恢復和居民的團結，當地社區將重生爲生存基地。另一方面，考慮到社會人口變化現象，市區的人口結構也將以低生育率、老齡化、多元文化和人口增長率的形式迅速變化。因此，仁川市將提供一個方便安全的生活環境，以改善都市居民的生活品質，以及婦女、移民和弱者可以安心居住的環境。

（六）建設一個以自由經濟區為基礎的全球都市

　　仁川在機場、港口等基礎設施的基礎上，正在重塑世界東北亞的中心，在亞洲不斷增長的物流樞紐的經濟發展趨勢，預計到2050年成長爲東亞地區的貿易和物流樞紐。仁川因地理區位早就發展貿易，有世界級機場、港口與完善鐵道系統，已與東北亞美洲、歐洲的主要都市緊密聯繫，形成一個網路實現半島與大陸聯繫在一塊，有助於13個國際組職在仁川設立據點。

（七）國家增長引擎的孵化器

　　仁川機場、港口、鐵道、接近廣大市場與高素質人力，可滿足

世界與中國大陸供應商在本地創業與創新，所需科技知識產業發展的基本要求。以仁川自由經濟區爲中心，擴大吸引全球大學和R&D中心，全球企業地區總部，如先進的科技工作者流入增加的國際組織，而通過它們之間的聯繫合作，全球人力資源的增加和開放的創新體系需求因素，仁川市將加強其作爲國家增長引擎和亞洲高科技產業中心孵化器的地位和作用。

（八）新物流之都與全球門戶

隨著物聯網的興起和電子商務的推廣，消費活動正在以各種方式得到促進，這將擴大國家間、區域間、都市間的貿易。最近，基於無人機的送貨服務已被公認爲商業模式，預計市中心的物流服務將發生變化。換句話說，隨著訊息技術的發展，先進的運輸、物流手段和系統將得到擴展。仁川將成爲韓國航運和航空運輸提供國際物流服務的關鍵客戶點，預計港口和機場將成爲仁川的都市中心。

（九）中朝交流合作基地

中國大陸崛起，仁川已成爲黃海海域的海上航運與和平中心都市，未來將更擔負半島與中國大陸的連繫。仁川將利用這些地緣政治優勢，成爲黃海地區的中心都市，引領東北亞的發展和穩定。要抓住快速重塑的國際政治和經濟環境，制定以此爲基礎的先發制人戰略，並進行系統的回應。

（十）方便、安全的廣域交通網絡

仁川是首爾市中心的東西軸線，形成了主幹道和公共交通網絡。要解決這個問題，有必要擴大其他軸線和公共交通網絡。此外，我們將提高落後於發達國家水平的道路安全水平，引入道路和交通安全設施的綜合技術和行人安全。也就是說，無所不在都市

（U-city）會讓最先進公共交通如BRT（快速公車）、電車、PRT（個人快速交通）整合在一起，滿足交通需求。

（十一）公民生活文化與藝術創作時代

　　未來社會將因醫療技術的發展而延長其預期壽命，並由於低生育率而成為一個超齡社會。結果，退休後的活動期預計會增加，預計個人的日常生活會發生變化。工作時間將繼續減少，閒暇時間會增加。隨著收入的增加、文化消費將增加，文化生活的願望將會增加。仁川市將建設基礎設施與機構，培養市民的生活與文化藝術，同時藉由不同計畫舉辦各種藝術活動，讓市民享受文化休閒生活，並透過創意性活動，引領消費者流行文化。

（十二）多元融合文化

　　仁川是一個機場和港口都市，這是一個人與物質自然交流的都市。因此，在未來，預計透過融合各種文化來創造新文化。利用仁川的地緣政治特徵和仁川在其悠久歷史中積累的內在價值，仁川有可能成為新文化融合和文化創造的基地。當包括非主流文化和主流文化，藝術與通俗藝術流派融合的參與，藉由民眾的文化參與，成立新韓國未來文化中心。

（十三）未來創造產業平臺

　　技術的發展要求不斷創新。傳統產業正在失去增長潛力，預計人工智慧將越來越接近人類，或在某些領域超越人類能力。一個培養超越個別學科的綜合判斷力的系統，以及對人類獨特領域的需求，現在已成為都市未來不可或缺的元素。我們需要透過創造一個都市環境來創造一個新的發展模式，在這個環境中，創意工作者可以動態地發展，自由交換並最大化他們的潛力。

（十四）建立旅遊綜合體，融合韓國未來旅遊需求

對於旅遊行業成長需要一個競爭激烈的市場，如腹地、國際運輸基礎設施、體制支持和提供的發展、資源、人才、基礎設施建設，仁川的旅遊發展潛力在這方面非常出色。仁川基於其優越位置，提出其跨域與增長旅遊秩序戰略方案，其重點在透過導入一個專門發掘景點的國際旅遊組織，藉此將旅遊與商務其其他服務業融合一起，讓仁川旅遊比其他地區有定量與定性的大幅進步。

（十五）優雅美麗的島嶼與海洋文化

仁川的島嶼區域是一個里亞斯海岸，它擁有美麗而寬敞的潮汐平坦的美麗自然環境。這裡也是江華島和民俗文化等歷史文化環境保存下來的地方。此外，仁川的島嶼和海洋是清潔能源的來源，也是通過利用海洋能源和海洋資源獲得新的糧食資源的來源。因此，仁川島是大都市區最清潔的環境、觀光、休閒和新興產業的最寶貴的財富。仁川市將重新認識這些島嶼的價值，並創造代表仁川的無與倫比的空間。

（十六）低碳氣候安全都市

應對氣候變化，仁川劃分一些扇形區域來區隔不同損壞風險，配合各扇型區發生損壞最小化，來制定減輕氣候變化、減少碳排放措施。今後，仁川的社會責任為控制工業設施的大量溫室氣體排放，仁川市民將本「選擇與集中」原則，努力制定適應氣候變化計畫，我們將創造一個不受氣候變化的安全都市。

（十七）重視能源自給自足的福利都市

仁川政府已提出太陽能分散能源供應系統的開發，同時藉由保護海洋資源也積極發展海洋再生能源。首先會增加能源自給率與可再生

能源比率，其次是透過強化利用可再生能源，有效解決都市發展中能源貧困與環境治理問題。

（十八）環境友好型資源循環都市

　　搶先應對未來的環境變化，制定克服危機的實際任務，建立基於舒適和安全的生活安置環境，並將自然生態系統的功能和系統應用於現有與潛在的有害環境因素。自然環境的資本是可持續發展的基礎，因為它是社會發展的動力，目前仁川有一個U-健康網、U-環境治理網與一些綠色措施，除此之外仁川還要藉由IT來連結資源循環利用，如缺水枯竭中的綠色建築，將可提升為辦公空間的核心項目，來增加水資源再生循環利用，避免缺水時期用水增加。

（十九）公民生活與自然生態的和諧

　　透過建立仁川廣域市的S形綠地系統的生態都市夢想，做好仁川都會區綠化，抑制了輕率的發展，並實施了長期未開發的綠色公園，最大化綠地管理系統和公園綠地服務。禁區保護和科學管理的發展與管理，灘塗國家公園在聯合國教科文組織已指定為文化遺產，包括景觀和都市的自然資產，並通過島嶼和能夠用作生態旅遊的基礎。

（二十）綠色氣候基金 GCF合夥人，全球綠色領導者仁川

　　透過不斷推進各種國際合作項目，將仁川市政策實例引入主要國際組織，和組織有必要加強認識。在未來，這將是對環境政策的基礎，是關心和努力的重大政治話語，通往周邊地區的共同努力，來解決對公民健康有害的靄害與輻射的環境問題。由於仁川已與各種國際環保組織合作，爭取全球綠色領導者或成為合作夥伴都市，GCF秘書處已落腳仁川，仁川在環境發言將更有責任與地位，更有利與市民

溝通與解決環境問題。

七、20項議程與76項行動方案

（一）各種幼兒社區服務

1. 建立有子女撫養的社區幼兒社區。
2. 各種形式托兒服務的制度化。
3. 調整照顧家庭兒童的費用。
4. 爲嬰幼兒創造和擴大文化空間。

（二）個人和社區共存的幸福的單人家庭社會

1. 社區建設。
2. 擴大單身家庭與當地社區之間的交流。
3. 建立個人和社區共存的地方特徵。
4. 加強對婦女友好的就業基礎。

（三）建立融合的社會服務提供系統

1. 與社會福利設施相結合，提供一站式全程護理社會服務。
2. 學校－社會福利設施連接兒童－青年－暢，老人－老人爲社區／家庭提供綜合社會服務。
3. 建立家庭社區、綜合社區。
4. 向弱勢群體提供全面醫療保健。

（四）建立可持續七色彩虹協會

1. 相互存在價值支持中心──「七色彩虹中心」的運營。
2. 系統支持第二代和第三代社會融合。
3. 開設一般國際學校。
4. 對「七色彩虹社會公民憲章」及民政管理適用的恐懼。

（五）從百年歷史和文化活躍的市中心

1.鄰里的再生與社區的形成。

2.通過恢復當地歷史和傳統，以及創造新價值來建立地方特徵。

3.營造生活環境，提高居民生活品質。

4.為婦女、少數民族和社會弱勢群體提供居住環境，讓他們和平相處。

（六）建設一個以自由經濟區為基礎的全球都市

1.實施全球網絡頂點都市。

2.外來人居住條件和生活環境的改善。

3.業務中心創建。

（七）國家增長引擎的孵化器

1.擴大吸引全球企業和大學。

2.重點發展八大戰略產業。

3.擴大科技投入和文化傳播。

（八）新物流之都與全球門戶

1.加強人員和貨物聚集的多功能港口的能力。

2.加快高附加價值航空工業和機場都市的發展。

3.加快機場擴建和回收工作，為未來需求做好準備。

4.都市物流功能的都市化。

（九）中朝交流合作基地

1.擴大中國—朝鮮的交易和業務，建立基礎設施。

2.響應中國經濟增長戰略的重組，促進有前景的企業。

3.在黃海地區建立兩韓經濟和工業網絡。

4.建立人與人之間的聯繫和人類交流計畫。

（十）方便、安全的廣域交通網絡

1. 西海岸連接道路和鐵路設計。
2. 公共交通樞紐和主幹道環路網絡的維護。
3. 引進高科技、環保和貨物專用道路。
4. 海底隧道的匯合。

（十一）公民生活文化與藝術創作時代

1. 建立以中心為基礎，生活友好的市民生活文化藝術支援中心。
2. 擴大公民社會生活文化藝術支持系統和財政資源。
3. 市民生活文化藝術活化計畫的制定。

（十二）多元融合文化

1. 仁川的價值和現行行動計畫繼承的文化多樣性。
2. 開放都市文化融合的全球化。
3. 仁川獨特價值的創新。

（十三）未來創造產業平臺

1. 創造和利用創造性勞動力。
2. 文化產業生產和銷售平臺建設。
3. 文化產業核心研究所。
4. 故事行業活化講故事平臺的建立和運營。

（十四）建立旅遊綜合體，融合韓國未來旅遊需求

1. 培育新融合旅遊業，創建旅遊生態系統。
2. 仁川的獨特旅遊內容和景點發展。
3. 島嶼和海洋旅遊的系統培育。
4. 仁川旅遊品牌和行銷強化。
5. 促進旅遊接待，振興旅遊交流與合作。

（十五）優雅美麗的島嶼與海洋文化

1. 創造一個高級空間，作為東北亞旅遊和休閒的基地。

2. 透過聯合國教科文組織的複雜遺產清單，保護自然景觀增加國際影響力。

3. 建立網絡以確保仁川沿海基地之間的流動性。

4. 保護生態系統，提高當地居民的生活品質。

5. 利用豐富的海洋空間，建設中心都市在新的海洋時代的作用。

（十六）低碳氣候安全都市

1. 應對氣候變化和大規模排放設施的社會責任。

2. 公民對減少溫室氣體排放的自豪感。

3. 基於脆弱性的「選擇和集中」氣候變化適應。

4. 創造一個安全的都市空間來應對氣候變化。

（十七）重視能源自給自足的福利都市

1. 推進清潔能源都市，為石油時代的高峰期做準備。

2. 擴大市民的陽光發展和海洋能源的利用。

3. 擴大環境基礎設施的可再生能源供應。

4. 實現能源福利。

（十八）環境友好型資源循環都市

1. 對五感滿意的市民。

2. 資源流通社會為缺水等資源枯竭做準備。

3. 透過綠色治理擴大具有象徵意義的綠色建築。

（十九）公民生活和自然生態的和諧

1. 構想生態友好型都市，實現生態系統平衡和可持續發展。

2. 維護市中心的S-key核心綠地，營造健康的都市森林。

3. 新的綠地管理，以滿足未來的需求。

4. 引入綠地容量系統，最大限度地發揮生態系統服務功能。

（二十）綠色氣候基金GCF合夥人，全球綠色領導者仁川

1. 建立和活化綠色環境綜合治理。

2. 建立全球綠色領導力和強化綠色知識社區。

3. 建立綠色抗暖前哨。

第三節　智慧釜山2030

一、都市目標

三個都市目標：快樂的社區都市、方便的智慧都市、迷人的全球都市。

（一）快樂的社區都市

1. 核心方向：建立一個以人才湧入和創造就業為中心的幸福社區。

2. 核心內容：創造好工作、培養和吸引人才，創造最佳的分娩環境，建立社區福利網絡等。

（二）方便的智慧都市

1. 核心方向：創建智慧生活生態系統和智慧都市發展。

2. 核心內容：智慧生活方式都市，都市運營系統的更新，培育未來增長引擎和知識服務，大都市經濟區建設等。

（三）迷人的全球都市

1. 核心方向：基於海洋創意文化的全球先進都市。

2.核心內容：全球創意文化中心、文化生態系統和複雜度假村、受到各代人喜愛的浪漫都市、豪華海洋都市等。

二、七大戰略

（一）快樂的社區都市戰略

1.通過創建良性循環工作，創建一個充滿活力的都市。

2.一個人們聚集的人才都市。

3.一個由所有公民建立的快樂的社區福利網絡。

（二）便捷的智慧都市戰略

1.透過智慧都市管理提升公民生活。

2.建立亞洲最大的企業生態系統，促進未來增長動力。

（三）吸引人的全球都市戰略

1.加強全球文化能力，吸引人才、資本和產品。

2.建立海洋中心引領全球市場。

三、十大項目

（一）快樂的社區都市項目

1.中產階級復興項目。

2.百萬青年人才項目。

3.釜山式終身救助項目。

（二）方便的智慧都市項目

1.Smart 3.0項目。

2.大釜山項目。

3.三個創業項目。

4. 三個未來主要增長項目。

（三）迷人的全球都市項目

1. 複雜度假項目。

2. V-Ocean Belt項目。

四、未來七個努力

（一）快樂的社區都市

1. 終身保障的安全都市，保障所有公民的最低生活。

2. 透過良好的工作，中產階級復活。

3. 充滿才華的青年，充滿活力的都市。

（二）方便的智慧都市

1. 建設千萬經濟共同體的釜山首都圈。

2. 在亞洲和第一創始市超過人均$50,000。

（三）迷人的全球都市

1. 使釜山市成為一個文化和藝術活躍的浪漫都市。

2. 在全球都市排名第30，在世界海洋都市排名第3。

五、未來行動方案

（一）快樂的幸福都市

1. 通過良好的工作，復活中產階級

(1) 海外青年實習。

(2) 消除失業培訓。

(3) 釜山青年新政。

(4) 嬰兒潮一代廣域人才銀行運作。

(5) 工作－生活平衡支援項目。

(6) 社會經濟支援中心運營。

(7) 終身學習。

2. 教育人才計畫：一個充滿青春才華的充滿活力的都市

(1) 多元文化平民外交項目。

(2) 國際學生人才計畫運作。

(3) 釜山學習中心（Edu. Park）的建設。

(4) 釜山式大學創新項目（TNT BI Business）。

(5) 外語特區開發。

(6) 產學合作。

3. 終身安全保障福利

(1) 建立「釜山福利基線與目標管理」。

(2) 釜山式基本援助系統。

(3) 為低收入弱勢群體提供一站式金融福利服務。

(4) 創建友善老人都市。

(5) 生命週期的醫療保健管理。

(6) 釜山藍綠帶工程：海港露臺、河岸廊道、推動W線計畫。

(7) 快樂育兒計畫。

(8) 社區共養計畫。

(9) 創造社會家庭社區。

(10) 支持家庭服務。

（二）方便的智慧都市

1. 智慧和廣域經濟計畫：釜山都市區1,000萬人口經濟體

(1) 三大智慧集群：高科技產業創造矽谷。

(2) 智慧都市：智慧安全都市、智慧交通、智慧能源。

(3) 建立家庭醫院連接智慧醫療都市（智慧醫療防災）。

(4) 全球智慧都市。

(5) 智慧政府3.0。

(6) 物聯網建設。

(7) 建立大數據中心。

(8) 成立大區域經濟智庫。

(9) 區域交通網路建設。

(10) 建立韓國東南地區研究與開發共享和協作系統。

(11) 建立兩韓一體化時期經濟合作體系。

(12) 建立大釜山與九州跨境經濟區。

2. 亞洲第一個企業家未來都市

(1) 全球創意園區。

(2) 設立創業型大學。

(3) 創建釜山科技城。

(4) 建立亞洲初創區。

(5) 全球產業加速器培養。

(6) 培養生產服務業。

(7) 大學創業中心。

(8) 成立機器人產業集群。

(9) 培養生物服務業（外包）。

(10) 建立穿戴設備產業中心。

(11) 北港自由金融區。

(12) 打造金融中心。

(13) 強化中小企業全球化與出口。

(14) 培育一家擁有一百年歷史的奢侈品公司：釜山設計產品品牌
店經營。

(15) 功率半導體的商業化。

(16) 建立核拆除技術研究中心。

(17) 人才與技術2030計畫（tnt2030）。

(18) 研究釜山未來產業群。

（三）全球迷人都市

1. 全球文化城計畫：文化與藝術共同生活

(1) 北港複合式渡假村：提升mice全球競爭力。

(2) 韓流娛樂特區。

(3) 大心臟計畫：創意都市復興。

(4) 東海南部廢棄海岸土地開發。

(5) 皮蘭舊都世界遺產利用。

(6) 藝術支持。

(7) 建設海濱透明天橋。

(8) 西釜山全球都市。

(9) 2030世博會。

2. 全球海洋都市排名第三

(1) 全球海洋旅遊安全組織。

(2) 釜山海洋休閒主題遊樂園。

(3) 打造海洋技術帶。

(4) 建立東亞漁業產業集群。

(5) 建立應對氣候變遷的全球海洋安全都市。

(6) 與東盟合作共建國際海洋商業帶。

(7) 北極經濟發展。

(8) 釜山新港開發。

(9) 貫穿東西的大中央公路開發。

(10) 推動海洋經濟特區。

(11) 開發新機場。

六、空間戰略

（一）產業布局

1. 智慧經濟：二個經濟帶、五個基地

釜山2030年的工業和生活空間是雙帶和五點策略。兩條經濟帶是內陸帶和海洋帶，以擴大全球經濟領土。這五個基地以現有空間的核心產業爲基礎，以都市地區、西部山脈、北部山脈、東部山脈和中央區爲基礎。

(1) 都市金融和海事經濟特區

市中心的目標是建立一個全球商業中心，資本、人才和企業通過金融海運經濟特區聚集在一起。

這方面的戰略是建立一個連接北港和市中心的知識服務基礎設施，並創建一個融合金融、醫療、旅遊和海洋的混合業務。

該項目的核心內容是建立自由金融區，海洋經濟區和漁業糧食集群。

在大學建立學術研究中心，在江北－釜山建立科技城，建立釜山Munhyun－北港金融自由區（金融監管特區），建設北港綜合度假村，創建韓流娛樂特區，BIG Heart項目，同時強化本區與東盟相關合作如建立國際海洋商業帶、東亞漁業食品產業群落並促進海洋特殊經濟區，建立海洋技術帶。

(2) 西部釜山全球都市

西部釜山的目標是建立一個全球性、自給自足的都市，透過全球都市（生態文化、物流業、高科技產業）協調工作和生活。

促進策略包括創建河濱和創意居住環境，推動物流業發展和吸引

全球公司，集中高科技產業，以及培育未來的海洋產業。

項目的核心內容是建立研發特區，生態三角洲都市，智慧山谷和歐亞交通網絡。

釜山海濱和綠道項目（濱江綠道項目），機械零件機器人集群建設，全球江蘇企業孵化業務的推進，釜山西部全球都市的創建，極地倡議的基礎，第二新港建設計畫的制定，新航空港的建設。

(3) 北方人才基地

北釜山的目標是透過融合人才基地，在釜山大都市區和亞洲第一個商業都市建立技術和人才供應基地。

促進戰略包括通過加強研發能力創建和吸引全球初創校園，以及活化技術創業。

該項目的核心內容是建立一個全球教育集群，一個年輕的創意發電廠、一個廣域網和一個社會經濟特區。

具體而言，海外青年就業實習項目，解僱失業青年的制定培訓計畫，釜山青年新政計畫的制定，社會經濟一體化支援中心，釜山大學創新事業（TNT BI事業），全球創意校園，大學創建電廠，東西大清路的建設，技術相關業務綜合體的建立，與金融綜合體相關的金融技術集群。

(4) 東部山區生物能源中心

東部山區的目標是建立一個全球輻射醫學中心和生物能源中心的集群。

促進策略包括生物研發和產業集群，以及建立連接東部山區度假村綜合體的醫療旅遊基地。

項目的核心內容是建立生物科技園，東部山區分布旅遊綜合體，能源蒐集綜合體和老齡友好工業園。

建立終身學習創造項目，建設釜山學習中心（Edu公園），創建老年友好都市和生命週期保健項目，創建社會家庭社區，建立複雜的

廣域交通網絡，培育生物外包產業，建立可穿戴創新中心，建立核拆解技術綜合研究中心，釜山未來產業集群，東海南部線廢棄土地開發。

(5) 百城數位創意文化谷（Centum Digital Creation Culture Valley）

百城地區的目標是透過數位文化創意谷，創建一個全球智慧都市技術核心區和最先進的科技產業化實驗區。

此戰略是建立百城智慧都市示範綜合體，物體互聯網服務和感測器行業專業化。

該項目的核心內容是創建智慧都市示範綜合體，視頻內容谷，全球創業特區和百城智慧谷。

專門設立了三個智慧集群組成，亞洲初創投資帶建立全球加速器的發展，釜山海濱、綠道項目（海濱林蔭道項目）、釜山開放創新支持中心，專業建設智慧都市示範綜合體，建設智慧都市服務（安全、交通、能源等），建立專業的互聯網感測器產業園區。

(6) 釜山2030兩帶五強大的工業空間戰略

釜山2030兩帶五個工業基地，指兩個工業空間戰略分為內陸帶和海洋帶。內陸帶具有擴展到朝韓一體化和歐亞大陸的意義，而海洋帶則包括向日本在內的太平洋地區的推進。

通過大都會金融海事經濟特區，西部釜山全球都市，朝鮮的融合創意人才基地，東部三生物能源基地和Centum數字創造文化谷的五個基地，推出十個願景項目。

兩個腰帶，五個要塞，十個遠景項目將幫助振興中產階級，在2030年創造良好的就業機會，充滿活力的都市、充滿青年才能，擁有一百年歷史的安全都市，釜山廣域市的1,000萬經濟社區，每人50,000美元，文化和藝術生活

（二）生活空間戰略

1. 基本方向

(1) 創建一個可隨時隨地享受「智慧生活」的空間支持系統

- 創造一個每個人都想長壽的都市生活空間。
- 以均衡的方式促進都市空間結構，戰略業務和生命支持計畫。

(2) 為每個人提供安全的生活，提供美好的生活，以及舒適的生活空間

- 為每個人提供安全的生活空間：在綜合空間連接系統中推廣各種業務，以提供安全可靠的生活內容和服務。
- 韓式生活空間展示場：藉由一些空間建設來展示韓國無形的歷史文化資源，透過各種遊客服務開發，來體驗韓國各地區文化與資源。
- 舒適的生活空間：通過維護和恢復居住環境來發展住宅福利服務，從而形成一個連續的住宅生活社區。

2. 形成一體化的都市空間結構

(1) 一個都市中心聯盟。

(2) 連接兩個循環軸的內陸再循環軸。

(3) 三個都市發展軸。

3. 體驗經濟開發

(1) 制定精緻體驗計畫，以提高用戶（公民、訪客）的體驗質量

- 在各種有形和無形資源的基礎上，創作真實的故事和內容
- 通過最大限度地利用空間用戶和體驗質量來增加投資吸引力。

(2) 開發了五個體驗計畫

- 洛東江生活文化項目：利用洛東江自然資源開發經驗項目。
- 都市歷史文化項目：建設連接永迪、西面和東萊的歷史文化

項目。

- 日光──憲法生態文化計畫：利用山澗和水流開發計畫。
- 鐵路村文化計畫：制定與W-Line項目有關的經驗計畫。
- 海洋文化旅遊計畫：開發與各種自然和歷史資源相關的經驗計畫。

4. 智慧生活3.0、生活空間平臺

(1) 形成一個結合現有和未來資源的綜合生活區。

(2) 建立生活空間平臺。

參考文獻

一、圖書

1. 王戰、王振等（2016）。上海2050年發展願景，上海社會科學院出版。
2. 李瑞麟譯（1994）。都市土地使用規劃，茂榮書局。
3. 李國平等著（2012）。面向世界城市的北京發展趨勢研究，科學出版社。
4. 佟志武著（2006）。城市定位與戰略選擇：錦州振興方略，遼寧人民出版社。
5. 周添勇主編（2005）。城市發展戰略：研究與制定，高等教育出版社。
6. 周振華、陶紀明等著（2014）。戰略研究：理論、方法與實踐，格致出版社。
7. 周振華、陶紀明等著（2014）。上海戰略研究：歷史傳承時代方位，格致出版社。
8. 周振華、陶紀明等著（2014）。上海戰略研究：目標功能與定位，格致出版社。
9. 吳志強譯（2009）。城市土地使用規劃，中國建築工業出版社。
10. 吳良鏞、吳唯佳等（2012）。北京2049空間發展戰略研究，清華大學出版社。
11. 郭愛軍等編譯（2012）。2030的城市發展，格致出版社。
12. 屠啓宇、金芳等（2007）。金字塔尖的城市，上海人民出版社。
13. 趙瑾譯（2017）。優質城市主義：創建繁榮場所的六個步驟，中國建築工業出版社。
14. New York City a Greener, Greater New York. http://www.nyc.gov/html/planyc/downloads/pdf/publications/full_report_2007.pdf

二、亞太地區各城市政府報告

（一）日本

1. 東京都都市づくりのグランドデザイン

   https://www.toshiseibi.metro.tokyo.lg.jp/keikaku_chousa_singikai/grand_design.html

2. 東京都「未来の東京」戦略ビジョン

https://www.seisakukikaku.metro.tokyo.lg.jp/basic-plan/author53762/pdf/vision.pdf

3. 大阪府副首都ビジョン

http://www.pref.osaka.lg.jp/attach/27077/00245567/hukusyutovision2017.3.pdf

4. 川崎市「川崎市総合計画」

http://www.city.kawasaki.jp/170/page/0000075895.html

5. 横浜市中期４か年計画2018～2021

https://www.city.yokohama.lg.jp/city-info/seisaku/hoshin/4kanen/2018-2021/chuki2018-.html

6. 名古屋市総合計画2023－世界に冠たる「NAGOYA」へ

http://www.city.nagoya.jp/shisei/category/66-9-3-0-0-0-0-0-0-0.html

7. 神戸市第5次神戸市基本計画

https://www.city.kobe.lg.jp/a89138/shise/kekaku/masterplan/jikikihonkeikaku00/jikikihonkeikaku02.html

8. 北九州市「元気発進！北九州」プラン

https://www.city.kitakyushu.lg.jp/soumu/file_0238.html

9. 福岡市総合計画

https://www.city.fukuoka.lg.jp/soki/kikaku/shisei/fukuokashikihonkosoki-honkeikaku/sougoukeikakumain.html

（二）韓國

1. 首爾2030

file:///C:/Users/user/Downloads/1_seoul_plan.pdf

http://urban.seoul.go.kr/4DUPIS/sub3/sub3_1.jsp

2. 釜山2040

https://www.bdi.re.kr/program/researchreport/1stResearchReport.asp?dept=&year=&cate=&SType=ReR_Title&SString=2030&idx=1086&page=1

3. 仁川2050

file:///C:/Users/user/Downloads/(%E6%AC%BD%E8%B3%8A)%E6%AA%A3
%E7%B9%AD%E7%B6%A0%E7%9E%AA%202050(%E8%B9%82%E6%93
%92%E7%88%BE%E5%A0%85%E6%86%AE).pdf

file:///C:/Users/user/Downloads/2016_%EC%9D%B8%EC%B2%9C%EB%B9
%84%EC%A0%842050.pdf

（三）中國大陸

1. 上海市人民政府上海城市總體規劃（2016-2040）

http://shgtj.cdn.pinweb.io/report.pdf

2. 深圳市人民政府深圳市可持續發展規劃（2017-2030年）

http://www.gd.gov.cn/zwgk/wjk/zcfgk/content/post_2939398.htm

3. 廣州市人民政府廣州市城市總體規劃（2017-2035）

http://113.108.174.131/pub/gtzyghwyh/hdjl/zjyj/201802/W0201802250009
25672953.pdf

4. 寧波市人民政府寧波 2049 城市發展戰略

http://t.nbeyoo.com/2049/%E5%AE%81%E6%B3%A22049%E5%9F%8E%E5
%B8%82%E5%8F%91%E5%B1%95%E6%88%98%E7%95%A5.pdf

5. 香港特區政府香港 2030+：跨越 2030 年的規劃遠景與策略

https://www.hk2030plus.hk/TC/document/2030+Booklet_Chi.pdf

（四）大洋洲

1. 新加坡Singapore Master Plan (2019)

https://www.ura.gov.sg/Corporate/Planning/Master-Plan

2. 雪梨The Sustainable Sydney 2030 Vision

http://cdn.sydney2030.com.au.s3.amazonaws.com/documents/2030vision/2030
VisionBook.pdf

3. 墨爾本Plan Melbourne 2017 - 2050

https://planmelbourne.vic.gov.au/__data/assets/pdf_file/0007/377206/Plan_Mel-
bourne_2017-2050_Strategy_.pdf

4. 布里斯本Brisbane Vision 2031

https://www.brisbane.qld.gov.au/sites/default/files/Brisbane_Vision_2031_full_
document.pdf

5. 奧克蘭Auckland Plan 2050

aucklandcouncil.govt.nz/plans-projects-policies-reports-bylaws/our-plans-strat-
egies/auckland-plan/about-the-auckland-plan/docsprintdocuments/auckland-
plan-2050-print-document.pdf

6. 威靈頓Wellington Towards 2040: Smart Capital

https://wellington.govt.nz/~/media/your-council/plans-policies-and-bylaws/
plans-and-policies/a-to-z/wellington2040/files/wgtn2040-brochure.pdf

三、進一步閱讀文獻

1. 王學生、譚學者譯（2016）。新城市主義憲章，電子工業出版社。

2. 王曉曉、柴洋波、施瑞婷譯（2017）。城市發展之路，科學出版社。

3. 祁至傑、陳昭、孔暢譯（2019）。城市規劃概論，江蘇鳳凰科學技術出版
社。

4. 全國市長研修學院組織編譯（2020）。美國城市規劃：當代原理和實踐，
中國城市出版社。

5. 李丹莉、馬春媛譯（2020）。城市發展的邏輯，中信出版集團股份有限公
司。

6. 肖林（2016）主編。上海2050：戰略驅動力，格致出版社。

7. 肖林（2016）主編。上海2050：戰略資源，格致出版社。

8. 肖林（2016）主編。上海2050：面向未來30年的上海發展戰略研究平行報
告，格致出版社。

9. 肖林（2016）主編。上海2050：發展願景與挑戰，格致出版社。

10. 肖林（2016）主編。上海2050：戰略願景，格致出版社。

11. 肖林（2016）主編。上海2050：戰略環境，格致出版社。

12. 肖林（2016）主編。上海2050：戰略框架，格致出版社。

13. 周振華、陶紀明等著（2014）。上海戰略研究 2050：資源環境驅動力，格
致出版社。

14. 周振華（2012）。上海邁向全球城市，上海人民出版社。

15. 周振華（2019）。卓越的全球城市：國家使命與上海雄心，上海人民出版社。

16. 周振華（2019）。全球城市：國家戰略與上海行動，上海人民出版社。

17. 周振華（2019）。全球城市發展指數，上海人民出版社。

18. 周振華（2017）。全球城市：演化原理與上海2050，上海人民出版社。

19. 周振華（2017）。崛起中的全球城市：理論框架及中國模式研究，上海人民出版社。

20. 周鼎燁、盧芳譯（2017）。城市的品格，中信出版集團股份有限公司。

21. 馬文軍主編（2012）。世界城市規劃與發展研究：戰略規劃1，中國建築工業出版社。

22. 馬文軍主編（2012）。世界城市規劃與發展研究：戰略規劃2，中國建築工業出版社。

23. 徐蜀辰、陳珝怡譯（2020）。創造未來城市，中信出版集團股份有限公司。

24. 裴新生等（2019）。轉型期城市發展戰略規劃研究與實踐，同濟大學出版社。

25. 張春香譯（2019）。現代城市規劃，電子工業出版社。

26. 曾軍、陳恭（2019）。全球城市建設的上海之路，中國社會科學出版社。

27. 曹康等譯（2016）。未來城市，中國建築工業出版社。

28. 趙振江等譯（2018）。未來之城：卓越城市規劃與程式設計，中國建築工業出版社。

29. 楊至德譯（2015）。新城市規劃藝術，華中科技大學出版社。

附錄一

民國87年高雄市民選直轄市市長吳敦義市長競選白皮書

第一節　總論

一、全球都市發展趨勢

　　從世界各國大都市近年來的發展經驗觀察，高雄都會區在跨世紀的發展中所面臨的主要挑戰，可歸納整理如下：

　　1. 人口往都市地區集中。

　　2. 都市社會已邁入重視消費的型態。

　　3. 保護地球及尊重自然生態觀念逐漸擴散。

　　4. 講求工作場所能與居住地方接近。

　　5. 高齡化及少子化時代來臨。

　　6. 兩性平權主義抬頭。

　　7. 天然災害發生率增加。

　　8. 都市犯罪案件的日益增加。

　　9. 技術發展及資訊機能變化迅速。

　　10. 市民重視生活環境品質。

　　11. 中央與地方政府同時面臨財政壓力。

　　12. 市民自主性、參與性增強。

　　13. 地方自治分權呼聲高漲。

　　14. 國際化及都市競爭激烈。

二、未來建設十大主張

　　面對如此多樣且複雜的挑戰，務實地提出十大新主張來有效予以回應，裨達提升市政服務品質、強化都市競爭力的目標，這十大主張包括：

　　1. 一個信念：市政做主。

　　2. 兩項施政原則：廉潔誠信、團隊效能。

3. 三種建設構面：生活、生產、生態並籌。

4. 四樣活化策略：公私協力、民營化、委外經營、減量化。

5. 五類經營方向：安全、便捷、舒適、精緻、公平。

6. 六條利民準繩：安心、安穩、安定、安適、安居、安樂。

7. 七款發展定位：全球都市、海洋都市、健康都市、產業都市、資訊都市、安全都市、福利都市。

8. 八個脫胎目標：創造財富、充分就業、文化殿堂、資訊中心、健康便利、安全舒適、終身學習、溫馨福利。

9. 九種換骨計畫：國際機場、高速鐵路、都會捷運、鐵路地下化、快速道路、上下水道、共同管道、語言學習、電訊基礎設施。

10. 十項興利園區：經貿園區、物流倉儲園區、水岸園區、文化園區、體育園區、時尚（fashion）園區、智慧工業園區、學術研發園區、資訊港埠園區、企業園區或賦能園區（enterprise or empowerment zone）。

（一）一個信念

「市民做主」是高雄市政府全體市政、區政、里鄰工作同仁一直秉持的服務理念，這一向主張與市民自主性、地方自治分權的兩項挑戰不謀而合。為了能將此信念落實到市政日常作為，唯有真正關懷、服務的政府，才會讓市政真正做主。關懷包括積極、良心、責任、及效率；服務包括誠意、活力、創新、價值、深刻及溝通。今後市府同仁將以這十項信念作為圭臬，在測定各種計畫、法規時，能以關懷為出發點，講求良心、積極、負責任及高效率；在提供服務時能展現出誠意、活力，時時不忘創新，給市民有價值感及深刻印象，並隨時做好溝通工作，使市民能享有賓至如歸的溫馨服務。

（二）兩項施政原則

　　隨著國際化的發展，都市間的競爭日益激烈，要吸引民眾願意前來定居、就學、就業、旅遊，國內外工商業及資金願意前來設廠或投資，政府扮演著相當重要主導角色。面對這些挑戰，高雄市政府提出廉潔誠信、團隊效能的兩大施政原則。廉潔誠信是強調市政府全體人員不但拒收任何不當利益，更會不計報酬，主動協助有意前來高雄市定居、就學、投資、設廠的民眾，提供圓滿服務。團隊效能促使高雄市政府所有員工上下一心，提供單一窗口且「一處受理、全程服務」，充分發揮「小而能」的服務效能。

（三）三種建設構面

　　生產、生活、生態是永續發展所揭示的三大價值。在面對保護地球、重視生態、技術發展快速、極重視生活品質等挑戰，高雄市所應推動的跨世紀建設也格外的艱鉅，因此必須把握生產力高、生活健康、生態平衡的三大建構面。生產力高追求引進低耗能、高附加價值、生產值，且為未來市場主流的明星產業；生活健康要求所有的生產或建設，均能以市民的健康為優先考量；生態平衡是要讓所有建設不再損及大自然的永續使用。以此三大構面促使市政工作能有一整體發展，創造生活品質、生態永續和生活競爭三贏目標。

（四）四樣活化策略

　　政府萬能、形式主義、防弊為先等傳統觀念，在在阻礙各種服務或建設能量的發揮，使得目前各種建設或服務的提供都顯得不足或落後，因此高雄市政府提出四項活化市政新策略：公私協力、民營化、委外經營、減量化，來引進民間雄厚的資源，投入各種重大的基礎建設和公共服務，以回應地方分權、市民自主及參與等挑戰。公私協力是由政府與民間合作集資並提供人才、知識、技術參與建設或提

供服務；民營化將是政府之專業機構釋出由私人經營，以降低政府長期經營績效不彰之困境，降低政府公務預算支出；委外經營將全面檢討政府業務，較不涉及公權力之部分交由民間代勞，降低政府用人成本；減量化應將政府不必要或不合時宜工作剔除，或交由民間來接手，俾有效精簡政府人事員額。

（五）五類經營方向

市民未來需要什麼樣的生活環境，正是高雄市政府跨世紀所該努力經營的方向。從當前世界各大都市發展成長的經驗，應有五大經營方向：安全、便捷、舒適、精緻、公正（正義），可作為高雄市政府工作再努力之標的。安全是指提供市民一個免於恐懼、威脅，並有充分保障的生活環境；便捷是指提供市民便利快速之海陸空運輸，並有良好之資訊網路設施，讓市民、廠商都能輕鬆取得其所需要之資訊；舒適是指提供市民一個通行無阻的無障礙環境，以滿足高齡及身心障礙市民之需求；精緻是指提供市民活潑多樣的遊憩休閒活動，並能保存各種多元文化，使整個都市充滿人文氣息；公平是指讓市民都能有平等機會接受教育、福利等之服務，同時秉持正義公道、關懷弱勢及特殊族群，讓社會充滿互助祥和。

（六）六條利民準繩

為了讓全體市民都能確實衡量市政府有無做好市政經營和服務工作，因此特別提出安心、安穩、安定、安適、安居、安樂等六條評估準繩。

1. 安心：要讓市民日常生活中都能吃、用、買、玩得安心、放心。

2. 安穩：要讓所有前來本是投資或工作民眾，都能安全穩當。

3. 安定：要讓市民不會受到不當干擾，而能擁有正常作息。

4.安適：要讓市民在工作、通勤、購物、休憩都有一個安全舒適環境。

5.安居：要讓市民擁有居家平安的居住環境。

6.安樂：要讓市民不論養育、教育、遊樂，都能在安全快樂情境下成長、完成。

（七）七款發展定位

二十一世紀的高雄要成為一個什麼樣的新面貌？盱衡各先進國家大都市的發展經驗及高雄市本身的主客觀條件，描繪出符合高雄市未來利益的七款發展定位。

1.全球都市：臺灣目前資源能量多為大臺北都會所吸收，使高雄市難以進一步成長，因此唯有走向國際舞臺，找尋更多發展場域、能量，才能使高雄脫胎換骨。

2.海洋都市：高雄市擁有臺灣最大的港灣，因此整個都市和產業發展必須要與這項優勢條件充分結合。同時配合全球都市的趨勢，面向海洋出發，才是高雄今後發展的新契機。

3.產業都市：高雄市的產業向來以石化、製造業見長，但這些產業多屬附加價值低及汙染性大，但占用高雄市大片土地，因此有必要將高雄市的產業結構重新規劃。

4.資訊都市：資訊科技的進步，讓全世界成為近在咫尺的地球村，因此各國政府莫不以發展資訊科技為首要基礎建設。高雄市未來若想與世界各大都市一爭長短，應能提供國內外廠商更方便的服務，因此必須發展資訊相關產業。

5.安全都市：美國洛杉磯、日本神戶大地震震驚世界，促使各國大都市均在研究預防及打造一個安全都市，特別是臺灣位於地震帶邊緣，且每年風災、水災、化學災害頻傳，因此將高雄市打造成為一個無憂無懼的安全都市，是所有市民的共同願望。

6.健康都市：追求健康為二十一世紀人類的共同願望，高雄受到長期發展石化、製造等高汙染工業的影響，未來必須提供一個健康的生活環境，正是全體市民的共同心聲和期盼。

7.福利都市：隨著高齡化、少子化、小家庭的社會發展趨勢，許多老人、重症患者、身心障礙民眾，期待能有更溫馨、圓滿的照料，因此高雄市應及早建構福利社區化的全民福利機制。

（八）八個脫胎目標

參考歐美及日本先進都市的發展經驗，一個機能完整的都市，才能滿足居民充足的生活需求，因此高雄市政府規劃出八項脫胎目標，作為都市建設追求的期許。

1.創造財富：高雄市要能進一步提供創造財富的機會，自然會吸引更多逐夢人前來定居、就業、就學、投資或商務考察，如此就會帶動都市之進步、成長。

2.充分就業：面臨當前全世界不景氣的惡劣情勢，高雄市以全球都市、海洋都市作為發展定位，可據以發展出許多相關新產業、新建設，讓高雄在未來有更多的就業機會。

3.文化殿堂：臺灣本土特有文化近年來逐漸受到重視，因此市政府將致力把本市打造為臺灣文化的殿堂，並以此為出發點來豐富市民之日常生活。

4.資訊中心：掌握資訊科技，重視商情訊息的蒐集、整合、流通、運用，是未來政府、企業、個人要能掌握競爭優勢的最大利器，因此市府將整合轄內各大專院校、各大企業及智庫組織，以「專業規劃、市民聽證」的運作方式，共同打造高雄市為一資訊中心。

5.健康便利：追求生活健康、便利是每位市民的希望，而提供生活健康、便利更是一個政府無可推卸的基本責任，因此營造一個

讓市民食、衣、住、行都能健康方便，是高雄市政府的首要工作之一。

6. 安全舒適：在追求健康便利之同時，居家、工作、休閒、就學、購物更需要有一個安全舒適的環境，因此未來高雄市政府將投入更多努力，讓市民能擁有一個眞正安全舒適之環境。

7. 終身學習：處在資訊爆炸的時代，各方面環境都在急遽變化，面對此一趨勢，終身學習的推廣，讓每位公教員工及所有市民都能在一個學習型的組織環境下，不斷自我充實，提升競爭力，帶動全市的整體成長。

8. 溫馨福利：各大都會地區無可避免仍會存在一些弱勢團體或族群，高雄市政府將努力整合政府及民間資源，全力予以照顧，俾使族群更加融合，社會更加和諧。

（九）九種換骨計畫

配合七大發展定位和八個脫胎目標之理想，高雄市政府進一步以前瞻宏觀的視野，提出九項計畫，期望透過這些具體的施政作爲，能使高雄市展現脫胎換骨之新氣象。

1. 新國際機場：高雄國際機場目前的使用差強人意，但無法做進一步的擴充，無形中限制了高雄未來空運發展，因此將向中央積極爭取能遷建高雄外海新生地。

2. 高速鐵路：配合高速鐵路於民國92年通車啓用的作業期程，有必要進一步完成「三鐵共站共構」計畫，俾利高雄的再發展。

3. 都會捷運：高雄市人口早已超過百萬人，但一直缺乏捷運，連帶影響鄰近鄉鎮的發展，因此捷運的及早動工興建，將可使大高雄都會區的發展，能有一個嶄新的開始。

4. 鐵路地下化：高雄市區長年爲鐵路平交道四分五割，嚴重影響都市整體發展，因此有必要配合捷運、高鐵的興建，展開鐵路地下

化工程，裨利對鐵道沿線區域進行都市更新，使高雄市中心區域能有風貌再生的機會。

5.快速道路：捷運及快速道路是高雄市協助鄰近衛星市鎮發展的兩大利器，將可使城鄉居民在通勤、就業、購物、流通、休閒等各方面能更加便利。

6.上下水道：有完善優質自來水（上水道）供應以及下水道汙水處理，是先進大都會的必要配備，更能有效吸引外商前來投資、定居，因此將全力完成第二階段自來水改善計畫及提高家庭汙水接管率。

7.共同管道：爲有效解決路面常因維生系統之埋設，而一再被挖掘，並未防範天然災害侵襲維生系統管線，造成居民生活不便和恐懼，將進一步推動共同管道之施設工作。

8.語言學習：爲使高雄而能眞正成爲全球都市，外語能力對高雄市民就顯得非常重要，同時也要讓外籍人士能親近中華傳統及臺灣本土文化特色，積極協助外籍人士學習中文也非常重要，因此在本市普設語言中心，讓市民及外籍人士都能輕鬆享有學習語言的機會和場所。

9.電訊基礎設施：網際網路的架設及各種接受網站的設置，關係著未來企業、政府、個人是否能快速上網，因此做好電訊基礎設施的架設，是高雄市政府朝資訊埠發展之首要工作。

（十）十大興利園區

爲了協助市民都能創造財富、充分就業，進而擴大稅基，有效紓解本市財政壓力，並做好各種技術改革，讓每位市民未來的工作及居住地點更爲接近，高雄市政府提出十個興利園區。

1.經貿園區：向中央爭取給予廠商各種優惠措施，協助多功能經貿園區闢設及啓用。

2. 物流倉儲園區：臺灣各項重要物資都由高雄市進出，有必要提升其附加價值，俾配合經貿園區之推動。

3. 水岸園區：哈瑪星、鹽埕、苓雅寮等早期發展地區，目前多已呈現衰敗情況，計畫仿照國外水岸再生之作法，推動水岸地區再生計畫，帶動舊市區之繁榮。

4. 文化園區：將內惟埤一帶闢建為具有山、河、埤等多重特色的文化園區，發展新的文化產業及推展優質住宅環境。

5. 體育園區：將高雄市左訓中心及中正體育場兩處闢建為體育園區，配合體育系的設立，規劃成為全國體育教育訓練、醫學研究中心。

6. 時尚園區：在本市水岸地區或舊市區工業用地，規劃為時尚園區，包括國際會議中心、工商展覽中心、技術研發設計中心。

7. 智慧工業園區：將高雄市現有工業區轉型為智慧工業園區，引進新型或明星產業進駐。

8. 學術研究園區：將國立高雄大學校園結合楠梓加工區、海洋技術學院、中油，整合成為一處兼具研究和實務的學術研究園區。內設技術情報中心、中小企業育成中心，以及科技顧問中心。

9. 資訊港埠園區：在高雄港區重新規劃為高效率的資訊港，作為接收各種資訊網站的樞紐中心。

10. 企業園區或賦能園區：推動舊市區再生，特率先引進「賦能園區」之新觀念在國內推動，讓舊市區能及早恢復往日風采和再發展之機會。

第二節　部門發展計畫

高雄市政府根據「海洋世紀、高雄領航」的跨世紀願景藍圖，並參酌市府歷年中程計畫及高雄市綜合計畫、高雄都會區實質發展計

畫，規劃以「亞太核心都市」作爲今後高雄市政建設追求目標。爲實現此一發展目標，高雄市政府擬定二十項部門計畫（分項目標）：

1. 永續發展的土地利用。

2. 積極活絡的產業發展。

3. 安穩便捷的運輸網絡。

4. 便利安適的居住環境。

5. 清新怡人的生活品質。

6. 富而好禮的終身教育。

7. 創意傳承的社區營造。

8. 無憂無懼的公共安全。

9. 豐富魅力的休閒遊憩。

10. 自主靈活的地方財政。

11. 溫馨公平的社會福利。

12. 健康安全的衛生保健。

13. 安心可靠的民生消費。

14. 適時適才的人力資源。

15. 互助互利的國際交流。

16. 共存共榮的區域合作。

17. 前瞻效能的組織重整。

18. 透明公開的市政資訊。

19. 效率便民的流程簡化。

20. 興利除弊的法制再造。

透過這二十項部門行動計畫，不但可達成前述十大主張，更可使高雄市眞正發展成爲亞太樞紐地位的核心都市，領航臺灣邁向二十一世紀。

一、永續發展的土地利用

　　土地的積載力、生產力可供應人類一切活動之需，資源是相當有限，儘管人類可用移山倒海技術來增加某些土地的供給，但土地資源終究相當有限，因此土地就顯得格外值得珍惜。面對高雄未來持續進步之需求，同時也要留給後代子孫一個充裕的生活空間，未來應秉持「永續發展」的理念，作為土地利用的基本主張。

（一）課題

1. 舊市區土地多已呈現低度利用狀況。
2. 工業區土地逐年減少，影響產業發展。
3. 市區鐵路影響都市整理發展。
4. 耗能、汙染性工業仍充斥在市區。
5. 公有土地、水岸及鐵道沿線地區之土地有待重新規劃使用。
6. 愛河、後勁河、典寶溪、前鎮河等之親水性不足。
7. 駱駝山、壽山、半屏山缺乏整體有效之管理。
8. 市區空地或郊區重劃地要再加強管理。
9. 都市計畫變更流程作業耗時，且部分相關法令不合時宜，影響廠商投資。

（二）對策

1. 加速推動都市更新及社區總體營造，進一步提高土地利用價值。
2. 推動公有土地信託制度、活化公有土地之利用。
3. 儘速完成鐵路地下化。
4. 獎勵並協助高耗能、汙染性工廠遷廠或轉型為明星工業用地。
5. 加速完成河川汙染整治。
6. 推動三座山之保育管理制度。

7. 推動土地開發許可制度。

8. 全面檢視修正不合時宜之都市計畫相關法令。

9. 工業區土地獎勵轉型爲高科技產業使用。

（三）方案

1. 推動水岸地區、舊市區土地等之更新計畫。

2. 爭取中央同意本市先訂定推動都市更新相關暫行辦法，以及公有土地信託辦法。

3. 運用不動產證券化及獎勵民間投資方式進行都市更新。

4. 制定壽山、半屏山、駱駝山之保育管理辦法。

5. 配合鐵路地下化推動期程，規劃鐵道沿線土地更新使用。

6. 制定土地開發許可各項相關辦法。

7. 針對都市計畫相關法令不合時宜者，訂定期程依限完成。

8. 促請高耗能、汙染性工廠遷出市區，或協助其轉型爲明星工業用地。

9. 現有工業區土地協助重新規劃，作爲高科技產業使用。

二、積極活絡的產業發展

　　受到前幾年新臺幣升值及工資提高等壓力，高雄市許多傳統工業都陸續外移至東南亞或中國大陸，致使本地工業發展呈現萎縮，加之近年來國內環保標準提升，以致市內大工廠多因設備老舊，汰換不合成本，而紛紛減產或停產，更使得二級產業成長緩慢。漁業是高雄市之主力產業，但近年受各國經濟海域擴大及人力募集不足的影響，亦出現經營困難。三級產業（商業、服務業）近年雖有成長，但在一、二級產業發展不足的影響下，必須要有更周詳的推動策略。未來將以「積極活絡」的精神，來振興高雄市的各級產業。

（一）課題

1. 缺乏新型工業區，不易配合新型產業或產業升級之用，無法提升產業水準。

2. 企業缺乏研發能力。

3. 都市型產業的育成環境待加強。

4. 廠商業者設計要再加強，才能提升產品水準。

5. 商業區誘人特色不足，且商店街經營水準有待全面提升。

6. 大型國際會議中心、展覽中心必須及早闢設。

7. 國際旅遊促銷活動尚待加強。

8. 地方產業之國際經貿、技術交流均有必要再提升。

9. 本地中小企業經營及融資取得方式應再加強。

10. 海外漁業權取得成本日益升高，且人力不足。

（二）對策

1. 塑造多樣性產業環境。

2. 打造有活力、具魅力之商業區環境。

3. 推動國際會議中心及大型工商展覽活動。

4. 加強國際經貿及技術交流。

5. 強化中小企業的經營基礎。

6. 成立輔導地方產業發展之專業機構。

（三）方案

1. 輔導舊工業區轉變，加速舊工業用地再生。

2. 規劃開發都市型產業區，補助都市型產業研究機構或科技研究中心之設立。

3. 舉辦各種尖端技術研討會及成立技術情報中心。

4. 協調本市各大專院校，針對未來產業進行各種新技術研究開發。

5. 成立設計中心，引進時尚（fashion）之相關產業，如工商展覽中心。

6. 設立國際會議中心，推動會議產業。

7. 推動傳統產業振興及輔助辦法。

8. 辦理商品皆更新再造計畫，重塑經營特色。

9. 市政府成立工商經貿發展專責機構，協助中小企業調整經營體質，取得充足融資及人力需求。

10. 提供各種貿易情報，協助廠商進行海外技術交流。

11. 主動協助國際談判取得海外漁業權，並訓練年輕市民從事漁業。

12. 推動休閒漁業及加強發展海上休閒遊憩活動。

三、安穩便捷的運輸網路

　　產業振興發展與否，四通八達的運輸網路是不能少的基礎設施；市民生活要便利，也要有良好的運輸網路。高雄市是臺灣唯一具有鐵路、機場、港灣等陸、空、海聯運機能的都市，但與其他國際大都會相比，仍有待再努力，因此本著「安全、穩當、便利、快捷」的精神，縝密規劃跨世紀運輸網路建設，塑造更安全、舒適的交通環境。

（一）課題

1. 公共交通網不足。

2. 市區停車空間及人行專用步道需再規劃。

3. 道路挖埋頻繁，影響路面品質。

4. 交通號誌經常損壞，影響用路人安全。

5. 國際貿易運輸中樞機能不足。

6. 港區對外交通與市區交通缺乏區隔。

7. 現有機場容量擴充有限，且過於毗鄰住宅區。

8. 交通運輸資訊通報機制有待再加強。

9. 少數計程車及大型貨運駕駛未依交通規則行駛，極易危害道路交通秩序。

10. 市港合一政策亟待儘快落實。

11. 兩岸間之海運機能，仍有再突破的發展空間。

（二）對策

1. 建立有效率及協調機能之交通體系。

2. 打造名符其實國際港。

3. 加強親水、親港設施。

4. 加速進行新機場遷建。

5. 建立交通運輸資訊通報基礎設施。

6. 加強職業駕駛人管理。

7. 市港合一的督導管理機制，應加速規劃完成。

8. 引進新型船舶，強化兩岸貨物轉口運輸功能。

（三）方案

1. 擴充公共運輸能量，研究開放第二家業者經營公車之可行性。

2. 加強市區與郊區道路聯繫，並提升郊區道路升級。

3. 增闢停車場、停車塔，以有效增加市區停車空間。

4. 全面整頓行人道，還給行人寬廣用路空間。

5. 擴大規劃「共同管道」，避免道路挖埋頻繁。

6. 增購新型冷氣公車，提高公車服務品質。

7. 推動無故障交通號誌計畫。

8. 訂定本市計程車駕駛人管理辦法，確保乘客安全。

9. 儘速完成港區聯外專用道路。

10. 配合市港合一政策的核定，加速完成其督導機制的規劃和運作。

11. 闢建大型郵輪停靠設施，吸引國際觀光客前來。

12. 全力向中央爭取及早確定南星計畫填海造陸第三期之計畫，俾利國際機場及深水港之闢建。

13. 加強情報通訊基礎設施之建設，提供各種即時之資訊服務。

14. 整合有線電視與通信業者，提供更完善之收訊服務。

15. 發展TSL（Tech-Super-Liner，超技術航輪），強化兩岸貨運轉運之能量及速度。

四、便利安適的居住環境

　　住是一項最基本的民生需求，每個人在其一天24小時的作息中，至少有12小時會在其居住環境，因此必須設法塑造優質良好的環境，讓所有市民每天都過得愜意愉快，因此未來將以「便利安適」為基本主張，來推動高雄跨世紀的居住新政策。

（一）課題

1. 全市尚有近四分之一的房屋屬於民國59年完工的老舊建物，其抗震、防火能力堪慮。

2. 居民缺乏住宅安全知識，任意裝修房屋，危及建物安全。

3. 高雄市住戶有42%住宅居住面積低於平均值110平方公尺。

4. 新興住宅社區相關公共設施配合不足，造成居住進出不便。

5. 缺乏為高齡者使用考量的住宅設計。

6. 國宅社區管理有待加強，造成社區環境不佳。

7. 社區招牌混亂，影響景觀，且妨礙逃生。

8. 住宅用地取得不易，而老舊眷村改建速度要再加速進行。

9. 住宅、商業、工業分區使用規劃及管制需再加強，以免影響住家安寧。

（二）對策

1. 加速推動都市更新，改建老舊住宅。

2. 實施都市開發許可制度。

3. 落實公寓大廈管理條例相關法令之執行。

4. 推動高齡者專用住宅設計。

5. 國宅及眷村改建工作委外辦理。

6. 全面推動都市景觀（設計）制度。

7. 研訂住屋使用手冊制度。

8. 加強市區空地使用管理。

9. 修改不合時宜之土地使用分區管制規定。

10. 清查民國59年前完工住宅之分布地區，分區逐步進行都市更新。

11. 推廣售屋不售地之國民住宅新政策。

12. 放寬住宅貸款限制，鼓勵民眾汰換老舊房屋，並規劃興建高齡者專用之住宅。

13. 制定都市開發許可辦法，則由建商負擔部分公共設施維護之責任。

14. 落實社區整體營造及公寓大廈管理條例，推展住屋使用手冊制度，並輔助優良社區。

15. 制定都市景觀設計規範，及修正廣告物管理辦法。

16. 國宅、眷村改建委由民間辦理興建、銷售，政府負責資金貸放，以加速住宅更新、銷售。

17. 推動社區美化、綠化協定，並由政府補助及提供技術。

18. 訂定管理私有土地之相關法規。

19. 重擬合乎環境需求的分區管制規則。

五、清新怡人的生活品質

優美的山光水色、清新的空氣是許多市民生活的夢想，高雄以往為基礎工業重鎮，好山被破壞，水質、空氣品質備受訾議，但近年來在高雄市政府的努力下，三座山已停止採挖，民生與工業用水分離，老舊水管全面汰換，水質已獲改善，空氣也因高汙染工廠之遷離而能逐漸改善，未來好山、好水、好空氣是可期待的美夢，因此將以「清新怡人」的基本主張，來全面提升都市生活品質。

（一）課題

1. 本市各河川汙染情況仍多未完全解決，尤以前鎮河更應加速予以整治。
2. 事業廢棄物及建築廢棄土等之處理，未能全程監控掌握。
3. 垃圾分類回收作業有必要再加強。
4. 毒性化學物質管制措施應再加強。
5. 家庭汙水接管率應再加快，道路側溝亦應加強清疏。
6. 公園綠地規劃不夠活潑，且限於公務人力而維修不良。
7. 地下水汙染問題有必要及早因應解決。
8. 海岸溼地及海岸線上需再詳加規劃、管理。
9. 高耗能車輛及玻璃帷幕型建物，均應改變能源使用方式。

（二）對策

1. 建立完整之環境管理計畫，加強市民之環境教育。
2. 落實做好垃圾分類、減量、回收工作。
3. 做好廢棄土清運管理。
4. 加速完成河川汙染整治工程。
5. 推動全民清潔打掃運動。

6. 推動優質飲用水及地下水監控計畫。

7. 加強土壤地下水汙染稽查作業。

8. 鼓勵民間參與公園維護和認養。

9. 公園興建力求主題化。

10. 成立專責單位規劃海洋溼地及海岸線管理。

11. 鼓勵使用低耗能、低汙染車輛。

12. 推動綠色建築的使用觀念。

（三）方案

1. 兩年內完成全國首部之環境管理計畫。

2. 加強垃圾分類、減量，並普設回收箱。

3. 協助民間拾荒業籌設回收合作社，全面做好資源回收。

4. 採用瓦斯公車，並鼓勵改裝瓦斯計程車。

5. 酌予補助市民換購電動機車。

6. 每月擇一日作為全民清潔日，發動全市民眾定期打掃居家四周環境。

7. 加速執行第二階段自來水改善計畫。

8. 加強汙染性工廠之監控。

9. 定地作業計畫，加強地下水及土壤地下水汙染監控稽查。

10. 加速推動家庭汙水接管，預定4年內可提高至20%以上。

11. 推動廢土傾倒三聯單制度，有效追蹤全程運送。

12. 規劃主題式公園，並多鼓勵民間認養公園維護管理。

13. 編印環境教育手冊分送市民，並製作影帶供有線電視臺播放。

14. 在港務局及環保局成立專責單位，管理海岸溼地及海岸線水域。

15. 加強河川整治，並引親水景觀設計。

16. 制定綠色建築的相關規範。

六、富而好禮的終身教育

社會許多亂象及困擾，追根究底乃源於教育認知偏差，以往傳統觀念誤認為只有在學校才是受教育，事實上整個社會互動學習本身就是一所自我成長、自我挑戰的無圍牆學校，因此跨世紀的教育政策，必須使市民都能終身學習，最終目的則是本著提升市民精神文化，進而帶動市民知禮守法，成為一個有涵養和海洋開闊視野之國際公民。

（一）課題

1. 幼稚教育品質及安全性良莠不齊，且私立學費偏高，值得重視。
2. 國小安親班需求日益增加。
3. 市區少數明星小學尚未符合小班教學理想。
4. 公立圖書館缺乏明確特色，且藏書量及種類均待加強。
5. 市民學苑招生應配合需求，更加多元活潑。
6. 各級學校教師諮商能力不足，且輔導師資質量要再加強。
7. 成人市民之電腦資訊教育訓練不足。
8. 市立空中大學應充分配合高、國中之資源，在各區成立分班，讓市民就近就學。
9. 公教員工進修學習意願相當強，應再廣開存送管道。
10. 身心障礙學童就學及教學設備均應再提升。
11. 學校現行課程內容較缺乏國際觀及海洋親水教育。
12. 民間研究機構及智庫組織質量均待強化。

（二）對策

1. 強化幼兒教育及特殊教育。
2. 加強國際事務及海洋親水教育。
3. 增加公教員工進修研習機會。

4. 完成音樂館興建工程。

5. 積極籌建藝術教育館、新圖書總館。

6. 落實國小生活雙語教學。

7. 加強成人電腦資訊教育。

8. 鼓勵民間興辦智庫及研究機構。

9. 強化空大與國、高中教育場地聯繫運用。

10. 改進市民學苑招生方式及授課內容。

（三）方案

1. 推動學前教育課程標準。

2. 全面落實國小課程小班教學。

3. 推動學校資源社區化，利用國小減班後之空餘教室，配合社區開辦安親班。

4. 補助優良、合格幼稚園，促其降低學費。

5. 加強特殊教育及身心障礙教育，營造無障礙學習環境。

6. 籌建鄉土教學中心，供學童田園教學使用。

7. 強制教師接受諮商教育訓練，協助青少年成長。

8. 協調中山、高師大、南師、屏師開辦在職教師進修碩士專班，供本市教師進修研習，提升教學品質。

9. 依據市政發展需求，空中大學與國、高中結合，成立分班，方便學員就近接受面授。

10. 推動市民學苑全年無休招生，加強課程師資安排。

11. 加速完成音樂館興建工程、藝術教育館遷建本市及籌建新圖書總館。

12. 編印認識海洋、國際旅遊及出國遊學等相關手冊，作為中、小學公民課補充教材。

13. 編印符合本土需求之英語教材。

14. 鼓勵民間成立研究機構及智庫，加強市政諮詢功能。

15. 協助電腦業者，共同推動市民免費學電腦30小時活動。

七、創意傳承的社區文化

　　傳統民俗技藝或節慶活動，乃至古物、古蹟、文化遺址，逐漸在地方上消失，將讓後代子孫難以尋根，高雄市政府深信每一個社區的存在，都是當地民眾生活的縮影，因此以「創意傳承」為出發點，來延續並豐富高雄本土特有文化。

（一）課題

1. 具有傳統文化價值之街道、建築、古蹟，常因疏忽而面臨遭破壞的危機。

2. 特殊地方手工藝及民俗技藝有待發揚。

3. 原住民、客家人傳統民俗文化、技藝文物，應有系統維護。

4. 藝文活動未能全市各區普遍發展，致市民參與率偏低。

5. 高雄漁業發展歷程尚待有系統之整理。

6. 認識海洋教育之課程必須再加強。

（二）對策

1. 加強各種史蹟之保存、維護。

2. 成立民俗技藝園區。

3. 鼓勵並補助研習傳統手工藝。

4. 行銷原住民、客家族群節慶活動。

5. 修訂鄉土教學教材。

6. 增闢藝文展演活動場所。

7. 興辦各類型博物館。

8. 興建大型水族館。

9. 成立內惟埤文化專業園區。

10. 加強藝文活動宣導，鼓勵市民參與。

（三）方案

1. 運用事件行銷手法來宣導市民保存古蹟。

2. 促請中央儘速完成民俗技藝園區之興建。

3. 將傳統手工藝列入學校教育，並補助有意願之學校作為重點發展項目。

4. 調查原住民、客家等之民俗節慶，列為本市觀光活動行銷重點。

5. 全面增修國中、小學鄉土教學教材，編印鄉土文化手冊。

6. 協調各大學禮堂、體育館，開放作為社區藝文活動表演場所。

7. 協助並鼓勵民間興建漁業、石化、水泥工業等主題內涵之博物館。

8. 爭取中央同意並補助興建大型水族館。

9. 加速完成經國文化園區及藝術教育館之闢建，提供大型展演場所。

10. 透過媒體刊播及放置於全市各便利商店，方便市民取得藝文活動資料。

八、無憂無懼的公共安全

日本神戶大地震、美國三哩島和前蘇聯車諾比核災、印度帕斯拉化災等重大災難發生後，引起世界各國投入大量人員、經費，思考如何透過有效預防，讓悲劇不再重演。相形之下，臺灣死於交通事故、火災意外及化災事件之人數不亞於一次重大天災災害，因此將以「無憂無懼」的基本主張，來塑造一個安全的生活環境。

（一）課題

1. 高樓建物之耐震度及安全性必須再強化和重視。

2. 少數低窪地區仍有水患之慮。

3. 維生管線的抗震性要再加強。

4. 緊急應變計畫要著重整體性及操作性。

5. 防災能力及聯繫能力應再提升。

6. 防災情報系統應速建構。

7. 多數企業體之自主防災管理能力薄弱。

8. 市民防災意識及應變力普遍不足。

9. 危險及不合格公共場所應再加強查察。

10. 犯罪及交通死角必須設法加以防杜、排除。

（二）對策

1. 提升都市高樓建物之耐震及安全性。

2. 全面改善低窪地區排水設施功能。

3. 確保維生管線系統之安全性，提高其抗震能力。

4. 修正緊急應變計畫。

5. 強制企業主提升防災管理能力。

6. 加強市民防災意識及應變自救能力。

7. 消除危險、不合格公共場所。

8. 消除犯罪及交通死角。

（三）方案

1. 落實大樓及公共場所安全檢查制度，做好廣告物管理。

2. 敦促中油及相關化學物質廠商提出防災計畫，並強化自主防災能力。

3. 修正建築技術規則，提高建物防災能力。

4. 加速完成全市雨汙水下水道幹管埋設工程。

5. 推動共同管道，提升維生系統管線之安全係數。

6. 兩年內完成都市危機管理體系之規劃研究。

7. 強制企業主提出防災管理計畫，定期實施演練，強化自主防災能力。

8. 充實防災人力，建構緊急協調聯繫網。

9. 儘速興建防災教育館，提供市民防災資訊，教育全民自救能力。

10. 推動合格、安全建物標章，印成手冊，提供民眾使用。

11. 全面提升犯罪偵防能力，落實治安淨化區巡查，加裝照明及攝錄影設備，並提升巡邏次數。

12. 全面添裝交通違規攝影設備及道路交通連鎖號誌。

九、豐富魅力的休閒遊憩

　　高雄市境內有山、有海、有河，加上鄰近高雄縣、屏東縣亦有豐富之觀光資源，隨著國人年平均所得水準的提高，以及今年起實施的隔週休二日新制度，正式推動觀光旅遊的最佳契機，因此將以「豐富魅力」作為規劃高雄市民休閒遊憩的基本主張。

（一）課題

1. 旅遊活動與英語其他活動（大型會議、節慶、體育競技）結合。

2. 高雄市縣之風景特色應加強行銷。

3. 海上休閒活動應積極開發且由專業人員經營。

4. 體育及夜間休閒活動質量與設施要再加強規劃。

5. 加速規劃設置大型主題遊樂場所。

6. 遊憩休閒資訊取得管道，應力求充足、多樣。

7. 室內大型公園、綠地應可適度增添簡易型之休閒設施，方便民眾使用。

8. 應充分利用港區碼頭，規劃郵輪停泊碼頭並提供相關設施。

9. 遊艇近海休憩活動亟待積極開發。

（二）對策

1. 加強並策劃各種大型活動及節慶之行銷。

2. 強化高屏三縣市一體之景觀行銷計畫。

3. 推動球隊認養機制，推廣體育休閒活動。

4. 加強本地旅遊及海上休閒活動之人才培養活動開發。

5. 提升高雄市夜間休閒活動質量。

6. 在鄰近鄉鎮規劃主題遊樂區。

7. 活化本市相關業者與高屏兩縣業者之策略聯盟。

8. 加強推展健康休憩活動。

9. 強化市區公用綠地設施及其管理。

（三）方案

1. 節慶及相關活動與旅遊結合計畫。

2. 推銷高屏三市縣觀光景點。

3. 提升高屏市縣道路品質及交通方便性。

4. 推動球隊認養計畫。

5. 促請大專院校增設海上休閒相關學系。

6. 增加高雄市夜間休閒活動（如傳統戲劇、音樂會等）。

7. 引進國內外民間投資興建大型主題園區。

8. 旅行社、飯店、航空公司、遊樂據點採策略聯盟方式，聯合發行相關活動資訊簡介，並加強行銷。

9. 職訓機構及學校增加旅遊專業人員培訓計畫。

10. 結合業者共同出資發行高雄旅遊情報。

11. 鼓勵民間投資興建各種遊憩休閒設施。

12. 加強公園綠地清潔維護管理，增添簡易型之休閒設施。

13. 興建郵輪碼頭，整建旅客服務中心，整合海關、安檢，簡化出入境檢驗程序。

14. 政府首長帶頭倡導海上健康休憩活動。

十、自主靈活的地方財政

　　財政爲所有市政建設之母，高雄市政府配合中央政策，在民國77年至79年間公共設施保留地取得時，曾大量舉債，加之近年公教員工調薪及相關新增業務擴充支出，使得財政自主性降低，因此未來要設法提升稅源能力，並活用各種措施來強化自主靈活能力，作爲財政方面的基本主張。

（一）課題

1. 市區公有土地有待開發利用。

2. 缺乏新型產業進駐，稅源不易有效成長。

3. 市府人事支出成長持續加大。

4. 保健福利支出比例增加。

5. 鼓勵民間興辦公共設施尙待加強。

6. 使用者、受益者、汙染者付費觀念尙未全面落實。

（二）對策

1. 推動公有土地信託或土地證券化，活動公地。

2. 落實零基預算制度精神。

3. 積極招商引進新產業。

4. 制定市府人事總員額相關法規。

5. 推動保健、福利服務採民營化、委外化。

6. 修法鼓勵大企業投資公共事業。

7. 推動使用者、受益者、汙染者付費制度。

（三）方案

1. 首創制定高雄市公有土地信託及證券化等管理暫行辦法。
2. 落實零基預算制度精神，加強公務預算編制及執行。
3. 配合工商經貿專責機構的設立，定期辦理招商，吸引國內外業者前來投資。
4. 配合人事員額法之制定，加強公教員工第二、三專長訓練。
5. 修正公教員工出差一律當日往返（可搭飛機），提高膳宿雜費支出為1,000元或1,500元，以節省差旅費支出。
6. 鼓勵並補助保健、福利專業轉由民間經營，減少政府支出。
7. 配合財政收支劃分法及地方稅法通則公布，制定各種地方稅法。
8. 制定獎勵投資辦法，吸引民間業者前來本市投資興利事業。

十一、溫馨正義的社會福利

　　隨著小家庭制和雙薪家庭的社會發展趨勢，許多原由家庭吸收的工作如待業、育嬰、托幼、老人、身心障礙及重症患者等之照顧工作，如今全落到政府的責任，因此在跨世紀的社會福利工作推動上，以溫馨正義為基本主張，期望能整合有限資源，創造一個正義公平、溫馨祥和的社會。

（一）課題

1. 合格、安全托兒所及老人安養中心，應再加速輔導設立。
2. 托兒所合格師資及保母訓練應擴大培育。
3. 私立托兒所學費偏高，一般中低收入家庭較難負擔。
4. 勞工職場安全應特別重視。
5. 原住民在都市謀生不易且常遭業主剝削。

6. 身心障礙市民照護工作應長期追蹤，並加強支持性就業輔導。

7. 受虐婦女及兒童保護專線之協談人力要再充實。

8. 兒童遊戲場所必須做好安全管理。

9. 單身年邁榮民應納入社會福利照顧。

10. 高齡人力應重新規劃第二春靈活運用。

11. 都市遊民應確實做好追蹤、輔導。

12. 獨居及失智老人照護工作應可再加強。

13. 女性第二專長、自我成長學習要再擴大辦理。

14. 漁民福利應特別給予關照。

（二）對策

1. 推動建立志工制度。

2. 推動合格、安全托兒所及老人安養中心標誌認證制度。

3. 充裕合格保母、幼兒師資人力。

4. 提高幼教津貼補助金額。

5. 加強勞工健檢及職場安全檢查。

6. 加強原住民專長訓練及就業輔導。

7. 指定市立醫院成立身心障礙收容照護中心。

8. 加強身心障礙者專長訓練及就業輔導。

9. 全面清查本市榮民、遊民人數，並納入社會福利照護體系。

10. 加強老人在宅服務及照護設施。

11. 成立高齡人力銀行，並有效運用。

12. 擴大婦女、長青學苑招生名額及訓練課程。

13. 充實漁民福利服務。

（三）方案

1. 結合佛光、慈濟、長老會等宗教團體，全面推動志工制度。

2. 推行愛心志工選拔，提供出國旅遊及免費享有市府公用設施之優待，俾鼓勵市民參與志工服務。

3. 補助有合格標誌之安養中心、托兒所，並編印手冊分送市民參考。

4. 擴大保母訓練班次，以及幼教師資學分班。

5. 衡量財政能力，調增就讀私立幼稚園幼童之幼教津貼。

6. 全面做好工廠安全檢查，補助勞工每年接受健檢乙次。

7. 由市立凱旋醫院成立身心障礙收容照護中心。

8. 輔導身心障礙市民的新職類專長訓練。

9. 輔導原住民接受相關職業專長訓練，並提供就業媒介服務。

10. 促請行政院專案協助原住民經營便利商店、美髮、飲食店及已成立營業車合作社。

11. 補助老人在宅看護設施費用。

12. 配合志工保健，現有家計人員轉型成為社會福利之在宅服務工作隊。

13. 委請大專院校、民間社團，協助辦理各種福利服務措施之規劃工作。

14. 委請本市各職校開辦身心障礙市民之技職專長訓練。

15. 推動興建三代同堂之大坪數國宅，俾維護傳統孝道。

16. 成立榮民在宅服務工作團，專責單身年邁榮民照護工作，並對重症榮民提供專業性服務。

17. 衡量財政能力，全面減免身心障礙市民之就學和醫療費用。

18. 促請中央協助在本市規劃成立南部疫區重度身心障礙者收容照護中心。

19. 成立高齡人力銀行資料庫，協助身心健康且有意願之老人再就業。

20. 利用國小空餘教室，規劃成立社區托兒所及安親班。

21. 清查都市遊民、列冊專案追蹤，適時提供協助。

22. 全面實施老人在宅緊急救護通報系統。

23. 提升對受虐、受暴婦女、兒童之專業處理能力。

24. 利用區里活動中心，以社區教育方式，推動婦女、兒童人身安全保障教育。

25. 利用各級學校現有之禮堂、活動中心，規劃作爲社區青少年活動空間，並印製手冊提供青少年就近利用。

26. 提高漁民海上作業保險金額，保費由政府酌予補助。

27. 補助遠洋作業漁民定期健康檢查費用。

28. 加強男女平權教育課程之講授。

29. 加強女性工作專業能力的開發及養成。

30. 增設婦女學苑、長青學苑之上課地點，並提供多元化、專業性課程。

31. 加強單親家庭的照顧實施方案，擴大照顧單親家庭。

32. 提高低收入家庭就讀私立大專學生之補助費額度。

十二、健康安全的衛生保健

　　活出健康是二十世紀末人類最眞實的希望，因此先進國家政府默不以塑造健康環境爲主要職責，而健康環境的基礎就在於能先有一個完善的衛生保健系統，因此在「健康安全」的基本主張下，提出衛生保健政策，讓全體市民都能活得更健康、更有保障。

（一）課題

1. 市民普遍缺乏正確的保健知識。

2. 全市公民營及區域醫療資源分配要再力求均衡。

3. 市立醫院經營效能要再提升。

4. 老人、慢性病患專屬醫院要再充實。

5. 市民平均壽命較其他縣市為低。

6. 登革熱、腸病毒、愛滋病等傳染病防治工作，應再全面加強。

7. 緊急醫療及救護網功能要再強化。

8. 早期療育及通報系統需及早建立。

9. 外勞健康管理尚待落實。

10. 衛生所功能需及早轉型。

（二）對策

1. 提倡運動健身，建立市民正確的保健知識。

2. 鼓勵合格之醫師、助產士至偏遠地區服務。

3. 規劃市立醫院轉型為照護中心，並推動公設民營。

4. 全面推展40歲以上成人之年度定期健康檢查。

5. 加強傳染病疫情通報及處理體系。

6. 及早建立完整的早期療育及通報系統。

7. 促請仲介公司做好外勞健康檢查。

8. 強化公民營醫院之緊急救護能力及區域支援功能。

9. 加強優生保健宣導與健康生育輔導工作。

10. 衛生所轉型為社區保健營養指導中心。

（三）方案

1. 印製保健及簡易健康運動之手冊，分發全市每家戶各乙本。

2. 協調有線電視臺，每天定時輪流播放市民健康運動及保健常識等影片。

3. 訂定獎勵辦法，鼓勵合格醫師、助產士至偏遠地區服務。

4. 規劃市立醫院轉型為老人、慢性病或重症病患照護中心，並推動公設民營。

5. 全面推展40歲以上成年市民之年度定期健康檢查。

6. 加強登革熱、腸病毒、愛滋病等傳染病之疫情通報，並建立周密之處理體系。

7. 對於引進患病外勞之仲介公司予以重罰。

8. 每年各公民營區域級以上醫院需實施二次緊急救護演練。

9. 加強各市立醫院之化學災害處理設施、人員及能力。

10. 衛生所轉型為在宅看護、營養諮詢、衛生保健、健康指導等社區保健營養指導中心。

十三、安心可靠的民生消費

　　食、衣、住、行、育、樂是所有人生活的基本需求，因此確保市民吃得安心、買得安心、行的安心、玩的安心是政府的基本職責，從近年來不斷發生的食物中毒、買賣糾紛、海砂屋、危險公共場所，在在顯示消費環境仍有再努力加強的必要，因此未來將以「安心可靠」的基本主張，來確保高雄市的民生消費環境。

（一）課題

1. 各種食品檢驗工作仍然不足，尤其是農漁產品的檢驗工作，必須要採更科學化的檢驗程序。

2. 違規工廠、不合法產品、標示不清，消費者難以清楚辨認。

3. 消費者糾紛處處可見，影響弱勢消費者利益。

4. 意外事故發生，企業主脫產行為，令消費被害人求償無門。

5. 合法、正派廠商得不到完整保障，令消費者權益受損。

（二）對策

1. 督導廠商投保意外險、產品責任險。

2. 從原料到成品，推動全面食品檢驗工作。

3. 加強各職業工會運作機能。

4. 強化消費者保護中心的運作機能。

5. 透過大眾傳播媒體，全面公布不法、不誠實商人、廠商名單及不法行為。

6. 推動各行業建立合格、安全標誌。

7. 加強消費者保護教育。

8. 督促業者在用藥、添加劑等方面之品管教育。

（三）方案

1. 促請各同業公會發起意外險、責任險作業，並與保險公司議價，使消費者發生事故時能得到最大保障。

2. 加強各職業工會機能，協助消保工作之推動。

3. 配合組織修編，成立消費者保護中心之專責機關，專司消費者保護工作。

4. 委請各消保團體蒐集不合法、不誠實商人及廠商資料，並定期公布。

5. 鼓勵業者推動安全、合格標誌，供消費者辨認，讓消費者能進一步獲得正確消費資訊。

6. 定期表揚守法業者，並給予行政上優惠措施，並編印安全消費手冊，讓廠商有「好人有好報」之感受。

7. 督導廠商全程做好生產品管教育。

十四、適時適才的人力資源

　　人力資源是企業主的最大資源，而能有高素質的市民則是一個都市未來發展的最大資產，特別是因應全球化及數位化都市的嚴峻挑戰，高雄市在發展全球港灣都市的同時，一方面要能提供充裕人力供企業使用，另方面也要提供市民有更多提升素質的教育訓練。因此，未來將以「適時適才」作為開發人力資源的基本主張。

（一）課題

1. 職業訓練機構應配合季節性和景氣榮枯，及時協助勞工轉業或在職進修。

2. 外勞充斥，影響本地勞工就業及業者缺乏技術升級意願。

3. 業界應有重視證照能力的共識。

4. 勞工及業主都應建立在職進修，俾有效提供專業智慧。

5. 應速成立高科技職業訓練中心，以培育相關的專技人力。

6. 婦女職業參與比例仍應可再提高。

（二）對策

1. 加強各種補習及成人教育，全面掃除文盲，提升市民知識水準。

2. 建請中央有效管制外勞之引進。

3. 強制僱用有證照人力。

4. 加強提供婦女二度就業訓練和機會。

5. 成立新興型明星產業人力訓練中心。

（三）方案

1. 結合高屏地區大學、專校、職校開辦各種推廣教育，並提高市民學苑、婦女學苑之師資人力，全面提升市民人力素質。

2. 促請職訓局或各訓練機構結合本市各職校、專校、大學，充分利用各國小減班後空餘之教室、活動中心開辦各種訓練班，滿足企業主需要並提升勞工之技術能力。

3. 成立外勞管理中心，一方面協助外勞之技術能力能符合本地業主需要，另一方面能進行「量的管理」，提供給本地勞工適度的就業機會。

4. 促請中央透過立法，強制僱用有合格證照之人力。

5. 委請高屏地區大專院校成立新興、高科技產業之人力發展中心。

6. 鼓勵有二度就業意願婦女能參與職業訓練，並提供適當補助。

十五、互助互利的國際交流

面對日益激烈的都市競爭趨勢，如果在競爭過程中彼此能有相互學習和交流互助的機會，必可創造出更和諧的國際新秩序。因此將提倡「學習互助」，作為未來從事國際交流的基本主張。

（一）課題

1. 姊妹市活動常為兩地方政府少數官員例行性的互訪事務，應積極引進市民的實質參與。
2. 姊妹市活動應更多元化，必使市政經驗進入國際舞臺。
3. 外籍新娘的祖國地方政府，是擴展國際事務另一空間，值得重視。
4. 本地廠商赴海外投資或外商前來投資，應特別重視。
5. 技術交流是另一種國際交流的重要管道。
6. 應主動爭取加入地方政府層級組成之國際組織。
7. 高雄市民外語能力須全面提升。
8. 外籍人士學習中文及本地語言的場所和師資要加強。
9. 應能提供外籍人士在臺生活之方便性。

（二）對策

1. 增加或邀請民間加入參與各種姊妹市活動。
2. 開發外籍新娘出身地之城市外交。
3. 要求出國考察提出研習計畫，送學術機構審查。
4. 開發本地企業投資據點姊妹市之關係。
5. 開發來高雄市投資之外國業者其所屬城市之姊妹市關係。
6. 加入國際性地方政府組織。

7. 爭取國際性職訓或技術開發中心在本市設立。

8. 結合高屏地區各大專院校、職校成立各種外語和本土語文學習中心。

9. 編印老外在高雄生活之參考手冊。

（三）方案

1. 加強與國際性地方政府組織（如 WACKA 都市及自治體世界會議、IULA國際自治體聯盟）經驗交流，學習各國地方政府行政經驗，提升高雄市行政水準。

2. 請駐外單位協調各外籍新娘出身地之地方政府意願，並主動提供各種協助，改善我國形象。

3. 選派具備語文能力且有學術研究能力之公務人員出國考察，作為基層政府再造之種子教官。

4. 訂定各種獎勵辦法，獎勵績優公務人員出國，擴展其宏觀視野。

5. 本地臺商前往較多之姊妹市，宜設法成立商務辦事處，成立台商後援基地。

6. 主動提供姊妹市來高雄市設立代表處之場所。

7. 增加或加強各種姊妹市活動，如市政經驗分享、寄宿家庭，以及文化、學術、體育交流。

8. 請高雄市內大專院校及民間團體，藉其姊妹校及姊妹團體的締盟，開發新的姊妹市。

9. 爭取主辦各種國際會議或競技比賽活動，拓展高雄市在國際舞臺的活動機會。

10. 成立東亞地區技術協進訓練中心。

11. 委請高屏地區各大專院校、職校，在本市各區普設外語和本地語言學習中心。

12. 結合民間編印老外在高雄市生活之參考手冊。

十六、共存共榮的區域合作

　　高雄市幅員相當有限，但有其區位優勢條件，若能進一步結合鄰近的廣大腹地、產業、資源，必能成為區域門戶中心，因此將以「共存共榮」的精神，來推動與鄰近縣市的區域合作，共同領航臺灣跨世紀的發展。

（一）課題
1. 南部各縣市的產業發展，缺乏相互關聯性，以致區域發展失衡。
2. 縣市交界處常形成治安之死角，如彭婉如命案。
3. 垃圾處理、空氣汙染防制及取締、水汙染、河川整治，須由縣市共同處理。
4. 公共設施的興建，應有整合共享的區域整體觀。
5. 市縣、區里與鄉鎮間應建立更通暢的溝通機制。

（二）對策
1. 建立跨市縣產業發展會報，並輪流主辦。
2. 建立跨市縣治安會報，由市縣督察人員聯合考核。
3. 建立市縣公害防治會報，共同處理區域性垃圾處理、空氣汙染、水汙染及排水問題。
4. 成立公共設施開發協調會報，解決市縣交界處公共設施之銜接配合問題。
5. 制定回饋及付費辦法，使設置汙染性設施之地方得到合理補償，而使用設施的地區亦要付出相對代價。
6. 定期舉辦區里與鄉鎮公所間之基層聯誼或事務性溝通說明會。

（三）方案
1. 定期或不定期舉行產業發展會報與治安協調會報。

2. 市縣交界設立巡邏箱，供兩地員警共同巡邏，並共同指派督察人員定期查核。

3. 成立市縣聯合稽查隊，共同取締各種公害汙染。

4. 透過都市計畫研擬協調會報，消除跨區間公共設施重複設置之不當。

5. 成立公共設施開發協調會報，解決市縣交界處公共設施之銜接配合問題。

6. 制定回饋及付費辦法，使設置汙染性設施之地方得到合理補償，而使用設施的地區亦要付出相對代價。

7. 定期舉辦區里與鄉鎮公所間之基層聯誼或事務性溝通說明會，加強城鄉各種施政和活動的經驗分享。

十七、前瞻效能的組織重整

　　高雄市政府現行組織架構與臺灣省各縣市政府，甚至臺北市政府沒有太大差別，面對未來日益繁雜之挑戰以及港口都市之特性，有必要以「前瞻效能」的精神，對現行組織重新加以檢討，俾貫徹政府再造的歷史使命。

（一）課題

1. 部分局處因業務萎縮，有必要重新調整。

2. 新增業務應可設立專責機構來推動。

3. 部分局處業務應更改，才能開創新局面。

4. 組織重整之同時，要使公務員安心工作。

5. 組織重整要排除員額膨脹之考量。

（二）對策

1. 裁減歸併或調整部分局處，增設新局處。

2. 妥定人力轉型、第二專長教育計畫。

3. 研訂優惠資遣或退休辦法。

4. 研訂市府專員相關法規。

5. 加強公務員供內部溝通管道。

6. 全面清查市府現有可委外、民營化、公私協力、減量化之業務。

（三）方案

1. 全面修訂高雄市政府組織規程，並研擬總員額相關辦法。

2. 裁併組織：建設、勞工、國宅、地政、兵役、新聞、祕書、研考、法規、訴願等機關。

3. 新增組織：交通局、文化局、港灣事務局、都市發展局、國際事務局、行政管理局、經濟勞動局。

4. 組織更名：民政局改為市民生活局，工務局改為公共工程局（處）。

5. 委請各大學、技術學院，針對新增局處業務，開設相關研習課程，提供有意轉型之同仁進修，由市府負擔費用，並發給學分證明。

6. 針對機構裁併或調整，由相關主管同仁詳細妥適溝通、說明，俾使先排除不當反彈情緒。

7. 推動業務委外辦理、民營化、公司協力及減量化計畫，積極引進民間資源參與市政建設。

十八、透明公開的市政資訊

　　高雄市政府近年來一直致力在市政資訊公開，如民意資訊管理系統的開發、市長電子信箱、網際網路市府首頁等，因此，未來將以「透明公開」的精神，縝密規劃跨世紀的資訊政策，俾使所有市政資訊都能公開攤在陽光下，接受全體市民的檢視和監督。

（一）課題

1. 市政資料要能全面上網。

2. 資料出版品要儘量公開展售，讓市民容易取得參閱。

3. 市民尚缺乏付費取得市政資料及出版品的觀念。

4. 市政府採購招標資料應運用各種媒體管道，讓市民更容易取得。

（二）對策

1. 推動市政法規及統計資料全面上電腦網路刊播。

2. 市政府出版品委外出版、展售。

3. 推動各機關年度預算書及政策白皮書之公開展售。

4. 每月定期編印市府出版品手冊。

5. 研訂個人資訊保護的相關法規。

6. 市政府採購招標案件資料，定期公告並集中上電腦網路。

（三）方案

1. 市政府所有法規及統計資料定期全面上電腦網路刊播。

2. 將市政府出版品提供給民間印製出版及展售。

3. 每一行政區擇請一至二家書店展售市政府出版品。

4. 各圖書分館闢設專櫃展示市政出版品，供市民借閱。

5. 各機關按年度定期編印政策白皮書，送至各圖書分館及本市各大
專院校圖書館典藏、公開展示。

6. 市政府配合市府公報之印製，每月定期編印市府出版品手冊。

7. 研訂全國第一部個人資訊保護辦法。

8. 市政府採購招標案件資料，定期於媒體公告，並集中於電腦網路
之市府首頁中刊播。

十九、效率便民的流程簡化

　　高雄市政府多年來致力提升爲民服務的效率和品質，屢獲中央肯定和民衆好評，而爲求能進一步全面提升服務品質，以滿足民衆日益多元複雜的需求，因此提出「效率便民」的流程簡化，作爲政府再造的新任務，已積極回應民衆的期望。

（一）課題

1. 少數公務人員未熟悉電腦操作。
2. 市府所屬機關公文作業尚未全部採電腦網路交換傳遞。
3. 機關間之會簽、會辦公文過多且時間長。
4. 行政授權有必要再強化。
5. 第一櫃檯人員服務時間應採彈性制度。
6. 員工接受在職教育進修的意願應再加強。

（二）對策

1. 加強訓練市府員工熟悉電腦操作及網路知識。
2. 鼓勵員工提供業務改進之建議。
3. 修正工作流程。
4. 減少機關間之會辦、會簽，並縮短作業時間。
5. 檢討分層負責明細，擴大授權。
6. 改進各項業務櫃檯服務作業方式及時間。

（三）方案

1. 推動員工提案獎勵制度，鼓勵員工踴躍提出業務改進提案。
2. 開辦品管圈基本學習課程，要求員工每人參與一至三天密集訓練。
3. 推動ISO 9000標準作業流程。

4. 透過電子公文網路作業，減少公文會簽、會辦，並縮短作業時間。

5. 善用網際網路單一窗口制度，力求「一處受理、全程服務」。

6. 全面檢討各機關分層負責明細，擴大業務決行授權。

7. 員工參與各種在職進修受訓，比照大學、研究所學分班，並發給受訓證明，滿相當學分數可比照提敘俸級，俾鼓勵員工提高進修意願。

二十、興利除弊的法制再造

公務人員是依法行政，但卻又常因缺乏彈性的作業規定而造成市民不便及困擾，甚至有更多因目前缺乏適當法規，而無法主動解決民眾紛雜的問題，因此未來將以「興利除弊」的精神，全面進行法制再造，俾能真正為全體市民謀福利。

（一）課題

1. 各局處員工應再加強法學教育。

2. 市府許多法令有必要儘速全面修正。

3. 新興業務或行業應速立法管理。

4. 法規草案提出前，較少先經過公聽會程序。

5. 民眾不易取得市府法規資料。

6. 訴願作業應排除讓民眾有官官相護的不當感受。

（二）對策

1. 加強員工法學基本教育訓練。

2. 限期要求各局處提出修法或立法計畫。

3. 建立公聽會制度。

4. 增設市政法規閱讀室。

5. 訴願會及法規會委員應再提高非政府代表名額比例。

（三）方案

1. 編印適合市政工作需求的法學緒論、立法技術等教材，分送每位員工研讀。

2. 要求各局處於二年內就其主管業務，提出修法或立法計畫。

3. 儘速完成制定公聽會實施辦法。

4. 各圖書館、市府所屬機關提供場所放置各類市法規，供民眾方便取閱，並指定書店展售。

5. 市法規及相關作業規定，全面上電腦網路，俾使市民方便閱覽參探。

6. 加強國外地方政府相關法規的蒐集、研析，俾利立法作業。

7. 提高訴願會及法規會非政府代表委員之名額比例，盡可能按行業不同之比例聘任。

第三節　區域發展計畫

　　在總論及部門發展計畫已對高雄市整體未來發展，做了前瞻、宏觀的規劃，另一方面，對於市民日常生活切身攸關的周遭環境，更需要具體務實地提出改善計畫和發展構想，因此根據總論及部門計畫所勾勒出的建設計畫，配合地方社區特性，落實到各行政區，並描繪出各區未來願景。再者，高雄市與鄰近的高、屏兩縣，更應建立「共同生活圈」的夥伴關係，因此有必要就整個大高雄都會區整體發展之需要，提出高屏縣市街鎮的分工計畫，俾發揮區域整合的領航機能。

一、高雄市都市分區願景及計畫

（一）鼓山區：山海一家文化城

　　針對有山、有海、有大學及經國文化園區等特性，把鼓山區建設為一文化城，其重點建設有：

1. 興建郵輪碼頭及改建新的港務大樓。
2. 推動新濱碼頭毗鄰地區都市再造計畫。
3. 興建海上活動（旅遊）碼頭及中心。
4. 興建漁業博物館、合板工業博物館、水泥工業博物館。
5. 以哈瑪星、元亨寺、龍泉寺為中心，闢建大型停車場。
6. 完成闢建柴山自然公園。
7. 完成國立藝術教育館遷建計畫。
8. 內惟埤公園塑造主題特色。
9. 興建完成經國文化園區相關設施。
10. 推動原生植物園周圍地區為優質住宅區。

（二）鹽埕、前金、新興區：風華再現新都心

　　鹽埕、前金、新興三區為高雄市商業精華區，為促成其商機再生，因此以「風華再現」的精神，予以重新規劃，其重點建設有：

1. 利用哨船頭、遊客碼頭、鹽埕蓬萊區之既有碼頭，規劃為新式水岸購物休閒區。
2. 以工商展覽中心為主，規劃為時尚中心（fashion center）。
3. 以中華四路、中正三、四路為主，規劃為金融區。
4. 以商店造街的都市更新方式，將新樂街、新崛江闢建為新式商店街。
5. 闢建停車場，解決市中心區停車問題。
6. 整建愛河沿線護岸，規劃為河岸藝術休閒大道。

7. 利用國、高中現有教室、設備與大學合作，推展夜間進修之推廣
   教育。

8. 配合捷運工程，推動捷運車站、中央公園聯合開發。

（三）苓雅區：健康文化貿易城

苓雅區爲目前市政中心所在，區內有大學、文化中心、四所市立
醫院、體育場、技擊館、國際標準游泳池等機關設施，配合多功能經
貿園區規劃設置，將本區規劃爲健康文化貿易城，其重點建設有：

1. 資訊港（Teleport）。

2. 大型購物中心。

3. 國際會議中心。

4. 以文化中心爲主，規劃爲書香街及表演藝術園區。

5. 保健、醫療專業園區。

6. 中小企業資訊中心。

7. 結合中正體育場、國際標準游泳池、技擊館，成爲體育專業園
   區。

（四）三民區：族群共融生活城

三民區爲高雄市最大行政區，幅員面積大，新舊社區並存，且外
縣市移入人口比例高，因此本區將以族群共融的精神，規劃擁有多元
文化特色的生活中心，其重點建設有：

1. 以火車站爲中心，作爲陸運轉運中心。

2. 以科學工藝博物館爲中心，規劃科學教育園區。

3. 以火車站兩側延伸，推動商店街。

4. 以客家文物館爲中心，規劃客族文化特區。

5. 闢設金獅湖休閒主題館。

6. 成立物流專業園區。

7. 成立汽車修護專業區。

（五）楠梓區：田園風光科技城

　　楠梓區是目前少數能保存田園風光的行政區，配合高雄大學興建及加工區轉型，將重新定位為具有田園特殊風光的科技城，其重點建設有：

1. 大學城。
2. 海洋專業育成中心及船航研發中心。
3. 闢設觀光休閒性質之農場（果園）、漁場。
4. 智慧工業園區。
5. 闢設半屏山生態公園。
6. 向中央爭取設立第二座國家圖書館。

（六）左營區：交通要衝副都心

　　左營區未來有高鐵終點站，加上有南二高、快速道路之交流道，是未來高雄市交通要衝，因此可朝副都心方向發展，其重點建設有：

1. 以左訓中心為主，發展體育園區及體育醫學中心。
2. 規劃興建大型棒球場。
3. 蓮池潭進一步闢設水上遊樂園。
4. 加速完成民俗技藝園區之興建工程。
5. 推動舊部落更新，發展為新式商業區。
6. 推動高鐵、捷運場站聯合開發。
7. 推動原生植物園周圍地區為優質住宅區。

（七）前鎮區：經貿休閒海上城

　　前鎮區的最大特色為加工出口區及前鎮漁市場，因此未來發展將

以海為主題，帶動本區發展，其重點建設有：

1. 規劃興建大型水族館。

2. 引進海上旅遊。

3. 成立漁業育成及情報中心。

4. 物流倉儲專業園區。

5. 假日漁市場。

6. 興建漁民平價住宅。

7. 加速完成港區聯外道路系統。

（八）小港區：海空一體工業城

　　小港區最大特色有國際機場，配合填海造陸計畫之執行，未來發展將配合海空聯運之優勢條件，發展各種新興工業，其重點建設有：

1. 物流專業區。

2. 軌道工業、環保工業、生物科技等研發中心。

3. 船舶試驗室。

4. 海洋專業園區。

5. 造船工業園區。

6. 機械工業研發中心。

7. 興建勞工平價住宅區。

8. 以市立空大為中心，結合當地國、高中成立社區學院。

9. 中小企業育成中心。

10. 闢設觀光農場。

（九）旗津區：海上樂園休閒城

　　旗津區四周環海，海洋為其最大資產，加上境內有甚多古蹟，因此未來朝海洋休閒方向發展，其重點建設有：

1. 建構機能完善、安全之水上活動區。
2. 闢設衛生、舒適之海鮮街。
3. 規劃觀光纜車及海上觀光交通船。
4. 設立遊艇學校。
5. 興建漁民平價住宅。
6. 路上休閒性質之觀光漁業區。

二、地區分工發展構想

　　配合南部區域計畫、高雄都會區實質發展計畫，以及落實將高雄市縣與屏東縣整體配合，發展成為一個具有陸、海、空聯運機能的國際海洋都會，高雄市政府有必要就高屏兩縣毗鄰地區的發展，提出可相互配合分工發展之願景藍圖，期盼共同致力關心、參與大高雄都會區域的未來建設，使大高雄都會區三縣市民眾能夠共享二十一世紀的繁榮進步成果。

　　對高雄縣提供之規劃構想：

（一）旗美九鄉鎮：生態旅遊城

　　將九鄉鎮的田野資源整合，發展具有獨特體驗性的生態休閒旅遊。

（二）路竹、湖內、阿蓮、田寮：科技城

　　發展四鄉生物科技工業，成立南部第二科學園區，並將傳統耗能農業轉型為精緻農業。

（三）楠梓、彌陀、永安、茄定：海洋城

　　發展四鄉為一海洋事業園區，規劃作為休閒漁業之定點基地，並強化興達港的遠洋漁業作業能力，並與前鎮、東港兩漁場相配合。

（四）岡山、橋頭：商業大學城

將兩鄉鎮規劃為一新式商業中心，輔以高雄大學可在新市鎮內增設之分校區，並規劃興建平價住宅，吸引人口進駐。

（五）燕巢：大學城

將鄉境內已有的多所大學作全盤整合，成為具有地方特色的大學城，帶動地方繁榮，並將傳統農業轉型為休閒農業。

（六）大社、仁武、大樹：工業城

三鄉的重點在將鄉境內現有之工業區，轉型為都會工業及發展市民農園。

（七）大寮、林園：工業城

將兩鄉工業區轉型為環保工業區及軌道工業區，並設立物流轉運中心。

（八）鳳山、鳥松：副都心

強化商業、資訊管理機能，使具有成為承接高雄市工商發展之衛星副都市中心，並提供平價勞工住宅。

第四節　結語

高雄市是一個快速成長的城市，更是一個蘊含無限發展潛力的大都會，得天獨厚，擁有臺灣最大、最好的港口，是全世界第三大貨櫃港所在，更是我國最重要的重工業中心。便捷的陸、海、空運輸網路、廣大的腹地、良好的工業基礎、宏大的商業規模、最佳的地理位置……優越的條件聚集一身，加上本身所展現年輕有勁、氣勢旺盛的都市特色，使得高雄成為臺灣的心臟，並散發出迷人的城市風采。

　　高雄市政府即深刻體認到高雄市的非凡特質，深感責任重大，於是不斷地自我期許，始終抱持著「誠、公、廉、能、和」的精神與「心中有愛、無欲則剛、開誠布公、樂觀奮鬥」的態度，與市民同呼吸、共參與，所念茲在茲者，莫不在於市政工作，時時刻刻為推動市政建設，增進市民福祉，全力以赴。全心全意地投注與付出，用心地經營以確保本市能符合現代化都市應有的生活品質。高雄市政府經營高雄市的最高目標，就是以促進現代化、國際化塑造都市風格方式建設一個安全、便捷、舒適、精緻，能夠實現社會公平正義，使每一位生活在其中的人都有發展希望的城市。

　　「用之則行」是高雄市政府堅守的服務信念，經過長期不斷地努力與爭取下，有很多工作已得到市議會及全體市民的支持，也得到中央重視，當然也有很多工作有所突破及正積極的進展中。例如：爭取設立高雄大學、提高捷運興建經費補助、市區鐵路地下化、市港合一等，除市港合一涉及的範圍較為廣泛、複雜，距市民期望的目標還有一段距離外，其他三項都已有突破性發展。其他對高雄市未來發展具有關鍵影響問題，高雄市政府亦能深切掌握重點，全力以赴，同樣獲得突破性成果。比如，爭取中油公司在高雄市繳交合理營業稅、爭取第四家無線電視臺在高雄市設置等，已獲共識。高雄市政府深信要建設高雄市成為世界第一流的城市並非不可能，故而致力扭轉早期以重工業為主的都市形態，促使轉化成高科技、自動化、低汙染、工商並重的都市形態，並爭取設置亞太營運特區，發展國際性的現代化產業中心，以建設高雄市成為工商港灣大都市。

附錄二

民國95年高雄市民選直轄市
市長黃俊英教授競選白皮書

第一節　我的競選宣言

一、引言

　　四年前俊英以少數票數落敗，無法爲高雄市父老兄弟姊妹服務，四年來眼看著高雄市父老生活一天比一天艱困，一天比一天不快樂，深深自責爲何四年前不會再努力一點；爲了彌補四年前的抱歉，俊英本著高雄出生，深受這片土地栽培的讀書人的責任，再一次爭取爲高雄市民服務的機會。

　　民國77年舉家南遷到出生地，身爲一位在地人，看到許多父老兄弟姊妹在高雄創業、起家、圓夢，也見證高雄二十多年來的繁榮進步。但是自從號稱「綠色執政、品質保證」的民進黨入主高雄市政府，七年多來高雄人看不到希望，喪失過去打拚築夢、尋夢鬥志，只能在嘆氣無奈中過日子，當然也加速高雄在國際城市間競爭力的落後。這是我們高雄人的宿命嗎？高雄鄉親甘心認命嗎？

　　看到近年來高雄逐漸邊緣化，個人深表憂心，加上目前執政的民進黨不論是中央或地方都早已與民意背離，而高雄市政府對於最近不斷浮現的種種弊端和缺失，口口聲聲「一切都可接受公評」，卻又不敢把所有文件資料攤在陽光下。對於如此「執政傲慢」（臺南縣長蘇煥智在94年底三合一選後，對民進黨輔選策略失敗的批評用語）的政黨，更加深個人應該勇敢站出來，爲這片土地及市民貢獻與服務，讓高雄市在新世紀的全球競爭中能開創自己該有的一片天地，讓高雄人能重新築夢、尋夢，也回復高雄人才都能返鄉來築夢、圓夢，做伙來繁榮咱的高雄。

　　高雄，曾經是每一個高雄人的驕傲，它是臺灣最大的工業城，臺灣的第二大都市。如今工業的產值已被新竹縣市取代，高雄作爲臺灣經濟心臟的地位已在消退。市民平均所得只能排在臺灣第七位。要如

何振興高雄產業，讓高雄人重新找回尊嚴，應該是一位市政領導人最重要也必須及早思考對策的課題。

要振興高雄，首先是要能勾勒出高雄未來具體可行的遠景藍圖。回顧民國87年12月25日民進黨主政高雄當天，謝長廷先生即以「向大海宣誓」的架勢提出「海洋首都」的遠景，但是經過七年多了，咱高雄人不但看不見海洋首都的詳細規劃及具體計畫書，也看不到要如何建設「海洋首都」的配套作法。只有看到口號治市，從「友善城市」、「健康都市」到「水岸花香都市」，一付「以市養市」的荒謬，配合著各種浮華不實的活動，既無助於帶動高雄經濟的發展，更無法挹注市民的荷包。

因此，高雄人看到的是自己都市一年又一年的沉淪，失業率居高不下，關廠比設廠多，市民平均收入比往年減少。這些事實證明民進黨是一個選舉政黨，毫無治理市政的能力。謝長廷先生一如早期國民黨的官派市長，無心在高雄市政，任期未滿，就走人，無視「情定高雄」的承諾，也證明民進黨在欺騙「高雄人」。因此高雄絕對需要一位深耕地方、最瞭解地方的市政領導人，能和一百五十萬市民一起努力，不但要讓高雄恢復過去「臺灣經濟心臟」的地位，更要擺脫沉淪悲情的宿命，讓高雄成為東南亞、海峽西岸經濟帶的核心。

高雄人要找回尊嚴及自信心，首先要使高雄人能有再出發的原動力，也就是要再激發出高雄人有尋夢、圓夢的希望，透過夢想來找到高雄未來發展應有的方向及重點。

二、我的未來施政主張

面對未來的時代潮流及高雄亟待解決的課題，個人首先提出十大主張來強化都市的競爭力，並提升市政服務品質及廉潔度。這十大主張包括：

1. 一個信念：以民為主。

2. 兩項施政原則：廉潔誠信、團結效能。

3. 三種建設構面：生活、生產、生態並籌。

4. 四樣活化策略：公私協力、民營化、委外經營、減量化。

5. 五大經營方向：安全、便捷、舒適、精緻、公平。

6. 六條利民準繩：安心、安穩、安定、安適、安居、安樂。

7. 七個興利園區：經貿物流園區、文化時尚園區、體育園區、智慧工業園區、學術研發園區、資訊港埠園區、企業園區或灌能園區（enterprise or empowerment zone）。【市府目前推動的包括多功能經貿園區、軟體科學園區、生物科技園區、航空貨運園區、自由貿易港區等五大園區】

8. 八項脫胎目標：創造財富、充分就業、文化殿堂、資訊中心、健康便利、安全舒適、終身學習、溫馨福利。

9. 九類主導產業：石化產業群、能源產業群、金屬工業群、資訊通信產業群、文化創意產業群、海洋產業群、環保產業群、生產服務產業群、生物技術產業群。

10. 十款發展功能：數位城市、物流城市、循環城市、整備城市、經濟城市、創業城市、魅力城市、寧適城市、海洋城市、製造城市。

（一）一個信念

「以民為主」是高雄市政府全體市政、區政、里鄰工作同仁應該秉持的服務理念。這一項主張與市民自主性、地方自治分權的兩項挑戰不謀而合。為了能將此信念落實到市政日常作為，唯有真正關懷、服務的政府，才會讓市民真正做主。關懷包括積極、良心、責任及效率；服務包括誠意、活力、創新、價值、深刻及溝通。今後市府同仁將以這十項信念作為圭臬，在策定各種計畫、法規時，能以關懷

為出發點，講求良心、積極、負責任及高效率；在提供服務時都能展現出誠意、活力，時時不忘創新，給市民有價值感及深刻印象，並隨時做好溝通工作，使市民都能享有賓至如歸的溫馨服務。

（二）兩項施政原則

隨著國際化的發展，都市間的競爭日益激烈，要吸引民眾願意前來定居、就學、就業、旅遊，國內外工商業及資金願意前來設廠或投資，政府扮演著相當重要的主導角色。面對這些挑戰，高雄市政府應提出廉潔誠信、團結效能的兩大施政原則。廉潔誠信是強調市政府全體人員不但拒收任何不當利益，更會不計報酬，主動協助有意前來高雄市定居、就學、投資、設廠的民眾，提供圓滿服務。團結效能促使高雄市政府所有員工上下一心，提供單一窗口且「一處受理、全程服務」，充分發揮「小而能」的服務效能，並與全體市民雙向互動，共同打拚，創造另一波高雄榮景。

（三）三種建設構面

生產、生活、生態是永續發展所揭示的三大價值。在面對保護地球、重視生態、技術發展快速及重視生活品質等挑戰，高雄市所應推動的新世紀建設也格外的艱鉅，因此必須把握生產高、生活健康、生態平衡的三大建設構面。生產力高追求引進低耗能、高附加價值、高產值且為未來市場主流的明星產業；生活健康要求所有的生產或建設，均能以市民的健康為優先考量；生態平衡是要讓所有建設絕不再損及大自然的永續使用。以此三構面促使市政工作能有一整體發展，創造生活品質、生態永續和生產競爭三贏目標。

（四）四樣活化策略

政府萬能、形式主義、防弊為先等傳統行政觀念，在在阻礙各

種服務或建設能量的發揮，使得目前各種建設或服務的提供都顯得不足或落後，因此提出四項活化市政的新策略：公私協力、民營化、委外經營、減量化，來引進民間雄厚的資源，投入各項重大的基礎建設和公共服務，有效回應地方分權、市民自主及參與等挑戰。公私協力是由政府與民間合作集資並提供人才、知識、技術參與建設或提供服務；民營化可將市政府之專業機構釋出由私人經營，降低政府長期經營績效不彰之困境，降低政府公務預算支出；委外經營將全面檢討政府業務較不涉及公權力之部分交由民間代勞，降低政府用人成本；減量化應將政府不必要或不合時宜工作剔除，或交由民間來接手，以有效精簡政府人事員額。

（五）五大經營方向

市民未來需要什麼樣的生活環境，正是高雄市政府新世紀所必須努力經營的方向。從當前世界各大都市發展成長的經驗，應有五大經營方向：安全、便捷、舒適、精緻、公正（正義），可作為高雄市政工作再努力之標的。安全是指提供市民一個免於恐懼、威脅，並有充分保障的生活環境；便捷是指提供市民便利快速之海、陸、空運輸，並有良好之資訊網路設施，讓市民、廠商都能輕鬆取得其所需要之資訊；舒適是指提供所有市民一個通行無阻之無障礙環境，以滿足高齡及身心障礙市民之需求；精緻是指提供市民活潑多樣的遊憩休閒活動，並能保存各種多元文化，使整個都市充滿人文氣息；公平則需讓市民都能有平等機會接受教育、福利等之服務，同時秉於正義公道，關懷弱勢及特殊族群，讓社會充滿互助祥和。

（六）六條利民準繩

為了讓全體市民都能確實衡量市政府有無做好市政經營和服務工作，因此特提出安心、安穩、安定、安適、安居、安樂等六條評估準

繩。

1. 安心：讓市民日常生活中都能吃、用、買、玩得安全放心。

2. 安穩：讓所有前來本市投資或工作民眾，都能安全穩當。

3. 安定：讓市民不會受到不當干擾，而能擁有正常作息。

4. 安適：讓市民在工作、通勤、購物、休憩都有一個安全舒適環境。

5. 安居：讓市民擁有平安無慮的居住環境。

6. 安樂：讓市民不論養育、教育、遊樂，都能在安全快樂情境下成長、完成。

（七）七項興利園區

為了協助市民都能創造財富、充分就業，進而擴大稅基，有效紓解本市財政壓力，並作好各種技術引進，讓每位市民未來的工作及居住地點更為接近，高雄市政府提出七個興利園區。

1. 經貿物流園區：以高雄海空港之優勢，加上地利之便，鄰近目前世界工廠及未來消費市場的中國大陸，配合目前自由貿易區相關規定，應積極招商將高雄市打造為經貿物流園區，儘速在全球供應鏈下扮演各國大企業前來高雄組裝、加工、運籌等機制。

2. 文化時尚園區：哈瑪星、鹽埕埔、苓雅寮、內惟埤等高雄早期發展地區，目前多呈現沒落情況，應仿照國外水岸再生作法，推動水岸地區再生計畫，積極招商並培育本土業者，將這些地區規劃為文化時尚（fashion）園區，發展內容可包括國際會議中心、工商展覽中心、創意設計中心。

3. 體育園區：將高雄左訓中心及中正體育場兩處闢建為體育園區，配合地區內大學體育系、醫學系，規劃成為全國體育教育訓練、運動醫學研究中心，並配合2009年世界運動會，培育未來運動休閒產業。

4. 智慧工業園區：積極協助高雄市目前工業區規劃轉型為智慧工業園區，使閒置廠房、工地，能在市府協助下引進新興或未來主導產業，重新活化啓用，活絡高雄經濟。

5. 學術研發園區：將國立高雄大學結合楠梓加工區；海洋大學、高雄第一科技大學、高雄應用科技大學與金屬工業中心、中油，整合成為兼具研究和實務的學術研究園區。內設技術情報中心、中小企業育成中心，以及科技顧問中心。

6. 資訊港埠園區：將高雄舊港區重新規劃的資訊港，結合資訊通信及軟體工業的引進，儘速發展成為一個資訊港（Teleport），並積極建設新港區，以迎頭趕上深圳、上海、釜山，取回東亞霸主地位。

7. 企業園區或灌能（empowerment）園區：推動舊市區再生或工業轉型，特率先引進「灌能園區」之新觀念在國內推動，並透過地方制度法制定相關自治條例，以便在合法的程序下，讓舊市區或工業區能及早恢復往日風采和取得再發展之機會。

（八）八項脫胎目標

參考歐美及日本先進都市的發展經驗，一個機能完整的都市才能充分滿足居民應有的生活需求，因此規劃出八項脫胎目標，作為高雄追求都市建設的期許。

1. 創造財富：高雄市要能進一步提供創造財富的機會，自然會吸引更多築夢人前來定居、就業、就學、投資或商務考察，如此就會帶動都市之進步、成長。

2. 充分就業：面臨當前全世界各國激烈競爭的惡劣情勢，高雄市要以全球海洋都市作為發展定位，據以發展出各種相關的新產業、新建設，讓高雄在未來有更多就業機會。

3. 文化殿堂：臺灣本土特有文化近年來逐漸受到重視，因此市

府應致力把高雄打造成為臺灣文化的殿堂，並以此為出發點來豐富市民之日常生活。

4. 資訊中心：掌握資訊科技，重視商情訊息的蒐集、整合、流通、運用，是未來政府、企業、個人要能掌握競爭優勢的最大利器，因此市府應整合轄內各大學院校、各大企業及智庫組織，以「專業規劃、智庫參與、市民聽證」的運作方式，共同打造高雄市成為區域資訊中心。

5. 健康便利：追求生活健康、便利是每位市民的希望，而提供生活健康、便利更是一個政府無可推卸的基本責任，因此營造一個讓市民食、衣、住、行都能健康方便，是高雄市政府的首要工作。

6. 安全舒適：在追求健康便利之同時，居家、工作、休閒、就學、購物更需要有一個安全舒適的環境，因此未來高雄市政府應投入更多努力，讓市民能擁有一個真正安全舒適之環境。

7. 終身學習：處在資訊爆炸時代，各方面環境都在急遽變化，面對此一趨勢，終身學習的推廣，讓每位公教員工及所有市民都能在一個學習型社會的組織環境下，不斷充實自我，提升競爭力，帶動全市整體文化素質的成長。

8. 溫馨福利：各大都會地區無可避免都會存在一些弱勢團體或族群，高雄市政府應全面整合政府及民間資源，全力予以照顧，俾使族群更加融合、社會更和諧。

（九）九種主導產業

傳統產業空洞化及新興產業發展不夠成熟，是目前高雄經濟最大困境。要突破此一困境，當然需要一套完整的產業政策，而這個產業政策最核心部分在於建構核心主導產業，來帶領高雄經濟再次起飛。參考目前各先進都市的發展經驗，提出未來高雄可發展的九種主導產業，這些產業可以採用美國知名管理學者Porter的產業群

（cluster）模式來建構。

1. 石化產業群

　　石化業的產業鏈非常龐大，帶動就業人數相當可觀。高雄一向是臺灣石化業的重鎮，石化業在高雄經濟發展也一直扮演著十分重要的地位，也對高雄的經濟有著不可抹滅的貢獻。但近十多年來的環保工安事業以及製程落後所帶來汙染，使高雄人尤其是左楠地區的後勁民眾對這個產業失去信心。但觀察新加坡裕廊島、荷蘭鹿特丹以及比利時安特衛普等石化園區，也都位在人口相當密集的都會區發展，因此高雄石化業發展的關鍵不在後勁地區民眾的反對，反而是在主事者（中油）這位龍頭能不能與其中、下游業者有誠意的做好環保工作，引進新技術、新設備，加上好管理。面對臺灣未來的發展，石化業仍是不可少的產業，高雄過去有相當的紮實基礎，實在不必輕言放棄，相形之下，更要以「產業群聚」的觀念引領另一個產業環保工業，使臺灣的石化業也能清潔無害生產，因此未來市政府要以清潔生產之理念來帶動石化業的發展。

2. 金屬產業群

　　中鋼、中船是少數將企業總部放置在高雄的大型公司，兩家的公司核心都與金屬有關，中船可說得上是中鋼下游業。近年中鋼拜國際鋼品價格上昂，獲利不少，但對帶動高雄金屬相關產業卻缺少直接助益，因此未來主張以中鋼、中船為核心，積極帶動造船業重回國際市場，並以兩家為核心進行帶動軌道及車輛製造工業，以及其零組件，使鋼鐵製造的附加價值提升，帶動更多工作機會。

3. 能源產業群

　　能源為各項產業的基礎，面對石油即將枯竭的危機以及石油價格不斷攀升的壓力，各國莫不積極在致力開發新能源或替代能源，也在推動各種節能、省能產業。面對此一潮流趨勢，高雄市有充足日光和

大量固體廢棄物的產生，鄰近海域又有豐沛的水和甲烷儲存，高雄實在可朝此方向努力，除可帶動高雄的工作機會，亦即就這些清潔的替代能源來加速高雄環境品質的提升。

4. 資訊通信產業群

ICT產業群為目前各先進都市的主力產業之一，高雄軟體科學園區開發以來，其所面臨的困境，主因在主事者受到部分業者的影響，執意發展數位內容產業，而未能充分掌握產業的整體競爭情勢，以及其他都市對於ICT產業的發展策略。未來高雄市應參照各先進都市的經驗，積極引進ICT產業進駐高雄，並配合路科、南科兩個園區來創造南臺灣另一波經濟成長。

5. 文化創意產業群

文化創意產業是目前歐美各國的主力產業，我國政府也在近年引進此一概念。檢視目前各國的作法，中文概念為主的文化創意仍有相當大空間可去努力，因此未來高雄市可進一步效仿各先進都市如倫敦、巴黎、雪梨、新加坡的作法，儘速制定有效策略，使這項產業能夠在高雄生根發展。

6. 海洋產業群

高雄以海起家，但對海洋產業一直局限在漁業、造船、航運以及水產製造，而對新興的海洋產業著墨不多，如海洋旅遊（郵輪）、海洋生物科技、海洋工程、海洋能源探勘，而這些新興的產業是目前許多港口城市大力引進的項目，值得高雄市進一步訂定發展策略來帶動。

7. 環保產業群

由於地球被嚴重破壞，加上目前世界各國都致力於永續發展工作，因此衍生出一項新興產業——環保產業。此外，目前歐美日等

先進國家都在推動企業社會責任（CSR）及環保會計，督促各項產業做好汙染防治並修復環境。高雄過去深受環境汙染之苦，目前仍持續中，因此高雄致力發展本項產業不但可以解決己身之苦，技術、設備若成熟又可作輸出，尤其是中國大陸近二十多年來的改革開放，已不斷產生相當嚴重的環境問題，這將會是高雄環保產業的潛在市場，如此將帶動高雄另一波就業機會。

8. 生產服務產業群

爲了強化工業競爭力及智慧財產權的保護，以及提供都市生產者各項生活之需，生產者服務業爲目前各大都會區的主力產業之一。檢視目前高雄市生產服務業，如創投、智慧財產權人員、金融保險、物流、倉儲、設計、旅遊、會展等服務水準仍相當落後於各先進城市。但如想要進一步提升，唯有吸引各國高級人力進駐，高雄才會有創意、研發等發展的可能。

9. 生物科技產業群

生物科技產業是繼ICT產業之後，二十一世紀另一項明星產業，各國政府早已紛紛朝此方向努力，各個大都會也以這項產業作為其都市發展的主力旗艦產業。面對此一龐大市場，高雄當然不能置身於外，因此避免軟體科學園區發展停擺的窘境，高雄市應參考各大都市對生物科技的發展重點，重新定位高雄生物科技的發展方向，使此一明星產業能給高雄人帶來財富。

（十）十款發展機制

二十一世紀的高雄要成爲一個什麼樣的新面貌，盯衡各先進國家大都會的發展經驗及高雄本身主、客觀條件，描繪出符合高雄未來利益的十款發展機制。

1. 生活都市

　　一個讓人生活快樂的都市，其基本前提是這個城市要有非常保障的社會福利，此外生活在這個城市的居民也都能在安全、便利、舒適下往返城市的每一個角落。

2. 學習都市

　　環視目前有競爭力的城市無不強調打造學習環境，因爲學習是創新的基本前提。唯有學習才能帶動不斷的創新，只有創新才能帶動城市的進步。

3. 開放都市

　　開放都市就是創造一個資訊公開透明的市政府。目前中央政府及地方政府醜聞不斷完全在於資訊不公開，環視目前廉潔度排名在前面的國家，其資訊公開透明也是排名在前，尤其是ICT技術不斷的精進下，政府在推動開放都市的議題是非常簡易的事。

4. 海洋城市

　　海洋是高雄市最大的資產，但這項資產也是高雄市民運用最少的資產，因此必須具體規劃高雄市成爲一個眞正的海洋都市。從目前國際物流運作來分析，海運仍是大宗，而高雄港目前業績成長緩慢，94年度甚至已出現令人難以置信的負成長。探究其原因在高雄港無法開發貨源，而當前最大貨源市場正是中國大陸，因此如何將高雄港透過自由貿易港（Free port）的型態，提出最便捷的通關作業程序，使高雄港能成爲外商、臺商的物流運籌中心，應是高雄港未來努力的方向；此外，高雄應積極規劃引入「海洋產業」，如海上郵輪，使高雄成爲東亞海上旅遊的重要據點。對此，應可進一步參考日本九州建構海洋產業群的想法，培植海洋產業能在高雄生根，使高雄成爲一個名符其實的海洋城市。

　　環視全世界的主要大港口，都以發展物流業爲主要產業，並藉由

物流的運籌發展，各項相關產業的加工、組裝、分裝，促使各種物品的附加價格提升。高雄在全臺灣的最大特色是同時兼具海空港，是發展物流運籌產業最大利基之所在，可惜目前執政黨的偏差思想，未能及早體悟到中國大陸在全球產業供應鏈的地位，致遲遲無法有效發展物流產業。反觀高雄市的姊妹市釜山在其中央政府的大力支持下，其港埠貨櫃吞吐量早已超越高雄市成為東亞地區的港口霸主。此外深入觀察「金磚五國」（BRICS，巴西、俄羅斯、印度、中國、南非）等未來五大經濟潛力國，高雄的優勢地位可再發揮。因此可配合現階段自由貿易區相關法規的頒布實施，高雄應大力朝向物流城市努力。

5. 健康都市

打造健康都市已成為世界衛生組織（WTO）推動維護人類健康的議題，從國內目前健保支出窘境可看出國人健康狀況已亮起紅燈，也可看出國人普遍的健康概念的不足或偏差，因此，如何將健康議題正確導入我們市民的生活，已為市政府未來的重點方向。

6. 人權都市

泰勞事件不但國家蒙羞，也使得我們高雄市民蒙上不友善的罪名，當然這一切應歸罪於目前執政的民進黨政府，口口聲聲說維護人權，但處處在殘害人權，一點也不瞭解人權的基本價值。所謂人權都市是要打造一個讓人民免於恐懼、免於暴力、免於貧窮、免於歧視的環境。

7. 活力都市

製造業再生及引進，並不是要將高雄帶回過去高汙染的重工業城，而是強調高雄各種產業無論是既有或新興都應擁有高素質的技術人力，不但產品製程能符合各種環保標準以及企業社會責任，而更重要的是這些產品都具有獨特品牌及優良品質，提高產品的附加價

值。因此打造高雄成為一個製造城市，作法上可師法瑞士的工匠精神，積極培育高素質的專業技術人力。

高雄曾經是臺灣的最大工業城，也被稱為臺灣經濟的心臟，因此個人提出未來高雄的九大產業群，其目的是要使高雄的產業首都風華再現，再次帶領臺灣經濟起來，使高雄成為臺灣經濟的核心城市。要使相關產業再生、發展，就非常需要建立創業機制。

創業、集資機制是各大城市不可或缺的功能，高雄在這一方面是相當落後，因此高雄若想要再一次引領臺灣經濟起飛，整個城市就非得要有創業環境，因此打造高雄成為一個創業城市，才能使更多資本家、創業夢想家一起來高雄這個創業天堂共同築夢、創造財富，並帶來地方進一步繁榮。

8. 魅力都市

目前中央政府所提出的臺灣觀光倍增計畫，看到中央政府的做法，令人氣餒。因為我們的觀光計畫比起鄰近城市，如日本的福岡和神戶、香港、新加坡、南韓的釜山等都不如。面對觀光休閒是未來全世界第三大產值的產業，高雄絕對不可放棄此一大好市場。前述各城市的觀光發展策略均值得高雄借鏡，高雄未來魅力的打造除了本身內在的充實外，更應該積極與鄰近縣市互相合作，共同發展南臺灣觀光產業，但創造魅力都市的前提是要一個高品質的生活環境。

從世界城市的年度評比中，我們可發現亞洲適合人居住的城市都集中在日本，臺灣首善城市的臺北市也未能進入百名內，臺灣居住環境曾經為德國明鏡日報譏為「豬窩」，這就是為何許多外籍人士不願來臺居住、工作的原因。因此高雄若想要進一步發展成吸引人群前來就業、投資、旅遊、購物、養老、就學，則高雄要非常用心改善並提高生活環境品質。

9. 安全都市

　　安全都市是一個都市的政府能充分照顧其居民。在面對各種天災人禍，這個城市能否在事前有效預防，面對問題能否有效處理、善後並復原。除此這個城市的民眾在購物、飲食、治安、就學、就業……，能不能獲得一個即時及周密的保護網，都是現代大都市的必要機制。從目前我國各級政府遇到突發事件的紛亂、卸責情形，更讓全民確認到建構一個有能力處理各種突發狀況的政府，實在有其必要性。

10. 永續都市

　　永續都市又可稱為環保城市，是目前全世界各地方政府的施政主軸，也是全世界各國政府希望透過「Local Agenda 21」的努力來有效改善地球環境問題。高雄過去深受環境汙染之苦，目前雖有改善，但與先進都市仍有一段大差距需努力，把高雄打造成一個健康清潔環境是利人利己的政策。高雄當然要朝此方向努力，同時藉由 Local Agenda 21 推動，永續發展成為市民生活的一部分。唯有做好環保工作，所有市民才能在就業、就學、居家、購物、通勤、飲食等活動都能享受健康、清潔、安全的環境。

　　俊英提出十大主張中未來高雄十大機制，其實就高雄未來的發展定位，而這十大都市機制的每一個英文名稱的第一個字母組合而成，就是LOHAS。

　　(1) 生活都市（Living City）

　　(2) 學習都市（Learning City）

　　(3) 海洋都市（Ocean City）

　　(4) 開放都市（Open City）

　　(5) 健康都市（Healthy City）

　　(6) 人權都市（Human Right City）

(7) 魅力都市（Attraction City）

(8) 活力都市（Activity City）

(9) 安全都市（Safety City）

(10) 永續都市（Sustainability City）

俊英這次用LOHAS（樂活）來定位都市發展重點，除了希望高雄市民都能奉行LOHAS的環保、健康、簡樸原則在日常生活中，更重要的樂活是快樂生活的縮稱，希望能透過樂活城市的打造使我們高雄市民免於：

(1) 被偷、被搶、被騙。

(2) 買到黑心商品、吃到黑心食品。

(3) 暴露在危險公共空間。

(4) 失業、失學、失養。

(5) 歧視、暴力。

(6) 汙染、耗能、髒亂。

(7) 貪汙、特權。

(8) 口號治市。

(9) 健康亮紅燈。

(10) 廠商出走、外商不入。

並積極付諸行動實行十大發展方向的行動方案，使高雄市能成為亞太樂活都市。

第二節　高雄內外環境情勢分析

一、時代趨勢

新世紀高雄的外在環境如何？我們參考世界各主要城市的長期發展計畫，歸納出高雄市應正視下列世界趨勢：

1. 少子高齡化社會。

2. 全球化及區域經濟的興起。

3. 保護環境、重視自然。

4. 生活型態及價值觀多樣化。

5. 男女平權及人權意識抬頭。

6. 地方分權及城市區域的興起。

7. 科學、技術發展。

8. 資訊化及數位城市的興起。

9. 安全意識。

10. 夥伴關係。

11. 新公共管理制度的推動。

12. 知識經濟及產業集群政策的推動。

13. 重視城市（區域）競爭力。

（一）少子高齡化社會

世界各先進都市之出生率都已降為個位數，而高齡人口（65歲以上）占總人口比率也都在7%以上，高雄市2001年出生率為9.94‰，65歲人口占總人口比例為7.41%，顯示高雄市應該與各先進都市一樣要正視少子高齡化所衍生的問題。但從現階段中央及高雄市政府的作為，似乎還未能積極重視並提出有效因應之道。

（二）全球化及區域經濟的興起

所謂全球化意指人、物質、資本、資訊沒有國界，規模的自由流動。臺灣過去扮演人才、物質、資本、資訊的接受者，但隨著近年經濟實力的提升，應該要扮演人才、物質、資本、資訊的供應者，特別是配合WTO的成立以及臺灣正式入會，臺灣與國際社會的交往勢必更加密切。高雄作為臺灣的最大港，應掌握此一潮流，找尋更多外

資、人才、技術、資訊來建設發展高雄，更應積極讓高雄市民有國際觀，讓高雄人願意打造一個外國人容易活動、居住之都市，並擴大協助落後國家的國際參與責任。

歐洲歐盟的成立，美加墨北美自由貿易區成立，目前亞洲在推動東協加三或加大，在在說明區域經濟的備受重視。但這些是大區域經濟，而日本，目前推動東亞經濟圈如圖門江計畫、日本海經濟圈、黃海經濟圈，是另一種小型區域經濟，但對日本地方政府十分受益。高雄地處南海邊緣，因此高雄市政府可主導的小型區域經濟，如華南經濟圈、南海經濟圈，倘若能掌握這些小型區域經濟圈，對高雄市未來的發展是非常有助益。

（三）保護環境、重視自然

隨著經濟發展人類對環境破壞也日益嚴重，但近年臭氣層的破壞，北極冰層溶化衍生海平面上升、沙漠化……使全世界人士警惕到地球只有一個，而提出各種因應之道。高雄作為地球村的一分子，更應積極推動如二十一世紀議程、ISO 14001、清潔生產、生物多樣性公約及再生能源等環保永續主張，而且目前國際盛行推動最適人類居住城市評比，高雄市的城市遠在百名之外，而生活環境的優劣也成為目前城市競爭中的評比項目，高雄若想要吸引外客來投資、觀光、就學、就業、定居，對環境的保護與自然的保育是不能疏忽的潮流。

（四）生活型態及價值觀多樣化

由於所得水準的提升，各先進都市市民的自由時間增加，生活水準提高，加上資訊化的進展，市民的生活型態及價值呈現多元化。為迎向這種趨勢，各先進城市紛紛提出不同的施政方案，如生涯學習、NPO……來滿足市民的需求。高雄市民一向苦悶於此，尤其是青少年，因此掌握市民的生活型態的價值多樣化，適時滿足市民需

求，是市府的一大責任。

（五）男女平權及人權意識抬頭

人權及男女平權是二十一世紀的新課題，臺灣在過去有努力，但與先進國家比較仍有一段距離。隨著全球化趨勢，此一潮流已成為衡量一個國家是否為進步指標。高雄作為臺灣的一分子，更應致力於打造一個不歧視女性的城市，並且重視弱勢族群如低收入戶、原住民的基本權益，作為一個開放的國際都市，高雄更應展現出重視外籍人士，尤其是外籍勞工的基本人權。但從高雄捷運的泰勞抗暴事件及目前性騷擾事件屢有所聞，顯示高雄市政府尚未能有效重視這一問題。

（六）地方分權及城市區域的興起

日本地方分權的推動，使日本各府縣市町村展現其發展的原動力；中國大陸的「放權讓利」造就沿海地區，尤其是深圳的快速發展，臺灣目前有地方制度法的公布實施，但地方政府的努力似乎還不足，因此仍看不出地方政府有何活力表現。高雄若想要出頭天，更應積極吸引外國先進都市的立法經驗，向中央爭取更多權利下放，使高雄的活力能展現在世界舞臺。配合地方分權的展開，許多城市如英國在開展城市區域（city-region）制度，除有效解決區域內的不同位階自治體的共同問題外，並進而增強這個區域的核心城市的競爭力，高雄作為南臺灣的龍頭，更應積極推動此項制度。

（七）科學、技術發展

科學技術之進步會讓人類的生活獲得改善，也讓人類得到更多的滿足，因此科學技術的發展成為衡量國力的表徵之一。在目前城市競爭力潮流中，各先進都市莫不卯足勁在發展其城市的專屬科學技術實力，藉以帶動其產業發展，調整或吸引更多合作者以及改善居民生

活。高雄在此領域是空白的，要使高雄有其競爭力，高雄絕對要重視發展自己科學技術政策，全面促使高雄的產業升級或開創新產業。

（八）資訊化

網際網路的發展使人類的溝通交流又邁進一個里程碑，更加速科學技術的進步。為迎接網路經濟時代的來臨，各先進國家莫不全力發展資訊建設，由於資訊化不但可提升產業的升級或中小企業主的競爭力，更重要是可運用在政府各部門如防災、治安、教育。因此先進都市都卯足勁的推動資訊計畫或打造資訊城，而資訊化工作已成為衡量現代化都市的一個重要面向。而韓國目前推動的u-city相當值得高雄學習，並迎頭趕上。

（九）安全意識

從日本阪神大地震、臺灣集集大地震、國際狂牛症、口蹄疫、九一一恐怖事件、南亞大海嘯、美國卡翠娜風災及食物中毒，大大提升人類的安全意識，因此各國政府都投入大筆經費去打造安全網。高雄地處颱風帶、地震頻繁區，加上又是一個石油工業城，對於安全意識更應重視，因此如何打造高雄的安全網尤為重要。

（十）夥伴關係

由於政府財力不足，人民的需求多樣化，政府的服務早已無法提供，因此先進國家都藉由NPO、NGO組織的成立，鼓勵民眾參與各種公共事務，一方面可減輕政府負擔，另一方面又可解決民眾自身問題，是一種一舉兩得的施政作為。高雄市近年NPO、NGO雖已發展，但與先進國家都市的發展相比還有大一段距離要努力，期使未來高雄有更多有能力的NPO、NGO團體出現。因此，打造NPO、NGO的相關措施及環境正是高雄市政府當前應努力的方向。

（十一）新公共管理制度的推動

　　新公共管理（NPM）的出現，象徵另一波政府改造在進行。從目前一些有競爭力新城市的出現，不難發現推動新公共管理是有其必要性。臺灣也曾進行過政府改造和行政革新，但成效一直不理想，原因無他，是他山之石引進經驗。高雄若要有大幅競爭力，高雄市政府有必要大力的進行政府改造，而這些改造活動則必須借重先進都市如福岡、多倫多、倫敦、都柏林、東京都，甚至上海、大連、廣州的經驗，期使在短期間能並駕齊驅。

　　而推動新公共管理制度的前提除了有一套城市願景計畫外，並要導入績效管理（Performance Management），才能使城市活動積極向上提升。

（十二）知識經濟及產業集群政策的推動

　　上一個世紀末各國都確認未來的競爭在「知識」。從微軟、Yahoo、Google等負責人在短短一、二十年用其「知識」累積相當可觀的財富，都可證明「知識」是可以創造國家及個人財富，伴隨而來各國莫不爭相投入「智產權」的保護。而在推動知識經濟等策略過程中，由於知識或生產外溢效果，產生另一個重要策略——產業集群政策。以目前各先進國家，如美、日、法、德、義、紐、澳、加及北歐各國的成效在在證明產業集群對帶動地方經濟發展是有很大助益。中國大陸各省市也紛紛掌握此一策略在推動其經濟起飛，高雄過去十年來產業轉型一直未能奏效，原因無他，缺乏產業集群的整個力量，因此在帶動未來高雄經濟的再生，首先應引進「知識經濟」及「產業集群」兩個概念。

（十三）重視城市（區域）競爭力

　　由於人口往城市集中是一個歷史必然現象，因此各國莫不重視

其主要城市的建設。早在1980年代西方經濟策略都已針對城市競爭進行研究，其主要目的是想找出影響城市競爭力的關鍵因素，進而改善其生產、生活環境，使其地方更加繁榮。香港、北京、上海等城市的智庫組織在最近三、四年（2000年以後）也針對此項議題進行研究，目的無他，是想維繫其地位或提升其地位，面對中國大陸各城市的崛起，高雄若不在此議題加以重視，可能會被邊緣化進而產生城市經濟的衰退。此外，日韓兩國的次要城市也在此議題投入，此作為更應讓高雄警惕，現在不重視明天會後悔。

二、高雄未來主要困境

高雄市民想要過更好的生活，有好的工作，高雄人就要思索除了需掌握外在環境趨勢要克服外，高雄本身到底出了那些問題，而這些問題又是此刻影響高雄發展的因素。從市府相關規劃報告及報章雜誌報導，整理出下列主要課題是高雄的發展隱憂：

1. 犯罪日益增加。
2. 市庫巨額負債。
3. 產業調整過緩。
4. 港口優勢未發揮。
5. 基礎設施不足。
6. 人才不足及勞動力供需失調。
7. 社會保障不足。
8. 競爭力不足。
9. 貧富差距拉大。
10. 彌漫浮華不實風氣。
11. 缺乏整體都市願景計畫。
12. 民間智庫力量不足。

13.國際接軌力量不足。

（一）犯罪日益增加

治安不佳是所有高雄市民最痛之事，幾乎每天都有報導市民被偷、被搶，而這種治安不佳情況，使得高雄近幾年來都在二十三個縣市評比中名列前茅，就吸引投資、定居、就學、觀光是負面的因素，如何改善是市府應正視的。

（二）市庫巨額負債

由於政治人物的濫開支票，造成政府不當支出擴增，從高雄市政府利息費用大增可知高雄市政府債臺高築。然而執政者卻無力減輕負債。這些負債若能運用特殊的財政思維是可以解決的。可惜目前市府卻不盡心取經來克服此一問題，財政問題不加以解決，根本無法支援高雄市未來發展需求。

（三）產業調整過緩

高雄給人的感覺是一個石化重工業都市，過去是如此，現在亦如此。然而石化重工業若不提升其附加價值或積極研發新產品，則一直被視為傳統工業。由於近十年來政府過度投資竹科，造成南部地區尤其是高雄產業升級或轉型速度過緩，使得大批廠商出走大陸或東南亞，因此如何在既有的基礎開創高雄的新產業或朝高附加價值產業發展，是高雄當前產業的努力方向。

（四）港口優勢未發揮

高雄港有良好天然條件，也有相當不錯的硬體設備，但為何高雄港的競爭力一直無法充分發揮，不但已被釜山港超越，更面臨上海港的迎頭趕上。從相關研究找出優勢來發揮的基本因素為：

1.市港間的組織機制及產業間無法相互扶持。

2. 港口經貿設施與市場機能不足，無法自行扮演協調平臺或觸媒角色。

3. 無法對轉口貨物進行附加價值提升。

因此克服這三大因素來發揮高雄港優勢是高雄市政府要帶領都市發展經濟的機會。

（五）基礎設施不足

高雄市基礎設施表面看起來似乎還不錯，但若與其他都市相比還有一段距離，如醫療資源、公共運輸、網路建設、下水道普及率、自來水供應品質、公園綠地……，因此如何提升這些基礎設施比例是市府塑造宜人居住、宜業投資的基本要求。

（六）人才不足及勞動力供需失調

高雄市15歲以上人口具有大專以上學歷，1999年僅27%，與臺南市、新竹市相當，比臺中、臺北為低。人口素質攸關產業升級或外商投資設廠，因此如何提升本市人力素質或吸引高素質人才進住高雄，正是高雄市政府施政的重要課題，除此高雄市目前就業媒介中經常發現勞動力供需失調，顯示高雄市高職教育、大學教育以及職訓教育無法符合目前及未來的需求。

（七）社會保障不足

臺灣社會保障勞資雙方的表現一直令人均不滿意，因此高雄市政府若要使企業主或資本家樂於再投資設廠，打造一個勞資雙方都能滿意接受的社會保障體系是有其必要，否則就像目前廠商出走，勞工就倒楣，不但流落街頭，自殺者更是時有所聞，造成整個社會動盪不安，這才會加速廠商出走。

（八）競爭力不足

城市競爭是當前主流，從一些競爭指標如人口素質、交通運輸、設廠程序、法規……，都顯示高雄不如人，但先看清楚自己是最重要，因此及早建構高雄自己的競爭力指標並與其他都市相比較，方能知己知彼，也才能為高雄市開創另一片天空，因此塑造高雄具有競爭力的決心，是高雄市政府的另一新課題。

（九）貧富差距拉大

由於知識經濟的興起，政府種種作為無法跟上，致使資本家更容易巧取各種資源來加速累積其財富，透過購併、造廠等方式讓更多中高齡市民失業，形成「新貧」出現，使目前青年學子要貸款就學、中小學無錢交納學費或營養午餐，高雄市也將和臺灣其他縣市一樣共同面臨「貧窮問題」，因此如何打擊貧窮是未來施政主軸。

（十）社會彌漫浮華不實風氣

高雄先人前輩腳踏實地，克勤克儉的打拚精神，造就過去繁榮的高雄，但這一種打拚精神，隨著政黨輪替，目前市府不斷舉辦一些浮華不實的活動，讓市民以為現在為太平時代，而不努力力爭上游，只顧消費，形成目前卡奴及消費者信用危機，進而導致外商或本國資本家對本地勞力的苦幹實幹信任感消失，會使高雄經濟向上提升動力不足，因此如何導正不正常浮華風氣是未來施政主題。

（十一）缺乏整體都市願景計畫

檢視目前各主要先進都市如倫敦、多倫多、東京、都柏林，甚至次要城市如神戶、大阪、福岡、漢城、橫濱都將其願景計畫掛在網路上供市民或外商檢視。高雄近十年一直缺乏這項作為，這也是高雄市海洋首都的最大敗筆，因為市民、企業家一點也不知道高雄下一步要

往何方，這也就是高雄市近年大幅落後其他城市的主因。因此儘速制定完整都市願景計畫，爲高雄市發展的首要課題。

（十二）民間智力量不足

高雄市近年NGO、NPO組織雖然有所增加，但投入之工作領域大都爲接受政府委辦事項，對公共政策議題之討論並不多見，形成非營利組織無法成爲智庫，這也是高雄市政府與其他都市相比較市政能力無法積極提升之主因，因此如何積極協助高雄市境內NGO、NPO組織有智庫之功能，進而有效帶動高雄市政，值得高雄市政府給予關注。

（十三）國際接軌力道不足

從目前市政府網頁內涵及市政府各項作爲可發現，高雄市政府在國際化工作仍有相當努力空間，而這一努力空間在於高雄市員工的語文能力能否提升，檢視目前語文能力獨尊英語，其實是有所偏差，因此積極有效的員工語言教育，值得市政府投資，當員工有良好語言才能充分掌握國外先進都市的種種作爲。對於明日的市民，其語言能力也應給予重視，檢視目前學生英語能力呈現雙峰現象，也可間接證明現在及未來市民國際接軌也會有問題，因此打造一個語言學習環境，值得高雄市來努力投資。

第三節　高雄未來發展機制

爲了有效掌握世界潮流趨勢，並解決目前都市發展的主要課題，個人在十大主張中提出未來高雄市的十大機制，其實就是高雄市未來的發展定位（重點建設方向）。而這十大都市機制的每一個英文名稱的第一個字母組合而成，就是LOHAS。

1. 生活都市（Living City）
2. 學習都市（Learning City）
3. 海洋都市（Ocean City）
4. 開放都市（Open City）
5. 健康都市（Healthy City）
6. 人權都市（Human Right City）
7. 魅力都市（Attraction City）
8. 活力都市（Activity City）
9. 安全都市（Safety City）
10. 永續都市（Sustainability City）

一、生活都市

　　隨著大家庭的解組，衍生許多社會問題，而這些問題如育幼、養老、身心障礙照顧等工作，傳統上是由大家庭組織在擔負，但目前多是由小家庭或雙薪家庭在承擔，使得一般家庭都感到吃力，因此育幼、養老問題已成為本世紀的新課題。由於家計負擔，婦女就業所衍生之問題也越來越受重視，而上述工作已成為目前社會福利的核心領域，政府對社會福利的施政作為應本著提供給需要的人，而不是人人有獎，提供的過程更要讓接受者有受尊重（溫馨）的感覺，因此社會福利的主軸應是強調溫馨合理。

　　生活都市另一重要子題是，居民在都市內來往都能享受行的安全、便捷。但目前的交通環境問題不少，都亟待一個好市長用心規劃並解決。生活都市也是一個青少年的天堂，青少年是地區成長的後續力，當後繼無力時，地區的成長動能也隨之消失，因此各先進都市都提出培育青少年計畫作為城市的重點施政。青少年是愛做夢的一群，要如何打造一個可以實現夢現的環境，更是為政者的基本出發

點，因此，高雄市要以讓青少年美夢成眞作爲施政的基調。

（一）課題與挑戰

1. 公共交通網不足，且服務品質不佳。

2. 市區停車空間及人行專用步道需再規劃。

3. 道路挖埋頻繁，影響路面品質。

4. 交通號誌經常損壞，影響用路人安全。

5. 現有機場容量擴充有限，且過於毗鄰住宅區。

6. 交通運輸資訊通報機能有待再加強。

7. 部分計程車及大型貨車駕駛未依交通規則行駛，極易危害道路交通秩序。

8. 市港合一亟待儘快落實運作。

9. 縣市間聯繫道路的品質及等級仍有努力空間。

10. 通勤火車與公車轉運機能未發揮。

11. 不合格保母及托育機構仍充斥社會，兒童受虐時有所聞。

12. 托育費高已成爲年輕夫婦心中之痛。

13. 夜間托育、臨時托育不普及。

14. 單親兒童的照護不足。

15. 兒童健康照護不足。

16. 高齡健康老人人力未充分掌握。

17. 單身年邁榮民缺乏照護。

18. 獨居及失智老人照護不足。

19. 老人社會保障不足。

20. 老人福利研習機構不普及。

21. 老人安養托老社區化不足。

22. 老人保健工作不足。

23. 缺乏標準式老人居住設計及住宅供給。

24. 缺乏平價式三代同堂住宅。

25. 老人福利及照護人才不足。

26. 女性暴力事件仍頻傳。

27. 女性再就業日益困難。

28. 女性在職場仍受不平等對待。

29. 家暴處理主動性不足。

30. 婦女保健工作不足。

31. 身心障礙生活支援工作不足。

32. 身心障礙社會接受性偏低。

33. 低收入戶照顧不足。

34. 公私社福機構與保健醫療的協調平臺不足。

35. 協助青少年自立，如就業、彌補家庭及學校之功能不足。

36. 青少年社會參與度低。

37. 青少年生活體驗不足。

38. 青少年文化、體育場所不足。

39. 青少年國際化腳步太慢。

40. 青少年缺乏正確的性判斷能力。

41. 青少年藥癮日益嚴重。

42. 青少年犯罪日益增加。

43. 青少年飆車行為嚴重。

44. 缺乏青少年未來領導養成教育機會。

45. 輟學生人數日益增多。

46. 課餘時間無法有效支配。

（二）對策

1. 建立交通運輸資訊通報基礎設施。

2. 加強職業駕駛人管理。

3. 市港合一的督導管理機制，應加速規劃完成。

4. 引進新型船舶，強化兩岸貨物轉口運輸功能。

5. 闢建停車場。

6. 強化縣市間路網聯繫。

7. 引進ITS。

8. 開放公車民營。

9. 推動運輸需求管理（TMD）來克服交通黑暗期。

10. 改善港區對外聯繫交通，並且不妨礙市區交通。

11. 打造一個優質育兒環境。

12. 強化家庭保健。

13. 推動老人照料社區化、在宅化。

14. 增加老人社會參與及研習機會。

15. 推動照護保險。

16. 改善老人居住環境。

17. 強化女性就業環境。

18. 普設育兒及婚姻諮商中心。

19. 加強健康諮商工作。

20. 強化身心障礙同胞生活及支援機制。

21. 增加身心障礙同胞的接納。

22. 充實低收入戶的照料。

23. 建構社福機構與醫療保健機構的協商、溝通網路機制。

24. 提供多元社會參與機會。

25. 提供周延諮商服務並建立青少年諮詢服務站。

26. 專人追蹤輟學生。

27. 打造無害生活環境。

28. 建立預警性的犯罪防治機制。

29. 增設青少年文化、體育場所。

30. 提供青少年性教育諮商服務。

31. 有效取締飆車行為。

32. 現場感的藥癮宣傳。

33. 推動青少年國際交流工作。

34. 舉辦青少年領袖營。

（三）行動方案

1. 開放第二家業者經營公車，擴充公共運輸能量。

2. 加強市區與郊區道路聯繫，並提升郊區道路等級，並運用PFI制度推動升級為快速道路。

3. 增闢停車場、停車塔，以有效增加市區停車空間，平面停車場以生態停車場為主體。

4. 全面整頓人行道，還給行人寬廣用路空間。

5. 擴大規劃「共同管道」，避免道路挖埋頻繁。

6. 增購新型冷氣公車，提高公車服務品質，並以電動公車為主體，推動ITS計畫。

7. 訂定本市計程車駕駛人管理辦法，確保乘客安全。

8. 儘速完成港區聯外專用道路。

9. 引進運輸需求管理（TDM）並推動執行。

10. 督促公車做好鐵路乘客接駁轉運。

11. 加強港區機關電子化聯繫作業。

12. 普設保母訓練中心，並立法實施證照制。

13. 推動立法，將托育、托老費用列入所得稅扣除額。

14. 重視家庭教育，消除兒童受虐事件及婦女暴力。

15. 普設臨時托育及夜間托育，並上網公布。

16. 主動增加單親兒童諮商工作。

17. 建立老人人力銀行庫。

18. 結合志工基層保健人員推動在宅服務。

19. 老人托育照護機構社區化。

20. 開辦老人照料保險制度。

21. 平價供應三代同堂國民住宅。

22. 提供一般住宅變更老人住宅技術服務。

23. 鼓勵建商興建老人住宅。

24. 職訓機構附設托育功能，提高婦女新專長訓練意願。

25. 整合社會福利機構及公私立醫療院所，構築市民健康防護網。

26. 提供完整的青少年自立自強協談服務。

27. 邀請名人巡迴各校鼓勵青少年投入志工行列。

28. 制定青少年生活體驗學習手冊，讓青少年有更多生活學習。

29. 運用PFI籌建青少年文化、體育場所。

30. 推動大學、高中青少年學校互訪。

31. 各行政區衛生所開辦青少年性諮商工作。

32. 建構員警、社工、學校老師、愛心志工四合一的輟學生追蹤諮商。

33. 加強對不正當場所臨檢、取締。

34. 加強藥物抽檢並提供勒戒服務及追蹤再犯。

35. 教育學生如何運用時間。

36. 每年舉辦二次青少年領袖營活動。

37. 提供賽車場所並監控飆車首謀，消除此一惡風。

38. 提供各藥物危害影片在各校播放。

39. 推動家長協查子女是否有藥癮行為。

二、學習都市

　　教育是國家百年大計，當然也攸關一個都市是否能長遠發展下去的動能來源，因此對於本市的下一代是否能健康成長，是一位市政領

導者不能推卸的責任，並且要用更前瞻公平的眼光去克服當前的教育課題以及面向未來的挑戰。

活到老、學到老是中國至理名言，目前世界的科技快速進步，競爭壓力越來越大，不主動學習求新求變，很容易會被時代潮流所淘汰，因此終身學習就顯得非常重要。學習不但能讓市民渡過轉業或失業危機，學習更可豐富市民生活，因此如何讓市民有多樣便利的學習機會是先進都市的重要施政。因此，要過優質的生活，高雄人就要不斷學習。

（一）課題與挑戰

1. 學童不幸事故，仍時有所聞。
2. 學童課後安親班品質不一。
3. 無力負擔營養午餐費用學童，仍有一再發生。
4. 校園食物中毒事件，依舊發生。
5. 新課程習作造成家長、學童負擔過重。
6. 學童書包依舊過重。
7. 部分學校教材未能齊一版本及六年一貫，形成教學不連貫。
8. 學童體適能不足及近視眼比重不斷提高。
9. 幼教品質及安全性良莠不齊，且私立學費偏高，造成年青夫婦負擔過重。
10. 市區少數明星中、小學尚未符合小班教學理想。
11. 鄉土教材教學流於形式。
12. 母語教學成效不彰，流於形式。
13. 學生考試升學壓力不減反增。
14. 輟學生人數仍不少。
15. 校園暴力事件時有所聞。
16. 學生體驗式教育流於形式。

17. 學生缺乏課外活動教育訓練。

18. 職業教育萎縮，造成基層勞力不足。

19. 職業教育類科與社會脫節。

20. 升學壓力過重，造成學生精神負荷過重。

21. 教育制度混亂，造成家長、學生無所適從，造成家長負擔過重。

22. 本市大學校際合作不足。

23. 本市大學與政府部門、產業界合作不足。

24. 本市大學與本市高中職校互動不足。

25. 本市各大學科系規劃與本市發展未能緊密配合。

26. 本市特殊教育學校功能尚未發揮。

27. 學校設備、資源、設施閒置未能充分利用。

28. 本市學生外語能力與北部學生能力，仍須強化提升。

29. 學生上網國際化能力不足。

30. 教師教學能力未能配合時代步伐。

31. 學習課程尚未能掌握時代需求。

32. 學習地點仍未普及化。

33. 學習教材尚未通俗化、平價化。

34. 地方圖書館功能、藏書及數量尚不足。

35. 缺乏大型圖書館。

36. 生涯學習溝通協調平臺未建制，因此社區學習未能與各級學校尤其是大專院校結合。

37. 有線電視的教育功能未充分發揮。

38. 學習資訊不夠通暢。

（二）對策

1. 打造學童上學安全空間。

2. 營養午餐引進HACCP制度。

3. 打造快樂健康學習環境。

4. 訂定幼教標準收費及標準教學。

5. 重視校園危機管理。

6. 重視生活教育。

7. 重視諮商輔導。

8. 重視職業教育。

9. 大學活動社區化。

10. 強化特殊教育學校功能。

11. 開放學校設備資源。

12. 加強本市學生外語能力。

13. 加強本市上網搜尋能力。

14. 強化教師教師能力。

15. 成立課程開發中心。

16. 增設學習地點並加以社區化、小班化。

17. 教材通俗平價供應。

18. 充實地方圖書館內涵，並協商開放大專院校圖書館，服務社會大眾。

19. 爭取國家圖書館來本市設立分館。

20. 規劃新建e化圖書館。

21. 建構生涯學習協調平臺。

22. 製作各種節目帶提供有線頻道播放。

23. 加強學習資訊流通。

（三）行動方案

1. 協助各類學校訂定校園危機管理手冊，並全面檢視校園危險空間並儘速改善。

2. 協請衛生局及麥當勞等相關產業推動本市各級學校推動HACCP制

度。

3. 全市教材集體議價,並要求各校要六年一貫或九年一貫,不任意更換版本。

4. 課外學習教材結果普設在網路或學校各區圖書館內,可使家長、學生免於奔波找尋。

5. 推動改良式總量管制,消除部分學校大班制。

6. 改良體育教學並增加照明設備,以及教育學童眼睛按摩運動。

7. 推動幼教認證,以及收費教學標準化。

8. 改進鄉土及母語教學,增加學童學習興趣。

9. 加強中學生生活教育訓練。

10. 專人追蹤輟學生,並加強諮商輔導。

11. 強化各類學校專業諮商教育人才,提高整體教師之輔導能力。

12. 重新檢討本市各類職業學校校務發展方向。

13. 改良目前升學制度,使學生清楚,且花費應與聯考一樣多。

14. 開放各種進修管道,規劃各種新知課程,並上網公告,由教師自由報名參加。

15. 強化本市各級學校外語教學。

16. 電腦課程強化搜尋能力之養成。

17. 訂定學校設施、資源開放管理規則。

18. 推動大學教學活動之社區化與技術化。

19. 開放本市特殊教育學校招收高屏兩縣有需要之學生。

20. 空中大學及市府人發中心成立課程開發中心。

21. 開放各級學校場地及里民活動中心為社區學習地點。

22. 空中大學為社區學習的協調平臺。

23. 發動市民捐書,充實各級圖書館藏書。

24. 協商開放大專圖書館提供市民借書服務。

25. 爭取國家圖書館來本市設立分館,提供期刊、博碩士論文及國科

會研究、公務人員出國考察報告等服務。

26. 開發教材供出版社、節目製作單位，平價販售市民閱讀。

27. 開發製作各種學習節目帶，免費提供有線業者播放。

28. 運用PFI制度規劃新建e化圖書館。

29. 透過學習平臺集中學習資訊供應。

三、海洋都市

產業振興發展與否，四通八達的運輸網路是不能少的基礎設施；市民生活要便利，也要有良好的運輸網路。高雄市是臺灣唯一具有鐵路、機場、港灣等陸、空、海聯運機能的都市，但與其他國際大都會相比，高雄都會區的運輸軟硬體在質與量的提供都顯得落後，在競爭力評比當然不如人家，因此高雄市政府更應本著快速便捷並兼顧安全舒適的精神，致力於各項交通運輸建設，期使高雄眞正成爲亞太地區一個重要門戶都市，這對高雄市的經濟再生是有很大助益的。但高雄與大陸的特殊關係，是外商眼中前進大陸市場的跳板，加上臺灣人的中文、英文、日文能力更讓外商心目中覺得是與中共經商談判協調的最佳人才，因此高雄若能以自由港（free port）的角色發展，對建立爲亞太物流中心之目標將有非常大的好處，同時亦可以自由港之名義邀集南海主要城市，共同開發南海資源，如此對高雄以及臺灣的經濟將有莫大之好處。

臺灣人因爲長期戒嚴對海洋事業一直局限在漁業、造船，最近幾年又多了一項休閒，其實是仍對海洋產業的認知相當貧乏。高雄長期重視基礎工業發展，而疏忽本身海港的特性，作爲一個海洋都市更要積極發展海洋產業。但就目前外交困難，發展海洋產業有其困難處，而城市外交不失爲一種突破困境的作爲。

城市外交是一種較不涉及主權意識的外交工作，是另一種走出去的方式。南海地區海洋資源非常豐富，是高雄市港應共同開發的

重心，尤其爲避免涉及各國主權之爭，因此透過城市聯盟關係的運作，作爲與國外城市協商是一種可避免主權之爭來協商討論共同合作的平臺，藉以找出區域可行開發之道。

在進行城市外交時同時要面對日益激烈的都市競爭趨勢，如果在競爭過程中彼此能有相互學習和交流互助的機會，必可創造出更和諧的國際新秩序。因此高雄市政府應提倡「互惠合作」，作爲未來從事國際交流的基本主張。

（一）課題及挑戰

1. 海洋產業認知不足。
2. 缺乏資金開發。
3. 缺乏完整的海洋產業政策。
4. 海洋產業拓展人才不足。
5. 南海區域內僅有少數城市如越南峴港、菲律賓宿霧與本市有姊妹市關係。
6. 高雄市區域經貿外交人才不足。
7. 高雄市政府員工外語能力不足。
8. 缺乏城市聯盟會議經驗。
9. 姊妹市活動常爲兩地方政府少數官員例行性的互訪事務，應積極引進市民的實質參與。
10. 姊妹市活動應更多元化，俾使市政經驗進入國際舞臺。
11. 外籍新娘的祖國地方政府，是拓展國際事務另一空間，值得重視。
12. 本地廠商赴海外投資或外商前來投資，應特別重視。
13. 技術交流是另一種國際交流的重要管道。
14. 應主動爭取加入地方政府層級組成之國際組織。
15. 高雄市民外語能力須全面提升。

16. 外籍人士學習中文及本地語言的場所和師資要加強。

17. 外籍人士在高雄生活不夠方便。

18. 外國人在高雄交流溝通據點不足。

19. 外國人來高雄投資設廠、置產人數不多見。

20. 高雄市政府尚無參與國際性地方組織。

21. 中小學生國際交流機會偏低。

22. 國際貿易運輸中樞機能不足。

23. 港區對外交通與市區交通缺乏區隔。

24. 海峽兩岸間之海運機能，應速突破政治局限。

25. 港口客運機能一直未有效發揮。

26. 國際航線不普及，增加南部民眾接駁轉運時間。

27. 港埠競爭力正在消退。

28. 港灣各機關作業電子化聯繫仍不足。

29. 港灣土地使用不符合現代化管理需求。

30. 漁業用碼頭比重過高，並影響貨物碼頭整體性。

31. 高雄港缺乏新型船舶進駐，影響競爭力。

32. 高雄港的親水、親港設施不足。

33. 智慧運輸系統（ITS）尚未生根本市。

34. 物流中心的基礎設施仍不足且規模太小。

35. 目前臺灣港務、檢疫、關稅等規定繁瑣，削弱物流中心的競爭力。

36. 部分新產業開發，影響物流的貨源來源。

37. 物流技術及人才仍不足。

38. 兩岸目前仍無法港口與港口直航。

39. 高雄物流後勤工作及人才（如金融）派遣仍不足。

40. 目前物流作業尚不夠國際標準化。

（二）對策

1. 加強市民及市府員工對海洋產業的認知和常識。

2. 行銷並協商創投公司投入海洋產業。

3. 訂定海洋產業發展政策報告書。

4. 積極培訓海洋產業相關人才。

5. 以南海甲烷開發作爲海洋產業前進國際的第一步嘗試。

6. 加強各標的城市的互動。

7. 加強市府員工外語、經貿外交能力的訓練。

8. 學習日本海、黃海經濟圈發展經驗。

9. 增加或邀請民間加入參與各種姊妹市活動。

10. 開發外籍新娘出身地之城市外交。

11. 要求出國考察提出研習計畫，送學術機構審查。

12. 開發本地企業投資據點姊妹市之關係。

13. 開發來高雄市投資之外國業者其所屬城市之姊妹市關係。

14. 爭取國際性地方政府組織。

15. 爭取國際性職訓或技術開發中心在本市設立。

16. 結合高屏地區各大專院校、職校，成立各種外語和本土語文學習中心。

17. 編印老外在高雄生活之參考手冊。

18. 增設老外諮商協談據點。

19. 配合都市行銷，向國外推動招商、置產。

20. 籌設外籍生獎學金，尤其是東南亞，作爲南進人才培育之用。

21. 規劃參與國際性地方政府組織。

22. 推動各級學校與國外學校發展姊妹校關係，並設互訪學生家庭。

23. 打造名符其實國際港。

24. 加強親水、親港設施。

25. 加速爭取新高雄國際機場遷建。

26. 引進日本最新船舶TSL設計。

27. 通盤檢討目前港區土地使用。

28. 強化港區相關電子化作業。

29. 增加對外航空航線。

30. 加強高雄市港物流基礎設施技術。

31. 將高雄市劃爲自由港特區，給予特殊地位，由中央授權立法。

32. 積極發展新產業。

33. 積極培育或招募物流人才。

34. 推動物流資訊標準化。

35. 降低物流作業成本。

（三）行動方案

1. 一年內完成海洋產業發展政策報告書的研擬。

2. 廣邀專家學者編寫海洋產業相關系列叢書。

3. 獎勵創投業者投入海洋產業相關領域的開發。

4. 協商本市各大學院校規劃增加海洋產業相關課程。

5. 反映中央儘速將中油公司探勘部門遷至高雄，作爲甲烷開發基地。

6. 邀請外國專家（如日本東京大學松木良教授）來本市講學，以利開發甲烷資源。

7. 透過臺商關係，加強各標的城市的互訪。

8. 協請本市各大學開辦經貿外交相關課程。

9. 加強市府員工外語能力（包含泰、印尼、越南、英、日文）。

10. 派員赴日本福岡、石川、富山等縣市，研習小型經濟圈發展運作的實務經驗。

11. 加強與國際性地方政府組織（如WACLA都市及自治體世界會議、IULA國際自治體聯盟）經驗交流，學習各國地方政府行政

經驗，提升高雄市行政水準。

12. 請駐外單位協調各外籍新娘出身地之地方政府意願，並主動提供各種協助，改善我國形象。

13. 選派具備語文能力且有學術研究能力之公務人員出國考察，作為基層政府再造之種子教官。

14. 訂定各種獎勵辦法，獎勵績優公務人員出國參訪研習，拓展其宏觀視野。

15. 本地臺商前往較多之都市，宜設法成立商務辦事處，成為臺商後援基地，並建立姊妹市關係。

16. 主動提供姊妹市來高雄市設立代表處之場所。

17. 增加或加強各種姊妹市活動，如市政經驗分享、寄宿家庭，以及文化、學術、體育交流。

18. 請高雄市內大專院校及民間團體，藉其姊妹校及姊妹團體的締盟，開發新的姊妹市。

19. 爭取主辦各種國際會議或競技比賽活動，拓展高雄市在國際舞臺的活動機會。

20. 成立東亞地區技術協進訓練中心。

21. 委請高屏地區各大專院校、職校，在本市各區普設外語和本地語言學習中心。

22. 結合民間編印老外在高雄市生活之參考手冊。

23. 成立國際交流服務中心，加強拓展國際交流，提升國際地位。

24. 支援本市各機構學校團體與國外機構學校團體建立姊妹關係。

25. 成立外籍人士來臺投資、置產服務中心。

26. 籌設獎學金，嘉惠東南亞地區來臺留學生。

27. 成立高雄青年旅舍，協助外籍青年來高雄落腳處，並增加本市青少年與老外互動機會。

28. 運用NPO組織增設外國人諮商據點。

29. 配合市港合一政策，加速完成其協商的規劃與運作機制。

30. 全面檢討港區土地使用，期使能發揮轉運、加工、觀光，並提升附加價值。

31. 闢建大型郵輪停靠設施，吸引國際觀光客前來運用PFI，並採國際標準爭取國外業者來本市投資興建南星計畫填海造陸第三期計畫，俾利新高雄國際機場及深水港之闢建。

32. 發展TSL（Tech-Super-Liner，超科技超級航輪），強化兩岸貨物轉運之能量及速度。

33. 高雄市組團主動赴國外開發對外航空航線。

34. 運用PFI制度加速投資興建各種物流基礎設施。

35. 推動自由港立法，做好放權讓利，高雄市做好配套立法的準備工作。

36. 發展新產業如海洋產業、環境產業，來開發新資源。

37. 協商各大學擴充物流人才培訓，並將物流納入職訓類科。

38. 透過人才派遣公司建立積極對外招募國際物流人才。

39. 提高港口作業效率並致力費用降低。

40. 推動物流資訊標準化。

四、開放都市

作為一個開放都市，其市政府的核心工作在於能以ICT技術進行行政改革，含行政組織調整及進行縣政改革，進而提升縣效能及透明度。

而目前具有競爭力的都市都是開放都市，並且都具有一些共同特色：(1)符合環境現況或配合重點施政方向的市政府組織架構；(2)所有市政資訊能讓市民、企業、官員本身及外國人士非常容易取得或購買；(3)具備有效率的行政流程；(4)完善的法規制度。檢討目前高雄

市政府的表現，不能說不努力，而是不知如何提升與其他都市競爭的力量，因此未來市政府的改進工作，是推動新公共管理之新工具或成功典範，來打造一個有效率、肯負責的企業型新市府。

資訊科技（Information Technology）的快速發展是很多人難以相信的事實，因此打造一個讓市民容易使用資訊科技是很多政府的新興施政重點。從網路上各個政府的資訊管理計畫或資訊策略計畫就可得到明證，而從目前衡量都市競爭力的指標建構研究，亦可發現城市的資訊化程度更已成為一個衡量尺度面向。高雄的資訊化程度如何。若從市政府網頁設計及內容相比較，不難發現與先進都市間有相當大的努力空間，前述提及應用是資訊科技的基本目的，因此未來整個市政府的資訊政策是以多元應用為主軸。

財政為所有市政建設之母，高雄在改制後財政狀況一直相當好，惟從配合中央政府徵收公共設施保留地而大量舉債後，高雄市政府的財政狀況開始走下坡。近年來中央不當的政策使得地方稅收短少、支出增加，造成高雄市更加惡化。高雄市政府在吳敦義市長時代曾大力推動人事精簡成果，已被政黨輪替全盤推翻，造成高雄市政府目前債臺高築，往年還能編列負債還本的預算，目前僅能勉強支應負債利息，顯示高雄市財政狀況之惡化，同時高雄市經濟在民進黨執政下稅收大幅減少，卻透過增稅來填補財政赤字恐已不可行，但面臨轉型的競爭，必要公共投資的壓力又是如此大，同時又要消除過去龐大負債，因此市政領導人絕對要有新的管理見解來進行政府理財，而這種有效管理的理財方式是目前先進國家地方政府所採行，由地方政府當家做主，同時又能使公部門、私人企業皆大歡喜。

（一）課題及挑戰

1. 資訊政策缺乏明確目標。
2. 資訊政策缺乏願景。

(1) 建設多層次的網路設施，包含行政網路系統通信及廣播的運用，防災行政系統無線的擴充，有線及無線的互補應用。

(2) 各行政分區及鄰近地區的連結。

3. KICS的網路應用機制

(1) 環保問題領域：如環境資料蒐集、環境研究，以及民眾對環境事務參與。

(2) 福利、醫療保健領域：如志工網路化、在宅照護系統醫療、福利服務資訊化。

(3) 防災急救領域：如防災情報提供、急救緊急應變、反應快速化。

(4) 教育及國際化領域：如提高教育資訊流動，並與國際教育團體互動連結。

(5) 文化及生活領域：如設施資訊數位化（ITS）導入、數位動畫。

4. 網路基礎設施的不足。

5. 網路應用機制的不足。

6. 網路便利支援機制的不同。

7. 資訊產業不發達及人才缺乏。

8. 部分局處因業務萎縮，有必要重新調整。

9. 新增業務應可設立專責機構來推動。

10. 部分局處業務應變更，俾開創新局。

11. 組織重整之同時，要使公務員工都能安心工作。

12. 組織重整要排除員額膨脹之考量。

13. 市政資料要能全面上網。

14. 資料出版品要儘量公開展售，讓市民容易取得參閱。

15. 市民尚缺乏付費取得市政資料及出版品的觀念。

16. 市政府採購招標資料應運用各種媒體管道，讓市民更容易取得資料。

17. 少數公務人員未熟悉電腦操作。

18. 機關間之會簽、會辦公文過多且時間長。

19. 行政授權有必要再強化。

20. 第一線櫃檯人員服務時間應採彈性制度。

21. 員工接受在職教育進修的意願應再加強。

22. 各局處員工應再加強法學教育。

23. 市府許多法令有必要儘速全面修正。

24. 新興業務或行業應速立法管理。

25. 法規草案提出前，較少先經過公聽會程序。

26. 民眾不易取得市府法規資料。

27. 訴願作業應排除讓民眾有官官相護的不當感受。

28. 新公共管理工具引進不足。

29. 缺乏長期綜合發展計畫。

30. 市區公有土地有待開發利用。

31. 缺乏新型產業進駐，稅源不易有效成長。

32. 市府人事支出未能有效抑制。

33. 保健、福利支出比例增加。

34. 鼓勵民間興辦公共設施尚待加強。

35. 使用者、受益者、汙染者付費觀念尚未全面落實。

36. 市府經常性支出居高不下。

37. 對新財政工具如不動產證券化、PFI陌生。

（二）對策

1. 重新研擬與世界先進部分同步的資訊政策白皮書。

2. 建設KICS（Kaohsiung Intelligent Communication Society）的網路基礎設施。

3. 開發KICS（Kaohsiung Intelligent Communication Society）的網

路應用機制。

4. 發展KICS（Kaohsiung Intelligent Communication Society）的網路便利支援機制。

5. 發展重點資訊產業。

6. 參考韓國U-City工作。

7. 推動公有土地信託或土地證券化，活用公地。

8. 落實零基預算制度精神。

9. 積極招商引進新產業。

10. 制定市府人事總員額相關法規。

11. 推動保健、福利服務採民營化、委外化。

12. 修法鼓勵大企業投資公共事業。

13. 推動使用者、受益者、汙染者付費制度。

14. 引進各種新財政工具。

15. 增設新局處，俾因應、解決、管理、研究新興的重要市政問題。

16. 妥訂人力轉型、第二專長教育計畫。

17. 研訂優惠資遣或退休辦法。

18. 研訂市府總員額相關法規。

19. 加強公務員工內部溝通管道。

20. 全面清查市府現有可委外、民營化、公私協力、減量化之業務。

21. 推動市政法規及統計資料全面上電腦網路刊播。

22. 市政府出版品委外出版、展售。

23. 推動各機關年度預算書及政策白皮書之公開展售。

24. 每月定期編印或上網公布市府出版品一覽表。

25. 研訂個人資訊保護的相關法規。

26. 加強訓練市府員工熟悉電腦操作及網路知識。

27. 鼓勵員工提供業務改進之建議。

28. 全面修正工作流程。

29. 減少機關間之會辦、會簽，並縮短作業時間。

30. 檢討分層負責明細，擴大授權。

31. 改進各項業務櫃檯服務作業方式及時間。

32. 加強員工法學基本教育訓練。

33. 限期要求各局處提出修法或立法計畫。

34. 建構政策諮詢體系，建立公聽會制度。

35. 增設市政法規閱覽室。

36. 訴願及法規委員應再提高非政府代表名額比例。

37. 制定高雄2010發展計畫。

38. 引進新公共管理工具。

（三）行動方案

1. 就任一年內完成高雄市資訊政策白皮書（含簡明版）之研訂。

2. KICS的網路基礎設施

   (1) 建設大容量及寬頻基礎設施，包含光纖有線電視及LAN。

   (2) 觀光、產業振興包含中小企業的創投支援，觀光資訊系統，生產及流通，引進新產業，連結生產現場的技術開發。

   (3) 行政服務提升，包含業務改革、決策支援，以及服務品質提升。

3. KICS的便利支援機制

   (1) 強化網路節點（Node）的機能。

   (2) 普及公共端末設備。

   (3) 加強社區據點的資訊通信機能。

   (4) 建立清晰易辨的連結機能。

   (5) 建立高雄市地方資訊的總合機能。

   (6) 建立資訊取得協商窗口及網絡。

   (7) 加強資訊教育課程，提升資訊應用水準。

4. 運用RFID技術，打造U-City。

5. 針對機關裁併或調整，由相關主管同仁詳細妥適溝通、說明，俾預先排除不當反彈情緒。

6. 推動業務委外辦理、民營化、公私協力及減量化計畫，積極引進民間資源參與市政建設。

7. 廣泛蒐集各先進都市之組織架構資訊，作為員工教育及改造參考資料。

8. 市政府所有法規及統計資料定期全面上電腦網路刊播。

9. 將市政府出版品提供民間印製出版及展售。

10. 每一行政區擇請一至二家書店展售市政府出版品。

11. 各圖書分館關設專櫃展示市政出版品，供市民借閱。

12. 各機關按年度定期編印政策白皮書，送至各圖書分館及本市各大專院校圖書館典藏、公開展示。

13. 市政府配合市府公報之印製，每月定期編印市府出版品一覽表。

14. 研訂全國第一部地方政府資訊保護辦法。

15. 推動員工提案獎勵制度，鼓勵員工踴躍提出業務改進提案。

16. 開辦品管圈基本學習課程，要求員工每人參與一至三天密集訓練。

17. 加強推動ISO9000標準作業流程。

18. 全面實施電子公文網路作業，減少公文會簽、會辦，有效縮短作業時間。

19. 善用網際網路單一窗口制度，力求「一處受理、全程服務」，全面檢討各機關分層負責明細，擴大業務決行授權。

20. 員工參與各種在職進修受訓，比照大學、研究所學分班，發給受訓證明，受滿相當學分數可比照提敘俸級，俾鼓勵員工提高進修意願。

21. 編印適合市政工作需求的法學緒論、立法技術等教材，分送每位

員工研讀。

22. 要求各局處於二年內就其主管業務，提出修法或立法計畫。

23. 儘速建構完成政策諮詢體系及制定公聽會實施辦法，擴大全民參與市政對談，力求法案制定更趨周延。

24. 各圖書館、市府所屬機關提供場所放置各類市法規，供民眾方便取閱，並指定書店展售。

25. 市法規及相關作業規定，全面上電腦網路，俾使市民方便閱覽參探。

26. 加強國外地方政府相關法規的蒐集、研析，俾利立法作業。

27. 提高訴願及法規非政府代表委員之名額比例，盡可能按行業不同之比例聘任。

28. 廣泛蒐集各國地方政府綜合發展計畫。

29. 一年內研擬高雄市2010綜合發展計畫。

30. 委請本市各大學開設新公共管理工具相關課程。

31. 譯述新公共管理工具專書，供員工進修參用。

32. 推動平衡計算卡（BSC）、作業基礎成本（ABC）、標竿管理（Benchmarking）、PFI（Private Finance Initiative）等新制度的本土化及研析推動可行性。

33. 尋找標竿學習都市如福岡、多倫多、奧克蘭等，並派員實地考察學習。

34. 首創制定高雄市公有土地信託及證券化等管理暫行辦法。

35. 落實零基預算制度精神，全面檢討各局處不必要之業務、支出以及人員精簡。

36. 配合工商經貿專責機構的設立，定期辦理招商，吸引國內外業者前來投資。

37. 配合人事員額法之制定，加強公教員工第二、第三專長訓練。

38. 鼓勵並補助保健、福利工作轉由民間經營，減少政府支出。

39. 配合財政收支劃分法及地方稅法通則公布，制定各種地方稅法。

40. 制定獎勵投資辦法，吸引民間業者前來本市投資興利事業。

41. 開辦各種新財政工具進修教育，並邀請民間部門共同上課。

42. 譯述各種新財政工具基本教材供公務人員及企業主進修之用。

43. 推動本土PFI（Private Finance Initiative）研究並立法執行。

五、健康都市

先進都市（國家）與落後都市（國家）在對比時，可看出先進地區死亡民眾的平均壽命要比落後地區民眾來得長，原因無他，先進地區的民眾有比較好的衛生保健資源、常識及習慣。高雄民眾平均壽命比臺北市低，表示我們的衛生保健工作仍有努力空間，因此應以健康長壽來作爲衛生保健工作的施政核心，而健康另一面向是體育。

高雄過去是體育大市，有輝煌的成績，目前光環漸漸消失，市民的運動風氣大不如過去，造成胖子過多，加上體育活動的舉辦對都市的觀光旅遊及產業活動有所助益的，從漢城、巴塞隆納、雪梨奧運，日本、韓國世足賽的舉辦就可得到證明，因此可藉體育來使市民健康，都市發展有活力，成爲目前許多都市的施政重點，高雄要發展當然不可忽略這個施政領域。

（一）課題與挑戰

1. 市民健康知識及概念不足。

2. 市立醫院經營效能及服務品質仍有努力空間。

3. 市民平均壽命較其他縣市爲低。

4. 登革熱、腸病毒、愛滋病防疫工作有缺失。

5. 結核病已死灰復燃，值得重視。

6. 毒性物質意外事故急救的能力缺乏。

7. 外勞健康管理尚待落實。

8. 衛生所功能不彰。

9. 血液供給不安定。

10. 藥隱及精神障礙民眾日益增多，但因健保給付偏低，醫療服務不足。

11. 偽藥、健康食品充斥市面。

12. 誇大醫藥廣告充斥有線電視及廣播節目。

13. 衛生保健機制及社會福利機制的溝通機制不足。

14. 缺乏整體文化政策。

15. 本市缺乏大型且夠國際水準之體育場地、設備。

16. 體育活動場地少且市民參與不高。

17. 現有體育場地缺乏正常繼續。

18. 各式體育活動人才培育不足。

19. 缺乏舉辦國際性競賽之企劃及活動人才。

20. 市民運動時間偏低且體能情況不佳。

21. 學校體育活動未發展出重點特色。

22. 缺乏本市體育發展政策。

23. 體育選手謀生不易，容易流失或為他縣市所用。

24. 缺乏本市專屬球隊如棒球、籃球、足球……。

25. 體育運動場地仍不夠普及。

26. 市民溺水事故頻傳，顯示游泳能力有必要提升。

27. 體育傷害及事故頻傳，顯示體育教育不足。

（二）對策

1. 推動高雄健康21計畫。

2. 成立市立醫院控股公司，提升經營效率。

3. 市立醫院推動新管理工具。

4. 防疫網通報系統即時電腦連線。

5. 加強結核病宣導。

6. 毒性物質中毒預備藥物建檔及庫存必要藥劑。

7. 責求勞務仲介公司負起外勞健檢相關責任。

8. 衛生所重新定位。

9. 提升血液供給穩定性。

10. 加強取締不實藥物、健康食品等廣告。

11. 整合社福機構及公私立醫療院所協調聯繫功能。

12. 重視藥療及精神障礙之醫療服務。

13. 增建大型體育場館。

14. 擬定體育政策。

15. 擬定人才培育計畫。

16. 鼓勵體育人才、球團設籍本市。

17. 加強體育教育、消除運動事故及傷害。

18. 開放學校體育場地及設備。

19. 製作體育護照，鼓勵市民從事體育活動。

20. 鼓勵各校發展特色體育活動項目。

21. 培訓體育企劃人才。

22. 加強學生游泳技能。

（三）行動方案

1. 推動高雄健康21計畫，提升市民保健知識及糾正不良生活習慣。

2. 成立高雄市醫院控股公司。

3. 市立醫院推動平衡計分卡及作業基礎成本。

4. 防護網即時連線計畫。

5. 重視結核病強制治療。

6. 外勞健康紀錄事前要求完整，造假者重罰。

7. 鼓勵並分散安排捐血者以求供血穩定。

8. 加強各大型區域毒物急救治療訓練及準備。

9. 加強登革熱、腸病毒、愛滋病等傳染病宣傳及預防措施。

10. 推動志工全面監控有線電視、廣播不實藥品及食品廣告，並即時查報取締。

11. 衛生所轉型為社區健康諮詢中心。

12. 提高藥癮及精神障礙治療醫療給付。

13. 上任一年內完成文化政策白皮書之研訂。

14. 上任一年內完成體育發展政策白皮書之研訂。

15. 整合學校、企業及俱樂部與單項運動團體研擬人才培訓計畫。

16. 訂定學校體育場委外或開放管理規則，以利開放及維修。

17. 製作體育護照、鼓勵市民集滿點數可參加抽獎出國看國際性比賽。

18. 運用PFI制度，興建大型體育場館。

19. 指定各校發展適合東方人體質的運動或球類項目。

20. 與民間業者合作開辦各種游泳訓練班。

21. 訂定鼓勵辦法吸引球團或體育人才設籍本市。

22. 補助本市選手出國競賽費用。

23. 爭取舉辦單項國際競賽。

24. 協商高雄大學培育體育企劃人才。

25. 製作體育傷害預防手冊。

26. 建立學校運動之教學平臺，使教授與市民擁有一溝通平臺，使優秀體育人士能藉體育教學謀生。

六、人權都市

二十一世紀是人權世紀，日本各府縣市紛紛制定人權計畫或政策，原因無它，一方面顯示其對生命的尊重，另一方面是要以更寬廣

的胸懷來容納各國人才至日本，爲日本進步繁榮做貢獻。高雄在此刻也面臨發展瓶頸，若能掌握此一情境，重視外國人士人權，相信會使大量外國人才爲我所用。人權政策更需兼顧到女性同胞、原住民、低收入戶、客家民衆及外省族群同胞，因此他們也是本市的發展潛在資源，而只要能有好的環境存在時，他們的潛力就能爲社會所用。

（一）課題與挑戰

1. 男女平權教育仍不足。
2. 與國外女性平權團體之互動仍不足。
3. 原住民就業、就學困難。
4. 低收入戶子女就學困難。
5. 外籍人士就醫及生活行動困難。
6. 外籍新娘受虐事故時有所聞。
7. 男女平權觀念的不足。
8. 女性工作及育兒措施尙未落實。
9. 女性身體自主權不尊重。
10. 媒體對女性人權不尊重。
11. 客家文化未來能有效保存及發揚。
12. 外省族群文化未受重視。

（二）對策

1. 加強男女平權觀念及宣導。
2. 強化女性工作及育兒支援服務。
3. 重視女性身體自主權。
4. 敦促媒體對女性人權的尊重。
5. 加強男女平權教育。
6. 建構溝通平臺與國外女性團體互動。

7. 加強原住民就業、就學機會。

8. 提供低收入之子女就學費用。

9. 打造外籍人士基本生活環境條件。

10. 追蹤外籍新娘情況。

11. 強化客家文物館機制，並普及客語教學。

12. 推動軍眷村文化園區。

（三）行動方案

1. 落實推動兩性平權法，消除職場性別歧視。

2. 主動派員處理家暴事件。

3. 結合榮民服務處，定時分工探視榮民並支援其需求。

4. 本市高職增設社會福利訓練類科，充實基層社福人才。

5. 增設身心障礙同胞生活支援協談中心，並主動接觸提供服務。

6. 協助身心障礙就業及創業，並舉辦發表會，讓社會大眾更瞭解其工作能力。

7. 提供低收入戶更多元的服務，協助其自立。

8. 整併社會福利機構及醫療保健體系，成為市民健康福利的守護神。

9. 針對男性進行宣導教育，並在各工作場所要求落實男女平權。

10. 提供更方便的育兒或托育環境，並落實推動育嬰假。

11. 強化男性育兒之責任。

12. 鼓勵女性創業。

13. 加強防範性犯罪防制，如賣淫、性侵害。

14. 提供多元女性學習機會。

15. 加強男女平權教育內容規劃。

16. 提供原住民就業機會，協助並提供創業貸款。

17. 公費補助讓原住民子弟能接受基本教育。

18. 設立募款籌集專戶，供低收入子女升學之用。

19. 製作外國人生活在高雄手冊，方便社區就學及採買、購物、休閒。

20. 開辦外籍新娘學中文，讓她們更能明白自己之權益。

21. 協助各女性團體建構網路連結網站，使本市女性團體和國外團體能方便互動。

22. 利用三民1、2號公園來擴建客家文物館為客家文化園區，並導入六堆文化意象與公園設計設置。

23. 擴編客委會人員來協助客屬藝文團體，進行文化創意產品開發。

24. 各行政區設立客語教學中心，並平價販售VCD、DVD語言教材。

25. 舉辦客家菜創意料理競賽，並舉辦豬腳、粄條博覽會。

26. 選擇一處眷村，作為軍眷村文化園區。

27. 蒐集整理眷村美食，並與高雄餐旅學院、五星級飯店合作開發未來高雄美食。

28. 舉辦眷村美食博覽會。

29. 訓練眷村子弟作為未來文化園區導覽人才。

30. 開發眷村文物為文化創意產品。

七、魅力都市

　　住是一項最基本的民生需求，每個人在一天24小時的作息中，至少有12小時會在其居家環境，因此必須設法塑造優質良好的環境，讓所有市民每天都能生活得愜意愉快。此外，市民在日常購物、休閒的空間安排，在先進都市都可看出非常舒適精緻，這也是表現在都市競爭力的一環。高雄有良好的自然環境，要打造成一個有舒適精緻的生活環境其實並不難，就看市政領導者有無決心和構思。

土地的積載力、生產力可供應人類一切活動之需，然而資源是相當有限，儘管人類可用移山倒海技術來增加某些土地的供給，但土地資源終究相當有限，因此土地就顯得格外值得珍惜。面對高雄未來持續進步之需求，就非得進行舊市區土地再開發，這項工作正是目前各先進都市的重點工作，高雄的活力是再生，原有社區的實力要再釋放，就非得依靠都市再開發，而這些工作從Porter在美國成立一個ICIC（Initiative for a Competitive Inner City）組織，就可知道它會是都市不動產事業一個新明珠。

高雄文化是什麼，相信多數的高雄人都回答不出這個問題，但從高雄的發展歷程，高雄可表現的文化可是很豐富的。近年雖有些熱心人士參與，但仍局限在少數領域或地區，反觀先進都市莫不發展其文化事業來豐富其都市生活，進而帶動其文化產業，發展其都市旅遊事業。為了與其他都市進行競爭，因此應以創造「魅力特色」為主軸來振興高雄文化。

（一）課題及挑戰

1. 新興住宅社區相關公共設施配合不足，造成居住進出不便。
2. 缺乏為高齡者使用考量的住宅設計。
3. 公園綠地比例仍偏低。
4. 公園綠地的維護仍不足，髒亂隨時可看。
5. 無利用或低度利用空地仍充斥市區，影響居住環境衛生。
6. 缺乏整體綠化政策。
7. 水岸開發及管理仍在起步中。
8. 缺乏優質商店街。
9. 公園設計偏重兒童及一般市民，未針對高齡者需求規劃興建。
10. 市民認養公園綠地比例太低，且不易長期投入。
11. 社區地下道形成治安死角及髒亂的來源。

12. 空屋比率仍偏高。

13. 電影院、網咖、KTV等相關休閒設施管理不佳，易成犯罪場所。

14. 居民缺乏安全知識，任意裝修房屋，危及建物安全。

15. 國宅社區管理有待加強，造成社區環境不佳。

16. 社區招牌混亂，影響景觀，且妨礙逃生。

17. 老舊眷村仍充斥市區。

18. 全市尚有近四分之一的房屋屬於民國59年以前完工的老舊建物，其抗震、防火能力堪慮。

19. 高雄市有七十多處需進行都市更新，顯示都市居住品質有待改善。

20. 都市景觀仍有極大改善空間。

21. 缺乏都市景觀條例的訂定。

22. 社區學校NPO組織尚在萌芽階段。

23. 夜間景觀時有時無。

24. 社區或都市更新未能結合勞動經濟再生。

25. 土地使用分區紊亂，影響部分整體發展。

26. 捷運施工尚未能帶動社區更新。

27. 移民文化研究的不足。

28. 產業文化研究的不足。

29. 夜間文化表演場地不足且分布不均。

30. 表演場次及民眾參與偏低。

31. 在地表演團體偏低。

32. 特色建築、建物保存發掘仍有努力空間。

33. 文化活動未能與生活充分結合。

34. 市民鑑賞教育訓練不足。

35. 博物館、美術館數量太低。

36. 文化事業園區仍有努力空間。

37. 海洋文化未形成。

38. 文化事件行銷深度、廣度仍不足。

39. 觀光旅遊機構層次過低無法拓展本市旅遊事業。

40. 觀光資源缺乏整體連絡。

41. 缺乏醒目性景點。

42. 目前觀光旅遊活動流於形式，缺乏深度。

（二）對策

1. 致力新社區公設開闢。

2. 引進高齡住宅規劃設計。

3. 加速開闢公園綠地。

4. 都市計畫變更時多預留綠地比例。

5. 加強公園綠地管理。

6. 制定高雄市綠地計畫書。

7. 自治立法強制空地利用。

8. 加強水岸地區環境管理並加速建設。

9. 引進優質商店街至本市各區。

10. 將高齡者需求納入公園綠地闢建計畫。

11. 重新檢討公園認養不利因素。

12. 全面整理地下道並運用IT技術，全面監控消除治安死角。

13. 推動都市行銷工作，消化本市空屋。

14. 引進更多優良有經驗的休閒事業經營者，前來經營本市各種休閒事業及空間。

15. 研訂住屋使用手冊。

16. 實施都市開發許可制度。

17. 再檢討土地使用分區管制規定。

18. 推動都市景觀條例立法。

19. 落實公寓大廈管理條例相關法令之執行。

20. 推動本市廣告物管理辦法。

21. 推動住戶換屋運動。

22. 加強宣導都市更新的好處。

23. 推動NPO組織生根在社區。

24. 推動利用太陽能作爲夜景能源。

25. 引進Enterprise Zone（EZ）或Empowerment Zone（EMZ）來結合都市更新。

26. 大型眷村作爲EZ或EMZ計畫使用。

27. 重視移民文化研究。

28. 重視在地產業（如糖、香蕉、合板、拆船……）文化研究。

29. 增設文化表演空間。

30. 鼓勵民眾參與各種文化活動。

31. 鼓勵表演團體落籍本市。

32. 積極尋找特色建築、建物。

33. 推動文化生活化。

34. 開辦各種文化藝術鑑賞課程。

35. 增設博物館、美術館。

36. 訂定各種鼓勵辦法，協助各種文化事業生根茁壯。

37. 參考歐洲著名港灣都市再生發展經驗，配合史料找尋本市的海洋文化。

38. 強化活動事件行銷研究。

39. 擬定文化政策。

40. 將目前觀光旅遊機構位階提高，並進行觀光資源整合。

（三）行動方案

1. 運用PFI制度加強公共設施及公園綠地開闢。

2. 推動示範高齡住宅。

3. 都市計畫變更，提高綠地回饋比例。

4. 推動全時段公園清潔工作。

5. 一年內完成全國首部綠地計畫書。

6. 自治立法強制空地業主開放土地綠化，或鋪設植草磚充作臨時停車場。

7. 推動全時段水岸管理並運用PFI制度加強建設。

8. 成立商店街推廣法人，協助各社區推動精緻商店街。

9. 建立商店街資料室，協助業者經營Know-how引進及諮商。

10. 一年內全面檢討公園綠地政策。

11. 一年內全面清查所有地下道並整理，以及協商認養、加裝監視器、警報器。

12. 一年內訂定高雄市行銷策略計畫，推銷本市空屋及招商、招募學生以及觀光促銷。

13. 主動找尋優良有經驗的休閒業者，投入本市休閒產業。

14. 推動住戶住屋使用手冊。

15. 制定都市開發許可辦法，責由建商負擔部分公共設施維護之責任。

16. 協助各住戶管理委員會運用公寓大廈管理條例規定捍衛權利，排除不當廣告設置及使用。

17. 參考日本法規制定都市景觀條例，這項工作將是全國首創。

18. 定期檢討土地使用分區管制規定。

19. 參考先進廣告物管理規定，制定更有前瞻性的廣告物管理辦法。

20. 運用不動產證券化及資產管理公司推動住戶換新房。

21. 加強各都市更新區住宅宣傳。

22. 主動邀集熱心菁英發起各社區NPO組織成立，市府主動提供必要之協助。

23. 推廣利用太陽能作爲夜景能源。

24. 引進EZ、EMZ相關法規及案例，供市府同仁及民眾參考學習，增加對都市更新的信心。

25. 推動EZ、EMZ相關立法及基金籌措。

26. 協請國防部保留大型眷村作爲推動EZ、EMZ示範區。

27. 鼓勵市民及學術團體、民間團體，進行移民、產業文化研究。

28. 開放各級學校禮堂、活動中心作爲表演場地。

29. 訂定各種辦法鼓勵文化工作者在本市生根。

30. 推動文化創業支援中心，協助文化業者取得資金。

31. 開辦各種鑑賞課程。

32. 推動立法，促成博物館、美術館免稅（如地價、房屋、營業稅等）。

33. 協助各種表演取得基本營運費用。

34. 全民動員並請市民的海外親友提供各旅居地的港都文化資訊，來塑造高雄的海洋文化。

35. 找尋眞正行家來推動事件行銷。

36. 建置環保City Tour Bus，提供遊客半日遊及一日遊之需。

37. 鼓勵遊客運用自行車進行城市文化深度之旅。

38. 建構多語言指示系統及地圖，提供遊客連結各景點之需。

39. 建構各類產業博物館，如水泥、鋼鐵、煉油、漁業……。

40. 推動體驗觀光，讓遊客DIY各種產業製作或體驗生產過程。

41. 開啓各種大型工廠廠區供遊客瀏覽。

42. 成立旅遊局並在主要客源國設置辦事處。

43. 成立觀光旅遊促進委員會指導本市及周邊縣市未來觀光旅遊發展策略。

44. 整合高屛地區相關旅遊休閒觀光系所，研發本市及鄰近地區的旅遊行程、美食及未來各種人力資源培訓。

45. 開發各種旅遊語言教材，方便計程車司機以及有意願從事旅遊相關行業人員之需。

46. 定期舉辦美食或相關旅遊創意發表會或競賽。

47. 爭取開放更多航線，方便遊客由高雄進出。

48. 推動高雄市及鄰近風景區之資源能與國際級開發或規劃產業合作，來提升高雄相關規劃資源的競爭力及吸引力。

49. 整合高雄特色街、百貨公司區及購物中心的啓用，形塑高雄唯一購物美食城市。

50. 爭取未來在本市各百貨公司及購物中心，可辦理大陸客、海外遊客退稅事宜。

51. 引進事件行銷概念來發動高雄目前各種節慶活動，以及外來大型體育賽事之人潮及商機。

52. 規劃興建國際郵輪及港務大樓，推動海上郵輪事業，初期推動兩岸海上旅遊。

53. 發展並獎勵推動各種表演事業，豐富本市夜間旅遊活動。

54. 鼓勵相關競賽球團或組織以高雄為基地，來帶動本市體育賽事旅遊。

55. 興建國際青年旅遊，讓海內外青年能至高雄地區自由行。

56. 主動推出兩岸旅遊行程，採北進南出活絡本市經濟。

57. 配合未來會展並建置推動會展旅遊。

58. 配合捷運開通，推動城市美食之旅及地圖。

59. 配合創意產業建置，積極扶植開放高雄紀念樓、伴手禮品。

60. 強化高雄旅遊網站多國語言機制，吸引更多外來客。

八、活力都市

高雄給人的感覺是一個工業都市，勞工向來是高雄發展的主

力，也是高雄經濟的貢獻者，隨著近十年來廠商外移或關廠至東南亞及中國大陸，高雄勞工的失業率也隨之逐年攀升，尤其是在民進黨執政近四年達到高峰也居高不下，民進黨是踩著勞工朋友血汗登上執政寶座，但從近年施政作爲卻常常背棄勞工朋友，國民黨執政時，雖然不盡如人意，但起碼大家都有一口飯吃，唯有國民黨執政才能提出積極可靠的勞工政策，因此願意提出令勞雇雙方都能滿意接受的新勞工政策，透過可靠新政策使勞工朋友能安心培養其技能，使其附加價值及產品品質能向上提升。

產業政策的良窳攸關一地或一國的經濟是否能順利成長起飛，臺灣過去在國民黨執政下，清楚正確的產業政策造就世界各國重視的臺灣經濟奇蹟。高雄在過去亦承受發展的好處而成爲臺灣最大工商港灣都市，成爲重工業重鎮，但近十年中央政策偏重在電子資訊產業，使得高雄經濟實力消退；加以目前中央尚未思索出如何挽救高雄產業及經濟，而地方政府本身缺乏提振產業、經濟的明確策略，因此產業政策的制定已成爲臺灣地方政府的新興業務。高雄人近四年來蒙受經濟衰退，因此若問高雄人要什麼產業政策，答案很簡單「讓我發財」，因此應以人人發財爲概念來制定高雄市的產業政策。

過去科技政策一向被認爲是中央部門的事情，與地方政府無關，但隨著近年來區域創新的興起，地方政府紛紛制定其科技政策，從網路資料可發現美、加、英、日等國的地方政府，甚至從中國大陸國家圖書館館藏資料亦可發現廣州、天津、徐州等都市都已有科技政策的擬定，因此面對這項與產業政策相關新課題，高雄市政府應及早重視，而制定科技政策就是要掌握學術潮流的新研究，看哪些項目適合高雄地區發展且對高雄最有利，這才是市政府應努力方向。

各國爲提升其經濟競爭力，莫不以建構國家創新系統（NIS），來整合其國家產官學之力量，致力於各種創新行爲來追求經濟競爭優勢，而目前最新發展趨勢是朝區域創新系統發展（Regional

Innovation System, RIS），一方面承續NIS體制，來落實此一任務，另一方面發展地方特性、資源來帶動地方的創新行為，使地方的產業亦能擁有競爭力。高雄產業已不復往日風光，原因無他，在於缺乏創新，因此整合高高屏之區域資源來從事各種產業的創新行為，實為高雄經濟再生的一個重要課題。

（一）課題及挑戰

1. 目前僱用制度勞工不放心，產生不滿意。

2. 職訓機構訓練類科不符廠商需求。

3. 勞工第二、三專長訓練地點不足。

4. 勞工自我成長訓練意願不高。

5. 中小企業主不重視職業訓練。

6. 在職者不能參加職訓機構訓練班次。

7. 中高齡者就業困難。

8. 勞工意外及職業病充斥各工作場所。

9. 婦女接受職訓比例不高。

10. 婦女二度就業相當困難。

11. 新型工作制度已產生，但未法制保證化。

12. 未重視SOHO族之勞工權益。

13. 勞工福利的不夠完備。

14. 職業學校緊縮造成基礎勞工供應不足。

15. 職教類科不符社會需求。

16. 勞動時數目前超過1,800小時。

17. 外勞充斥。

18. 勞工工作壓力無法紓解。

19. 勞工退休金制度不明朗。

20. 高雄市缺乏一套完整的產業發展。

21. 缺乏新型工業區，不易配合新型產業或產業升級之用，無法提升產業水準。

22. 商業區誘人特色不足，停車空間不足，且商店街經營水準有待全面提升。

23. 現有國際會議中心、展覽中心功能有待大力提升。

24. 國際旅遊促銷活動尚待加強。

25. 地方產業之國際交易、技術交流均有必要再提升。

26. 本地中小企業經營及融資取得方式應再加強。

27. 海外漁業權取得成本日益提高，且人力不足。

28. 缺乏引進新產業。

29. 中小企業及傳統工業研發能力不足。

30. 廠商關廠出走大陸及東南亞。

31. 地方旅遊規劃及開發不足。

32. 服務業生產技術及經營Know-how不足。

33. 農漁產品價格低落。

34. 缺乏一部科學技術發展計畫。

35. 本市大學及研究機構不足，且本市研究環境不佳（如大型圖書館或資料服務）。

36. 本市大學及研究機構與其他縣市大學或國外研究機構交流不普遍。

37. 本市大學或研究機構的研究成果與產業界分享運用比例偏低。

38. 產業界、學術界、市政府及國外業者或學術機構缺乏一個協調機制平臺。

39. 未來本市需要之科學技術發展方向不明確。

40. 科研人才養成不足。

41. 市民、產業界及市府的NIS、RIS機制不清楚。

42. 技術或產業孵化器（Incubation）的建制不足。

43. 高高屏地區大專院校的技術移轉工作不足。

44. 缺乏技術授權機構（Technology licensing organization, TLO）來協助產業，並取得技術或協助研發單位進行技術移轉。

45. 缺乏中小企業創新研究（Small Business Innovation Research, SBIR）、中小企業技術移轉方案（Small Business Technology Transfer Program）來管制中小企業的創新工作推動。

（二）對策

1. 配合新型工作制度，高雄市自行立法找出勞雇雙方都能接受的僱用制度。

2. 配合產業政策，前瞻規劃新職訓類科。

3. 協商更多大專院校及職業學校納入職訓機構。

4. 勞工自我訓練費用，立法納入所得稅扣除額。

5. 中小企業的職訓費用支出納入營業費用。

6. 職訓機構開辦夜間第二、三專長訓練，讓有危機感勞工早做轉業準備。

7. 加強工作場所安全之勞動條件檢查，以維護勞工健康安全。

8. 輔導中高齡者從事社區服務事業。

9. 職訓機構附設托兒中心，方便婦女參加職業訓練。

10. 增加婦女二度就業協談輔導。

11. 重視SOHO族基本權益保障。

12. 充實勞工福利配合其生涯發展需要。

13. 整併職業學校，配合產業政策，規劃新類科教育，充裕供給未來人力需求。

14. 外勞外部成本內部化。

15. 加強勞工心理諮商。

16. 立法確定勞退金制度。

17. 制定高雄產業發展政策白皮書。

18. 引進新產業。

19. 活化傳統工業。

20. 振興服務業。

21. 扶植觀光業。

22. 加值農漁業。

23. 打造有活力、具魅力之商業區環境。

24. 推動國際會議中心及大型工商展覽活動。

25. 加強國際經貿及技術交流。

26. 強化中小企業的經營基礎。

27. 成立輔導地方產業發展之專業機構。

28. 制定科學技術發展計畫。

29. 強化研究機能。

30. 促進研究交流。

31. 活用研究結果。

32. 培育科研人才。

33. 建構協調平臺。

34. 引進新科學技術。

35. 引進NIS、RIS概念。

36. 建立創業創投機制。

37. 增加孵化器設置。

38. 加強大專院校與政府、產業界互動。

39. 建立TLO機構。

40. 推動本土SBIR、STIR制度。

（三）行動方案

1. 自治立法新僱用制度。

2. 開辦新職業類科如社工服務（看護、保母管家、食品加工及直銷、零售商經營……）。

3. 開放更多大學科系納入職訓機構。

4. 立法將訓練費用、學費，納入所得稅扣除費用。

5. 辦理夜間在職第二、三專長訓練。

6. 輔導中高齡者從事社區服務。

7. 加強勞工條件檢查。

8. 職訓機構附設托育中心。

9. 增加婦女二度就業輔導諮商。

10. 修法將SOHO權益納入。

11. 整併高雄市各職校，規劃新職業類科。

12. 推動工作時間1,800小時。

13. 控管外勞僱用人數，尤其是社區服務業。

14. 成立勞工心理諮商中心。

15. 建立本市自行勞退金制度。

16. 上任一年內針對世界各主要先進都市的產業政策報告書進行整理，並研訂全國第一部地方產業發展報告書。

17. 引進新產業，就目前國外研究報告及高雄地方產業環境與市民需求，整理高雄未來的新產業。

18. 補助舊工業區轉變，加速舊工業用地再生。

19. 規劃開發都市型產業區，補助都市型產業研究機構或科技研究中心之設立。

20. 舉辦各種尖端技術研討會及成立技術情報中心。

21. 成立設計中心，引進時尚（Fashion）之相關產業，以強化工商展覽中心的使用功能。

22. 整合國際會議中心場地，推動會議產業。

23. 推動傳統產業振興及補助辦法。

24. 辦理商店街更新再造計畫，重塑經營特色。

25. 市政府成立工商經貿發展專責機構，協助中小企業調整經營體質，取得充足融資及人力需求。

26. 提供各種貿易情報，協助廠商進行海外技術交流。

27. 主動協助國際談判取得海外漁業權，並訓練年輕市民從事漁業。

28. 推動休閒漁業，加強發展海上休閒遊憩活動。

29. 一年內提出高雄市旅遊事業發展策略的規劃方案。

30. 利用網路協助農漁業的直銷，確保價格穩定。

31. 加強農漁產業新吃法、新用途、新成品的研發，提升其附加價值。

32. 推動地區及區域產業觀光活動。

33. 爭取大型會議及學術研討會前來本市舉辦。

34. 協商大專院校成立中小企業資料室及協談中心。

35. 協請各大學開發找尋知名服務業者與本市業者創業，並協助經營Know-how引進。

36. 加強各產業業主及員工進修，提高經營或技術知識。

37. 成立中小企業研發輔導金制度。

38. 上任一年內積極蒐集國外相關科學技術發展計畫或報告書，研擬本市也是全國第一部地方科學技術發展計畫書。

39. 找尋本市各大學的核心研究，並溝通進行研究網路交流系統建立。

40. 協請本市各大學或研究機構成立各種交流組織。

41. 鼓勵本市各大學與海外研究機構交流。

42. 推動技術移轉，將成果分享市民，協助生活品質提升。

43. 協請各大學培訓或招生本市未來科學技術人力。

44. 重視青少年科研人才培育如每年舉辦二次科學營，協調開放高中職生至大學上課並接受大學研究人員指導。

45. 產官學聯合集資成立技術溝通服務法人組織。

46. 引進新技術，檢視新產業政策可定位未來可推動之新技術：

   (1) 環保科技。

   (2) 海洋科技（含海洋生物科技）。

   (3) 軌道技術。

   (4) 保健醫療技術。

   (5) 福祉用具技術。

   (6) 能源技術。

   (7) 通信、資訊技術。

47. 譯述NIS、RIS資料，平價供應業界並作為市府人員進修課程教材。

48. 招募各國創投公司到本市設立據點，或鼓勵本市資本家投入創投工作。

49. 邀集高高屏地區大專院校加速成立孵化器，並給予經費補助或協助找尋合作對象提供經費。

50. 成立TLO法人組職，作為大專院技、產業界、政府間的溝通平臺。

51. 派員考察並彙集美、日兩國及中國經濟的SBIR、STIR資訊，來建構本土性SBIR、STIR機制，協助本市中小企業創新研發。

52. 協商各大學開辦科技管理、創新管理課程。

53. 一年內重新檢討高雄市政府組織架構，並研擬總員額相關辦法。

54. 委請各大學學院，針對新增局處業務，開設相關研習課程，提供有意轉型之同仁進修，由市府負擔費用，並發給學分證明。

九、安全都市

臺灣集集大地震、日本神戶大地震、奧姆教沙林毒氣事件、美國

三哩島和前蘇聯車諾比核災、印度帕斯拉化災、九一一恐怖攻擊事件等重大災難發生後，引起世界各國投入大量人員、經費，思考如何透過有效預防，讓悲劇不再重演。相形之下，臺灣死於交通事故、火災意外及化災事件之人數不亞於一次重大天然災害。因此重大意外事故防止及處理就顯得非常重要，此外，市民至公共場所消費時之意外事故如食物中毒、電扶梯被夾、電梯被困，或遭遊樂設施傷害等時有所聞。

　　而這些不幸事故不但造成市民生命財產健康受到影響，同時也影響到企業的正常運作；目前市民的最大不安及不滿為治安不好，因此打造一個安全都市是每一個地方政府的基本責任，高雄市政府更應以不打折扣的精神來守護市民的生命財產。

（一）課題及挑戰

1. 高樓建物之耐震度及安全性必須再強化和重視。

2. 老舊建築普遍缺乏耐震度。

3. 少數低窪地區仍有水患之虞。

4. 維生管線的抗震性要再加強。

5. 缺乏整體性危機管理計畫

　　(1) 緊急應變計畫整體性及操作性不足。

　　(2) 防災人力設備及聯繫能力仍不足。

　　(3) 防災情報系統建構不足。

　　(4) 急救系統不足。

　　(5) 復建作業能力不足。

6. 多數企業體之自主防災管理能力薄弱。

7. 市民防災意識及應變力普遍不足。

8. 危險及不合格公共場所應再加強查察。

9. 犯罪及交通死角必須設法加以防杜、排除。

10. 酒醉駕車肇事頻傳。

11. 飆車情事的不斷上演（含破壞路邊車輛）。

12. 食品中毒仍時常發生。

13. 各種食品檢驗工作仍然不足，尤其是農漁產品的檢驗工作，必須要採更科學化的檢驗程序。

14. 違規工廠、不合法產品、標示不清，消費者難以清楚辨認。

15. 消費者糾紛處處可見，影響弱勢消費者利益。

16. 意外事故發生，企業主脫產行為，令消費被害人求償無門，合法、正派廠商得不到完整保障，令消費者權益受損。

17. 化學災害、核能事故的救護能力不足。

18. 油罐車、化學車像不定時炸彈，遊走市區，造成市民恐懼不安。

19. 大車、小車混雜路段過多，影響一般市民行車安全。

（二）對策

1. 加強建物耐震度檢測。

2. 研擬危機管理計畫。

3. 全面改善低窪地區排水設施功能。

4. 確保維生管線系統之安全性，提高其抗震能力。

5. 強制企業主提升防災管理能力。

6. 加強市民防災意識及應變自救能力。

7. 消除危險、不合格公共場所。

8. 消除犯罪及交通死角。

9. 強化醫院化學災害、核能事故醫療能力。

10. 加強管理油罐車、化學車等車輛。

11. 規劃大車專屬車道之路線。

12. 嚴格取締酒後駕車。

13. 埋伏、布線掌握飆車首要分子，事前消弭其聚眾行為。

14. 督導廠商投保意外險、產品責任險。

15. 從原料到成品，推動HACCP制度。

16. 加強各職業工會運作機能。

17. 強化消費者保護中心的運作機能。

18. 透過大眾傳播媒體，定期全面公布不法、不誠實商人、廠商名單及不法行為。

19. 推動各行業建立合格、安全標誌。

20. 加強消費者保護教育。

21. 督促業者在用藥、添加劑等方面之品管教育。

22. 協調化學兵進駐本市。

23. 強化油罐車、化學車人員車輛路線，存放容器管理，並隨車配置意外處理手冊。

（三）行動方案

1. 參考國外各大都市危機管理系統，在一年內重新研擬地方危機管理計畫，提升本市各種事故處理能力。

2. 落實大樓及公共場所安全檢查制度，做好廣告物管理。

3. 敦促中油及相關化學物質廠商提出防災計畫，並強化自主防災能力。

4. 修正建築技術規則，提高建物防災能力。

5. 加速完成全市汙水下水道幹管埋設工程。

6. 推動共同管道，提升維生系統管線之安全係數。

7. 強制企業主提出防災管理計畫，定期實施演練，強化自主防災能力，並提供防災作業指標手冊。

8. 充實防災人力，建構緊急協調聯繫網。

9. 儘速興建防災教育館，提供市民防災資訊，教育全民自救能力，並編印各種訓練手冊。

10. 推動合格、安全建物標章，印成手冊，提供民眾使用。

11. 全面提升犯罪偵防能力，落實治安淨化區巡查，加裝照明及攝錄影設備，並提高巡邏次數。

12. 全面添裝交通違規攝影設備及道路交通連鎖號誌。

13. 推動治安地圖，不良區則加強埋伏巡邏，並強化該地區守望相助社區警政工作。

14. 在重要餐廳、酒廊、酒店附近加強定點巡邏實施酒測，事前防止酒後開車。

15. 派員赴日、美研習復建工作，並回國推動。

16. 提高特種車輛檢測次數，含駕駛員體檢。

17. 強制車輛加裝衛星定位系統。

18. 安排油罐車、化學車進入市區時段。

19. 協調國軍化學兵進駐本市。

20. 強化或指定化學、核災醫療處理能力。

21. 重新整編道路系統，規劃大型、特種車輛行駛路線。

22. 促請各同業公會發起意外險、責任險作業，並與保險公司議價，使消費者發生事故時能得到最大保障。

23. 加強各職業公會機能，協助消保工作之推動。

24. 配合組織修編，成立消費者保護中心之專責機關，專司消費者保護工作。

25. 委請各消保團體蒐集不合法、不誠實商人及廠商資料，並定期公布。

26. 鼓勵業者推動安全、合格標誌，供消費者辨認，並編印安全消費手冊，讓消費者能進一步獲得正確消費資訊。

27. 定期表揚守法業者，並給予行政上優惠措施，讓廠商有「好人有好報」之感受，督導廠商全程做好生產品管教育。

28. 全面推動HACCP制度。

十、永續都市

優美的山光水色、清新的空氣是許多市民生活的夢想，高雄以往為基礎工業重鎮，好山被破壞，水質、空氣品質備受疵議，但近年來高雄市政府的努力，三座山已停止採挖，民生與工業用水分離，老舊水管全面汰換，水質有局部改善，空氣也因高汙染工廠之遷離而能逐漸改善，原本市民寄望的好山好水的時代已來臨，但無好水可飲用，空氣依舊汙濁不堪，市民還是抱怨連連。探討其原因無他，是目前執政的民進黨政府不思索如何再突破現狀，使明日比今日更好，因此提出新的環境保全政策是參考國外先進都市的成功作法，更積極的扮演都市環境的守護神，期使我們的市民都能生活在一個清新宜人的環境中。

臺灣多數河川都被汙染，加上臺灣地形特殊，造成臺灣水源供給越來越不安全穩定，而水是維繫萬物生命的必需品，因此清淨水的供給是文明都市的重要衡量指標。高雄一直受限於無自有水庫可蓄水備用，因此水源供給一直仰賴於高屏兩縣，但兩縣在財力困窘下一直無法對水源區採取有效的管理，因此高雄水質之不理想為舉國皆知，高雄市民買水也形成高雄特有文化，實際上這些盛裝水的品質、價格都呈現無政府狀況。水的利用問題不光是供給，更重要是在於如何對雨水、廢水做永續利用，讓預警無水之苦的節水規劃落實在日常生活，如此才能確保水的供給安全可靠。

能源政策原本亦屬中央主導之政策，但隨著電力、油品自由化，能源事務慢慢會由地方接手，但例如：美國加州電廠破產，造成電力供應中斷，卻是一個非常好的證明，電力、油品、天然氣若不好好注意處理，恐怕都會有意外中斷之事故發生。由於都在擔心會有耗盡或中斷情事發生，加上目前地球溫室效應下，各國當然包括地方政府都在致力發展或開發新能源，高雄市若要走出不同於臺北的特

色，在某些作為就要比臺北市更前瞻進步，能源政策的提出就是一個新想法。

（一）課題及挑戰

1. 空氣汙染及廢水排放偷跑事故的頻繁。
2. 空氣品質、河川水質，仍有相當大改善空間。
3. 工業安全意外事故常發生，為空氣品質、河川水質不良原凶之一。
4. 汽機車數量日益增多，影響空氣品質。
5. 家庭廢水排放接管率偏重新興社區，未發揮預期功能，影響河川整治。
6. 市區道路側溝惡臭經常發生，應加強通疏。
7. 事業廢棄物及建築廢棄土等之處理，未能全程監控掌握。
8. 垃圾回收作業未能做好分類，增加環保員工的作業負擔。
9. 毒性化學物質管制措施應再加強。
10. 3R，重視減量（Reduce）、再用（Reuse）來落實推動回收（Recycle）。
11. 市民及市政當局對生物多樣性公約缺乏認知。
12. 地下水汙染問題有必要及早因應解決。
13. 海岸溼地及海岸線尚需再詳加規劃、管理。
14. 高耗能車輛及玻璃帷幕型建物均依舊充斥市區。
15. 市民及市政當局對地球環境問題認知不足。
16. 企業界推動環境管理系統及ISO14001認證比例偏低。
17. 環境產業技術落後，且企業經營理念落後。
18. 市容環境整潔依舊髒亂。
19. 缺乏整體性環境管理計畫。
20. 河川整治仍待加強。

21. 三山復育及維護的不理想。

22. 自來水供應品質一直無法有效改善。

23. 街頭加水站缺乏有效管理。

24. 節水觀念仍不普及。

25. 汙水廠廢水直接排放海洋，浪費水資源。

26. 雨水截流排放河川或海洋，浪費水資源。

27. 水的處理技術仍落後。

28. 海水淡化是水供給方式之一，但海水淡化技術落後且成本高。

29. 水源之管理仍不足。

30. 高雄電力偏重在天然氣、燃煤及核電，若核三廠有意外或除役，
    高雄地區電力供應就有問題。

31. 所有汽機車大都使用燃油。

32. 一般市民、公務人員、產業界缺乏新能源知識。

33. 新能源中太陽能利用尚不普及，其他新能源亦未有效利用。

34. 政府對新能源研究經費投入及輔助不足。

（二）對策

1. 建立完整之環境管理計畫，加強市民之環境教育並落實做好垃圾
   分類、減量、回收工作。

2. 做好廢棄土清運管理。

3. 加速完成河川汙染整治工程。

4. 推動全民清潔打掃運動。

5. 加強土壤地下水汙染稽查作業。

6. 成立專責單位規劃海洋溼地及海岸線管理。

7. 鼓勵使用低耗能、低汙染車輛。

8. 推動綠色建築的使用觀念。

9. 推動社區監控及電腦連線監控雙軌作業，防止偷跑排放廢氣、廢

水。

10. 加強工業安全檢視。

11. 加強舊社區汙水管接管工作。

12. 主動加強取締老舊車輛。

13. 加強取締無照駕駛，遏止新車持有率上升。

14. 強化公車系統並鼓勵市民搭乘，降低汽機車需求。

15. 引進環境產業技術及經營觀念。

16. 毒性物質全面清查控管，運送時採衛星定位追蹤。

17. 成立事業廢棄物處理廠。

18. 推廣地球環境問題生物多樣性公約。

19. 推動並立法執行ISO14001及環境管理系統。

20. 推動環境會計及環境報告書。

21. 加強環境整理。

22. 加強河川整治，尤其是前鎮及後勁溪。

23. 推動三山由民間組織改善管理。

24. 飲用及一般用水分開。

25. 區公所統籌管理加水站。

26. 成立節水規劃諮商站。

27. 汙水、廢水截流後從事全市花木灌溉掃街之用，並減少地下水之抽取。

28. 成立水研究中心，加強水處理技術。

29. 提供經費於高、屏兩縣專用水源的管理。

30. 校園、公園推廣雨水截流儲用計畫。

31. 引進新能源。

32. 成立能源研究中心，由產、官、學集資。

33. 編寫新能源常識教材。

34. 找尋更好的太陽能技術，增加市民信心。

35. 訂定各種研究或開發經費補助辦法。

36. 協商本市大學成立能源科系，培育能源人才。

37. 將能源列為創投事業之一。

（三）行動方案

1. 一年內完成高雄市首部環境管理計畫研擬工作。

2. 加強垃圾分類、減量並推動社區資源回收點，做好回收分類工作。

3. 協助民間拾荒業籌設回收合作社，全面做好資源回收。

4. 採用電動公車，並鼓勵改裝瓦斯計程車。

5. 推動電單車。

6. 每月擇定一日作為全民清潔日，發動全市民眾定期打掃居家四周環境。

7. 加強汙染性工廠之監控。

8. 訂定作業計畫，加強地下水及土壤地下水汙染監控稽查。

9. 加強舊社區汙水接管工作推動。

10. 推動廢土傾倒三聯單制度，有效追蹤全程運送，在港務局及環保局成立專責單位，管理海岸溼地及海岸線水域。

11. 編印環境教育手冊，內含地球環境問題及生物多樣性公約，分送市民，並製作影帶供有線電視臺播放。

12. 開辦各種環境管理新課程如ISO14001、環境會計、環管管理系統（EMS）、環境報告書等，教育市府公務員及企業主，並編製各種教材供公務人員及企業主操作使用。

13. 運用PFI制度推動事業廢棄物處理廠。

14. 透過TLO平臺引進環保產業技術及經營制度。

15. 毒物物質全面控管及運送時透過衛星定位追蹤。

16. 賡續推動前鎮、後勁、愛河河川整治。

17. 運用PFI制度委外，由民間組織經營三山。

18. 所有加水站納入管理，並統一收費，每日檢測，充分供應市民日常飲用水。

19. 一般用水依目前情況處理，不需再做高級處理。

20. 加強飲用水水源區的管理。

21. 與水電公會、自來水公司合作成立節水規劃諮詢站。

22. 運用PFI制度進行廢水、汙水再利用，來維護本市花木、掃街之用水。

23. 成立水研究中心，研究廢水處理、海水淡化、海水保養品之研究。

24. 依人口比例分擔水源區管理費，共同保護水源區。

25. 校園、公園的花木以雨水截流水為水源，再由汙水廠的水源補充，讓汙水、雨水都能充分運用。

26. 引進新能源

   (1) 太陽光發電。

   (2) 廢棄物燃料製造RDF（Refused Derived Fuel）。

   (3) 廢棄物發電。

   (4) 廢棄物熱利用。

   (5) 溫度差能源。

   (6) 燃料電池。

   (7) 太陽熱利用。

27. 發展能源新技術

   (1) 開採南海甲烷（Methane）（可取代石油）。

   (2) 發展核聚變技術（Unclean Fusion）。

28. 本市大學成立能源科技所。

29. 出版或譯述新能源書籍，作為公務人員進修教材或市民、企業家進修之用。

30. 推動跨國合作甲烷、核聚變研究，並洽商創造業的加入。
31. 利用太陽光或熱發電來作為高雄大樓夜景之用，並提升效率，讓市民更有信心使用。
32. 成立財團法人能源研究中心，作為研究平臺。

第四節　分區願景

在前面高雄市整體未來發展，做了前瞻、宏觀的規劃；另一方面，對於市民日常生活切身攸關的周遭環境，更需要具體務實地提出改善計畫和發展構想，因此根據在總論及部門發展計畫中所勾勒出之高雄市政建設計畫，進一步依據地方社區特性，分別描繪出各區未來願景及發展計畫，俾充分發揮都市整體機能。

一、鼓山區、鹽埕區：時尚創意文化城

鼓山區具豐富且多樣的遊憩資源，西境為高雄市內最高山壽山，具出海口的強烈城市地標意象，內有壽山動物園、柴山自然步道及忠烈祠等觀光遊憩資源，山麓有市立美術館；南側西子灣為高雄市最美麗的沙灘水岸；東側有愛河為界；東北內惟埤已開發為內惟埤文化園區，都是都市重要的開放空間。舊港區水岸開放後，整合中山大學、西子灣、哈瑪星、壽山愛河等自然資源與鼓山臺泥工業區的轉型，提供高雄都會區一處整合學術、觀光、遊憩及居住等機能的優質區域。

鹽埕區處愛河與港灣交界，具門戶樞紐意象。有舊稱賊仔市的富野街、專賣舶來品的崛江商場、舊稱銀座的國際商場、黃金街道、新樂街等歷史街區。全市性公共設施，有高雄市歷史博物館、高雄市音樂館、仁愛公園（河濱公園）。鹽埕應顯現緊鄰高雄的山水地靈特

色,以及港灣豐富的國際交流活動,並掌握親港、親河、親山的獨特都市結構、人性尺度的親切空間結構,進一步改善聯外交通運輸通車後,多元鮮明的社群及街區將能逐漸成形。

(一)課題及挑戰

1. 區內資源缺乏有效發展利用。
2. 區內重要據點仍無法有效解決停車問題。
3. 區內存有大量空地閒置未有效發展。
4. 中山大學與社區地區產業,互動待提升。
5. 區內老舊社區充斥,影響都市整體形象發展。
6. 水岸規劃利用仍不足。
7. 工商展覽中心功能未發揮。
8. 金融服務業功能不足。
9. 停車問題相當嚴重。
10. 中小學班級數減少。
11. 區內更新區相當多。
12. 區內綠地偏低。

(二)重點建設及對策

1. 推動新濱碼頭毗鄰地區都市再造計畫,並興建郵輪碼頭及改建新的港務大樓與興建海上活動(旅遊)碼頭及中心。
2. 興建漁業博物館、合板工業博物館、水泥工業博物館。
3. 以哈瑪星、元亨寺、龍泉寺為中心,在周邊闢建大型停車場。
4. 推動柴山自然公園法人化並委外經營。
5. 加強與中山大學合作並在區內興置各種新產業育成中心。
6. 與中山大學合作建置TLO機制,有效引進各種技術與技術移動,藉以帶動本市產業技術能力提升。

7. 在本區（新濱、鼓岩）地區推動都市更新，並推展產能生態優質社區。

8. 柴山部落推動標準房屋更新。

9. 文化園區及愛河沿岸推展文化創意園區，並建置文化創意育成中心。

10. 市區婦幼醫院轉型為市民健康守護中心。

11. 內推廣文化園區繼續推動興建演藝廳建設。

12. 設計愛河口幸福灣、愛河下游段結婚走廊。

13. 利用鹽埕蓬萊區之既有碼頭及腹地，規劃為新式水岸購物休閒區。

14. 以工商展覽中心為主，規劃為時尚中心（Fashion Center）。

15. 闢建停車場，解決市中心區停車問題。

16. 強化河岸地區開發計畫，使河岸整治與地區活力再生結合。

17. 利用國中、小學現有空餘教室、設備，與大學合作推展夜間進修之推廣教育。

18. 推動屋頂綠化工程。

19. 成立「時尚設計」學校（Fashion School）及時尚園區。

20. 推動TOD計畫並結合不動產證書化，來推動本區大勇路商圈及相同基地更新計畫。

21. 活力再利用鐵路用地空間。

二、苓雅、前金、新興區：金融經貿核心區

苓雅區西鄰之高雄師範大學、中正文化中心開發，與中正體育園區漸次設立後，逐漸朝向都會區優質住宅區發展，未來應確立其高素質居住區域之土地使用目標，避免因過度混合使用導致居住環境品質惡化。

目前區內已有多處大型商業設施開發，並逐漸成為都會區最高層級之商業消費中心。未來配合特定文化休閒專用區的開發，與捷運場站周邊土地使用的調整，以強化此區作為整體都會區之中心商業區（C.B.D）。

目前本區主要以商業、行政及金融服務為主，有沿主要幹道分布的趨勢，因此其聚集效果較不明顯。本區有新崛江商場、六合夜市、南華觀光商店街等聞名夜市，另有多處特色產業街道，包括：青年路的傢俱行、六合路的夜市、七賢路的補習班和泡沫紅茶店、八德路的汽車材料行、中山路的新娘禮服、南台路的旅館業及華南路的觀光商業街道等。本區內現在已有多處大型商業設施開發，並逐漸成為都會區最高層級之商業消費中心。在未來城際與都會區大眾運輸系統完工通車之後，我們將藉由土地使用管制方式的調整及獎勵，以及大眾運輸導向的都市發展，引導本區朝向都會商業與辦公核心區發展。

（一）課題與挑戰

1. 多功能經貿園區招商不力，成效不彰。
2. 多功能經貿園區主體廠商推展進度遲緩。
3. 既有體育園區未發揮功能。
4. 醫療園區尚未發揮功能。
5. 缺乏電訊埠（Teleport）機能。
6. 文化中心四周藝文活動機能不足。
7. 高雄師範大學機制未發揮。
8. 水岸規劃利用仍不足。
9. 金融服務業功能不足。
10. 停車問題相當嚴重。
11. 區內更新區相當多。

12. 區內綠地偏低。

（二）重點建設及對策

1. 訂定有效招商行銷計畫。
2. 整合加工出口區及中央相關機關，以市政府爲主體的單一窗口作業。
3. 規定廠商依限完成計畫，或註銷許可，如會議中心、購物中心的重複。
4. 以文化中心爲主，規劃爲書香街及表演藝術園區。
5. 推動目前醫療園區成爲社區照護的核心基地及訓練認證功能，並開放空間作爲醫療事業育成中心。
6. 重新整合目前體育園區及衛武營區，並整合鳳山市體育場、籃球公園，發展成爲一大型體育公園區。
7. 成立中小企業資訊中心。
8. 在高雄師範大學內設置文化創意育成中心。
9. 港口城結合三多商圈推動景觀購物區。
10. 大幅提高觀光夜市的可及性與在地性。
11. 擅用捷運通車契機，引導五福商圈做都市空間結構調整。

三、三民區：人才融合副都心

　　三民區爲高雄市最大行政區，幅員面積大、人口眾多，新舊社區並存，且外縣市移入人口比例高。本區是高雄都會區之地理中心，區內有高雄市主要中心商業區「火車站商圈」，以及其他許多特色商業街，包括：安寧街屬成衣批發街、長明街（靠近民族陸橋）的電子零件業、大連街的皮鞋店，以及新興的大樂、明誠、裕誠商圈，三鳳中街爲本市歷史悠久的市集，迄今仍爲高雄市最大的南北貨批發中心。區內有金獅湖風景區及愛河、寶珠溝等自然資源，未來，我們將

以鐵路地下化之空間軸線與愛河上游水系為重心，發展出宜商宜居的新特色，也要補強落後的公共建設，注入新活力，讓三民區成為高雄再躍升的副都心。此外本區內高醫、高應大、文藻語文學院都是本區特色學校，但近年未發展其過去培育高雄人才之績效，因此未來再結合本區兩所綜合高中職——高雄高工、三民高中來作為高雄未來人力發展中心，使高雄再一次有新活力。

（一）課題及挑戰

1. 高雄火車站接駁功能不足。

2. 科學工藝博物館四周的衍生效果不佳。

3. 區內相當多地區需推動再生計畫。

4. 金獅湖整體環境不佳。

5. 客家文物館機能未發揮。

6. 區內汽車修護工廠甚多，未妥善管理。

7. 區內停車問題，高醫附近尤為嚴重。

8. 與高雄醫學大學產業機制未能發揮。

9. 高應大、高雄商工、文藻外語、三民高中與高雄人力發展未能緊密結合。

10. 區內河川兩岸發展仍需強化。

（二）重點建設及對策

1. 以火車站為中心，作為陸運轉運中心。

2. 以科學工藝博物館為中心，規劃科學教育園區。

3. 以火車站兩側延伸，推動商店街。

4. 推動車站地區的社區再生計畫。

5. 推動中都地區的社區再生計畫。

6. 強化客家文物館功能，以教學及研究為主體。

7. 推動金獅湖PFI計畫，並改善整體環境。

8. 規劃成立汽車修護專業區。

9. 推動三民公園地下停車場計畫。

10. 與高雄醫學大學共同建置健康產業、生技產業育成及研發中心。

11. 加強特色產業街道之活動行銷與停車問題改善，以提振地方產業特色。

12. 推動藍綠軸與多元文化交會的都會休閒度假區。

四、左營區：悠活體健新門戶

左營區為本市最早開發的地區之一，不論聚落發展或是祭祀文化皆伴隨著悠久的歷史累積發展，再加上本區有高雄市最大的埤潭—蓮池潭，潭邊有孔廟、龍虎塔等名勝，我們將加強蓮池潭風景區與半屏山、小龜山、萬年縣古城的觀光行銷，作為觀光高雄的重要賣點。本區有二高聯絡道、大中快速道路連接高速公路網，是北高雄交通要衝，再加上三鐵共構之左營新站將設於半屏山麓，左營區應配合這些重大交通建設，以及藉由現代化綜合體育園區、場館的開發與愛河中上游藍綠帶的復育，成為高雄新門戶，並以文化、保護環境、健康生活為最重要發展特色。

（一）課題及挑戰

1. 左訓中心與本市體育發展脫節，且左訓中心缺乏長遠發展計畫。

2. 蓮池潭水上活動機能未發揮。

3. 民俗技藝園區土地閒置多年。

4. 高鐵、捷運、臺鐵地下化結合點在左營。

5. 區內舊部落、眷村，亟待更新。

6. 半屏山生態公園仍待加強整建。

7. 萬年祭民俗活動，未尚能全國化及國際化。

（二）重點建設及對策

1. 以左訓中心為主，發展另一體育園區及體育醫學中心。

2. 規劃引進水上活動於蓮池潭。

3. 運用PFI策略，推動民俗技藝園區的設置，並配合成立民俗技藝學校。

4. 推動舊部落更新，發展為新式商業區或開發育成中心研究園區。

5. 推動高鐵、捷運場站聯合開發。

6. 推動設置青年旅館。

7. 強化半屏山生態公園。

8. 強化萬年祭的專門行銷機制。

9. 推動蓮池潭周邊地區為精緻餐廳區。

五、楠梓區：綠色創業科技城

　　楠梓區先天條件上即擁有後勁溪水系、高雄都會公園與半屏山等大型開放空間，是高雄少數能保存綠色風光的行政區。本區早期工業發展多以民生工業為主，到了日治時代才開始推動重工業，尤以煉油廠最為重要，雖然帶來大量就業機會，但是中油五輕用地工安事故頻傳，並且汙染當地土壤，居民強烈要求五輕遷廠，並獲得行政院保證遷廠的承諾。

　　楠梓區內有高雄大學、高雄海洋技術學院、高雄第一科技大學三所國立大學，往東可以再串聯高雄縣境的義守大學、樹德科技大學、高雄師範大學、高雄應用科技大學成為大學城科技走廊，架構出加工出口區與鄰近科學園區、工業區的知識經濟產業基礎。

（一）課題及挑戰

1. 三所大學與本市互動機制有待提升。

2. 本區仍保存相當數量漁塭及農地。

3. 煉油廠廠區土地閒置未能積極運用。

4. 加工區廠房閒置數量相當高，有心設廠都無地或無廠房可用。

5. 五輕用地工安事故頻傳，並且汙染當地土壤，更強化居民要五輕遷廠的正當性。

6. 中油公司在高雄市研發能力不足。

（二）重點建設及對策

1. 整體規劃推動高雄大學附近社區為一大學城，引進優質智慧住宅。

2. 推動海洋大學為本市海洋專業育成中心，並成立航舶研發中心。

3. 關設觀光休閒性質之農場（果園）、漁場。

4. 協調中油公司，積極規劃高雄煉油廠閒置土地轉型。

5. 向中央爭取設立第二座國家圖書館。

6. 強化高雄研發及轉型功能，並投入南海新能源探勘。

7. 推動高雄第一科學大學為本市商業及物流育成中心。

8. 整治五輕汙染土地及地下水，並引進要改中油五輕廠確實做環安、工安及社區睦鄰工作。

9. 配合整治五輕汙染土壤及地下水，在本區大學設置環境汙染整治學科來帶動未來本市環保產業。

10. 推動新後勁新整治計畫，成為後勁人的驕傲。

六、前鎮區：物流加值自由港

　　前鎮區原來以農漁為主，到戰後由於工業化的發展，耕地與漁塭面積逐漸減少，成立第一個加工出口區——前鎮加工出口區，結合臺鋁、臺機、臺塑等工廠，以及臨港線及前鎮商港的便利交通，逐步成為高雄市最重要的工業中心之一。未來高雄都會區之整體發展定位，以港埠都會與吸引跨國及國內企業植根為整體發展目標，並以亞

太營運中心計畫及都市更新政策內容為規範。因此應將前鎮北區定位成支援「高雄多功能經貿園區特定區計畫」關聯產業發展腹地。由於住宅區位處港埠與臨海工業帶之間，現階段居住環境品質亟待改善。未來宜鼓勵區內既有居住用地朝低密度高綠覆率的方向發展，以及留設綠帶與鄰近住宅區隔離，以提升既有環境品質。

為使高雄成為亞太轉運中心能夠落實，我們必須用引鳳築巢的理念，積極以符合廠商需求條件出發，務實發展多功能經貿園區，結合現已設立的台糖物流園區、生物科技園區、倉儲轉運專區以及捷運的樞紐位置，未來的前鎮區將更加耀眼。

（一）課題及挑戰

1. 加工區土地、貨櫃場土地的使用附加價值低。
2. 遠洋漁業日漸萎縮，且漁市場的魚貨拍賣機能走下坡。
3. 漁市場建築過於老舊。
4. 漁港妨礙商港整體運作。
5. 交通動線不良，重要路段（如新生路）塞車嚴重。
6. 區內舊部落需要再生。
7. 區內經常發生嚴重死亡交通事故。
8. 經貿園區及加工出口區轉型工作進度落後。
9. 前鎮河域兩岸景觀仍有提升空間。

（二）重點建設及對策

1. 訂定漁業政策白皮書，振興本市漁業。
2. 運用城市外交及各公會組織進行漁權談判。
3. 成立漁業育成及情報流通中心。
4. 成立漁產品物流中心，並將魚貨拍賣工作委由東港及興達港作業。

5. 漁港及其周圍土地配合商港建置重新規劃，建立新漁業大樓，運用ICT技術，提升漁品價值，並建置漁類漁具、漁船博物館。

6. 加工區配合多功能經貿園區開發，一起轉型爲智慧工業園區。

7. 推動不同型態的物流倉儲作業園區。

8. 加速闢建港區聯外道路系統。

9. 加強區內重型車輛交通秩序整頓。

10. 爭取漁業署南遷前鎮。

11. 推動引鳳築巢的招商政策。

12. 推動新前鎮河域景觀計畫。

七、小港區：運籌製造工業區

　　小港區有駱駝山、鳳鼻山、鳳山水庫等自然資源；人文資產則有鳳儀宮、鳳林宮等具藝術價值之廟宇，鳳鼻頭文化遺址爲全市最完整的史前文化遺址之一。紅毛港地區則有高雄市保存最完整的一條古街，許多咾咕石所建的古厝、日據時期的洋房，尤其是介於海汕三路和內海路間長巷內的李氏古厝群，是紅毛港最古、最完整的古厝群。

　　以小港區的雙港優勢（高雄港第二港口及小港國際機場），及大面積工業用地的條件，有極佳的條件轉型爲更現代化之產業發展區，惟全區皆位於航道下的限制，及緊鄰工業用地的問題亦使本區居住環境仍待改善，未來仍應積極引導區內既有居住用地朝低密度高綠覆率的方向發展，並考量調整部分居住用地爲其他使用，以改善居住環境並提升土地使用效能。

（一）課題及挑戰

1. 區內閒置土地不少。

2. 區內工廠近來關廠日益增加。

3. 區內工安事故頻傳。

4. 區內環境品質全市最低。

5. 小港機場影響居民生活安全日益嚴重。

6. 區內仍存有相當多農地。

7. 通勤交通比重偏高。

8. 居民教育水準較市區為低。

9. 雙港優勢未能有效發揮。

10. 大坪頂土地仍大量閒置。

11. 區內觀光資源未能有效利用。

（二）重點建設及對策

1. 引進各種新型產業園區，如物流、軌道、環保、海洋、生物科技、能源於本區。

2. 推動國家航舶試驗室在本區設立。

3. 以市立空大為中心，結合當地既有學院、國高中資源，推動各種成人教育。

4. 推動中小企業育成中心。

5. 推動市民農園計畫。

6. 運用PFI策略，推動大林蒲填海計畫，興建新的海、空港或新五輕替代基地。

7. 加強機場。

8. 推動優質勞工住宅，減少勞工通勤時間及交通量。

9. 推動環保、工安一體的環境管理，有效監控廠商生產計畫。

10. 推動新雙港營運管理計畫，使高雄經濟再活絡。

11. 積極規劃新產業、新住房，進駐大坪頂。

12. 推動產業觀光並開發鳳凰山海濱旅遊資源。

八、旗津區：渡假景點休閒島

　　旗津區為本市開發最早地區之一，早期的打狗即指本區而言，因為發展時間久遠，使本區有許多文化遺蹟，像是旗津燈塔、旗津炮臺、打狗公學校及全市唯一列入文化資產保存的旗後天后宮等歷史古蹟，以及旗後基督長老會等具歷史意義之建築。旗津區四面環海，西南兩側濱臺灣海峽，東北兩側臨高雄港，旗津海岸為著名的海濱觀光地點，區內並有三級古蹟天后宮，以及諸多具特色文化之部落。目前旗津區的商業活動並不發達，多為配合觀光遊客需求而經營的餐飲、紀念品、旅館等服務業。目前旗津海岸公園陸續完工，與海上藍色公路、強化交通轉運設施等計畫實施後，配合旗后傳統聚落、歷史古蹟與自然環境，強化旗津島成為親水活動的重要據點，以帶動整體觀光服務產業的轉型。

（一）課題及挑戰

1. 水上意外事故仍層出不窮。
2. 海鮮街仍不夠吸引力。
3. 市民對海上活動仍陌生。
4. 區內居住品質仍不佳。
5. 區內公有土地閒置，占據港區濱水空間。
6. 停車場問題相當嚴重。
7. 缺乏旅遊住宿空間。

（二）重點建設及對策

1. 運用PFI策略，推動機能完善且安全的國際級水上活動場所。
2. 提升海鮮經營業者的學習力，打造新型海鮮街。
3. 設立遊艇學校，讓市民能更接觸海洋。

4. 推動漁民優質住宅，並推動居民環境改善計畫。

5. 推動設置青年旅館。

6. 推動閒置公有土地興建五星級旅館，滿足未來旅遊需求。

7. 積極闢建大型戶外停車場。

8. 推動CASION在本區營運。

第五節　城市區域治理

　　配合南部區域計畫、高雄都會區實質發展計畫、高高屏永續發展計畫，以及落實將高雄市縣與屏東縣整體配合，發展成為一個具有陸海空聯運機能的國際海洋都會，高雄市政府有必要就高屏兩縣毗鄰地區之發展，提出可互相配合分工發展之願景藍圖，並有效提升地區競爭力，期盼以城市區域治理共同致力關心、參與大高雄都會區域的未來建設，使大高雄區三縣市民眾能夠共享二十一世紀的繁榮進步成果。

一、對高雄縣提供之規劃構想

（一）旗美九鄉鎮：生態旅遊城

　　將九鄉鎮的田野資源整合，發展具有獨特體驗性的生態休閒旅遊。

（二）路竹、湖內、阿蓮、田寮：科技城

　　擴大發展四鄉生物科技工業，成立南部第二科學園區，並將傳統耗能型農業轉型為精緻農業。

（三）梓官、彌陀、永安、茄定：海洋城

　　發展四鄉為一海洋事業園區，規劃作為休閒漁業之定點基地，並

強化興達港的遠洋漁業能力，以與前鎮、東港兩漁港相配合。

（四）岡山、橋頭：商業大學城

將兩鄉鎮規劃為一新式商業中心，輔以高雄大學可在新市鎮內增設之分校區，並規劃興建平價住宅，吸引人口進駐。

（五）燕巢：大學城

將鄉境內已有的多所大學做全盤整合，成為具有地方特色的大學城，帶動地方繁榮，並將傳統農業轉型為休閒農業。

（六）大社、仁武、大樹：工業城

三鄉的重點在將鄉境內現有之工業區，轉型為都會型工業及發展市民農園。

（七）大寮、林園：工業城

將兩鄉工業區轉型為環保工業區及軌道工業區，並設立物流轉運中心。

（八）鳳山、鳥松：副都心

強化商業、資訊管理機能，使其成為承接高雄市工商業發展之衛星副都市中心，並提供平價勞工住宅。

二、對屏東縣提供之規劃構想

（一）高屏溪河岸地區：主題樂園區

整頓高屏溪兩岸，規劃作為主題公園，並引進大型主題樂園。

（二）屏東市、九如、長治、麟洛、內埔：大學城

將五市鄉建構成超級大學城，並規劃平價住宅區及大面積高級住

宅，吸引人口進駐。

（三）萬丹、新園：工業城

配合新型工業所需，發展相關附屬工業，如電力機械及電動車零組件；另可運用台糖土地發展第一座森林主題公園。

（四）東港、林邊：海岸城

發展海洋相關產業，包括海上休閒旅遊、養殖、健康、水產食品。

（五）車城、恆春：海上觀光城

配合海洋生物館、墾丁國家公園，可進一步建構為以海洋為主題的觀光據點。

（六）三地、霧台、瑪家、泰武、來義、春日、獅子、牡丹、滿州：生態旅遊城

針對九鄉境內不同族群原住民文化，規劃不同風貌的山地旅遊，並可強調生活體驗。

（七）里港、高樹、鹽埔、竹田、萬巒、崁頂、新埤、南州、佳冬、枋寮、枋山：農家新田園

將十一鄉鎮規劃為主要農業生產區，並採都市型精緻農業發展，使農村能有嶄新風貌。

（八）潮洲：物流中心

利用地利之便，發展成為農產品分級、分裝加工之物流中心，創造農產品之附加價值。

第六節　結語

　　高雄是一個海洋城市，但民進黨執政以來，叫響了「她」，但始終提不出一個具體的海洋首都的論述，更談不上具體計畫的呈現，海洋（Ocean）具有開放（Opean）、變化（Change）、能量（Energy）、積極（Activeness）、美好（Nice）等五大特性，因此本人期盼高雄市政府全體公教同仁及155萬市民能共同向海洋學習，並結合海洋廣大無垠的資源來躍升高雄，使高雄市在二十一世紀中能真正成為一個具有創意（Creation）、機會（Opportunity）、正義公平（Right），好山好水生態（Ecology）的亞太核心（Core）都市。

　　作為一個亞太核心都市，本人深盼海內外投資者、冒險家、青年朋友能一起到高雄打拚築夢，讓高雄的建設成果能領航臺灣再創發展的臺灣新高峰。

國家圖書館出版品預行編目資料

都市願景規劃理論與實務／鄭博文著. -- 初
版. -- 臺北市：五南圖書出版股份有限公
司, 2021.01
　　面；　公分
　ISBN 978-986-522-412-7（平裝）

1.都市發展　2.都市計畫

545.1　　　　　　　　　109021172

1FRV

都市願景規劃理論與實務

作　　　者 ― 鄭博文

發 行 人 ― 楊榮川

總 經 理 ― 楊士清

總 編 輯 ― 楊秀麗

主　　　編 ― 侯家嵐

責任編輯 ― 鄭乃甄

文字校對 ― 陳俐君、黃志誠

封面設計 ― 姚孝慈

出 版 者 ― 五南圖書出版股份有限公司

地　　　址：106台北市大安區和平東路二段339號4樓

電　　　話：(02)2705-5066　　傳　　　真：(02)2706-6100

網　　　址：https://www.wunan.com.tw

電子郵件：wunan@wunan.com.tw

劃撥帳號：01068953

戶　　　名：五南圖書出版股份有限公司

法律顧問　林勝安律師事務所　林勝安律師

出版日期　2021年1月初版一刷

定　　　價　新臺幣620元

經典永恆・名著常在

五十週年的獻禮——經典名著文庫

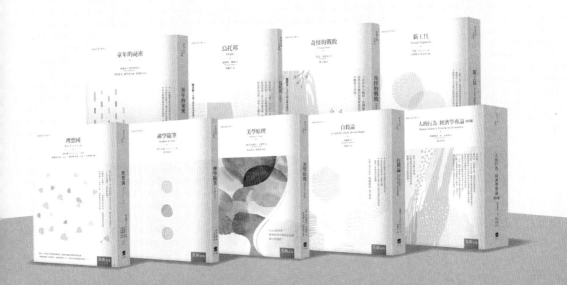

五南，五十年了，半個世紀，人生旅程的一大半，走過來了。

思索著，邁向百年的未來歷程，能為知識界、文化學術界作些什麼？

在速食文化的生態下，有什麼值得讓人雋永品味的？

歷代經典・當今名著，經過時間的洗禮，千錘百鍊，流傳至今，光芒耀人；

不僅使我們能領悟前人的智慧，同時也增深加廣我們思考的深度與視野。

我們決心投入巨資，有計畫的系統梳選，成立「經典名著文庫」，

希望收入古今中外思想性的、充滿睿智與獨見的經典、名著。

這是一項理想性的、永續性的巨大出版工程。

不在意讀者的眾寡，只考慮它的學術價值，力求完整展現先哲思想的軌跡；

為知識界開啟一片智慧之窗，營造一座百花綻放的世界文明公園，

任君遨遊、取菁吸蜜、嘉惠學子！